書畫名家年譜大系

王个簃年譜

魏武　姚沐　編著

上海書畫出版社

王个簃（1897—1988）

王个簃簡介

王个簃（1897—1988），幼名能賢，後去能爲賢，字啓之，號个簃，別署个誃、个宧等。齋名有霜荼閣、獻頌樓、暫閑樓、待鴻樓、炙轂樓、還硯樓等，江蘇海門三星鎮人。幼年喪父，其母含辛茹苦將其撫養成人。祖父、父親皆愛好書畫，收藏甚多，王个簃遂受之熏陶，爲後來走上書畫藝術之道奠定基礎。

王个簃篤好詩文、書畫、篆刻、琴樂。1923年8月，王个簃時年二十七歲，適一代宗師吳昌碩八十壽辰，上海書畫界爲其祝壽，在諸宗元等人的引見下，王个簃以一詩一畫爲其賀壽，即入門下。1924年，受聘爲吳昌碩孫吳長鄴之家庭教師，得以朝夕侍師，聆聽教誨，深得器重，藝事日進。

王个簃不忘恩師之囑，潛心於藝術教育和創作。1928年，任上海新華藝術大學教授；1930年，協助吳東邁等人創建昌明藝術專科學校，任國畫系主任；1935年後，任上海美術專科學校教授、國畫系主任，教授花卉、金石并兼任東吳大學教授；建國初期，在上海文史館任職，并與賴少其等人創建華東美術家協會；1956年，在周恩來、陳毅的親切關懷下，與吳湖帆、傅抱石、潘天壽、賀天健等積極籌建上海中國畫院。1960年，上海中國畫院成立，任副院長。二十世紀六十年代初，出席全國先進工作者大會、全國文代會和全國政協會議，受到毛澤東、劉少奇、周恩來、陳毅等中央領導人接見。并先後擔任中國政治協商會議第三、四、五屆委員，上海市政協第六屆委員，上海中國畫院副院長、第一副院長、名譽院長，中國美術家協會理事，中國美術家協會上海分會副主席，中國書法家協會名譽理事，西泠印社副社長，上海交通大學美術顧問等職。

1921年，王个簃創辦了南通第一個篆刻組織"篆刻研究會"。在上海先後籌辦或加入我國早期的書畫團體組織，如"上海中國書法篆刻研究會""百川書畫會""海上題襟館""秋英會""寒之友""蜜蜂畫社""古畫展覽會"等。曾擔任第一屆美術展覽會籌備委員、第二次全國美術展覽會審查委員、中日現代繪畫展覽會籌備委員、上海科技界藝術作品展覽評選委員、吳昌碩紀念室籌備委員等，以推動中國書畫藝術的研究與發展。王个簃曾三渡東瀛：二十世紀三十年代初，與王一亭、張大千一起，作爲中國書畫代表團成員訪問日本；1963年，與潘天壽等參加中國書法代表團再訪日本；1985年，第三次出訪日本，并訪問了新加坡等國家。其作品亦遠赴日本、新加坡、德國、瑞典、奧地利、荷蘭、意大利、菲律賓和瑞士等國家展出。晚年，王个簃仍筆耕不止，勇於創新，時有佳作，先後在北京中國畫研究院、上海美術展覽館、浙江展覽館、江蘇省美術館、新加坡國家博物館、日本書藝院等地舉辦個展，享有盛譽，爲中國書畫藝術的傳播和中外藝術家的友誼作出貢獻。

其繪畫，融吳派藝術精髓，復以造化爲師，深入生活，風格別具。晚年縱橫揮寫，突破吳門格局，使海派藝術更上層樓。其書法，師石鼓籀筆，遒勁雄健，富金石氣，在不經意間，出神入化。篆刻乃直追秦漢，方寸之間，神雄氣韵，無不稱意。詩似樂府民歌，有香山之風。又擅長古琴，頗饒韵味。

王个簃一貫認真從藝，辛勤育人，晚年加入中國共產黨。追求人品和畫品的統一。積極參與書畫賑災、籌建紀念室等活動，不僅把長期積累的藝術經驗奉獻給了社會，而且也向人民奉獻了他自己收藏的許多珍貴文物。曾把數以百計的古代繪畫、吳昌碩先生書畫精品、手稿及自己的代表作捐獻給上海中國畫院、西泠印社、中國美術館、蘇州博物館等，爲我國博物館、美術館建設作出了貢獻。

王个簃一生著作頗豐，出版有《霜茶閣詩集》《霜茶阁诗稿》《王个簃詩稿全集》《王个簃書法集》《个簃畫集》《王个簃畫集》《中國名家繪畫——王个簃》《中國歷代畫家佳作品鑒·王个簃》《衝風鬥雪見精神》《个誃印悋》《个簃印集》《王个簃篆刻集》以及《王个簃隨想録》等。南通市人民政府爲弘揚王个簃的藝術成就，於1989年建南通市个簃藝術館，收藏了大量的王个簃書畫篆刻精品，爲我們留下了一份厚重的文化藝術遺産。

目　錄

1897年	丁酉	光緒二十三年	一歲	4
1898年	戊戌	光緒二十四年	二歲	10
1899年	己亥	光緒二十五年	三歲	10
1900年	庚子	光緒二十六年	四歲	10
1901年	辛丑	光緒二十七年	五歲	10
1902年	壬寅	光緒二十八年	六歲	10
1903年	癸卯	光緒二十九年	七歲	11
1904年	甲辰	光緒三十年	八歲	12
1905年	乙巳	光緒三十一年	九歲	12
1906年	丙午	光緒三十二年	十歲	12
1907年	丁未	光緒三十三年	十一歲	12
1908年	戊申	光緒三十四年	十二歲	12
1909年	己酉	宣統元年	十三歲	13
1910年	庚戌	宣統二年	十四歲	13
1911年	辛亥	宣統三年	十五歲	13
1912年	壬子	民國元年	十六歲	13
1913年	癸丑	民國二年	十七歲	14
1914年	甲寅	民國三年	十八歲	14
1915年	乙卯	民國四年	十九歲	14
1916年	丙辰	民國五年	二十歲	15
1917年	丁巳	民國六年	二十一歲	16
1918年	戊午	民國七年	二十二歲	16
1919年	己未	民國八年	二十三歲	16
1920年	庚申	民國九年	二十四歲	20
1921年	辛酉	民國十年	二十五歲	22

1922 年	壬戌	民國十一年	二十六歲	25
1923 年	癸亥	民國十二年	二十七歲	28
1924 年	甲子	民國十三年	二十八歲	33
1925 年	乙丑	民國十四年	二十九歲	37
1926 年	丙寅	民國十五年	三十歲	42
1927 年	丁卯	民國十六年	三十一歲	52
1928 年	戊辰	民國十七年	三十二歲	70
1929 年	己巳	民國十八年	三十三歲	74
1930 年	庚午	民國十九年	三十四歲	83
1931 年	辛未	民國二十年	三十五歲	89
1932 年	壬申	民國二十一年	三十六歲	94
1933 年	癸酉	民國二十二年	三十七歲	97
1934 年	甲戌	民國二十三年	三十八歲	109
1935 年	乙亥	民國二十四年	三十九歲	115
1936 年	丙子	民國二十五年	四十歲	120
1937 年	丁丑	民國二十六年	四十一歲	123
1938 年	戊寅	民國二十七年	四十二歲	129
1939 年	己卯	民國二十八年	四十三歲	131
1940 年	庚辰	民國二十九年	四十四歲	139
1941 年	辛巳	民國三十年	四十五歲	144
1942 年	壬午	民國三十一年	四十六歲	147
1943 年	癸未	民國三十二年	四十七歲	147
1944 年	甲申	民國三十三年	四十八歲	149
1945 年	乙酉	民國三十四年	四十九歲	153
1946 年	丙戌	民國三十五年	五十歲	158
1947 年	丁亥	民國三十六年	五十一歲	162
1948 年	戊子	民國三十七年	五十二歲	169
1949 年	己丑		五十三歲	173
1950 年	庚寅		五十四歲	178
1951 年	辛卯		五十五歲	182
1952 年	壬辰		五十六歲	186
1953 年	癸巳		五十七歲	186

1954 年	甲午	五十八歲	189
1955 年	乙未	五十九歲	192
1956 年	丙申	六十歲	196
1957 年	丁酉	六十一歲	201
1958 年	戊戌	六十二歲	206
1959 年	己亥	六十三歲	210
1960 年	庚子	六十四歲	215
1961 年	辛丑	六十五歲	220
1962 年	壬寅	六十六歲	224
1963 年	癸卯	六十七歲	227
1964 年	甲辰	六十八歲	236
1965 年	乙巳	六十九歲	244
1966 年	丙午	七十歲	248
1967 年	丁未	七十一歲	251
1968 年	戊申	七十二歲	251
1969 年	己酉	七十三歲	253
1970 年	庚戌	七十四歲	254
1971 年	辛亥	七十五歲	254
1972 年	壬子	七十六歲	255
1973 年	癸丑	七十七歲	259
1974 年	甲寅	七十八歲	261
1975 年	乙卯	七十九歲	263
1976 年	丙辰	八十歲	264
1977 年	丁巳	八十一歲	267
1978 年	戊午	八十二歲	272
1979 年	己未	八十三歲	278
1980 年	庚申	八十四歲	285
1981 年	辛酉	八十五歲	290
1982 年	壬戌	八十六歲	297
1983 年	癸亥	八十七歲	310
1984 年	甲子	八十八歲	319
1985 年	乙丑	八十九歲	329

1986 年	丙寅	九十歲	336
1987 年	丁卯	九十一歲	339
1988 年	戊辰	九十二歲	345

附錄：

1989 年至 2019 年大事記	352
王个簃歷年任職一覽表	370
王个簃爲師友治印綴錄	372
王个簃題簽選	376
後記一	378
後記二	380
主要參考書目	382

年譜

王氏世系表

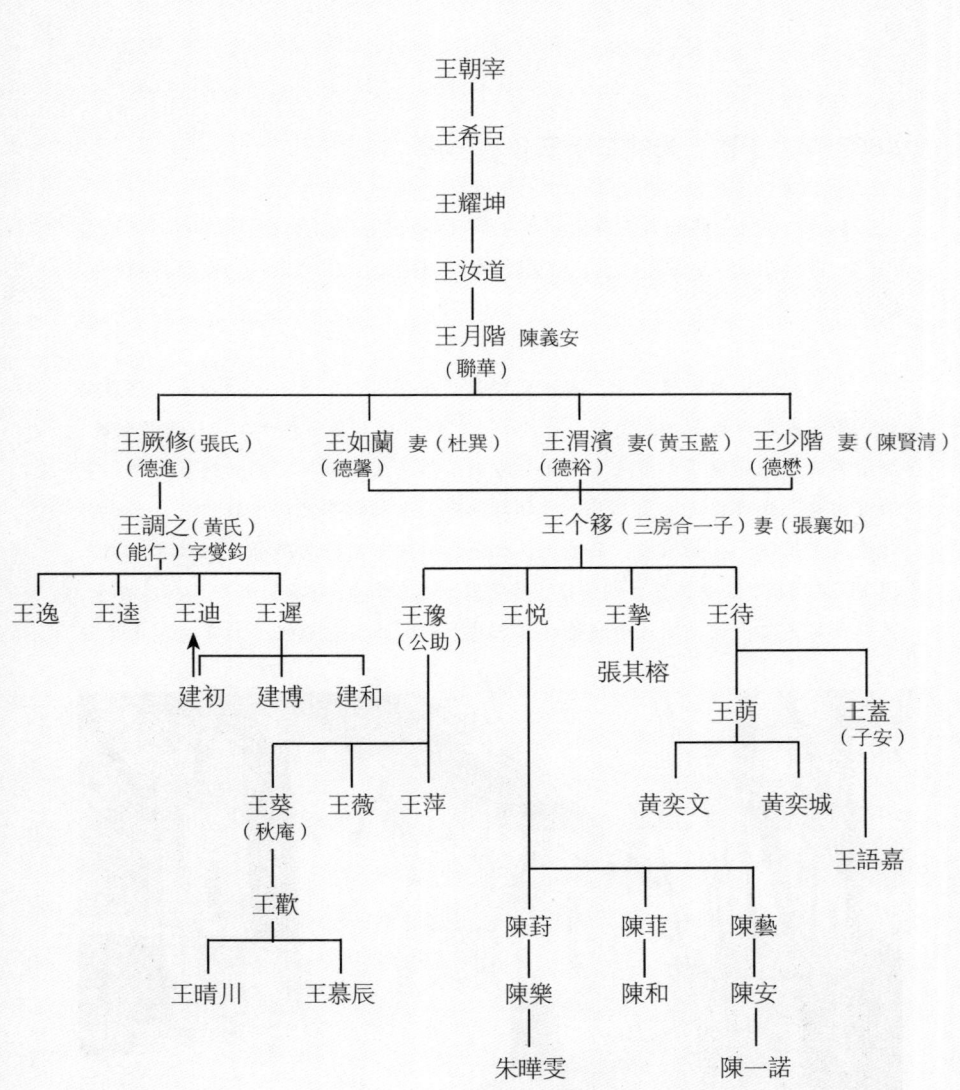

1897 年　丁酉　光緒二十三年　一歲

　　10月20日（農曆九月廿五日）生於江蘇海門三星鎮。祖居崇明，六祖遷海門。曾高祖朝宰，曾祖汝道，祖父聯華，字月階，父德懋，字少階，母陳賢清，嗣父渭濱。

　　我家先世由句容遷崇明，嗣後又從崇明遷居海門。第一始祖朝宰，務農起家，居住我宅西南角朝東幾間小屋。第二代祖希臣，享年九十二歲，年齡較高，生產興旺，開始建築大型住宅於東北方面。第三代祖耀坤，開始轉農爲讀，下面有四房，我曾祖汝道屬三房，曾祖母徐氏，夫婦都早逝。生我祖父月階，祖母陳義安生四子，長厥修，名德進，配張氏。次如蘭，名德馨，配杜巽。再三渭濱，名德裕，配黃玉藍。四少階，名德懋，配陳賢清，即我父母。二三房無子，舊例長房不宜出嗣，因此由我兼祧二三房。我六歲父親逝世，幼年時期由母親

海門三星鎮王个簃故居

嚴加督促，祖母和二嗣母、三嗣母共同管教。祖父月階六十歲逝世，未曾見到，僅在廳堂中懸挂字畫上，有月階工楷款的聯語，和山水畫中清晰看到。現存趙菊泉對聯是我家留存遺物，正是我藝術生涯的珍貴起點。（王个簃《家世簡述》）

家中在我幼年時期，記得有屋角梅花，四周桃李橘柿等花果。中庭有桂樹兩株，分植廳屋前後。後面有竹籬，籬有小花藤，前面桂旁玉簪龍爪等雜卉。特別在堂屋廡下有大梨樹一林，高二丈餘。宅四圍盡是合抱大榆。廳前種有楊數株，樹上有蟬聲斷續。宅溝外西北，連綿竹林，外有枝楊圃，春笋秀茁，時時在圃外攉苗生枝，透露情趣。在宅外西南邊，也有竹林斷續。中間有向日葵錦荔枝，還有枇杷三數叢，最南兩株大可合抱。我幼時爬在樹上采摘黃金果，有時即在枝上剝開果皮，用嘴在樹上吃得玩。籬外還有一片桃林。宅東種有零星萱草等雜卉。我在南通讀書教課之余，又遷回垂絲海棠、牡丹、臘梅、元竹等等，種在廳前圍墻內，供我玩賞。宅內每家養着雞，天天報曉。宅外竹林裏，翠鳥、白頭鳥、春鳩鳥，特別時時看到，壽帶曳着長長得尾巴飛鳴來往。所有一切圃中景色，一直到來滬尋師訪友，開始與這些美景暫時告别。但時時惦念在心，不忍離去。還有，我家堂屋後門上雕刻一副聯語，附錄於此，聯曰："忍和齊家上策，勤儉創業良圖。"癸亥春節，隨手寫稿，告兒孫輩，上面情况只有調之大哥也能詳悉。現調之逝世十余年，我應如上記錄一番。（王个簃《家園雜記》）

（外祖母陳施太夫人）外祖母生三男三女，大舅父、三舅父早逝，我母是長女，二姨母適魏藝圃，三姨適太倉俞氏。外祖母享年九十七歲，我母六十餘歲患偏中風，在外祖母九十外，曾扶病探親，我母享年七十五歲，逝世在正月十一日。

王个簃的外祖母

我遲歸一日，永存餘憾。光陰迅速，迄今已三十八年矣。

（母親大人）我年十六齡，擔簦走異鄉。自此綜一歲，幾日侍母旁。荏苒惜光景，所願來日長。母年今七十，行步須扶將。飄飄髮如銀，却老愁無方。兒歸甫浹旬，又復治行裝。何以慰我母，兒鬢亦已蒼。母知兒心苦，皇皇衣食忙。入門復出門，叮嚀語綦詳。從容修問學，毋慮名勿彰。翱翔貴毛羽，用舍區楩柟。寧復嘆困頓，但求免嬉荒。身體用載道，自葆莫毀傷。兒能領此義，聊慰我衷腸。堂上聆訓誨，門外飄風霜。唯唯無餘語，趍趍出門牆。未忽一回顧，知母遙相望。車聲請且促，我意益茫茫。人生本煩寃，世路太倉皇。何時絕塵鞅，歸去藝稻粱。出門吟詩一首。

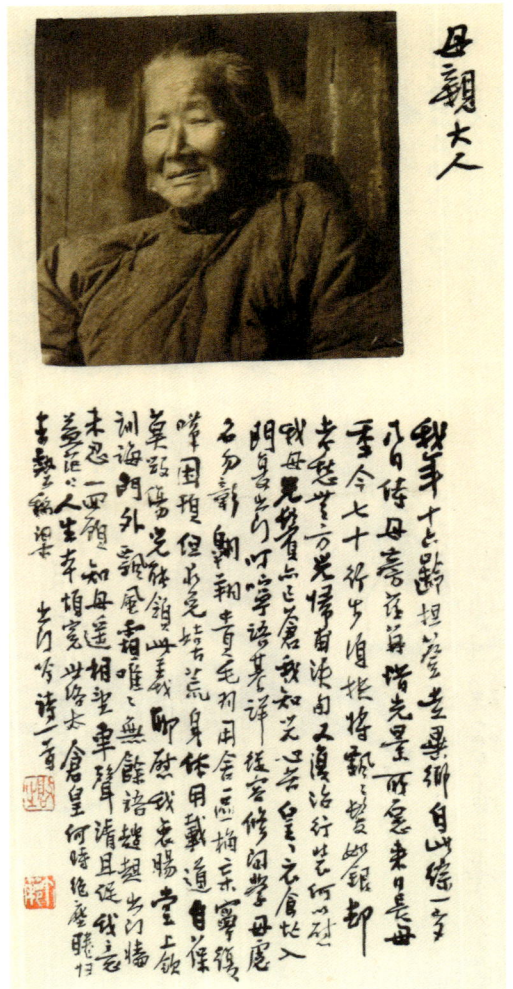

王个簃的母親

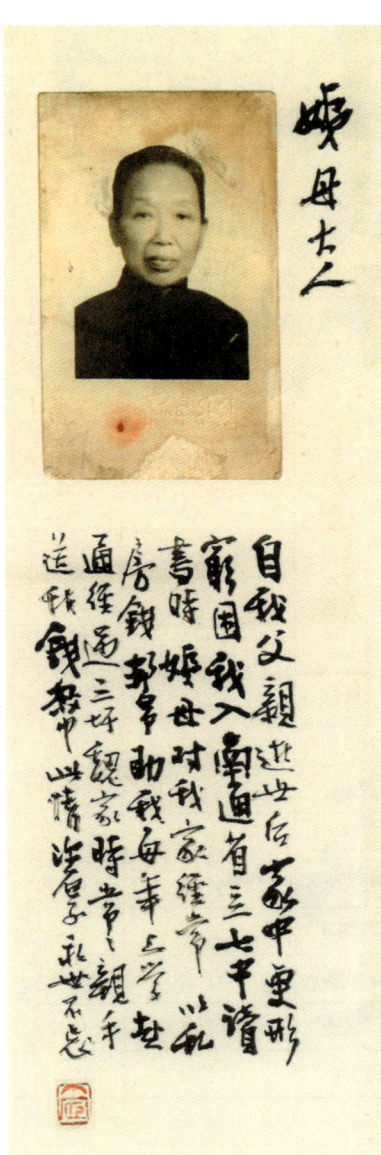

王个簃的姨母

（姨母大人）自我父親逝世後，家中更形窮困。我入南通省立七中讀書時，姨母對我家經常以私房錢幫助。我每年上學赴通，經過三圩魏家時，常常親手送我錢幣。此情深厚，永世不忘。

（三嗣母黃玉藍）父黃坤榮兄弟四人，她獨生女，性情忠厚直爽。來我家，渭濱嗣父頗得内助。我少時親承教益，見她爲人處事，記憶在心。特別見到每晨早起在後面田間，看到情況，情況不遺，告訴人家，盡人稱道。爲人誠篤，後來生病，在娘家治病，即在那邊逝世。一生美德，永留紀念。我曾將遺像兲王一亭繪成半身像，惜遺失，增我内疚。丁卯中秋節，偶記往事，增我慘痛。王个簃敬述。爭將設法彌補。

《民國書畫家匯傳》：王个簃，名賢，一字啓之。江蘇海門人。清光緒二十三年生（1897）。爲吳昌碩入室弟子，書畫詩文篆刻，均造詣精深，馳譽海内。兄調之，弟曼伯，亦擅書畫，一門風雅，爲人所重。

《中國美術家人名辭典》：王个簃，1897年生，字啓之，江蘇海門人。擅國畫。上海中國畫院。

《中國美術大辭典》：王个簃（1897—1988），現代書畫家，篆刻家，詩人。名賢，字啓之，別署霜茶閣，齋名還硯樓，江蘇海門人。

《中國篆刻大辭典》：王个簃（1897—1988），現代書畫篆刻家。名賢，字啓之，別號个簃。江蘇海門人。

《近代印人傳》：王个簃（1897年

王个簃生年與書畫名家暨師友年歲對照表（一）

姓名	年歲	生年	姓名	年歲	生年
俞樾	七十七歲	1821	童大年	二十四歲	1874
翁同龢	六十八歲	1830	趙雲壑	二十四歲	1874
沙馥	六十七歲	1831	諸宗元	二十三歲	1875
蒲華	六十六歲	1832	陳師曾	二十二歲	1876
吳大澂	六十三歲	1835	蕭退庵	二十二歲	1876
胡钁	五十八歲	1840	陳半丁	二十二歲	1876
吳昌碩	五十四歲	1844	姚虞琴	二十二歲	1876
馮煦	五十四歲	1844	張叔通	二十一歲	1877
張祖翼	四十九歲	1849	徐昂	二十一歲	1877
沈曾植	四十八歲	1850	李禎	二十一歲	1877
高邕	四十八歲	1850	薛飛白	二十一歲	1877
張謇	四十五歲	1853	何香凝	二十歲	1878
陳三立	四十五歲	1853	劉山農	二十歲	1878
潘飛聲	四十歲	1858	吳待秋	二十歲	1878
鄭孝胥	三十八歲	1860	于右任	十九歲	1879
曾熙	三十七歲	1861	丁仁	十九歲	1879
齊白石	三十五歲	1863	曹君覺	十九歲	1879
黃賓虹	三十三歲	1865	王福庵	十八歲	1880
葉銘	三十二歲	1866	李叔同	十八歲	1880
李瑞清	三十一歲	1867	任堇叔	十七歲	1881
王一亭	三十一歲	1867	樓辛壺	十七歲	1881
吳隱	三十一歲	1867	楊滄白	十七歲	1881
王燕卿	三十一歲	1867	張宗祥	十六歲	1882
商言志	二十九歲	1869	張善孖	十六歲	1882
葛竹溪	二十五歲	1873	沈尹默	十五歲	1883
馮君木	二十五歲	1873	馬一浮	十五歲	1883

王个簃生年與書畫名家暨師友年歲對照表（二）

姓名	年歲	生年	姓名	年歲	生年
熊松泉	十四歲	1884	顏文樑	五歲	1893
胡汀鷺	十四歲	1884	郭紹虞	五歲	1893
邵裴子	十四歲	1884	馬公愚	五歲	1893
謝公展	十三歲	1885	吳湖帆	四歲	1894
唐醉石	十三歲	1885	鄭午昌	四歲	1894
王師子	十三歲	1885	梅蘭芳	四歲	1894
呂十千	十三歲	1885	張石園	四歲	1894
張聿光	十三歲	1885	范烟橋	四歲	1894
樊少雲	十三歲	1885	鄧懷農	四歲	1894
黃葆鉞	十二歲	1886	周瘦鵑	四歲	1894
符鐵年	十二歲	1886	諸聞韵	三歲	1895
呂鳳子	十二歲	1886	徐悲鴻	三歲	1895
高絡園	十二歲	1886	朱文侯	三歲	1895
吳東邁	十二歲	1886	楊清磬	三歲	1895
費範九	十一歲	1887	袁松年	三歲	1895
王雲	十歲	1888	劉海粟	二歲	1896
于非闇	九歲	1889	胡伯翔	二歲	1896
孫雪泥	九歲	1889	徐立蓀	二歲	1896
嚴蒼山	九歲	1889	潘天壽	一歲	1897
黃松庵	九歲	1889	錢瘦鐵	一歲	1897
鄭集賓	八歲	1890	陳定山	一歲	1897
賀天健	七歲	1891	管平湖	一歲	1897
沈邁士	七歲	1891	寧斧成	一歲	1897
阮性山	七歲	1891	汪英賓	一歲	1897
朱屺瞻	六歲	1892	蔣吟秋	一歲	1897

10月20日—1988年12月18日），原名賢，字啓之，別號个簃，以號行。齋名有霜茶閣、還硯樓、千歲芝齋、待鴻樓等。江蘇海門（今屬南通）人。

《上海美專名人傳略》：王个簃（1897—1988），名賢，字啓之，號个簃，以號行，江蘇海門人。

1898年　戊戌　光緒二十四年　二歲

3月，吳昌碩重修《吳氏宗譜》，并爲之撰吳氏列祖諸傳。（《吳昌碩年譜長編》157頁）

1899年　己亥　光緒二十五年　三歲

12月18日，吳昌碩得到江蘇候補道員丁葆元的保舉，以五品頂戴候補縣令，代理安東（今江蘇漣水）縣令之職。僅上任一月，便辭官歸去，刻"一月安東令"印。（《吳昌碩年譜長編》171頁）

冒廣生往來京蘇間，與吳昌碩交友甚契，吳昌碩爲之題《冒巢民手書菊飲詩卷》。（《吳昌碩年譜長編》166頁）

1900年　庚子　光緒二十六年　四歲

西泠印社出版《缶廬印存二集》。

是年，王懿榮逝世，沙孟海生、吳茀之生、朱復戡生、王蘧常生、唐蘭生、陶博吾生。

1901年　辛丑　光緒二十七年　五歲

1月21日，俞樾八十壽日，吳昌碩作長古一首、五律二首。（《吳昌碩年譜長編》183頁）

是年，方介堪生、高二適生。

1902年　壬寅　光緒二十八年　六歲

父王少階逝世，母陳氏夫人含辛茹苦撫養王个簃。

吳大澂逝世，年六十八。俞樾爲之撰墓志銘、挽聯。（《吳昌碩年譜長編》187頁）

挽窓齋：病爲感時添，攀龍志在皋夔，一卧滄江生白髮；泪因知己墮，策騎曉隨旌旆，曾陪絶塞看青山。

是年，蕭嫻生、商承祚生、諸樂三生。

1903年　癸卯　光緒二十九年　七歲

祖母和母親將王个簃交由嗣父王渭濱，開始接受啓蒙教育。課目有：《三字經》《百家姓》《千字文》《四書五經》等。

10月28日，蒲華、吴昌碩、錢慧安、金爾珍、何煜、黄山壽、倪田雅集絜園，爲袁樹勛合作《九秋圖》并題詩，高邕題記。(《吴昌碩年譜長編》202頁)

應張謇之聘，王國維來南通，任通州師範學堂教習。

劉鶚《鐵雲藏龜》刊行。

是年，張大壯生、費新我生。

二嗣母

1904年　甲辰　光緒三十年　八歲

丁輔之、吳隱、葉舟、王禔等聚於杭州西湖孤山人倚樓，發起創立"西泠印社"，邀吳昌碩參與其事。（《沙孟海研究》下卷5頁）

趙雲壑年三十，拜吳昌碩爲師。（《吳昌碩年譜長編》213頁）

是年，翁同龢逝世，傅抱石生、來楚生生、顧廷龍生、潘伯鷹生。

1905年　乙巳　光緒三十一年　九歲

10月，金澤榮應張謇之邀來南通翰墨林印書局。

張謇創辦"南通博物苑"，爲我國第一個公共博物館。張謇自爲苑總理，孫鉞爲苑主任。

是年，羅福頤生。

1906年　丙午　光緒三十二年　十歲

9月1日，清廷宣布預備立憲。

12月16日，"預備立憲公會"在上海愚園召開第一次成立大會，選舉鄭孝胥爲會長，張謇、湯蟄仙爲副會長。

冬，"春柳社文藝研究會"在日本東京成立，創始人爲李叔同、曾孝谷。

1907年　丁未　光緒三十三年　十一歲

2月5日，俞樾卒於蘇州，年八十六，吳昌碩挽聯悼之。

> 挽聯：薄植荷栽培，附公門桃李行，今成松木；名山藏著作，自中興將相後，別是傳人。（《吳昌碩年譜長編》229頁）

是年，白蕉生、陳小翠生、趙樸初生、錢君匋生。

1908年　戊申　光緒三十四年　十二歲

初隨舅父至海門長樂鎮住讀小學，後改赴均培小學專修國文。受學校秦老師的影響，始會詩詞，懂得平仄。

吳昌碩臨天一閣藏阮元翻刻北宋《石鼓文》全本，其自跋曰："予學篆，好臨石鼓文，數十年從事於此，一日有一日之境界，唯其中古茂雄秀氣息，未能窺其一二。"（《吳昌碩年譜長編》245頁）

端方著《陶齋吉金錄》。

是年，陸抑非生、吳作人生。

1909年　己酉　宣統元年　十三歲

2月20日至28日，"中國金石書畫賽會"在上海愚園舉行。（《王一亭年譜長編》46頁）

由錢慧安等人發起的"豫園書畫善會"在上海成立，高邕任會長。

吳昌碩篆書題額"西泠印社"。

是年，張之洞逝世、黃士陵逝世、陸儼少生、潘主蘭生。

1910年　庚戌　宣統二年　十四歲

由均培小學轉至海門高等小學（今獅山小學）就讀，得黃松庵教益，從陳爾益習畫竹。

春，"中國書畫研究會"（又稱上海書畫研究會，小花園書畫研究會，1911年改名海上題襟館）成立。

是年，胡鑁逝世，謝稚柳生、尤無曲生。

1911年　辛亥　宣統三年　十五歲

就讀於海門高等小學。

2月，陳師曾受張謇之邀，在南通通州師範學校任教，專授博物課程。

夏日，吳昌碩移家上海吳淞面海樓。（《吳昌碩年譜長編》278頁）

10月10日，武昌起義，全國震動。

陳師曾師事吳昌碩。

黃賓虹、鄧實合編《美術叢書》，神州國光社印行。

是年，蒲華逝世、端方逝世、徐邦達生、朱梅邨生。

1912年　壬子　民國元年　十六歲

由海門高等小學轉至江蘇省代用師範附屬小學（今南通師範學校第一附屬

小學）就讀。

5月26日，上海書畫研究會爲江皖災區助賑。（《吳昌碩年譜長編》284頁）

6月8日，"金石書畫共覽會"在徐園開幕。（《吳昌碩年譜長編》285頁）

11月，烏史光、劉海粟等在上海創辦"上海圖畫美術院"，後更名爲"上海美術專科學校"。（《百年中國畫集》551頁）

張謇創辦"南通圖書館"。

柳亞子、李叔同發起組織的"上海文美會"成立。

宣哲、黃賓虹等人發起組織的"貞社"在上海成立。

是年，陳大羽生。

1913年　癸丑　民國二年　十七歲

就讀於江蘇省代用師範附屬小學。

推吳昌碩爲西泠印社社長。據《西泠印社成立啓》："社長則推昌老。"

"上海書畫協會"成立，吳昌碩爲社長。（《沙孟海研究》下卷8頁）

王一亭拜吳昌碩爲師。

是年，于希寧生、曹簡樓生、張令杭生。

1914年　甲寅　民國三年　十八歲

就讀於江蘇省代用師範附屬小學。

同年，就讀於南通省立第七中學（今南通中學），楷書始受校長繆敏之教益。

2月，吳昌碩爲趙雲壑篆書《雲卧北極，雪釣南溟》聯，後趙雲壑轉贈王个簃。（詳見本年譜1955年）

5月22日，吳昌碩撰《西泠印社記》并篆書銘石立於杭州孤山之麓仰賢亭之西。（《吳昌碩年譜長編》348頁）

張謇在南通創辦"女紅傳習所"，沈壽應聘擔任所長兼教習。

上海商務印書館、西泠印社分別出版《吳昌碩先生花卉册》《缶廬印存三集》。

是年，梅舒適生。

1915年　乙卯　民國四年　十九歲

就讀於南通省立第七中學。

暮春，吴昌碩爲南通徐鋆《梅花山館讀書圖卷》篆題引首。(《吴昌碩年譜長編》385頁)

諸聞韵來滬隨吴昌碩學藝。(《吴昌碩年譜長編》422頁)

是年，楊守敬逝世、陸潤庠逝世，賴少其生、高冠華生、金意庵生、蔣風白生。

1916年　丙辰　民國五年　二十歲

就讀於南通省立第七中學。

求學期間發表人物畫作，時用名"王能賢"。(《學生》雜誌1916年第三卷第三期，上海圖書館藏)

4月及初夏，吴昌碩爲南通狼山北麓園分別篆書"磊落磯""小磊落磯"。(《南通書法一千年》181、182頁)

吴昌碩爲其先德校印《天目山齋歲編》(二册)、《讀書樓詩集》(二册)、《玄蓋副草二十卷》(六册)，鄭孝胥題簽，諸宗元、莫永貞作序。(南通市圖書館古籍部藏)

是年，王闓運逝世，小林斗盦生。

王个簃早期人物畫作

1917年　丁巳　民國六年　二十一歲

就讀於南通省立第七中學。

春，吳昌碩任上海題襟館書畫會會長，王一亭、哈少甫爲會董，吳徵爲駐會會員。(《吳昌碩年譜長編》460 頁)

3 月，吳昌碩爲南通如東豐利篆書《三層塔銘》。

川澤纏屬，奧區斯局。迤涎際海，縈馮埼曲。蕩颶飄沙，崖陾爲麼。制庳以崇，形家所宗。歸然窣堵，作鎮於東。倚府壁，扶樞極，蟠固千祀，雄視一邑。潘蔭東撰，吳昌碩書，丁巳三月。(方訓謀刻)(《南通書法一千年》180 頁)

夏，李禎由諸宗元之引薦，拜謁吳昌碩，以篆刻作品呈教，遂收納爲徒。(《吳昌碩年譜長編》468 頁)

是年，葉昌熾逝世、沈石友逝世。

1918年　戊午　民國七年　二十二歲

時任南通城北小學教師。

南通省立第七中學畢業。得徐昂教益。曾代表學校足球隊赴蘇州參加足球比賽，此爲王个簃第一次蘇州之行。并在中學生田徑比賽中，獲得跨欄和跳遠兩個項目的好名次。

因家境清寒，遂在南通城北小學（今南通市實驗小學）任教，有國文、算術、圖畫、勞作四種課目。結識李禎。

6 月，上海神州女子學校設立國畫專修科。

11 月 25 日，《美術》雜誌在上海圖畫美術院創刊，共出版 3 期。

刻《个簃》朱文印，款："个簃自刊印，戊午暮春。"(《王个簃篆刻集》)

是年，鄭文焯逝世，龍桂林生、陳從周生、胡問遂生。

1919年　己未　民國八年　二十三歲

時任南通省立第七中學舍監兼教員、課外運動指導，授國文、修身、課外篆刻等。

"五四運動"爆發。

娶同邑張氏夫人裹如，江蘇海門小海鎮人，與王个簃同年。張氏夫人侍老

个簃　王个簃刻　　　　　　青年時期的王个簃

扶幼,治家有方,吳昌碩詩以贊之曰:"有妻賢孟光。"

在此執教期間,從李禎學藝,識諸宗元及同門陳曙亭於李禎寓所。與陳衎曾、陳峙西、葛竹溪、錢嘯秋、陳叔吟、蔡觀明、周琊峰、陶茂侯、諸宗元、金澤榮、陳曙亭、陳保之、趙子超、張峰石、費範九、劉子美結交。篆刻力追秦漢風規,繪畫追摹宋元明清作品,并涉獵詩書。又酷愛古琴音律,結識了徐立蓀、邵大蘇、石重光、趙合明等。得徐立蓀指教。

曾刻《李禎唯印》,款:"學漢鑄印,求苦李先生斧正,後學賢。"(《王个簃篆刻集》)

金澤榮、邵大蘇、蔡觀明、費範九曾有詩酬謝王个簃。

金澤榮《致王个簃詩函》:"王啟之為余設小酌於翰墨林,因招某某諸名勝以助懽,率作以謝。有客珊珊骨有聲,槎枒竹石肺肝生。三升美醞貧能買,一片清歡畫不成。相笑何人如戶反,忘年從古說融衡。西園側畔初胎杏,含雨含烟證我盟。澤榮。"(南通市个簃藝術館藏)

邵大蘇《樗庵零稿》:"天壤王郎尚黑頭,灝餘奇氣不能收。安排滄海蛟鼉笑,椎鑿鴻蒙日月愁。漫以浮名妨至道,但追詩思入沉憂。風流水繪今猶在,遺響還賡百二樓。"(《个簃書畫篆刻皆有奇致又有蓄琴之癖賦此以贈》)

蔡觀明《孤桐館詩文》:"葛君畫松子刻印,畫以詩貿印缺然。無詩使子有深望,此意已足成吾篇。大化遷流物有盡,精金玉石同非堅。子冀刻畫傳來祀,窮神拓臂事雕鐫。吾亦惘惘抱青簡,一字千慮長鑽研。壯懷廢棄歲月促,欲令

王个簃早年恩師李禎（四十五歲照）

王个簃夫婦與母親

百代驚雄妍。固知細事衆所鄙，飄瞥過眼終如烟。秉鈞執衡尤猥下，利刀高俎民爲臠。丈夫磊落志不沫，忍舍清白歸腥羶。江湖浩蕩生理拙，舉世不識吾安便。愛子翛翛耽沈寂，豈眞題品須吾言。作詩相慰補宿過，蠹科脫手毋輕延。"（《索葛君畫同時屬王啓之作印啓之聞吾獨以詩贈葛而不懌詩以解之》）

費範九《淡遠樓叢墨》："故人遠道遺雙印，畫出寒家淡遠樓。已看魚文花乳刻，要令鴻爪雪泥留。縱橫篆勢秦碑出，腴瘠刀痕浙派收。始信成章非急就，山農妙製足千秋。"（《謝个簃贈名印》）

秋，豐子愷、吳夢非等創辦"上海專科師範學校"（私立上海藝術大學前身）。

11月，梅蘭芳應張謇之邀，來南通演出。後於1920年、1922年兩次來通演出。

由吳夢非、姜丹書、豐子愷發起的"中華美音會"在上海成立。

西洋美術團體"天馬會"成立。

朱東潤任職南通通州師範學校英文教授。

刻《黄枋》朱文印，款："己未秋七月，偶師苦鐵意，以應松庵之屬，啓之。"（《王个簃篆刻集》）

刻《黄枋珍藏》朱文印，款："己未秋月，松庵夫子命刊，受業王賢師苦鐵老人意。"（《王个簃篆刻集》）

是年，繆荃孫逝世，沈柔堅生。

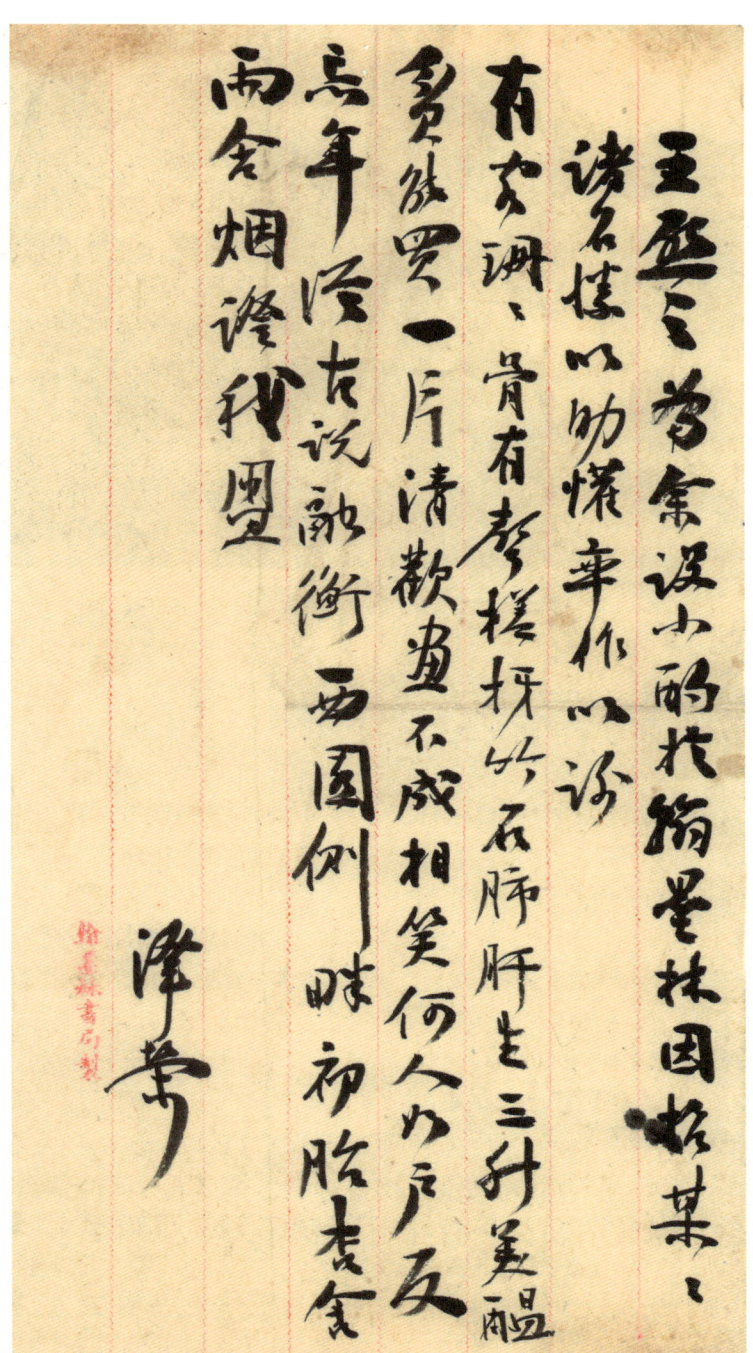

金澤榮致王个簃詩箋（南通市个簃藝術館藏）

王个簃撫琴

1920 年　庚申　民國九年　二十四歲

　　時任南通省立第七中學舍監兼教員、課外運動指導，授國文、修身、課外篆刻等。
　　長子王桐生。
　　《个簃印恉》（鉛印本一册）刊行，諸宗元、陳師曾爲之題簽。《个簃印恉》分溯源、窮變、辨體、立基、成局、運刀、别才、刻邊、題款、神韵、病忌、印譜計十二章，并將煉刀法、刀别、製印泥法、鑄印法、洗印法作爲附録一章。（《王个簃紀念文集》286 頁）
　　"浙西金石書畫會"在上海成立。
　　諸樂三求藝於吳昌碩門下。（《中國書法全集·77 册》）
　　刻《息廬》朱文印，款："庚申九月，槼師屬治，賢志。"（《王个簃篆刻集》）
　　刻《趙彦龍印》白文印，款："頑石兩方治贈子超先生即希雅評，王賢，庚申十月。"（《南通市个簃藝術館藏品集》）
　　是年，李瑞清逝世，吳長鄴生。

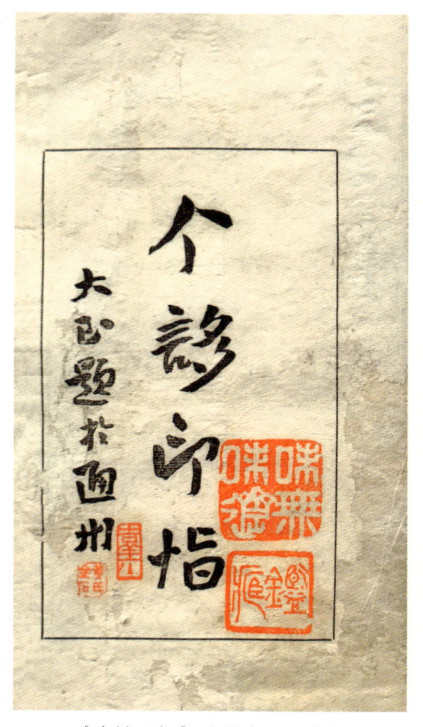
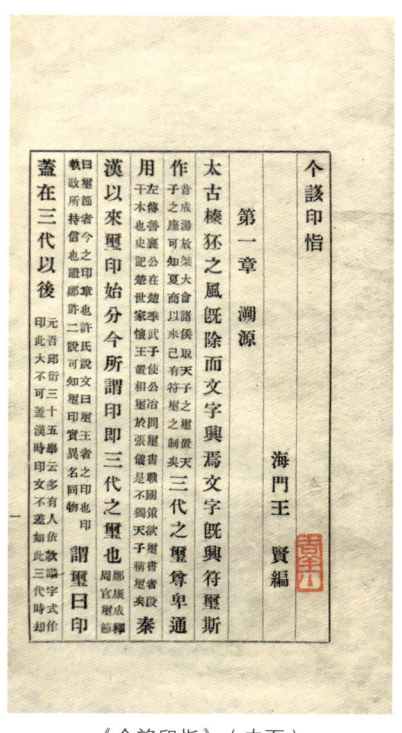

《个簃印恉》（諸宗元題簽）　　　　《个簃印恉》（內頁）

息廬　王个簃刻

趙彥龍印　王个簃刻
（南通市个簃藝術館藏）

1921 年　辛酉　民國十年　二十五歲

時任南通省立第七中學舍監兼教員、課外運動指導，授國文、修身、課外篆刻等。

在南通作《先君忌日感賦》詩以懷念父親："憶昔五歲在蒙稚，未解讀書識方字。阿父手持鮮果來，一字一果懂且咥。愛父不如愛果甘，果盡還索核中味。父病三百九十日，垂死呼兒立其次。摹頂撫手日數回，不笑不言在流淚。父既目瞑謂父睡，未瞭家人動哀意。散髮編麻心不愉，匍匐時欲把手臂。母親腸斷作號啼，呼母不應擲餌餅。蕭槭一棺守門庭，母子零丁酸雙鼻。傷哉我母丁此艱，明日鹽米時虞匱。日坐霜帷紡織勤，青燈慘慘我側侍。機聲書聲起水濱，疏鐘遙應出村寺。呼呼經過二十年，眷念前塵滋憂悸。父靈在天魄在地，精誠恨不通夢寐。老母星星鬢有斑，俯仰晨昏負芒刺。孤兒心事訴與誰，獨抱楹書垂泣涕。"

請李禎作《琴鶴圖》（74.5cm×35cm），款："共閑作伴無如鶴，與老相宜只有琴。啓之仁弟屬寫香山詩意，李禎。"

先後題跋者有：

徐鋆跋："宜裝欲壓趙清獻，詩境能傳白樂天。搜入圖中應有意，免人焚煮動人憐。辛酉冬至，訪啓之先生於城北校舍，出示此幅，不勝黃庭所謂琴心三疊舞胎仙之想，率成一絕，并希粲教。徐鋆。"

張鳳年跋："世人但好箏琶音，古調靜穆疇愛琴。世人但知燕與雀，仙羽翩翩疇愛鶴。王子嗜好與俗殊，一琴一鶴聊自娛。無琴無鶴亦天趣，莫謂付之空畫圖。个簃主人屬題，壬戌人日，張鳳年。"

丁介石跋："孤山處士海東仙，曠代高人獨杳然。琴鶴正愁無着處，看誰招取壓歸船。今見風流王啓之，妙將手爪撮清奇。圖成更有銘心處，千載知音與鶴期。啓之吾兄屬題，弟丁介石軍中。"

曹文麟跋："琴非焚盡鶴非煮，羮沸何能徹底焦。莫使移情向東海，遼東城郭益塵囂。三讀楞嚴吾意遠，通君神智轉思吾。羽毛珍惜天風屬，反顧瑤琴認黨徒。辛酉臘月，文麟爲个簃主人題，殊覺傴寒不平，無當主人之蕭疏閑逸也。"

張峰石跋："君既不姓趙，何來鶴與琴。君大搖其頭，軒渠笑不禁。謂鶴不必飛，謂琴不必音。取諸外象，證以心中。一筆兩筆畫，白雲秋山深。癸亥端陽前一日，爲个簃雅士題，峰石張麟年。"

王个簃跋："嗜好生平未忍抛，囂塵名利厭紛淆。素琴絕俗宜爲侶，白鶴

李禎《琴鶴圖》（南通市个簃藝術館藏）

凌霄庶可交。肯與青田成老伴，便攜綠綺擁寒巢。名花佳月春秋酒，或者良朋擬漆膠。流水高山渺渺意，此情惟許鶴相知。松風海上移情日，雪月空江破夢時。樂我編素真靜契，拈來鷲鳳足閒嬉。獅峰肥遁誠能共，應築雙簃并个簃。賢江澤間民，疏野之性不在人中，風雨縈懷，惟耽琴鶴，因丐苦李先生繪琴鶴之圖，并系二詩，以述吾志。辛酉九秋，个簃王賢。"

周瑯峰跋："長笑陶潛百慮湛，深情猶戀一張琴。西山既已安和靖，梅下還須鶴伴吟。從知高士多真契，自要清娛寫素心。古調泠然萬籟靜，可無仙唳和岑陰。侯嶺曾聞控鶴仙，彈琴亦說子猷賢。料來癖好傳家法，盡占高懷屬少年。羽伴有情依奧草，絲桐隨意樂壺天。淄塵一任人間世，清絕玆生海上眠。个簃屬題，時在辛酉冬仲，瑯峰周貞。"

9月，周瑯峰爲王个簃書聯："共閒作伴猶如鶴，與老相宜只有琴。"題："个簃道兄沖襟朗抱，雅善琴旨，嘗謂此生無他嗜好，但得一琴一鶴相伴，今琴則致矣，而鶴原未續償也。奚倩予書香山先生句以識志趣之所在，予不善臨池，拙鈍無似，以敦促之，殷不辭也。辛酉九月二十六日，南通周貞瑯峰記。"（《王个簃紀念文集》，中國文聯出版社，2007年8月）

秋，組織南通省立第七中學愛好篆刻的學生，創辦南通第一個篆刻組織"篆刻研究會"，首屆會員有四十餘人，空前盛事。

刻《匯灃》白文印，款："个簃師悲庵意，辛酉二月。"（《王个簃篆刻集》）

刻《美意延年》白文印，款："得衆動天，美意延年。王賢作，辛酉七月。"（《王个簃篆刻集》）

刻《子超無恙》白文印，款："子超先生屬正，啓之王賢仿漢，辛酉七月。"（《南通市个簃藝術館藏品集》）

是年，沈壽逝世、王燕卿逝世。

美意延年　王个簃刻

1922 年　壬戌　民國十一年　二十六歲

　　時任南通省立第七中學舍監兼教員、課外運動指導，授國文、修身、課外篆刻等。
　　夏五月，編印南通省立第七中學篆刻研究會《篆刻成績第一集》（上、下册），王个簃篆題書名。書中附有《个誃印恉》全文及三十七位學生的篆刻習作。（南通市个簃藝術館藏）

　　《篆刻成績第一集》叙："十年秋，母校同學設篆刻研究會，以賢主厥事。鐫朱瑒白，日有常程。嬝習期年，得印累累。群以爲斯業雖觕淺，未足語於先民之矩矱。然亦諸子精神之所萃也。爰醵資刊集，留較他日之進程，亦爲兹會之紀念。刊既竣，乃屬賢叙其顛末如此。夫刻印微藝耳，猶必嬝而後嫕，久而後進，世界學術事業有大於是者矣。他日諸同學之嬝且進者，賢且更有所覘也。海門王賢。"

　　夏，"中日美術協會"在上海成立。
　　冬，黄賓虹、吴待秋、陳師曾等發起在上海成立"中國書畫保存會"。

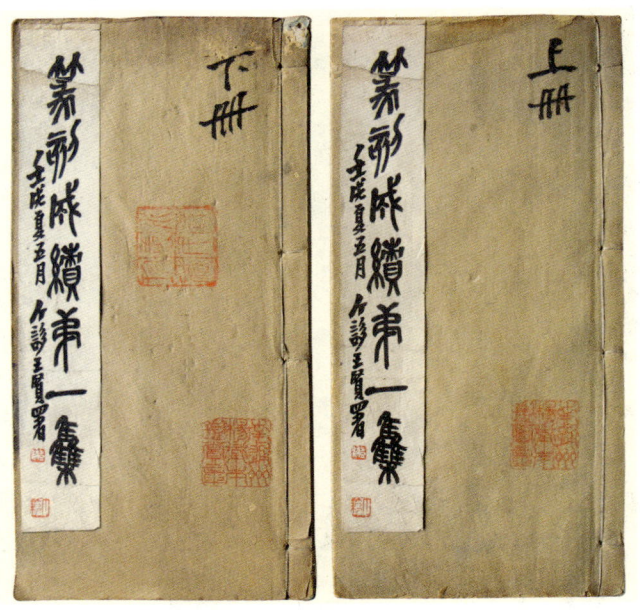

《篆刻成績第一集》書影（南通市个簃藝術館藏）

無量壽佛

請李禎作《秋窗課子圖》以懷念母親，有徐昂、曹文麟、張峽亭、張峰石題跋。

曹文麟《覺未寮文匯》："……振衣一奮三十年，篆畫精神抗今古。所學能驚吳缶公，高足王生承其風。君謂生苦吾亦識，伸筆遙傳賢母功。階下新雛感哀咽，樹陰小草餘啼血。當年情事猶能摹，當年苦味何堪説。籲嗟乎，我友丁公血性兒，等是遺孤字啓之。久遜君家今日福，可憐墓草怨萋萋。"《爲王啓之題秋窗課子圖》

爲刊印《瑯峰遺稿》，請諸宗元書簽、李禎題照、顧怡生寫贊、顧償基乍傳、徐昂撰序，曹文麟審稿并云："今王个簃謀刊君集，四走友人所相告，猶君志也。……余與益修以个簃屬其文存，阡表家傳諸篇，則亦仍君志也。"（《王个簃紀念文集》，中國文聯出版社，2007年8月）

徐鋆招宴，與張謇結識。張謇鼓勵王个簃問道吳昌碩。曾爲徐鋆治 "徐鋆無恙" 印（南通博物苑藏）。

上海美術專科學校增設中國畫系。

"上海書畫會" 成立，錢病鶴任會長。

"白鵝畫會" 在上海成立，陳秋草主持。1928年改稱 "白鵝繪畫研究所"。

作《無量壽佛》（140cm×71cm），題："曩謨阿彌多婆夜哆他隸伽多夜，哆地夜他阿彌唎都婆毗，阿彌唎哆悉耽婆毗，阿彌唎多毗迦蘭帝，阿彌唎哆毗迦蘭哆，伽彌膩，伽伽那，枳多迦唎娑婆訶。壬戌四月四日，佛弟子王賢熏沐敬寫。"（《古硯堂藏書畫集》，中國科學藝術出版社）

作《人物扇面》，款："壬戌四月爲春如弟寫。王賢。" 鈐印：王賢印（白文）。

爲無逸刻印補款："壬戌八月十五日，無逸治印，个誃題款。"（南通博物苑藏）

人物扇面

刻《王賢私印》白文印，款："壬戌嘉平既望，个簃自刻。"(《个簃印集》)
刻《歲在壬戌》白文印。(《王个簃篆刻集》)
是年，沈曾植逝世、吳隱逝世，方去疾生、曹用平生。

1923 年　癸亥　民國十二年　二十七歲

時任南通省立第七中學舍監兼教員、課外運動指導，授國文、修身、課外篆刻等。

次子王豫（公助）生。

元夕，偕徐益修、曹勛閣、顧睍予等集狼山塔陰堂觀燒，張鳳年欣然成詠，即示潔直上人。

癸亥元夕，偕益修、勛閣、正願、睍予、引之集狼山塔陰堂觀燒，欣然成詠，即示潔直上人。不藉筇枝策我屨，石梯百級尚能攀。每逢元夕來觀燒，輒訪頭陀一叩關。四野人聲同祝歲，萬家星火欲焚山。今年預訂明年約，再擾香廚定不慳。甄誤作報。峽亭張鳳年作，个簃王賢書。(王个簃《行楷立幅》，100cm×37cm，南通博物苑藏)

5月，南通省立第七中學召開校友會，會議設有六個議程，即校長報告、公推臨時主席（推校長）、討論會章、推選職員、提議事件（編印雜誌、調查校友近況）、校友演說。王个簃擔任校友會交際部員。(《江蘇七中旬刊》，1923年5月15日第一版)

《个簃印集》印稿三册成。由諸宗元之介，呈吳昌碩評閱，評閱者64方，其中有"尚可""佳""絕佳""妙""大妙""絕妙""得古意""頗得神味""見作者苦心"等語讚之。

吳昌碩題《个簃印集》，款："癸亥首夏，安吉吳昌碩署檢時年八十。"鈐"缶"印。

諸宗元題《个簃印集》，款："大至爲啓之題耑，癸亥春。"鈐"大至"印。
李禎題《个簃印集》，款："啓之屬禎署。"鈐"李"印。
吳昌碩又題《个簃印集》，款："吳昌碩書時癸亥夏"。鈐"老缶"印。
吳昌碩題詩："弄石樂何如，盤中比瀉珠。蟲魚天不老，瓦甓道之腴。鋌險醫全局，途歧戒猛驅。漫誇秦漢格，書味出唐虞。獵碣春秋日，王郎食古時。龍髓迷鑄鑒，駝鈕別蠻夷。老學師何補，英年悟最宜。蟾蜍依少室，風格太離奇。"

癸亥元夕偕益修勛閎正顧暨子別之集糶粮山塔二薩堂觀燒新年鐙求詠即示潔道上人
不藉節梅箋奋屑石梯百級尚龍樸客每逢元夕来觀燒轂訪頭陷二中閒四野人聲
慈山今年預訂明年約再擾香厨室不惺輙漢巨贓
峓貢窐張搨年 白个簃王賢畫

行楷立幅（南通博物苑藏）

款："个簃刻印，鑄不鈍行，鑿無纖意，腕能刀制，意在筆先。欽佩欽佩。丁卯秋，吳昌碩。"鈐"缶"印。(《个簃印集》，鈐印本，南通市个簃藝術館藏。《歷代印學論文選》896 頁)

9 月 11 日，吳昌碩八十壽辰。壽堂設在上海山西路、海寧路華商別墅，其間挂滿了朋友和學生們送來的祝壽詩文書畫。王个簃所作詩、畫在列。當日下午，王个簃由諸宗元、李禎引見吳昌碩。

八月初一，先生八旬壽誕，賦詩及長歌自壽，又撰聯曰："壽屆杖朝，銘并周書期不朽；歌慚奉爵，騷聞屈子獨能醒。"(《缶廬集》卷五)大書篆書巨幅"壽"字計 80 幅分贈諸親好友，其中一幅尤見精神，請王一亭補鶴於下，相得益彰。諸貞壯自杭州來，撰文以壽，賦詩謝之。是日，朋輩及門弟子借北山西路海寧路口繭業公所祝嘏，嘉賓雲集，盛極一時，親友紛紛以詩畫相贈。當晚演出京劇，由梅蘭芳演《拾玉鐲》、荀慧生演《麻姑獻壽》并與袁寒雲合演《審頭刺湯》、戎伯銘演《貴妃醉酒》、畫家熊松泉演《華容道》。是日，王个簃以所作篆刻請益。(《我的祖父吳昌碩》321 頁)

9 月 30 日，南通省立第七中學《江蘇七中旬刊》載各年級任教員一覽表(第十二學年度第一學期)：

大至（王个簃刻、吳昌碩評）

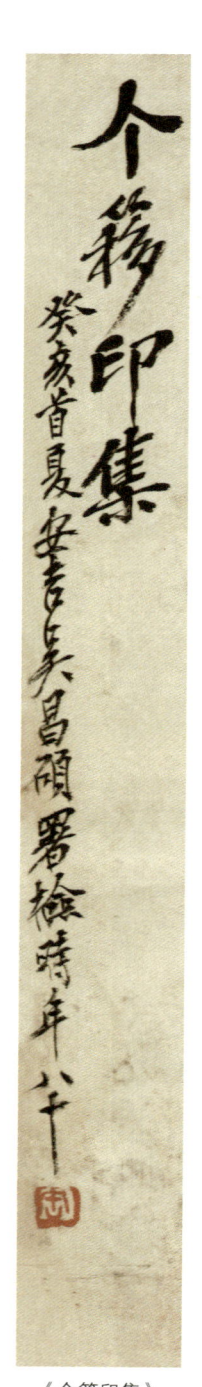

《个簃印集》（吳昌碩題）

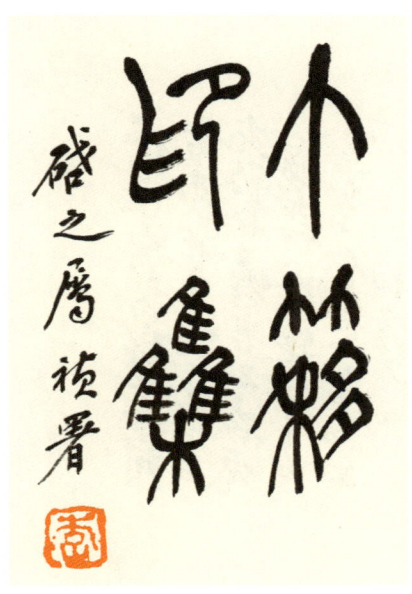
《个簃印集》（李禎題）

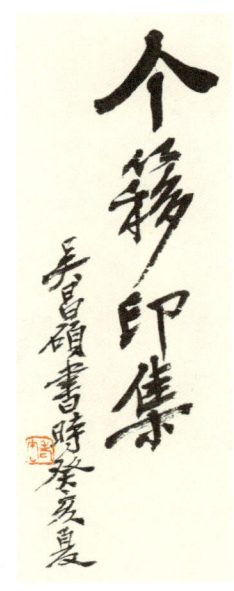
《个簃印集》（吳昌碩題）

《个簃印集》（吳昌碩題詩）

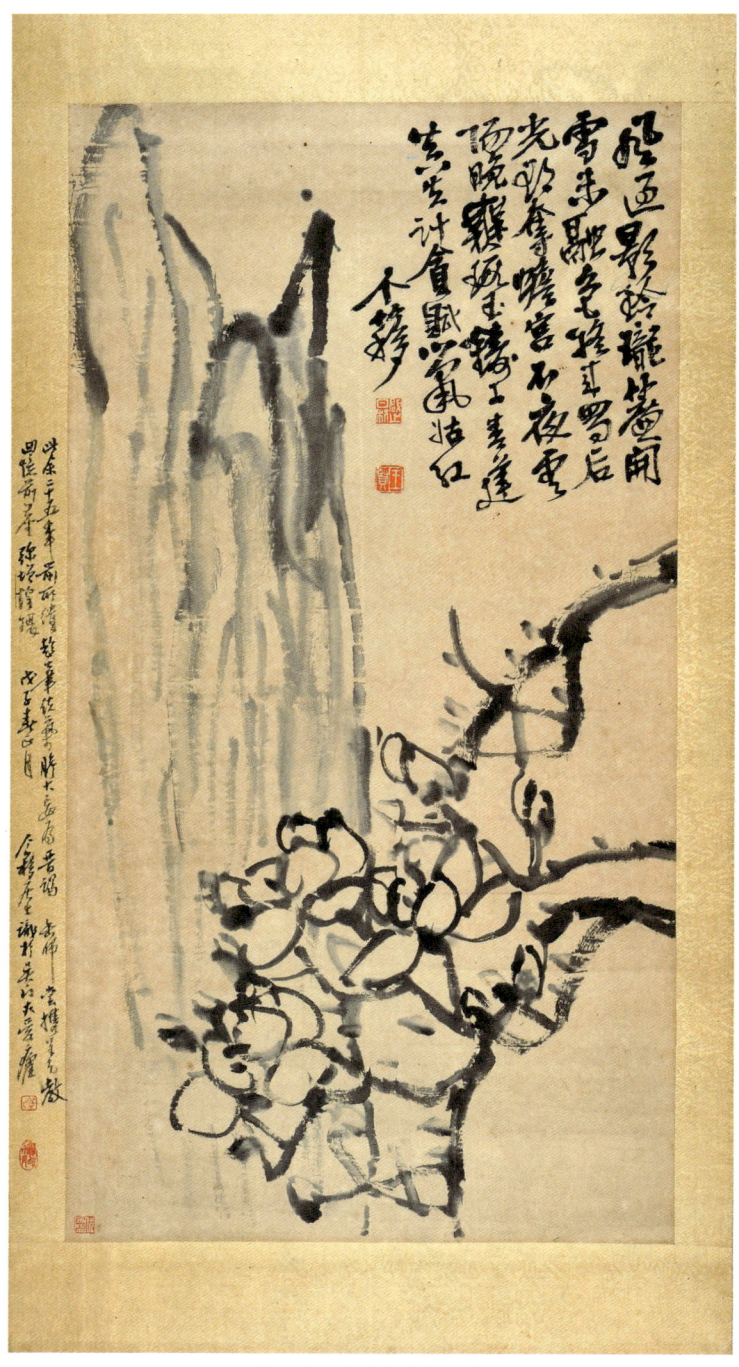

玉蘭（南通市个簃藝術館藏）

王賢（啓之）任教初一甲班修身課。（南通市圖書館古籍部藏）

作《玉蘭》（82cm×41.5cm），題："風過影玲瓏，簾開雪未融。色疑來蜀後，光欲奪蟾宮。不夜雲陽晚，無瑕玉鑄工。青蓮真失計，貪賦鼠姑紅。个簃。"另題："此余二十五年前所繪，趁筆使氣，膽大妄爲，晉謁缶師曾携呈乞教，回憶前塵，彌增惶愧。戊子春正月，个簃居士識於吳門亦愛廬。"（南通市个簃藝術館藏）

刻《大至》朱文印，款："癸亥春二月，貞丈過通，燈下鐫此爲獻，王賢。"（《个簃印集》）

刻《孫惠春》白文印，款："惠春先生屬鐫，癸亥四月，个諼賢撫漢鑄印。"（南通博物苑藏）

刻《癸亥》白文印。（《王个簃篆刻集》）

刻《啓之》白文印，款："橅秦小璽，癸亥十月，个簃。"（《王个簃篆刻集》）

刻《甲子年》朱文印，款："癸亥除夕鑿甲子年印。日月不居，詰朝余年且二十八歲矣。"（《王个簃篆刻集》）

是年，陳師曾逝世。

1924年　甲子　民國十三年　二十八歲

時任南通省立第七中學舍監兼教員、課外運動指導，授國文、修身、課外篆刻等。

3月2日，張謇發起組織"南通金石書畫會"，吳昌碩、王一亭、張大千、朱屺瞻、徐悲鴻、錢化佛等均爲會員。

6月10日，參加南通省立第七中學教職員會議。（《江蘇七中旬刊》，1923年6月15日第一版）

6月15日，南通省立第七中學《江蘇七中旬刊》刊登《哭黃稼承》詩。（南通市圖書館古籍部藏）

《哭黃稼承》："北城風雨往還頻，應有前生未了因。骨相不參烟火臭，論談如見肺肝真。偕尋净土隨鐘磬，獨具婆心庇爪麟。撒手西歸完佛果，回頭苦海渺無垠。吾將南去汝能惻，汝竟西歸我更悲。七載知音琴一抱，幾行遺墨泪千絲。飛觴轟醉懷秋夕，抵掌窮奇捫禹碑。欲賦大招追往迹，空梁落月倘遭之。"

6月25日，南通省立第七中學《江蘇七中旬刊》刊登《壽吳昌碩八十》詩。（南通市圖書館古籍部藏）

《江蘇七中旬刊》
（1923年6月15日第一版）

《壽吳昌碩八十》："聾公八十十指聰，披疊江山塞長穹。鐵杵工鑿龍門辟，萬流側聽聾黃鐘。小子煢煢歸安適，聞風謁見傾胸臆。豐頤疏髭頭不霜，笑語修然若仙容。元旦試寫花斗大，精悍直襯昔賢魄。石鼓與缶出周秦，耆德而年閱千百。我作小詩公長歌，長歌自壽獨高僻。千卮醴酒秋華黃，半天仰矚南山柏。"

按：據1924年6月15日、25日《江蘇七中旬刊》載"教職員會議記略"及發表的詩作《哭黃稼承》《壽吳昌碩八十》，始知在此期間王个簃尚在該校執教。可以推斷，其辭職赴滬當在1924年下半年。

辭南通省立第七中學教師之職赴上海，投一代宗師吳昌碩門下，拜師學藝。借住堂兄王調之處，每周則携作品至恩師寓所請教。因生計維艱，時任斯盛中

與堂兄王調之

學校長王則行爲其謀求職業未果,以舉債、代課度日達兩年餘。其間曾借斯盛中學堆放雜物的亭子間,以作畫室。

8月,"全國藝術展覽會"在上海舉行。

冬,吳昌碩爲王个簃訂書畫篆刻潤格。

个簃潤格:啓之王君,性耿介,不屑屑治家人產。年少好學,其所作篆、隸,郁勃縱橫,參以獵碣、公方神意。閒染丹青,花卉、古佛頗得晴江、復堂姿勢而古趣盎然,蓋由書力功深所致也。刻印踵秦漢遺矩,終日弄石,猛進如斯。或有請其游於藝也,而啓之未能自信,余乃爲訂其例:

畫潤(花卉)

整張:三尺八元、四尺十元、五尺十四元、六尺十八元、八尺三十元、丈足四十二元;

條幅:照整張減半;

扇冊:每件二元;

山水人物:加二倍。點品另議。

書潤(篆隸)

整張及條幅視花卉例減半;

楹聯:照整張例;

匾額：尺以內每字乙元，尺以外另議。磨墨費加一。
印潤
石章：每字十元，過大過小倍。
潤資先惠，約期取件。
甲子冬，吳昌碩書，年八十一。（《王个簃書法選集》，上海書畫出版社，1996年1月）

從曹拙巢、楊滄白學詩，從諸宗元、馮君木習詞章。

王个簃後有和詩：
《和楊滄白先生》：襟懷海色潤朝日，詩句松聲度遠鐘。寄傲半淞狎鷗鷺，清譚片席忘飧饔。枯書零落吾寧負，世路崎嶇客未慵。却愛春光正駘蕩，一闌新雨冶花容。
《和貞長師》：野雲因樹碧，海氣浴人寒。孟夏雨初歇，平明天自寬。帆張千里速，力竭一篙難。卧聽舟師說，如經十八灘。

是年，亞明生、戴盟生。

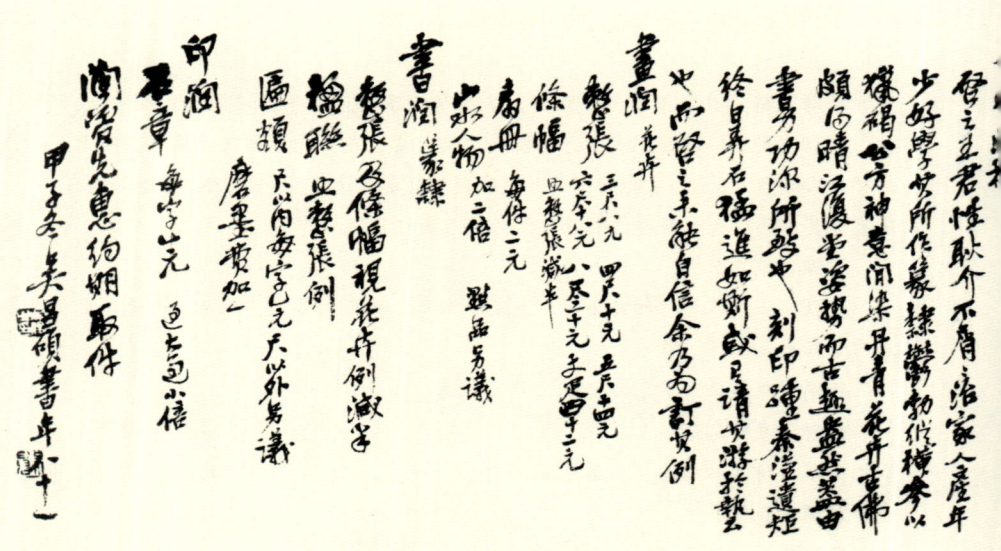

王个簃潤格（吳昌碩訂）

貫恂（徐鋆） 王个簃刻

長女王悅

1925 年　乙丑　民國十四年　二十九歲

　　長女王悅生。

　　長子桐病殤，賦《桐兒殤賦此排悶》詩哀之："浮雲排叠日月昏，不盡橫流掀乾坤。人生墮地斯傀儡，哀怨重重與誰論。求生不得死亦艱，柳莊嗜殺意彌惇。桐兒生年甫六稔，識字千餘逸弟昆。亦知愛琴符厥名，一曲聽已以手捫。每聞父歸喜而躍，追逐車聲解候門。腰縛一卷誦以嬉，家人瞥見咸溫麐。兒乎兒乎夢寐耳，來日歡顏去如奔。好景仿徨不復見，一聲長嘆忘饔飧。"

　　正月元宵，經劉玉庵極力推薦，吳昌碩延王个簃課孫吳長鄴（吳東邁之子）。吳昌碩親授戒尺，吳東邁授予聘書，行拜師禮。第一本教材爲《詩品》。同授吳昌碩孫女棣英及其親戚家的女孩。

　　一九二五年元宵佳節，位於上海北山西路吉慶里九二三號的吳昌碩的寓所內喜氣洋洋，尤其是畫室裏紅燭高燃，地上還鋪着紅地毯，吳昌碩爲孫子吳長鄴聘請家庭教師的拜師儀式正在這裏舉行。吳昌碩首先上香，再讓人於上首放好座椅，請老師上坐。在父親吳東邁的帶領下，吳長鄴手持門生帖子，恭恭敬敬地行了三叩首大禮。最後，吳昌碩遞過一把木製戒尺，對老師說："頑孫若有不可教處，可用此尺戒之。"那位坐在上的家庭教師，就是當時年僅二十九歲的王个簃……

　　轉眼就是六十年。一九八五年的元宵佳節，已成滬上著名畫家的吳長鄴專程去拜望自己的老師。請安畢，他笑吟吟地遞上一個長方形錦盒。王个簃打開一看，裏面裝着的居然是六十年前拜師儀式上的那把戒尺，輕輕敲打，口中喃喃自語。須臾，他提起筆來，在戒尺上題詩一首："缶師授戒尺，此情永不息。曠隔六十年，愛孫留厚澤。"（華振鶴《王个簃拜師吳昌碩的前前後後》）

受聘後，王个簃即從堂兄王調之處搬至吳昌碩家（北山西路吉慶里九二三號石庫門，今上海山西北路），共有兩層，上下各三間，王个簃住底樓西側。與吳昌碩朝夕相處，面聆教誨。先後與曾熙、王一亭、馮君木、趙子雲、劉山農、諸聞韻、劉海粟、潘天壽、沙孟海、諸樂三等相識。（《王个簃隨想錄》）

戒尺（吳昌碩後裔藏）

吳昌碩寓所（北山西路吉慶里九二三號）

暮春，作《菊石圖》，吳昌碩題："氣飲詩才筆下奇，蒼黃不染好平姿。何時贏得南山見，一笑餐英坐个簃。啓之弟台寫竟，書二十八字張之。乙丑暮春，吳昌碩年八十二。"

七夕，南通徐鋆四十生辰，作《神仙祝壽圖》贈之。（《淡廬四十紀念畫》，南通市圖書館古籍部藏）

夏，王一亭為劉山農造像。與吳昌碩、朱其石、嚴獨鶴等為之題跋。（《王一亭年譜長編》340頁）

夏，于右任、何香凝、經亨頤發起組織的"寒之友社"在上海成立。

9月28日，王个簃得謝玉岑書贈小篆。（見《謝玉岑詩詞書畫集》）

王个簃曾作《贈謝玉岑》詩："玉岑作篆規石鼓，折旗直逼曼龔父。毛鼎散氫勤摩挱，金石文字撑一肚。俯仰天地忽咨嗟，足迹未遑陟岣嶁。論文格律抗周秦，六朝以降何足數。詩詞排蕩恥諧俗，奇氣盤礴天尺五。一日排闥索畫圖，袖中瞱瞱出花乳。同爾能事抱師承，寫畫刻石求拙古。一世聲華笑浮雲，羞為纖巧寧粗鹵。猘獃明日酒初酣，興到落筆挑燈炷。分朱布白凝漢銅，傍水依山畫枯樹。傾刻肺腑芒角生，傴強肯受繩與斧。太息世教競華靡，硜硜吾輩亦何補。且樂吾樂樂未央，坐擁百城侯萬户。"

秋杪，刻吳昌碩"象牙鼻烟碟"銘文："鬥顏色別芬芳勇廬虛監爭專房。乙丑

菊石圖（吳昌碩題）

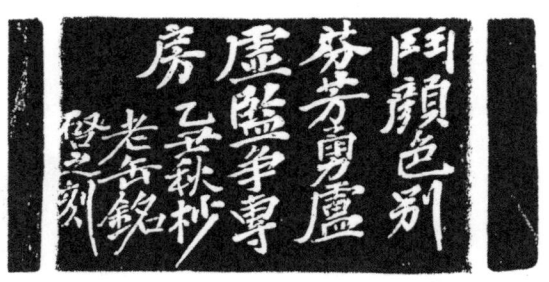

"象牙鼻烟碟"銘文拓片

秋籛,老缶銘,啓之刻。"(《吳昌碩年譜長編》750頁)

11月28日,"海上書畫聯合會"在上海成立。

12月,上海成立"巽社",該社宗旨是"究討金石書畫諸學術"。王季歡主持,社員有壽石工、林白水、狄平子、康有爲、顧燮光、姚茫父、齊白石、俞劍華、吳昌碩、鄭午昌等。

12月,吳昌碩爲左季書《和个籛》詩軸:"慘慘兵戈氣,蓬蓬草木心。四愁能續賦,三樂不知琴。聾治悲無酒,詩酬當惜陰。海門漁亦可,濠上比深深。和个籛。左季先生兩正。乙丑歲十二月,吳昌碩年八十二。"(《吳昌碩紀年書法繪畫篆刻録》267頁)

歲抄,作《將歸海門》:"鄉關無恙兵寧戢,海市偷安路欲窮。百里濤聲帆漠漠,四更月色野濛濛。豆柵瓜架消清夜,蒲扇藤床納好風。最憶歸家先入夢,應門五尺有兒童。"

歲抄,王个籛返鄉度歲,吳昌碩有《个籛將歸海門詩以言別》詩送行。(《吳昌碩年譜長編》757頁)

《个籛將歸海門詩以言別》:"有母縫衣裳,有妻賢孟光。海波塞天地,清濁孰滄浪。漁隱陪孤笠,狼山占一房。故園梅着未,春在欲東望。"

吳昌碩爲作《墨荷圖》(137cm×67cm),題:"荷花荷葉墨汁塗,雨大不知香有無。頻年弄筆作狡獪,買棹日日眠菰蘆。青藤雪個呼不起,誰真好手誰野狐。畫成且自挂粉壁,溪堂晚色同模黏。避炎曾坐芰荷香,竹縛湖樓水繞墻。荷葉今朝攤紙畫,縱難生藕定生涼。啓之老弟索塗,安吉吳昌碩,年八十有二,時在乙丑。"(《近現代中國繪畫集萃(一)》157頁)

鈐印:俊卿之印(朱文)、倉碩(白文)、古鄣(白文)。

張善孖、張大千、鄭曼青發起組織的"清寒畫會"在上海成立。

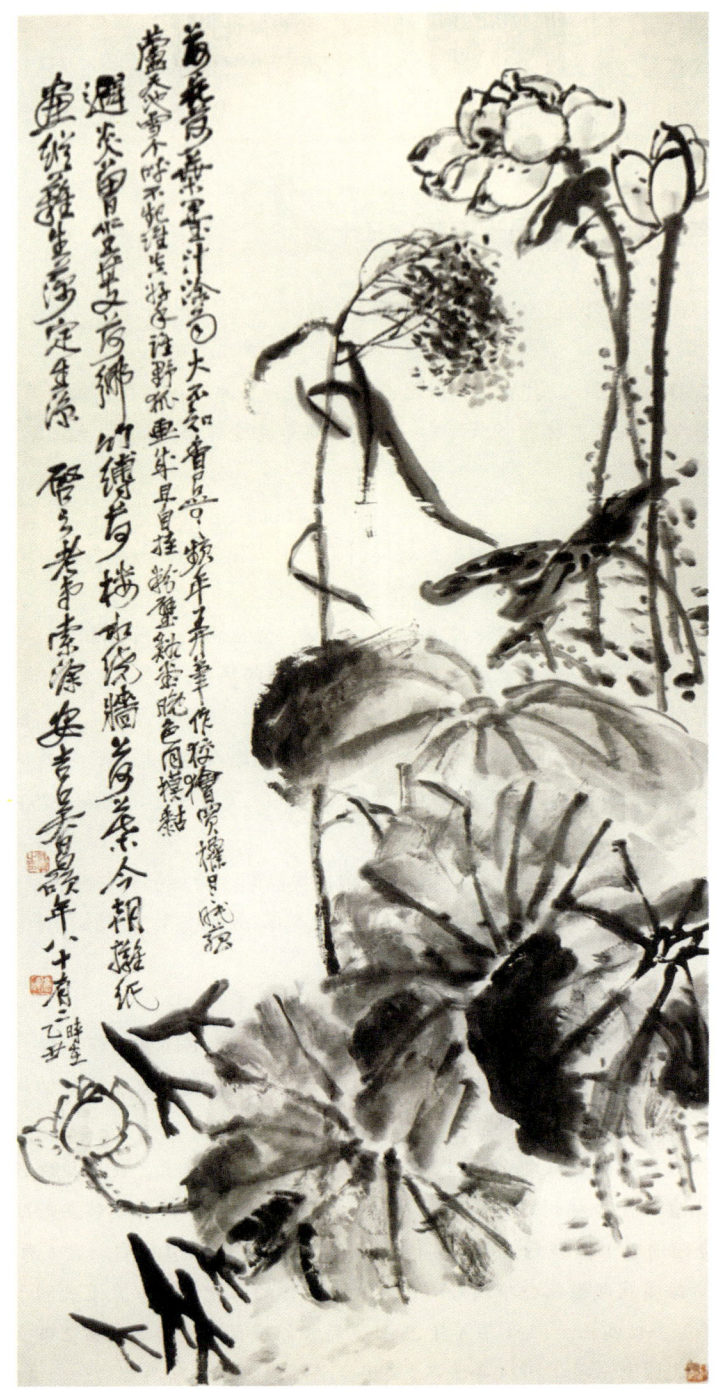

吴昌硕《墨荷图》

"中國金石書畫藝觀學會"在上海成立,黃賓虹任會長。

刻《味道之腴》白文印,款:"摘文選班固,於乙丑八月朔,个簃居士賢,時客黃歇浦上鶴園。"(《个簃印集》)

是年,黃胄生。

1926年 丙寅 民國十五年 三十歲

吳昌碩作《書悶贈啓之詩人》詩贈王个簃。

《書悶贈啓之詩人》:"去去何所之,花殘柳亂絲。鬼鄰歌踏踏,賦別草離離。策杖慚誇父,攜琴羨啓期。舉頭天一問,何事老夫宜。"(《貞逸先生遺墨》,南通市个簃藝術館藏)

1月21日,沙孟海、朱復戡拜謁吳昌碩,王个簃在侍,與之會晤。

《僧孚日錄第九》:乙丑十二月八日,晚歸,飯後與伯行同謁缶丈,晤海門王啓之,缶丈弟子也。書畫篆刻舉肖其師,詩亦規步師法,并能鼓琴。後過啓之室,請其鼓琴作"平沙落雁"一曲,音聲清幽而多抑揚,爲它樂器所未有。余今夕爲初次聽人彈琴,殆有聞韶之樂,古風寖微,操縵之人幾將絶迹,不特廣陵一散也。(王啓之館缶丈家,課其諸孫)九時散歸。(《吳昌碩年譜長編》753頁)

加入"海上題襟館"。會長汪洵,副會長吳昌碩。會員另有曾熙、黃賓虹、錢瘦鐵、陳巨來等。從成立至結束約三四十年。是年,汪洵去世,吳昌碩繼任會長,哈少甫、王一亭爲副會長。

吳昌碩領銜的海上題襟館,前身爲1910年成立的中國書畫研究會,又稱上海書畫研究會、小花園書畫研究會,1911年改本名,是清末上海一個規模較大、活動頻繁的書畫金石團體……

題襟館最初的會址即爲中國書畫研究會的商餘雅集樓上,民國後改設在四馬路三山會館(今福州路雲南路口)間壁,20世紀20年代前後移在老閘區交通路(今昭通路)40號趙雲舫家。1921年遷至汕頭路3號畫家俞語霜(原)家。其時,俞語霜爲題襟館公推爲經辦日常會務工作的駐會會員,直至民國十二年(1923年)去世爲止。1924年3月25日,題襟館遷至寧波路渭水坊2號上海西泠印社。民國十三年(1924年)冬,又遷至於福州路浙江路西首的一條弄堂裏。

至民國十五年（1926年）秋，因活動經費困難而解散。（《諸聞韵年譜》7、8頁）

4月，方還爲書《金石小志》《韓愈送楊少尹序》。（南通市个簃藝術館藏）

6月，以園桃四十枚贈曾熙。（《王个簃隨想錄》）

作《缶師寫册頁自壽旋即失之爲賦長句》詩："丙寅六月天炎曦，百草枯死梁稻隨。耆宿雕徂一復再，而況經秋風雨摧。額手獨慶缶無咎，解衣酌醴興不疲。狂携筆硯屏左右，不染丹黄使玄珪。大荷高柳雜條葉，夾竹桃倚蜀錦葵。山廚涉想及蔬笋，葡萄盧橘紛交披。淮南招隱在叢桂，狀菊自在陶家籬。老梅不與凡卉伍，柯榦盤曲寒蛟姿。紙表八寸廣贏倍，幅幷十三數則奇。畫成師亟持我，子解能事其言之。畫不求形以韵勝，寓净在垢多豐姿。跌宕風格坐霄漢，回旋筆力鏤鼎彝。若論營局尤足傲，尺幅仍作尋丈爲。仿佛史漢與左孟，元氣浩浩蔑支詞。務爲錯綜六朝陋，又似學者驚昌黎。天池雪個逖蒼勁，何待餘子爲驅馳。天下紛紛拾餘瀋，得此瑰偉今伊誰。師頻領首復與語，今我老矣何所期。彊村病山咸求觀，觀已色竦而神怡。八月之朔師生朝，賓朋雜遝來冠綦。咄哉明日畫邋遢，破壁豈有鱗之而。誰謂賺畫不號盗，巧偷豪奪世已非。參徹生滅苦不易，在此在彼區其微。聊掬一言足相慰，照眼秋花邀酒卮。"

初夏，劉山農贈吳昌碩嘉興醉李十顆，吳昌碩又分贈王个簃兩顆。

7月29日，曾熙繪《李子》扇面回贈，題："啓之桃甘且美，投桃還須報以李。此李色惡不可食，垂笑當年陳仲子。啓之前月貽我園桃四十枚，味甘且美，寫此報之。丙寅六月廿日，熙。"（《曾熙年譜長編》593頁）

8月，吳昌碩贈西泠印社缶龕照："个簃仁弟清玩。丙寅八月，同客滬瀆，談藝爲樂。吳昌碩，年八十有三。"（《西泠印社老照片》200頁）

9月25日，時年三十歲，吳昌碩爲作《高秋圖》，題曰："籬菊秋氳氳，南山壽近人。鶴飛雲窈窕，龍見垂輪囷。遐福頌洪範，雅歌酬史晨。泉明休止酒，客我灑烏巾。丙寅九秋，个簃大弟三十壽，寫此祝之。吳昌碩老缶年八十三。"（《吳昌碩紀年書法繪畫篆刻錄》820頁）

9月25日，門生王个簃三十壽辰，作《墨菊》一幀，幷題詩祝之。（《我的祖父吳昌碩》325頁）

秋九月，王个簃三十初度，王一亭作《缶廬侍座圖》（149cm×45.2cm），題："丙寅九月，缶廬老人以个簃宗台三十初度屬爲畫像。个簃固師事老人者，因仿元人授經圖作此請政。白龍山人王震。"（南通市个簃藝術館藏）

吳昌碩跋："師乃人之患，師乎枉殿屎。病纏愁一養，米乞路尤歧。醒醉騷談久，春秋壽補遲。琅玕扶獨立，好句誦漪漪。个簃大弟寫照，圖中綴以老夫，慚愧無已，个簃索句，草率成之。吳昌碩老缶時年八十三。"

1926 年與吳昌碩在缶龕前

  金秋，劉山農在上海福州路同心樓宴請吳昌碩、潘天壽、吳東邁、吳臧龕、王个簃等。(《吳昌碩紀念文集》，西泠印社)

  重九，姚景瀛(虞琴)招飲華安樓作登高之會。與沈焜、金蓉鏡、曾熙、周慶雲、徐珂等同席。吳昌碩作《丙寅九日，虞琴招飲華安樓》詩。

  沈焜《缶丈約赴虞琴華安八層登高之會，甸丞、農髯、夢坡、仲可諸老均在坐，歌以記之》，缶翁與主人外，尚有沈焜、金蓉鏡、農髯、周慶雲、徐珂以及王賢(《丙寅重九，虞琴招飲華安樓賦此》)諸人。(《吳昌碩年譜長編》777 頁)

  吳昌碩作《重九和同飲者》："江流四塞海中央，蜃氣翻翻一雁翔。酒自醉天人自壽，補蹉跎處人重陽。作賦無才老自嘆，佘山歇浦上闌干。滕王高閣依稀似，望斷天風助子安。黃花如斗蟹如盆，世界離奇佛漫瞋。造像一區如鑄我，聊充五季六朝人。"(《貞逸先生遺墨》，南通市个簃藝術館藏)

  作《侍缶師九日登華安層樓》："跌宕臨高臺，風高人快哉。酒徒呼菊釀，仙子狎蓬萊。雲礙鳥飛疾，潮疑鷗挾來。南山應在邇，撩亂晚花開。"

王一亭《缶廬侍座圖》

吴昌硕作《九日登高》诗并书以赠之："醒離騷客睡陳摶，朝杖無由把釣竿。天步竟移佳節到，酒才難妥衆賓歡。詩逃薄罰杯金谷，海上高懸月玉盤。聞道凶門兵又出（聞西北又有戰事），狂揮老淚倚闌干。九日登高，爲个簃大弟錄之幸正。大聾。"（《貞逸先生遺墨》，南通市个簃藝術館藏）

10月25日晚，偕沈竹群會晤沙孟海，隨後同謁吳昌碩，朱彊邨在座。

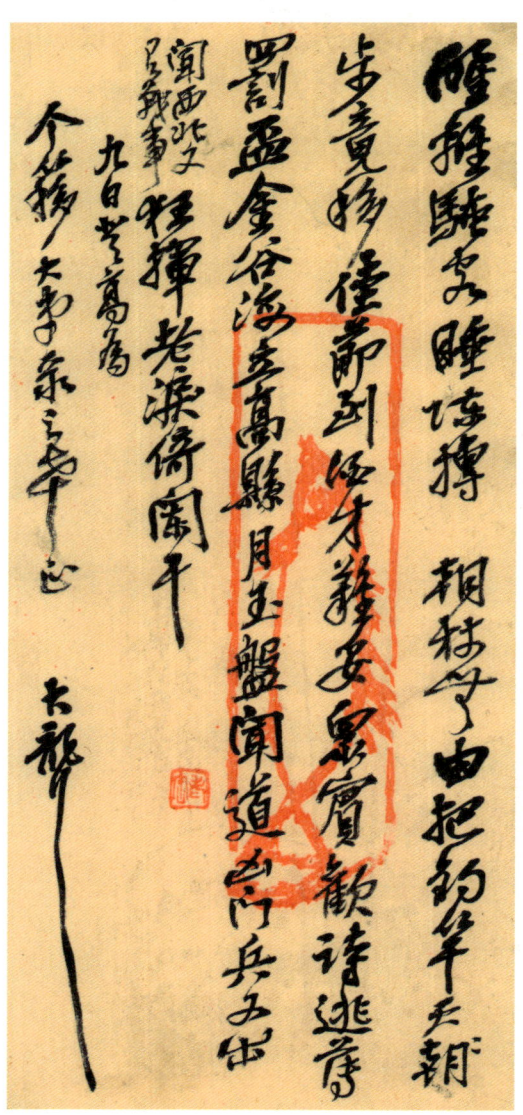

吴昌碩《九日登高》

《僧孚日録第十》:"丙寅九月十九日晚,啓之偕沈竹群(合肥人)來,談頃,同謁吳缶丈,朱彊邨亦在。客散後,余坐啓之齋頭談至十一時歸。"

11月,得王一亭《請業圖》。

《僧孚日録》:"十一月,王一亭爲缶丈啓之師弟寫請業圖,缶丈復題詩其上,啓之得之甚自喜也。"(《沙孟海研究》下卷47頁)

11月,得吳待秋《石荒圖》。

《僧孚日録》:"十一月,前月啓之請吳待秋作《石荒圖》,今日遞來。"(《沙孟海研究》下卷47頁)

12月4日,吳昌碩遣送手劄赴修能書社,邀馮君木來談。

《僧孚日録第十》:"丙寅十月三十日,雨。十時啓之來,余即起。缶丈有長函與師,囑爲轉交小談。"

隨同吳昌碩參加中外書畫友人雅集活動。(《諸聞韵年譜》45頁)

與張大千結識於曾熙府上,王个簃亦曾爲曾熙治"衡陽曾熙"等印,得吳昌碩好評,以"大妙"贊之。(《个簃印集》,鈐印本,南通市个簃藝術館藏)

與吳昌碩等

與曾熙、張大千等

衡陽曾熙（曾熙） 　　　　　大風堂（張大千）　　王个簃刻
（王个簃刻、吳昌碩評）

沙孟海受王个簃之建議，遂拜吳昌碩爲師。

（沙孟海）接受王个簃建議，拜昌碩先生爲師，列爲門弟子，王个簃既爲昌碩先生門弟子，亦兼師君木先生。其時吳昌碩、馮君木、況蕙風、朱疆邨互相間文字切磋較親昵，故常與王个簃、況又韓一同侍坐聆聽。獲益匪淺。（《沙孟海年表》）

作《刀魚圖》（47.3cm×37cm），題："通州錢浩齋寄贈刀魚數母，與缶師煮酒共啖，作此遣興。丙寅，个簃賢。"又題："大江之委正月天，有魚游刃味至鮮。子輿不云魚我欲，對茲合垂三尺涎。勞亭。"再題："是圖爲余三十歲所作，與瓜菱清暑圖同時參加英國倫敦、德國柏林中國畫展，瓜菱一幀選入德國東方博物館中國畫陳列室。閱二十有七年，甲午三月，正刀魚上市時節，與諸生烹鮮話舊，偶及茲圖，抽毫伸紙，作刀魚寫生者再，皆不能當意。固知一畫之戒難以預斷，而筆與心違，實近數年來藝事荒落之所致。鼓琴者三日不彈，手生荊棘，信然。月初返吳門，從篋中檢得舊製，懸諸壁間，彌覺有味，而畫筆奇橫處尤堪玩索，他日容我重理筆硯，想乞還故技，亦易事耳。一九五四年四月，王个簃漫記。"（南通市个簃藝術館藏，《世紀丹青（六）》）

鈐印：王賢私印（朱文）、个簃（朱文）、王賢印信（白文）、啓（朱文）、啓翁（朱文）。

劉玉庵病故於蘇州，墓營蘇州寒山寺畔。痛失摯友，趕往弔奠，作詩志哀。

《哭宜豐劉玉盦》："乙丑三月春，客走共滬濱。溫溫意氣洽，娓娓話言真。君思母年老，侍奉虧昏晨。客中縈愁思，酒罷餘泪痕。昆季行凡九，先後埋黃塵。悼亡昔年事，遭遇何艱屯。今秋君體胖，自謂食加餐。如何纏一病，憔悴七尺身。人生等泡影，與誰訴煩冤。烟霧漫長天，君依何處魂。"

《夢玉庵》："訣別無聲泪，此情忍更思。楓青愁李白，琴苦嘆鍾期。門户誰能遣，肝腸我可知。寒山鐘一杵，夜半益淒其。"

自 1926 年至 1933 年，王个簃作如下詩：

《觀魚》《書感》《懷丁似庵軍中》《先君忌日感賦》《缶師出視近著命和》《題同舍徐希曾梅花册》《贈汪止園》《缶師寫册頁自壽旋即失之爲賦長句》《桐兒殤賦此排悶》《思親》《楊無逸出示黃稼承遺墨感賦》《偶成》《和貞長師》《哭宜豐劉玉盦》《元夕》《閑眺》《夢玉盦》《從缶師避兵超山途中得句》《又和缶師》《大善寺》《海雲洞晚眺和缶師》《舟經武林渡》《山行》《鄞溪客次得里中兵擾信兼程抵申覓舟北渡而連日港汊杜塞趑趄不進遥睎江天百感叢集》《到家明日醉罷疾書》《和伯氏調之》《湖上和缶師》《和周夢坡》《靈隱》《韜光》《答橋本關雪言别》《呈缶師》《題缶師竹裏行看子》《九日隨缶師暨貞壯夢坡兩先生酬同集五十人》《和諸橘仙西溪道中之作》《缶師殁前十日寫梅贈曼弟曼弟賦詩寄慨愴然和之》《飛白歸自東京因曼弟過訪是時方遭缶師之喪》《既送缶師靈輀至吳興南郭寧紹會館閱三日復携酒往奠》《哭吳臧龕》《哭缶師》《與友人論書》《詠丐》《墮水》《東人鹿叟招飲即席賦贈》《答叙甫》《贈朱賈龕》《木鐸老人廿年前嘗出没鄉曲頃於滬市瞥見戲賦》《叙甫將有粤中之行書此言別》《農髯先生約讀石濤畫即席賦呈》《贈友》《醉思先生將爲缶師續刊詩集過訪并示貞元會詩即和其韵先生亦擅五言詩與缶師談最契雨窓坐對撫今思昔不能無餘痛也》《侵

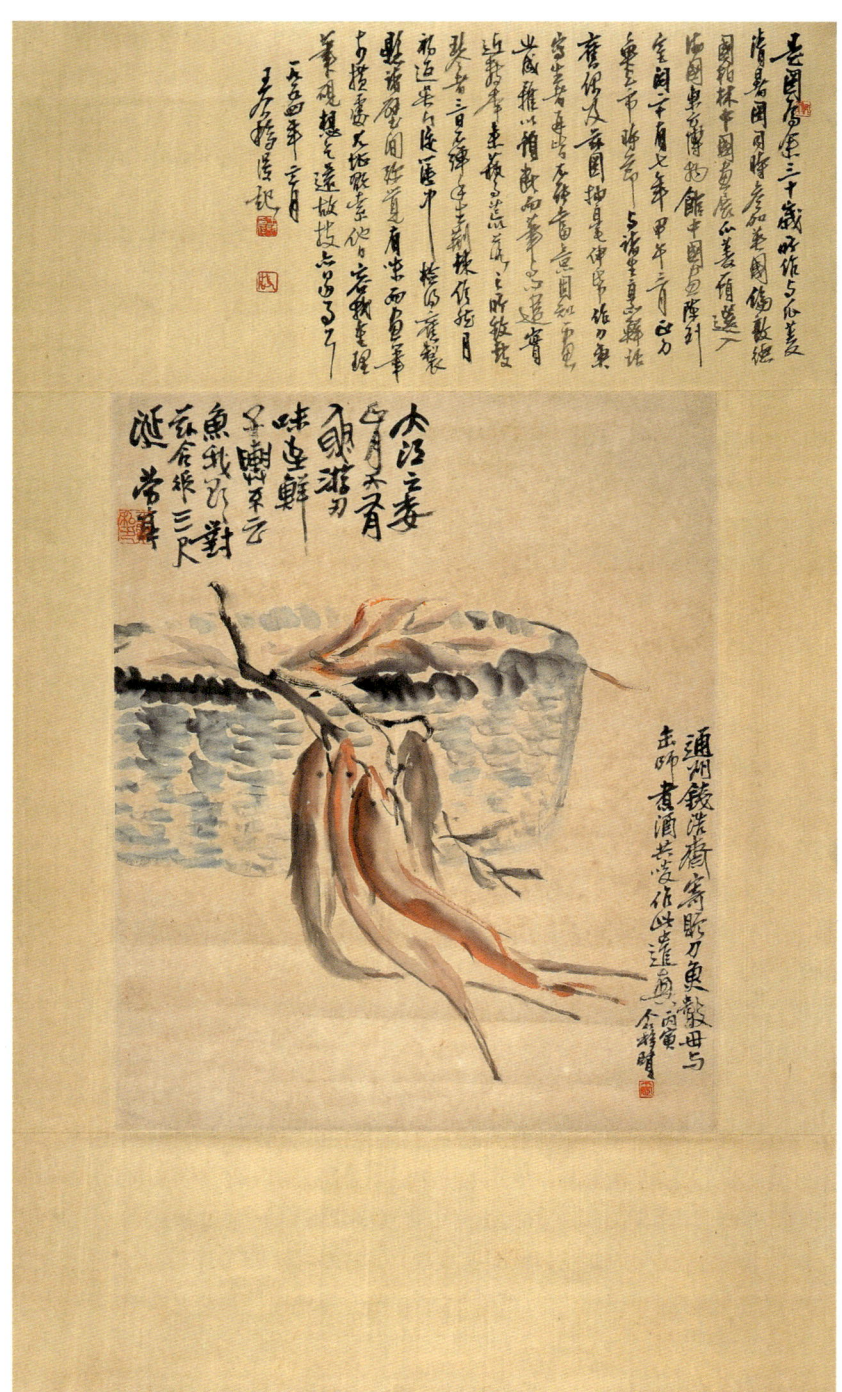

刀魚圖（南通市个簃藝術館藏）

晨舟抵牛洪港乘小車抵家已日昳矣》《書感柬治磐》《贈林二》《贈趙半跛》《曼青却校課將從錢名山常州學古文辭》《寄鄭午昌兼示曼青大千玉岑諸子》《贈謝玉岑》《醉罷》《寄内》《瘦鐵挈其夫人韓步伊東游詩以送之》《玉岑叠秋桐館韻賦此酬之》《過袁氏新居》《哭曉師》《蜀友贈酒詩以酬之》《觀馬戲戲中雜一虎感賦兩章》《答柯蒼宧》《九日和夢坡前輩》《答汪嘯廬（超山人）》《貞長師得火賦詩寄慰》《客至》《母病歸里舟中感賦》《母病危亟愴然賦此》《車中》《舟發拱宸橋口占》《過荻港》《午日》《法相寺晚步》《過岳武穆于忠肅墓》《登城隍山得小飛來峰》《張善孖五十述懷依韻和之》《題葉渭莘山水障子》《唐栖紀游》《爲缶師營墓地超山宋梅下》《挽西津老人》《柬晋侄》《夢見缶師方據案作畫感賦兩律明日爲缶師誕日》《挽曾農髯丈》《題曉師遺像次真長師韻》《辛未清明留滯海上感賦一律》《蜀友索題煉子寧山水障子》《哭木師》《偕東邁中拓游南湖登烟雨樓東邁有詩依韻和之》《題馮建吴畫佛》《過缶師蘇州桂和坊舊居》《臧龕歸葬觀音山之原口占兩絶句》《欲枉道楓橋訪玉盦墓天暮未果感賦一絶》《游天平山》《懷諸希齋》《赴蘇三日未訪飛公賦寄》《海樓寂坐偶披陳小蝶詩集》《十月初四日夢見木師》《冬日還家省母氏起居》《劃船口占》《大雪》《寒夜集覺林賦贈宗老一亭》《重過滬南四杉堂》《途遇鄭曼青立談甚久歸賦長句》《先君三十周忌》《貴州華越豪貽我回沙茅台酒閲旬日建吴自蜀中來又舉以贈喜賦一律》《過超山麓缶師丙舍》《宿超山報慈寺踄月回憶丁卯歲隨缶師避兵唐栖行歌宋梅下》《棣英女弟屬題其殤兒遺影》《題漢婕好玉印拓本》《贈燕謀》《感懷》《渡江》《舟過吴淞有感》《夢朱古微丈先一日函一亭東邁爲朱丈移柩》《重游海雲洞》《誦曉師語》《蘇城訪飛白不值見齋頭寫牡丹多幀口占一絶題其壁》《訪胡汀鷺》《缶師歸葬超山》《題汀鷺畫册》《希齋抵滬旬日復計南歸詩以留之》《挽黄篤蕃》《寄唁邱生仲推》《花下撫琴影片背立一小童初未稔也戲題二十八字》《大暑獨坐》《題先伯母遺像》《和希齋次其原韻》《缶師九十冥誕感賦一律》《和聞韵樂三叠前韻》《午夢》《癸酉六月與一翁避暑青島舟行三日得七律四章》《晨起》《觀炮臺舊址和一老》《海濱公園晚步》《觀海水浴偶賦長句》《寄慰東邁》《思歸》《一公述妙善師生平爲賦長句》《嶗山道中四首》《宿嶗山華嚴寺》《游華嚴寺東塔院寺》《有友留行半月賦長句寄内》《月下》《促織》《得家書賦此寄内》《題董石樵畫蘭》《瘞雀》。

是年，張騫逝世，富華生。

幼女王挚

1927 年　丁卯　民國十六年　三十一歲

幼女王挚生。

臘月十八日,王个簃請吳昌碩書録《飲李大處》詩。

"宰相才非率爾觚,奚煩芋熟領跏趺。道無老子常何礙,海不麻姑見亦枯。天步艱難雲浩蕩,谷神游戲壽模糊。可憐明日坡生日,一鶴南飛看有無。臘月十八日飲李大處,个簃屬録,大聾。"(《貞逸先生遺墨》,南通市个簃藝術館藏)

元夕,作《元夕》詩:"兵刃任縱横,西疇罷耨耕。風翻鴉點點,霜肅鼓更更。歲序傳燈火,牢愁落酒觥。空空縈好夢,日昃有時盈。"

作《歲朝圖》。吳昌碩題:"梅花采霞光,水仙蒼玉色。松石鐵錚錚,離奇撑傲骨。百子報平安,詩成鬥風格。个簃老弟客癖斯堂,乘興作畫,筆意渾古,時露奇特之氣,百讀題之。吳昌碩年八十四,時丁卯。"

4 月,蔣介石在上海發動"四一二"反革命政變。上海閘北兵亂,隨吳昌碩避居上海西摩路(今上海静安區陝西北路)李伯勒"瀛在廬",王个簃作《閘北兵亂,隨缶師避居西摩路李氏瀛在廬》:"兵氣橫林木,寒風逼鼓笳。城門魚咽火,洞口眼迷花。小劫譚灰燼,通衢長昔耶。無端動愁思,簾上月痕斜。"

吳昌碩作《海上閘北兵亂,移居西摩路李宅,途中得句》詩:"風色莽圍沙,寒林亂點鴉。行行江有汜,疊疊浪生花。頳尾魚歌否,狂奔鹿逐耶。恐諧魑魅舞,爛醉拍胡笳。絕望依南斗,其凉又北風。酒瓢懸獨樹,書擔走隨翁。蜃氣兵塵外,鴻哀草澤中。短筇鏡一比,托命杜陵同。録贈个簃詩人一笑。聾。"(《貞逸先生遺墨》,南通市个簃藝術館藏)

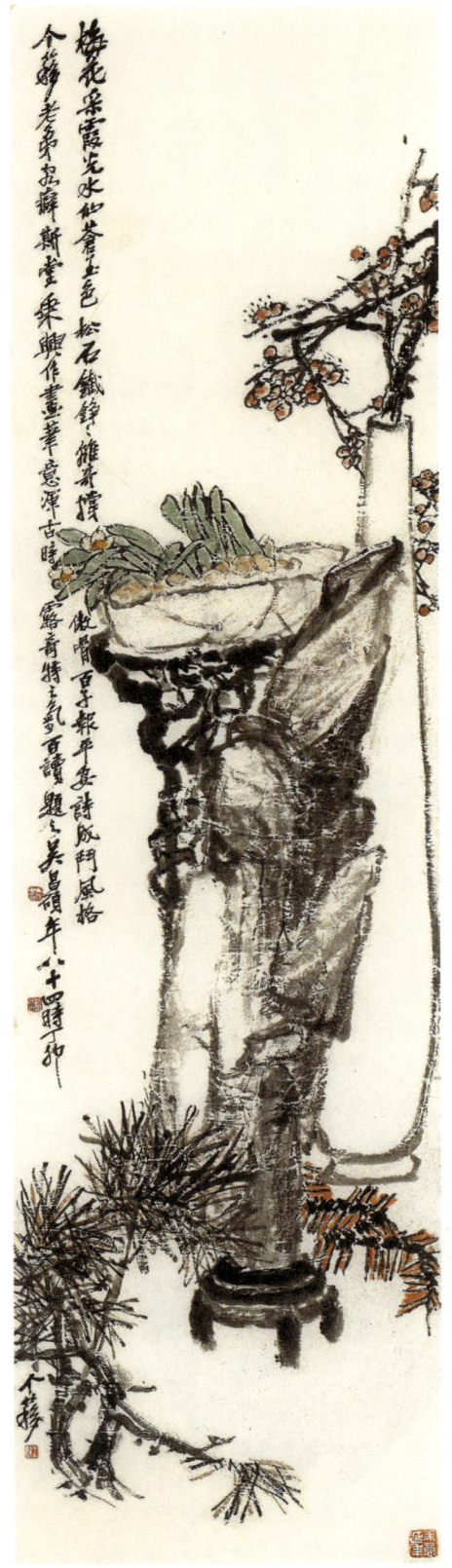

歲朝圖（吳昌碩題款）

5月,隨吳昌碩自上海赴杭州,途經塘棲,小住數日。

與吳昌碩攀登超峰,觀賞梅花,爾後從山南下,轉至海雲洞。洞內崖壁上刻有多塊宋、明以來文人隱士的題詠。黃昏將至,滿山堆藍叠翠,吳昌碩詩興大起,口占《海雲洞與个簃晚眺乞和我》并書贈王个簃,後刻於海雲洞壁,與北宋趙清獻的"海雲洞"題字爲鄰。

《海雲洞與个簃晚眺乞和我》:"海雲顧洞中,洞隔海重重。氣象湯洪水,塵緣了暮鐘。秋空蝯寄嘯,落老鹿迷蹤。指點西泠道,斜陽挂兩峰。海雲洞與个簃晚眺乞和我。大聾。"(《貞逸先生遺墨》,南通市个簃藝術館藏)

王个簃作《海雲洞晚眺和缶師》:"泉瀉亂雲中,松風響萬重。晝游呼秉燭,枯坐遠聞鐘。魚躍春翹尾,花開客引筇。伊誰和高唱,一鳥下青峰。"

丁卯,吳昌碩又書《海雲洞晚眺》詩贈李禎:"海雲顧洞中,雲叠海重重。氣象湯洪水,塵緣了暮鐘。秋空蝯寄嘯,落老鹿迷蹤。指點西泠道,殘陽挂兩峰。海雲洞晚眺。苦李老棣台正,吳昌碩年八十四,時在丁卯。"(2013年西泠印社春季拍賣會《吳昌碩家屬及親友藏中國書畫作品專場》作品集封面作品)

吳昌碩書"佛"
(南通市个簃藝術館藏)

與吳昌碩在塘栖河灘散步，途經小廟，撿菩提葉一片，回住處後，吳昌碩篆"佛"贈之。（《貞逸先生遺墨》，南通市个簃藝術館藏）

作《避兵超山》："鼓棹入郟溪，回頭尚鼓鼙。東風愁繫柳，新家燕銜泥。人敢逃溝壑，時難事楚齊。暮雲橫大野，漠漠四天低。"

吳昌碩和王个簃詩，作《避兵超山和个簃》。

《避兵超山和个簃》："映天鰲逼仄，斷路鬼淒迷。說夢憐春晚，張眸見物齊。歌誰鑱托命，人比佛搏泥。剩可舊騰坐，葫蘆聽鳥啼。"

作《從缶師避兵超山飲宋梅下》詩："兵氣無端動，笳聲不斷催。野花腥血爛，村犬虎狼猜。獰栗風千叠，流連酒一杯。南山春未暮，去去托尋梅。"
春仲，吳昌碩和王个簃詩。

《飲宋梅下和个簃大弟》："蛟走虯飛古佛傍，宋梅敢頌壽而臧。花如蘭抱無瑕璧，酒當坡移有美堂。漢闕比天騰月窟，秦桃迷洞誑滄桑。隊游仙倘羅浮遇，妄想陽冰借石床。飲宋梅下和个簃大弟，丁卯春仲，吳昌碩八十四。"

《百愁錄爲个簃大弟台》："百愁一滌秋海瀾，門難設兮風常關。樓吞凍雲釀作響，雪繡寒浦落點斑。紀年道與瓦覺合，水注朝不江漢環。星斗晚晴布歷歷，天梯儻有仙扶攀。百愁錄爲个簃大弟台，大聾。"

《湖上和个簃》："酒凍禮推三老（指印社漢三老碑），天繪筆插雙峰。涉趣足愁折屐，諧吟聲聽鏗鐘。雲霧空猶不舍，朝廷小亦云亡。路窄騎驢何處，山孤招鶴何妨。湖上和个簃，大聾。"

作《山行》："長嘯落雲外，前山俯仰行。石藏花不語，風引竹含情。樵擔雙肩暮，鐘聲一徑清。行行莫回顧，河嶽亂棋枰。"
吳昌碩作《山行和个簃》。

《山行和个簃》："八十朝扶杖，朝逍剩野行。面諧天冷落，眸借佛光明。巖壑春花點，琅玕夜雨鏗。東山如肯出，石磴好棋枰。"（《貞逸先生遺墨》，南通市个簃藝術館藏）

游杭州普寧寺，作《普寧寺看牡丹》："寺廢春無盡，花光發幾叢。烟霞紛五色，雨露泡千功。酒盞湧佳句，石欄回好風。遠山凝更紫，信步自融融。"

吳昌碩有《普寧寺看牡丹和个簃老棣台》詩幷書贈王个簃。

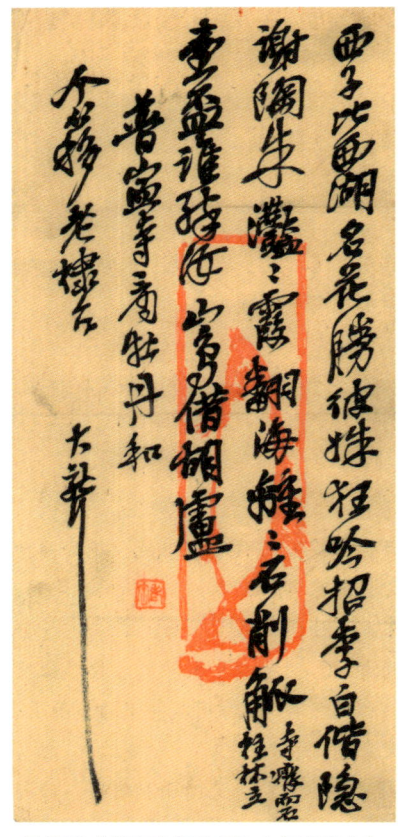 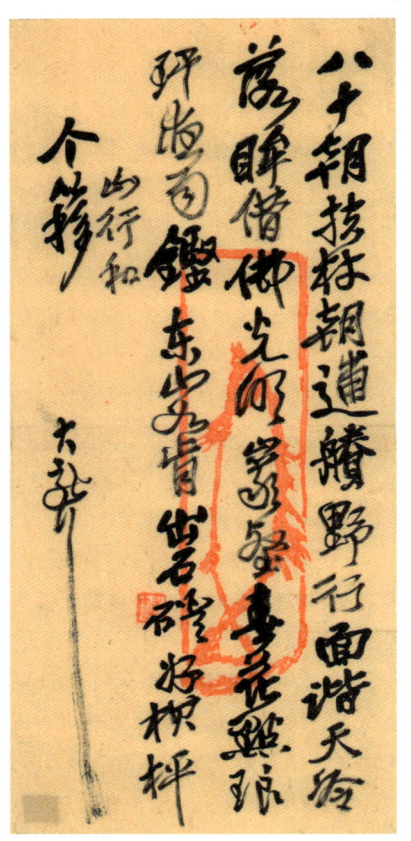

吳昌碩《普寧寺看牡丹和个簃老棣台》
（南通市个簃藝術館藏）

吳昌碩《山行和个簃》
（南通市个簃藝術館藏）

《普寧寺看牡丹和个簃老棣台》："西子比西湖，名花勝彼姝。狂吟招李白，偕隱謝陶朱。灩灩霞翻海，離離石削舢。一杯誰醉汝，山鳥借葫蘆。普寧寺看牡丹和个簃老棣台。大聾。"（《貞逸先生遺墨》，南通市个簃藝術館藏）

吳昌碩作《聞笳和个簃》詩并書贈王个簃。

《聞笳和个簃》："兼并南北競秋笳，擊筑悲歌有是耶。蝸殼四隅龍一壁，商量圍個鐵籬笆。"（《貞逸先生遺墨》，南通市个簃藝術館藏）

7月7日，吳涵（臧龕）在上海病逝。

六月初九，（吳昌碩）次子吳涵（臧龕）在上海病逝，家人恐先生過於悲傷，秘不相告。先生返滬，家人以涵去日本爲詞。（《我的祖父吳昌碩》327頁）

（吳涵）有《古田家印存》傳世，爲西泠印社早期社員。其書畫篆刻諸藝，群以跨竈目之。缶翁晚歲應請索過忙，時亦遣之捉刀。沙孟海先生《沙村印話》云：臧龕"印法多用缶老中年以前體，余每以此辨識大小吳真僞。世言蕭祭書，晚節所變，乃右軍年少時法，子茹印亦若是。子茹前缶老半歲卒，家人恐傷老人心，秘弗以告，陽稱東游日本。直至老人殤，終未知子茹先已物化也"。

王師个簃與臧龕交甚篤，得聞其耗，曾賦詩哭之："去秋玉盦逝，相對淚泛瀾。今君又徂謝，慘慘摧心肝。籲君古君子，心性彌貞堅。時或一疏放，快傾尊酒邊。家風擅鐵筆，錐鑿印私官。三絕俱清妙，馳譽寧無端。盤桓意多愜，切磋味似蘭。西泠別旬日，聞病心難安。忽報鯉也死，飾說聊從漫。師老漫不覺，魂魄知辛酸。莫更懷知己，慘慘對琴看。（《近代印人傳》）97頁）

7月，作《龍幻圖》，題："龍幻。个簃擬大滌子，丁卯七月。"

吳昌碩跋："猛筆个簃臨大滌，題詩老缶礙秋豪。濤聲浩浩天風落，聊壽罅沱一戰塵。个簃大弟潑墨處，渾穆生動兼而有之，時乎鮮有其人，缶亦當退避三舍。丁卯秋仲，吳昌碩題記，年八十四。"

夏，至杭州，寓西泠印社觀樂樓，杭州文藝界和親友設宴稱觴，攝影留念，吳昌碩指定單獨與王个簃合影一幀，并題曰："手扶藤杖陟山級，个簃從之防我跌。龍泓石像莞爾笑，曰：印不藏鋒書退筆，老而不死是爲賊。丁卯長夏，於西泠印社，與个簃台弟攝影成戲書。吳昌碩大聾時年八十四。"

夏，（吳昌碩）住杭州西泠印社觀樂樓，曾與王个簃留影於《漢三老碑》石室前。返滬前，作《丁卯夏將返海上留別》詩。（《我的祖父吳昌碩》327頁）

夏，與吳昌碩、葉再、高絡園等在西泠印社合影。
夏仲，吳昌碩又題贈西泠印社缶龕照。

个簃老弟謂我貌較昔時尤奇，豈真老變相耶。丁卯夏仲，同客湖上昭禪寺，八十四歲，大聾。（《西泠印社老照片》201頁）

龍幻圖（吳昌碩跋）
（南通市个簃藝術館藏）

與吳昌碩在西泠印社

1927年夏,葉再(左一)、王个簃(左二)、吳昌碩(中間坐老者)、高絡園(右一)等攝於西泠印社。

 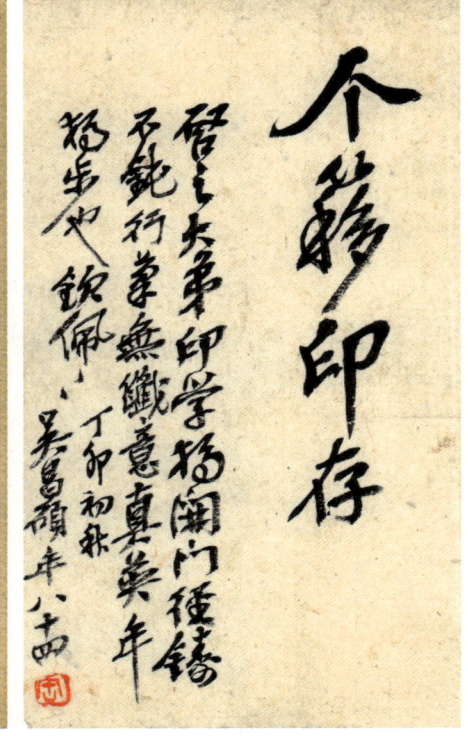

1927年吴昌硕在缶龛前　　　　　　　个簃印存（吴昌硕题）

　　初秋，吴昌硕题《个簃印存》，款："启之大弟，印学独开门径，镌石钝行，笔无纤意，真英年独步也。钦佩钦佩。丁卯初秋，吴昌硕年八十四。"
　　吴昌硕为王个簃书近作诗二十一首为长卷，朱彊邨题引首，诸宗元作跋记。

　　朱彊邨题："人书俱老。个簃仁兄属题缶庐遗墨，孝臧。"
　　诗：《超山看宋梅》《又和个簃》《啸庐汪君招饮道凝堂以诗见赠，即答》《海云洞晚眺》《野行》《答许伯渊》《答吴镜如熙字壶隐，精医》《普宁寺看牡丹》《草亭牡丹和壁间韵》《独往》《饮马鞍山下》《赠何大》《梦醒》《湖上》《答王兰仲》《韬光》《贝叶写经图》《个簃印存书后》《梦坡示游紫云洞诗和之》《偶书》《丁卯夏将返沪□，朱瑞甫索赋》。
　　诸宗元跋：丁卯六月，缶翁居湖上，元亦自沪还，走问起居于观乐楼，出示近诗，僭为点定。翁之诗以避地而益沈肆坚劲，乃如少年，当追念庚辛往迹而以奇郁出之，故其诗境如此。宗元记。（《吴昌硕年谱长编》796页）

秋，由劉山農引薦，荀慧生投吳昌碩門下，假上海西藏路一品香禮堂舉行隆重拜師儀式，成爲吳昌碩最後一個學生。王个簃、吳東邁等在座。(《我的祖父吳昌碩》)

劉山農於 1932 年去世，王个簃後作《題天台山農遺像》詩："接納空群彦，聲名動海濱。豪情出肝膽，逸興倦風塵。頌橘心將母，臨池腕有神。十年餘宿草，圖畫尚如新。"

秋，吳昌碩爲《个簃印集》題詩。（詳見本年譜 1923 年）

秋，吳昌碩作《墨菊圖》（83.2cm×50cm）贈王个簃，題："墙根菊花可沽酒。个簃棣台正墨，丁卯秋，吳昌碩年八十四。"（南通市个簃藝術館藏）

鈐印：吳俊之印（白文）、吳昌石（朱文）、寥天一（朱文）。

九秋，吳昌碩爲王个簃題聯（146cm×27cm）："小印刻初成，遐哉皇古；長城攻不克，突起異軍。个簃大弟台正之。丁卯九秋，同客海上去駐隨緣室。安吉吳昌碩并書，時年八十四歲。"

秋仲，吳昌碩爲王个簃題"霜荼閣"。

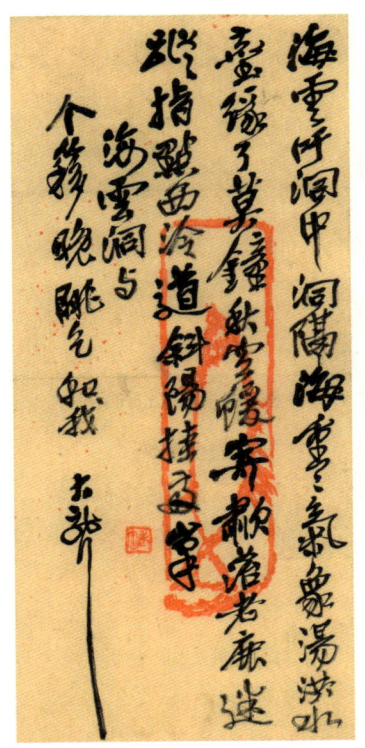

吳昌碩《海雲洞與个簃遠眺乞和我》
（南通市个簃藝術館藏）

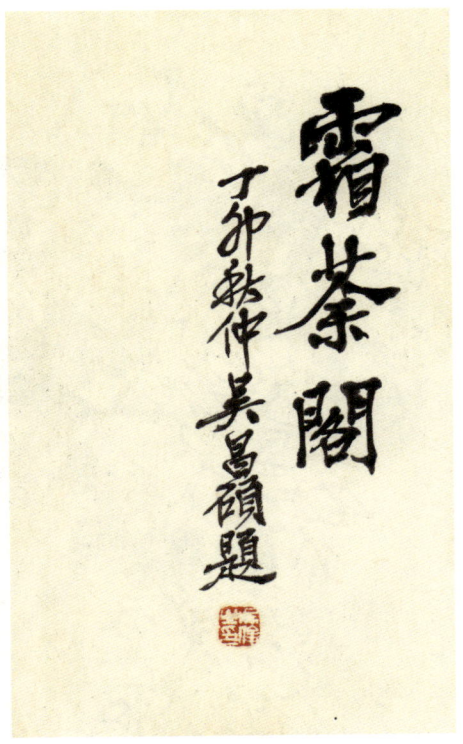

霜荼閣（吳昌碩題）
（南通市个簃藝術館藏）

吳昌碩《墨菊》（南通市个簃藝術館藏）

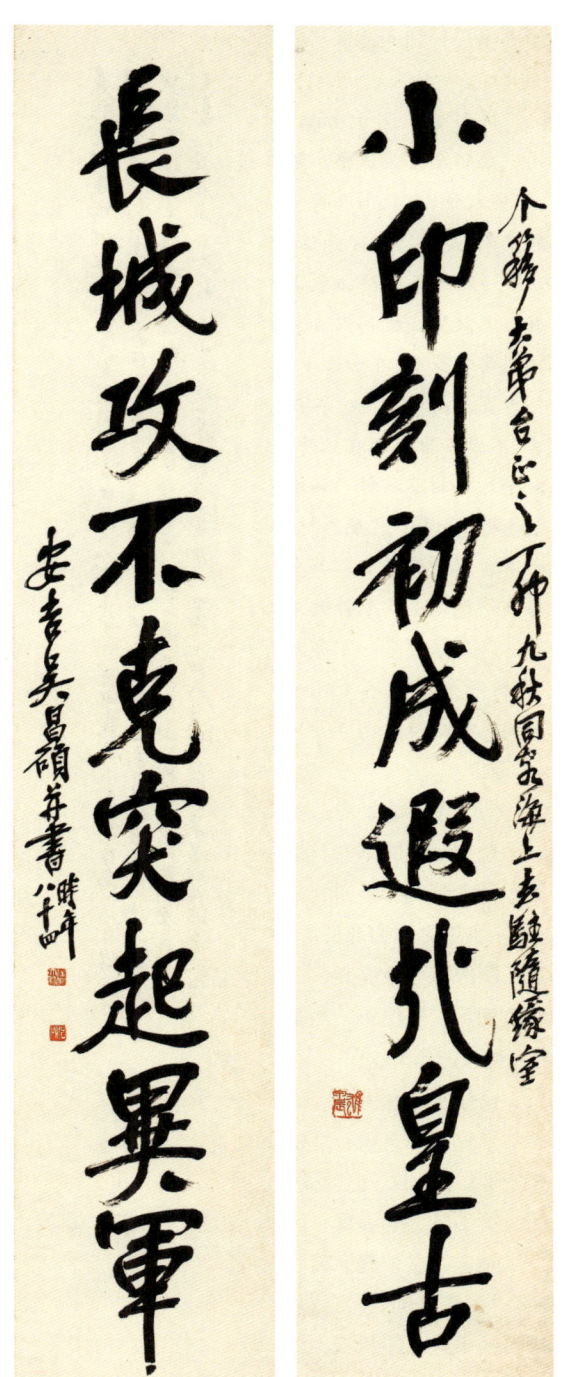

吳昌碩爲王个簃題聯（南通市个簃藝術館藏）

秋仲，請王一亭爲吳昌碩造像。

王一亭題："得句謝、陶千古欽，參禪花藥一闋同。亂離無可談風格，沁筆滄江寫缶翁。丁卯秋仲，白龍山人寫。"吳昌碩題："是酸寒尉，是鄉阿姐（原注：小名）。少壯及老，果何爲者？白龍山人謂真可寫。翁曰不然！我視爲假。耳病已聾，詞拙則啞。書畫篆刻，在古人下。人或譽之，自信者寡。詩所托尚，長江東野。五言七言，不風不雅。此在兒時，文字般若。撚髭早稀，謝不入社。蕪園未歸，無冬無夏。髮短尚簪，骨瘦可把。生壙久成，身尚不舍。滄海橫流，苟全若瓦。南山之壽，悠然見也。个簃大弟台丐一亭圖予老態，屬錄自贊。丁卯九月同客滬江，吳昌碩老缶年八十四。"（《王一亭年譜長編》414、415頁）

重陽，參加吳昌碩、周慶雲、狄葆賢、姚景瀛、諸宗元發起的華安八樓第二次登高雅集。黃孝紓有《丁卯九日華安市樓登高記》。雅集之題名錄於次：王雪澄、秦子質、陳散原、余堯衢、王病山、朱古微、金甸丞、汪松年、潘蘭史、曾仲伯、吳克仲、曾農髯、程子大、錢仲山、黃篤友、俞綬丞、沈淇泉、徐仲可、陳陰軒、陳仁先、鄒適廬、夏劍丞、嚴孟蘩、謝復園、宗子載、趙叔孺、褚禮堂、王綬珊、葉伯皋、李雲書、商笙伯、高欣木、丁輔之、袁伯夔、袁巽初、譚瓶齋、陳豪生、莫伯衡、白石農、關炯之、何叙甫、吳東邁、惲覲叔、沈醉愚、王啓之、吳肅丹。期而未至者有

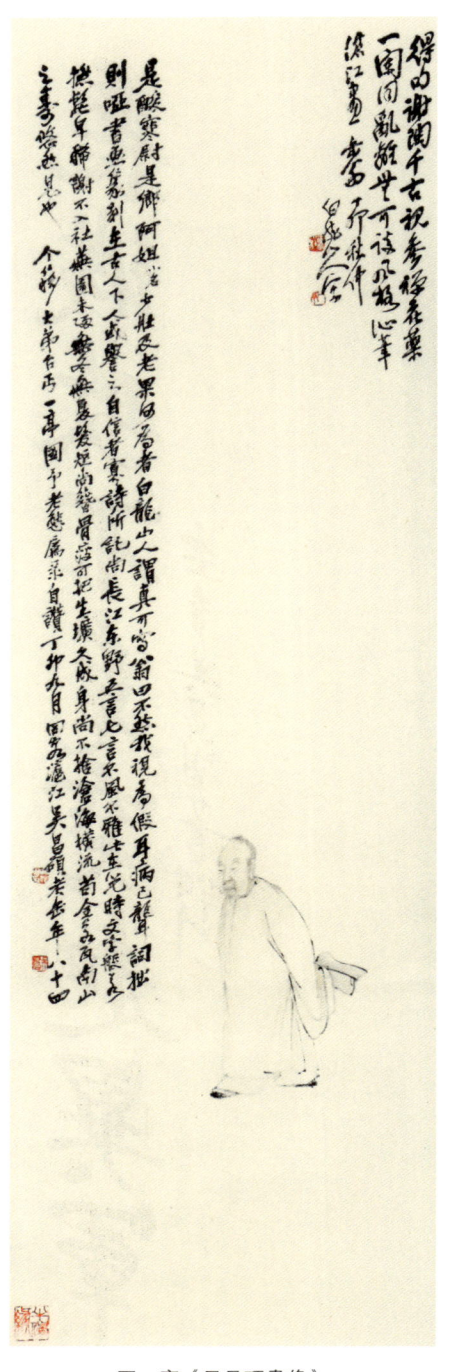

王一亭《吳昌碩畫像》

憚孝申、徐積餘、陶拙存、張菊生、王一亭、冒鶴亭、李拔可、蔣孟萍、王莼農、吳引之、王璇甫、聶雲臺主人、吳缶廬、周夢坡、狄楚青、姚虞琴、諸宗元。1928年復有第三次登高雅集。(《曾熙年譜長編》634、635頁)

　　初冬,吳昌碩隸書"食金石力;養草木心"聯贈王个簃,題:"个簃大弟刻印極精,下筆毫無習氣,家貧時以書畫取潤度日,予恐其嗜好太多,而於金石一門未能獨往,書此勉之。隸古本而不專長,信筆塗抹,知不足供大雅一哂也。丁卯初冬吳昌碩八十四歲。"(《王个簃隨想錄》)

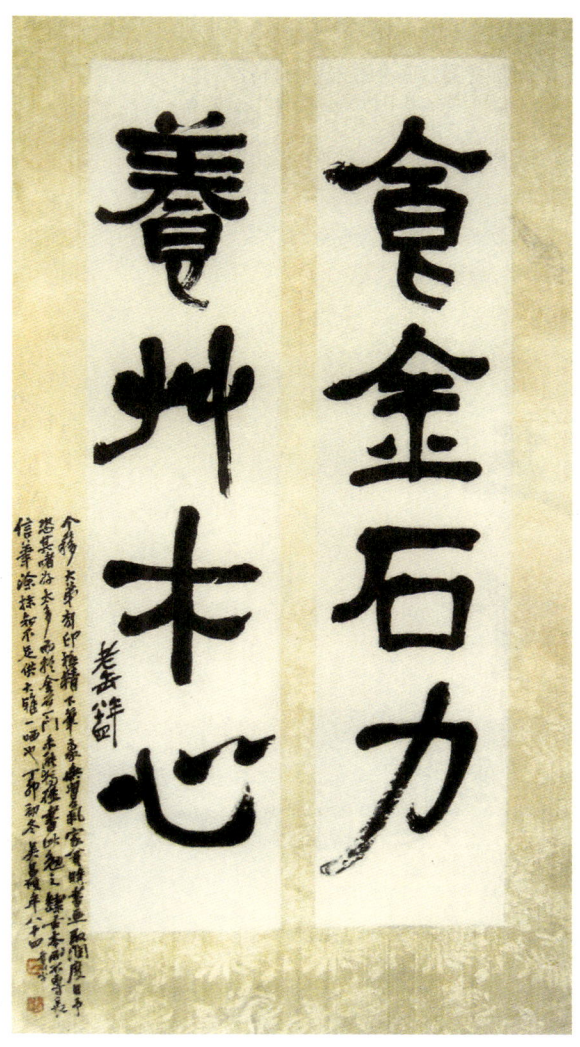

吳昌碩《"食金養草"四言聯》

約在 1925 年至 1927 年間，吳昌碩與王个簃的文獻尚有：

吳昌碩《个簃示茆亭看牡丹七絶和韻》："晚霞紅斷海西偏，逋客蒼皇賦不仙。若再裳衣談想像，華疑唐突坐青蓮。盤盂紅紫玉崢嶸，仙子周旋鳳一乘。芍藥奚煩狂作婢，當階落影碧層層。"（《吳昌碩手寫詩稿信劄》）

吳昌碩《和大至車中韻》："犯雨荒荒白，追風瑟瑟寒。雁鴻千里逐，星斗四天看。道在夢多事，日來愁大難。明朝好行色，舴艋渡蕭灘。和大至車中韻。錄呈个簃先生正之。大聾。"（《貞逸先生遺墨》，南通市个簃藝術館藏）

吳昌碩書"个簃"印稿。（《貞逸先生遺墨》，南通市个簃藝術館藏）

吳昌碩爲王个簃題寫名帖兩種。（《貞逸先生遺墨》，南通市个簃藝術館藏）

吳昌碩致王个簃便箋："笙伯在樓上，貞壯二件可以托便帶。个簃鑒，缶。""請代寫一條與醉愚，約其明午同吃。个簃先生鑒，聾。"（《貞逸先生遺墨》，南通市个簃藝術館藏）

吳昌碩作《霜荼閣圖个簃索題》："課子坐晨昏，閣高寒入雲。霜巖中夜白，荼苦一葩芬。講學炊無米，嘗羹夢有君。癡心聊畫母，儻天步而聞。"（《貞逸先生遺墨》，南通市个簃藝術館藏）

11 月 29 日，吳昌碩逝世。

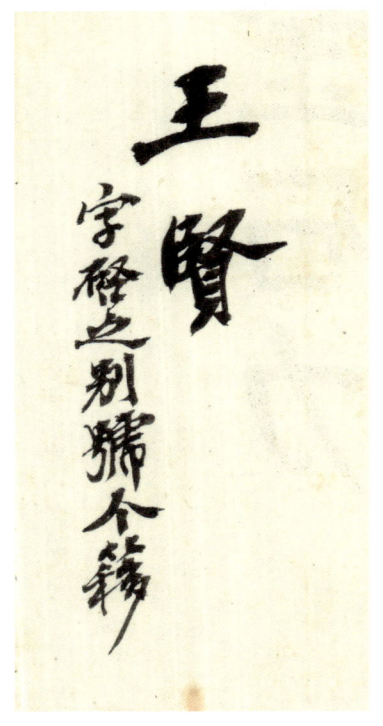

吳昌碩爲王个簃題寫名帖
（南通市个簃藝術館藏）

吴俊卿（昌碩）逝世，年八十四。陳三立撰墓志銘，馮开撰墓表，安葬於杭州超山。（《印學論叢》380頁）

十一月二日，為孫女棣英將於十一月十五日出閣行大盤，先生過分興奮致病。三日，作蘭花一幀並題以詩，翌日即中風不起，此幅遂成絕筆。六日（11月29日），先生逝世於滬寓，臨終前以45歲所作《墨梅》一軸付與王个簃作為紀念。先生溘然長逝，藝壇人士聞耗咸奔走相告，無論識與不識皆悼痛惜，門生故舊哀慟尤深，公祭之日各方致送挽詩挽聯極多，備極哀榮。（《我的祖父吳昌碩》327頁）

12月1日，吳昌碩大殮。王一亭、哈少甫、王个簃、白石六三郎、友永傳次郎、土井伊八、吉井民三郎、土屋計左右為發起人。梅蘭芳、荀慧生專程來滬參加吳昌碩追悼會。（《吳昌碩年譜長編》809頁）

《吳倉老昨日大殮》："先生之門人中，如王啓之、趙雲壑、諸聞韵、吳松齡、王克鈍等均縞衣志弔。"（《申報》1927年12月2日）

沙孟海作"是道咸同光宣五朝元老，為金石詩書畫一代傳人"聯挽之。（《沙孟海先生年譜》36頁）

王个簃扶屍悲慟，鎮日愴懷者數月。作《吳先生行述》、作長古哀悼，緬懷師恩，頌師之德。

《哭缶師》："公愛我甚為可教，善誘循循期深造。公今一病遽長瞑，師恩無量將何報。病前一夕尚論詩，摩詰東野中心好。三更侍坐興不孤，變生倉卒寧所料。侵晨二豎叠為厲，終日三醫苦無效。息雖僅屬猶我呼，狀有所示舌難掉。坦懷寂寂鼾有聲，合眼奄奄安無覺。兩日經過百計窮，問疾者去來者弔。人咸謂公筋力強，公亦自忘年之耄。春入超山尋宋梅，作健登山穿石竅。三月鄮溪六月杭，西泠橋畔恣游眺。重九登高會賓從，得句人人說排奡。昨見今已稱我聞，昊天夢夢誰訴告。寒夜思公公不復，心眼恍惚留形貌。魂魄一去日遠遥，我欲往招雲寔窅。匠石不作臣質死，靜言思之躬自悼。"

《既送缶師靈輀至吳興南郭寧紹會館閲三日復携酒往奠》："歲暮束昏旦，寒鴉噪且亂。丙舍睹淒清，漆棺傍野岸。白雲幾處橫，清酒一尊薦。嗚呼師嘗云，爾性適我願。談藝證清歡，奮筆游汗漫。只今我老年，歲月如夢幻。回首緬師恩，師恩何復望。我生本微能，寂寞餘几案。力靳心有餘，困頓積方寸。門墻數仞高，從此不窺見。陳迹旦暮捫，燈火照賓館。幡幡丹旐飛，人天俄剖判。明日北歸矣，

吴先生行述

先生讳俊卿，字昌硕，晚以字行，姓吴氏，世居浙江安吉鄣吴邨。明宏治中分置孝丰县，村隶之，而仍旧籍文学行义箸闻。先世曾祖讳芳南，国学生；祖讳渊，举人，浙江海盐县教谕。祖妣章恭人。李恭人严，恭人考讳辛甲，举人，截取知县。姚万恭人先生以道光二十四年八月一日生。自幼颖异，服长上之训，严恭人钟爱之，追就傅，经史而外益肆讨形声故训之学，性不好弄，独好刻印。诵习馀，洪杨靷石从牖侧。无人处，鏖之东于程课，不敢竟学。弱岁值洪杨德窜谷中，岁又大饥，濒死，孝丰邨之族数矣，乱平，僅存流离无算。先生展转窃进，进犯者数千死亡。知县公还，知县公续娶杨恭人，未久而殁。先生哀恸惨怛益念。

恭人万恭人殉难事中夜傍皇饮泣不得成寐，壮岁服官江苏，由佐贰敛劳累，转至直隶州知州，平忠爱根于天性，每值时变辄咨嗟扼腕，若不自已。甲午之役，吴中丞大澂出师，榆关奏调先生赞画军事。先生被命即行，亲友沮尼不以自馁。尝任安东县知县，一月谢去，葢先生平自成诸生卽倦意进取，为贫而仕非其志也。居恒肆力文艺书画刻石皆自修，胸而隐合于古，友东往还，有杨岘、施浴升、旭臣、谭献仲修、吴平斋、吴大澂、潘祖荫、伯寅任颐伯年诸先生。探索学日益进，顾绝不以此自多，与人语则曰我无好我无能也，凤昔自解组归寒素，犹生端居杜门日与配施恭人摩挲金石，以为娱乐。盎无见粮弗问也。辛亥而后，伏处海滨

藉粥艺自赡。给年已七十矣，后十载上颁福寿二字赐之。先生感念时局，益托于歌诗以抒悲愤性，故澹退穷达得丧从不措意。独其病重听不复与闻世事，故人弟子朝夕过往语蝉嫣不倦，七十后各盎盛得意，作画流传徧于国内外，日本士大夫至董金求之东，泸三岛孤山先生天性最挚，厚于待人，粥艺所得贫交砥属时时得被沾濡。杨岘山先生后嗣陵夷，则为修理其墓、亲刻谓先生书过于画，诗过于书，篆刻过于诗，德性尤过于篆刻。盖石友先生瑾死则其遗诗大率类此人有五绝焉，识者以为实录云。春秋八十有四，以丁卯十一月六

日卒门弟子上私谥曰贞逸，先生所箸有缶庐诗若干卷，缶庐别存一卷，削觚庐印存若干卷。初聘于章未娶，殉难。先生迎其柩归。配施恭人，前先生十年卒。恭人生男子三，育早卒。先生命立涵，之子志洪，章施两恭人前葬鄣吴邨之凤麟山。以道路之僻，先将一志源别营兆葬，先生有年知先生最详，不撝樵，孙辄为先生撰次行义如右文儒钜子幸垂鉴焉门弟子王贤谨述昧

王个簃《吴先生行述》

惻愴忍回盼。"

王一亭爲作《依閭圖》,并贈《吳昌碩自用印拓屏》。

學生陳斐叔病歿,年僅二十九歲,王个簃哭之哀痛。

劉伯年、周荃生、林德欽、鍾山隱、馮建吳、邱及、黃葆芳、范昌乾先後來滬就讀。

王个簃曾作《建吳函促入蜀賦詩答之》詩:"蜚鴻憔悴雲天路,十月初頒八月函。語瑣兵車催買棹,情殷書擔共栖巖。牽愁肝肺親多病,繞夢田園月在衫。引領戰雲消一瞬,隔千里外負長鑱。"

"上海藝苑研究會"成立。

作《枯木竹石圖》(111.5cm×27.4cm),題:"枯木竹石,前人寫之屢矣,蓋其境蕭疏、其趣清冷,不使埃塵一點染入襟袖,亦騷人遷客寄托懷抱之作也。昔年客崇川,見董文敏憚南田册子并雲林立軸,皆有此意,筆墨雖各殊異,而神韵高渾相類。昨於缶師齋頭復得見梅道人一幀,着墨不多,別饒風概,於是取硯中餘墨伸紙漫塗,聊以自遣,殊未敢抗心希古也。丁卯冬十月,个簃王賢時客滬瀆禪甓軒。閱四年辛未,偶從篋中檢出補寒鴉。"(《王个簃書畫作品集》)

鈐印:王賢信印(白文)、启之(朱文)、昨今無是非室(白文)。

刻《言志長壽》朱文印,款:"丁卯歲爲笙伯先生仿漢即乞正譌,王賢。"

枯木竹石圖

(《王个簃篆刻集》)

金澤榮逝世。王个簃後作《過韓相金滄江墓》詩:"南山剩抔土,骨朽心不腐。末路作詩人,兀兀撇簪組。故國障雲烟,蹲踞留豺虎。逆旅攢雙眉,癙寐張萬弩。猖狂比阮籍,呻吟續臣甫。眼底惜沈冤,松柏蒙斤斧。曩歲客通城,風雨共清酤。未解肺肝枯,只道鬚眉古。草衰雨復萌,巢破桑還補。一語慰翁靈,興亡何足數。不見史皇皇,艷説楚三户。"

是年,王國維逝世。

1928 年　戊辰　民國十七年　三十二歲

時任上海新華藝術專科學校、中華藝術大學、修能學社教授。

年初,日本大阪高島屋舉辦"吳昌碩遺墨展覽會"。同年,堀喜二編輯《缶翁遺墨紀念册》并出版發行。

4 月 4 日,日本畫家橋本關雪來滬,錢瘦鐵、唐吉生、王个簃、王傅熹、王廷珏、王師子、汪仲山、江小鶼、孫松、沙輔卿等在雪園舉行茶話歡迎會。7 日、8 日,橋本關雪在文監師路日本俱樂部舉行近作展覽會,國畫家錢、唐、江、王等均有作品加入,上海漫畫社允出特刊。(《時報》1928 年 3 月 31 日)

秋夜,在癖斯堂獨坐鼓琴,憶及李白"落葉聚還散,寒鴉栖復驚"句,惆悵不能成寐,研墨作《古松圖》自遣,題:"深山有怪松,舉世無人識。生植萬木肯,挺出亦孤特。老幹嵌龍鱗,修枝扇鸞翼。折旋摩青霄,婆娑俯薊芳。"

10 月 3 日,沙孟海來函。

> 个簃如兄:兩接来函……兄罷武林之行,未獲奉手,亦憾事。讀函中自述行止,計不日可到滬,他日往彼處,當詣談。別兄遽已兩月,此乃希世之奇聞,説與人家,總不之信。此兩月中,弟絶不曾刻過一石,惟應人之徵求,續草近三百年之書學一文,凡二萬言。趨時之作,不值大雅一哂。將來與印學概論一同刊布,就正有道。來劄用橫條甚趣,兄書更疏宕,與前不同,伸紙爲之眼明。惟弟一成不變,如何如何。杭州不易居,欲舍去,又無可適,淹久會城,徒爲口腹,明媚之湖山不足動我情也。若頓首,十月三日。

11 月 7 日,"秋英會第一次書畫金石展"在上海西藏路寧波同鄉會開幕。

據《申報》(1928 年 11 月 16 日)載:謝公展爲"秋英會"發起人。此展聯合海上名家數十人,如曾農髯、王一亭、吳待秋、鄭午昌、黃賓虹、張大千、錢瘦鐵、任堇、鄭曼青、王个簃、王師子、謝玉岑、方介堪等，各出精美作品，都五百件，美不勝收。"所列如《九秋》之詭麗、《荷竹》之冷澀、《蘭》之溫穆疏朗，暨以大千、个簃之奇古，亦見而嘆服。""王个簃之《獅子林》《鼠燈》《蘭石》《歲朝圖》，一以金石大小篆刻之法，納之書畫間，蓋得名師衣鉢，吳昌老不死矣。""金石介堪而外，有瘦鐵、个簃，俱承缶老法乳，各得一體，苦鐵一枝筆，溉沾後生多矣。"

11月10日下午，秋英會同人在展覽會場舉行即席合作小品畫活動。

《秋英會議定紀念合作》：秋英會聯合上海書畫名家，均出精美作品，假座寧波同鄉會公開展覽。連日來賓參觀，莫不稱許備至。昨晚同人集議，因會期五天轉瞬即過，值此團結精神之際，合作小品紀念畫件，公定平價，廣結墨緣，尺寸限於小軸玩屏、橫批、冊頁，筆墨不拘山水、人物、仕女、花卉、鳥獸，工筆寫意，熔冶一爐，現已議定進行矣，并告缺席諸君，如願參加合作，本星期六下午備筆印章范會，乘興揮毫，當場題款，以免日後多所麻煩云。(《申報》1928年11月9日)

11月12日下午6時，"秋英會"同人聚餐，并即席合作書畫。與同人五十餘人合作《九秋圖》兩幀。

民生《餐英盛會記》：昨日為秋英會第一次之書畫金石展覽會之第四日，預約定是日下午六時全體同人聚餐，并於餐前合作書畫，到者壽芝、春澍、公展、逸民、冷月、惜庵、六陽、介堪、孟容、聲遠、一亭、淡涵、辛壺、雲壑、劍華、大千、善孖、亞青、陶民、寄凡、子鼎、玉岑、曼青、半跛、德怡、慕唐、公禺、師子、公冶、英賓、企周、哲惠、仲謀、屠格、个簃、素庵、博亭、吉生、杏芬、瘦鐵、葦佛、白庵、鐵年、海粟、仲熙、青霞、雪泥、無聲、萬里、浩然五十餘人，即席成四尺中堂《九秋圖》兩幀，一幀全屬菊花，墨筆采色，光怪陸離，錯雜成趣。此外山水、人物、花鳥，無一不備，而愛山水者有時轉畫花卉，而畫人物者轉畫山水，玩一齣倒串戲，別生高趣。不畫者并當時題詩……復選出修改簡章委員9人、編輯委員9人、審查委員11人。(《申報》1928年11月13日)

受聘上海新華藝術專科學校和中華藝術大學，任金石課和中國畫課教授。同時，任秦潤卿兒子的私人教師。住上海北山西路吉慶里。

諸宗元為書《辛丑舊作詩》。(南通市个簃藝術館藏)

新華藝術專科學校舊影

沈子丞印　王个簃刻

鄰畦判南北，雞犬無宵聲。所憎妾婦愚，但爲箕帚爭。大至閣辛丑舊詩，个簃老兄方家正之，戊辰至日，諸宗元。

約在 1928 年至 1930 年間，任教於"修能學社"。浙江慈溪秦潤卿於 1923 年 7 月將所經營錢業之會館改建增擴爲學校，并題"修能"爲校名，聘請其同邑馮君木爲校長、無錫楊歷樵爲副校長，以供青年學子入校研習國故經傳文史及外語算數等新舊學問。其後數年，復由慈溪陳訓恩綜攬校務、出任校長，延請同邑洪叔通、袁守卿及興化楊孟昂一同協助校務，王个簃與桂林況又韓、慈溪董貞柯、鄞縣楊葆仁、鎮海盛玉衡等人新到校并任教授課。1947 年初，秦潤卿將"修能學校"故址恢宏光大，改建爲"修能圖書館"。陳訓恩撰《修能圖書館記》碑文，鄞縣沙文若（孟海）書丹，吳縣周梅谷刻字。

《修能圖書館記》："社經始於民國十二年癸亥七月……游歷五載，懋績克著，而檢校人事，猶有未竟……欲令訓恩權宜荷任、綜攬其事……新至任教者，有海門王君个簃、桂林況君又韓、慈溪董君貞柯、鄞楊君葆仁、鎮海盛君玉衡等。"（《沙孟海真行草書集》26 頁）

"藝苑繪畫研究所"在上海成立。
黃賓虹、張善孖、張大千等發起的"爛漫社"在上海成立。
諸宗元著《中國書學淺說》。

人物　　　　　　　　　　　虎

作《墨梅圖》(180cm×34cm)，題："瑤池一角。戊辰秋杪，試兩罍軒藏墨，个簃王賢客海上。"(《吳昌碩王个簃》，新加坡國家博物院)

作《人物》(135cm×33.3cm)，題："吾鄉秀才不教讀便拾糞，一年之計相等也。曾見七道士有此意，約略擬之并錄其題句。戊辰冬，个簃王賢客海上。"(《王个簃書畫作品集》)

鈐印：啓之（白文）、王賢印信（白文）、勞勞亭長（白文）。

作《歲寒清供圖》(134cm×22.5cm)，題："戊辰歲寒，个簃王賢客癖斯堂。"(《王个簃書畫作品集》)

鈐印：海門王賢（朱文）、爲客無時了（朱文）。

作《虎》(100cm×30cm)，題："提筆畫虎嫵爲妍，沙村道我□□園。雄踞高巖何赫奕，一嘯風生六月寒。霜荼醉墨。"(《王个簃書畫作品集》)

鈐印：賢（朱文）、啓之（白文）、勞亭興到（白文）。

刻《沈子丞印》朱文印，款："子丞仁兄畫仕女圖，筆法入古，刻石詒之，聊以志佩。个簃，戊辰冬。"(《王个簃篆刻集》)

是年，梁啓超逝世。

1929 年　己巳　民國十八年　三十三歲

時任上海新華藝術專科學校、中華藝術大學、修能學社教授。

三子王游生。

母親中風。

1 月 9 日，參加在寧波同鄉會舉辦的"寒之友第一屆美術展覽會"。

《寒之友集會讀畫絕句（玉岑）》："仆不解畫，而好與畫史游。寒之友集會展覽作品，泰半相知之什，玩誦鼓舞，發爲吟詠，不關月旦，聊志因緣云爾。篆法漏痕垂詰屈，詩情日色上芙蓉。个簃樸茂英賓秀，各有天才繼大聾。一角瑤池籀法窺，缶翁晚歲自渾奇。清疏偏愛梅松石，想見吳興下筆時。（汪英賓、王个簃俱爲缶老入室弟子，而畫筆不侔，蓋一則擷其中年之神，一則守其晚年之法，所謂真卿、誠懸，各得右軍一體也。《瑤池一角》《芙蓉松石》《雙梅》，二君出品。）

（近代鐵筆名家多浙人，自八家後，安吉吳缶老出爲一代宗師，會中所列，如樓辛壺、經子淵、朱其石、方介堪、王个簃，俱浙籍。瘦鐵蘇人，而師承缶廬，亦是浙中一派，可謂盛矣。）(《申報》1929 年 1 月 14 日)

4月10日上午10時，教育部主辦的第一次全國美術展覽會在上海隆重開幕，作《五清圖》參展。

王顯詔《參觀第一次全國美術展覽會記略》：我四月二十五抵申，已是開會期中倒數之第六日，下午二時左右，到南市新普育堂會場參觀。此時景况，已是暮景蕭條，名流們多數以事離滬，所餘辦事人而已，然參觀者仍絡繹不絕。場門爲中國風之牌坊式，額爲農髯書，曰："教育部全國第一次美術展覽會。"左爲入口及售券處，右爲出口，各有警察及招待員把守。會場全座，以紅色瓦砌成，廣可數百畝，頗莊嚴，爲滬上中國自築集會場所之最宏敞者，去年大規模之國貨展覽會，亦以斯地爲會址。門之對過爲大禮堂，兩江女體專校正在表演歌舞助興。周圍一大匝，爲三層樓之西式建築，庭中有花圃，噴水池，曲徑復以藤蘿，頗幽雅，游觀仕女，憩息其間，略現清閒氣象。樓下爲辦事處、招待所、餐室，和海上各大美術書店租賃陳列古今名人書畫真迹或印刷品之發售室，各以精品羅列，任人參觀。西樓下又設樂室陳列琴瑟、箜篌、笙、簧、竪琴、箏等古樂，不下三十餘種，定時彈奏。左方二、三樓共陳列書畫八百六十八件，禮堂二樓陳列書畫三百六十件，左面二樓轉角處，陳列金石拓本印存等共七十五件，右方二樓正中，陳列西畫三百五十四件，二樓禮堂陳列雕塑五十七件，右方二樓又陳列建築模型及圖影三十四件，工藝美術二百八十八件，美術攝影二百二十七件。右方三樓爲參考部，除日本西畫出品和近人西畫遺作外，近人及古代書畫，皆逐日更換，敦請海內大收藏家輪流值日。將所藏精品陳列，入文部參觀，要另買門票。我走馬看花似地瀏覽一過，夕陽已西下了。（《曾熙年譜長編》713頁）

6月28日，日本畫家倉橋西峰、渡邊晃堂來華寫生，月餘後經費拮据，與上海書畫同人揮毫，王个簃等贈畫以售資助其盤纏。

日本南畫家倉橋、渡邊二氏，爲采取畫材來華，經時二月，遍歷大江南北，畫囊富足，而阮囊羞澀。玆將歸去，由曾農髯、王一亭、張善孖、張大千邀陳樹人、黃賓虹、何香凝、天罡侍者（陳剛叔）、孫雪泥、王个簃、熊松泉、馬企周、馬孟容、鄭曼青、蔡逸民、俞寄凡、俞劍華、王陶民、胡可莊、張紅薇、謝公展、唐振超諸名畫家，於昨日午刻假陶樂春暢叙，即席揮毫，計作畫件六十餘幅，將於七月六、七日在日本俱樂部，由日本名流主催繪畫展覽會，并加入二氏之作，用抽簽法發售，所得收入均歸二氏，以壯行色云。（《申報》1929年6月29日）

教育部全國美術展覽會特刊目錄

7月13日、14日，在上海每日新聞社三樓參加"中日畫家聯歡繪畫展覽會"。（《申報》1929年7月9日）

7月23日中午，王一亭、狄楚青、李祖韓、姚虞琴、吳東邁邀集上海名畫家在覺林聚議"中日現代繪畫展覽會"籌備辦法，王个簃等十人爲徵集。

中國方面由王一亭、狄楚青、李祖韓、姚虞琴、吳東邁於廿三日午刻在覺林邀集海上名家討論籌備辦法，到者有程十髮、趙叔孺、褚禮堂、金甸丞、趙雪侯、趙子雲、陳樹人、李秋君、葉恭綽、商笙伯、江小鶼、吳湖帆、汪英賓、李毅士等五十餘人，議決於十月十日在上海假座康腦脱路徐園開會展覽，推定王一亭、符鐵年、謝公展、鄭午昌、陳剛叔、呂萬、狄楚青、葉恭綽爲主席，李毅士、王季眉、王个簃、張善孖等十人爲徵集，江小鶼、孫雪泥等爲陳列，王濟遠、李祖韓、王管孫等爲會場，徐志摩、陳小蝶等爲編輯，姚虞琴、楊清磬、吳東邁等爲秘書，卞德路八十號李秋君女士爲總收件，每逢星期一十二時在覺林開幹事籌備會議。聞日本方面已於六月十二日在東京開會，列席者有正木、竹内、山元、都路、荒木、小室、結城、小堀、渡邊諸名家，議決加入上海方面聯合展覽之出品約一百點，儘七月製造，並議請池星秀畝、柿木寸鐵諸名家出發來華接洽一切。（《時報》1929年7月24日）

8月12日中午，中日聯合畫展中方發起人在覺林蔬食處召開第二次會議，議定組織名稱爲"中日繪畫展覽會出品會"及相關事項。(《申報》1929年8月13日)

9月9日，中華藝術大學開學，任國畫教授。

《中華藝大開學》：中華藝術大學宣稱，本校已於昨日開學，新舊生近二百人，教授均系海上名流，陳望道、沈端先、戴平萬、汪靜之、姚伯謙任文學；諸聞韻、潘天壽、王賢任國畫；許幸之、盧靜庵任西畫；宋壽昌、劉質平、湯鳳美任音樂；程品生任工藝。訂十一日上課云云。(《申報》1929年9月10日)

9月上旬，日本畫家橋本關雪及其夫人由大連來滬，海上書畫家同人在覺林設宴歡迎，與橋本關雪及海上書畫名家近二十人合作畫作，永留紀念。

《歡宴日本畫家橋本關雪記(馬孟容)》：……前日偕其夫人由大連來上海，此間之書畫家公宴之於覺林，以表歡忱。到者有日賓土屋計左右暨其夫人、澤村倖夫、田中喜平，及書畫家四十餘人，余亦與焉。由一亭翁致辭歡迎，關雪翁答謝，衆皆舉觴相屬，觥籌交錯，詼諧雜作，酒酣技癢，墨舞筆歌，有足記者，述之如次。合作之精美：關雪翁最喜乘興揮毫，此次與海上書畫家聚首一堂，不可不結墨緣而留紀念。瘦鐵已備紙筆，公展早攜繪具，於是分席作畫，企周寫芍藥，余補玉蘭菊花，剛叔畫百合，英賓種芝，劍華植柏，午昌布地補鳥，介堪置盤，个簃栽蘭，師子插牡丹，屋泉畫石，公展繪菊，逸民添竹，松泉寫奇石，苣蓀綴秋色，十千、素盦寫松，庶安、步伊、青霞補花卉，董叔題詩，關雪翁補樹石花鳥以成之，并題詩一絕，以硃筆書之，別饒雅韻。徵白、午昌、子丞、瘦鐵、雪泥、素盦另闢一席，輕描淡寫，合作仕女山水數幀，平子、一亭、虞琴、半跛、鯤徒有他約先去，共得屏條二十餘幀，心影心聲，并皆精妙。關雪翁樂甚，擬攜歸四幀，永留紀念。以二幀留滬，餘則分贈同人。同人得畫，皆大歡喜。(《申報》1929年9月11日)

秋，題《益修文譚》。

11月10日，爲紀念吳昌碩逝世二周年，王一亭與日本三井銀行、土屋計左右等吳氏生前友好搜集各家收藏吳昌碩精品數百件，假六三園開遺作展覽會。王个簃作《安吉吳昌碩先生己巳追薦會紀事》文。

《安吉吳昌碩先生己巳追薦會紀事(个簃)》：安吉吳先生在遜清民國間，

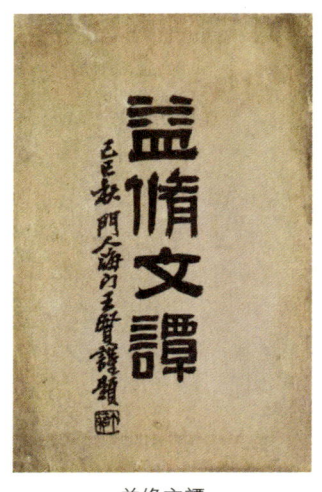

益修文譚

梅癖　王个簃刻

以書畫金石刻縱橫睥睨,執大江南北壇坫牛耳者垂數十年,年臻耄耋,神明不衰,享年八十四歲而卒,蓋民國十六年舊曆丁卯十一月六日也。生前書畫尤爲東方人士寶貴,爭以巨金購置,至範金爲像事之。今屆先生逝世三(二)周年紀念,中日人士與先生生前雅故或欽遲先生行誼者,召集親好及海上名流,共同發起組織己巳追薦會,於本月十日假江灣路六三花園舉行,并於會陳列先生生前作品及手澤遺物之有文藝價值者。先期中日各報皆有記載,洵塵囂甚上中不易數覯之勝集也。

會場之人物:是日天高日晶,風不揚塵,自晨及晡,冠蓋咸集,綜計名簿簽到者,共一千餘人。中國方面名流,如朱古微、葉譽虎、王聘三、曾農髯、狄平子、王一亭、馮君木、劉翰怡、哈少甫、任菫叔、金匋丞、李拔可等,政界有唐少川、于右任、勞敬修、陳霱士、王曉籟等,學界則海上各校外更不勝計。新聞界楊清磬、汪英賓、馬公禺、俞劍華等。日本方面有橫山平三郎、堺與三吉、山田謙吉、井手三郎、田邊輝雄、越智喜三郎、立川圜三、友永霞峰、土屋計左右、吉井民三等。

會場之布置:園主白石六三郎君雅重先生爲人,會場布置皆君及友永君預爲設計,在園中草地空曠處植木作架,以色布幕端高楣紅地金色卍文,廣丈餘,袤數丈,中設几筵爐香瓶卉,位置楚楚。其他雜陳果食時物清醑苦茗之屬。其上巍然供奉先生執卷小立影幅,道氣迎人,依然生前笑貌。

追薦之秩序:是日日屆午,來賓方縱觀陳列,聞鈴聲鏗然,知開會矣,乃相繼魚貫入場,對遺影致敬,寺僧諷經,來賓演説,禮畢攝影。王君一亭與先生有知遇之感,是日在場奔走司儀,周旋中日賓客,敢所謂一生一死,乃見交情者非耶！予躋弟子之列，亦踸踔其間。眾中一人唏噓，不能仰視，反袂掩面，淒然欲涕者。則山陰任君堇叔也。君爲名畫家伯年先生長子，與先生爲忘年交，前年挽先生聯尤沈痛，聯云："盡用漢祠法，書本秦相斯，賞析樂晨昏，文字恩私，深於骨肉。蓄我猶弟晜，事公以父執，蒼範成缺憾，寢門一慟，失此須臾。"

山田岳陽之演說：東亞同文書院院長謙吉，字子敬，號岳陽，邃於漢學，雅擅吟詠，尤好先生所爲古近體詩，演詞略謂先生畫畫篆刻，天然自成一宗派，可以表見東方之藝術的真精神，絕對非西方人所能領悟。然余崇拜先生者，不在藝術，而在文學，此則先生畢生抱負與性靈學問所寄託，非今日陳列所及等語，至理名言，他有價值。

遺物之陳列：園中有樓三層，皆陳列先生生前長物及作品，有攜自來賓者，有出先生家藏者，東鱗西爪，皆先生心魄所寄，魂兮歸來，呼之欲出矣。畫類有先生少年所作山水八段錦長卷，朱古微侍郎每段各綴小詩，其他名人數十家題詠殆遍。又捐館前一日所繪蘭草，馮君木題詩，極情文相生之妙。詩曰："衰腕猶能百屈申，自濡禿筆挽餘春。芬芳后土吳將老，窈窕山河若有人。出水花光增惆悵，嘔心詩句雜悲辛。綿綿神理應無盡，乞與相累作後身。"又爲朱古微侍郎作梅花小冊十三葉，又先生戲作一貓，皆精品。書類有臨散氏盤全文，又贈譚復堂行草詩卷，系蔣姓客攜來。金石刻類有自用名印，及爲閔陽丁、高聾公所作諸印。遺物類有明拓石鼓善本，顧西津爲作校碑圖，又缶廬所以得名之"缶"字有考，蓋出自金俯將之贈，先生詩集中時見題詠者，即是物也。（《申報》1929年11月22日）

吳東邁、王一亭、王个簃、諸聞韻等策劃創辦"昌明藝術專科學校"。王个簃曾爲諸聞韻治"聞韻私印"。吳昌碩評爲"佳"。（《个簃印集》，鈐印本，南通市个簃藝術館藏）

聞韻私印　王个簃刻（吳昌碩評）

冬，"蜜蜂畫社"創社於上海西藏路之平樂里。王个簃爲首批會員之一，另有王一亭、鄭午昌、張大千、張善孖、錢瘦鐵、謝公展、孫雪泥、陸丹林、沈子丞、謝之光、方介堪、謝玉岑等。次年3月出版《蜜蜂》旬刊，共十四期。

是年，鄭午昌、王師子、張善孖、謝公展、陸丹林、孫雪泥等組建蜜蜂畫社，先生（方介堪）及鄭午昌、張冷僧、王个簃、吳青霞、張紅薇、俞劍華等49人爲第一期會員。畫社於1930年停頓。（《方介堪誕辰一百年紀念文集》42頁）

"梅庵琴社"成立，徐立蓀爲社長，有《梅庵琴譜》行世。

曾熙爲王个簃作《梅花》扇面，題："兀岸頗肖詩人骨，清白但留處士風。"（《曾熙年譜長編》757頁）

詩人馮君木賦《聽王个簃賢彈琴》："憂患填膺有不平，且將琴語托孤清。五弦如聽哀鴻唳，十指能爲大蟹行。惨澹形神窮曠感，蒼凉天海接秋聲。宫商變後遺音絶，莫遣成連識此情。"

王一亭、吳東邁等發起組織的"清遠藝社"在上海成立。

作《雙清》，題："己巳五月杪，略擬雙薇園筆意，呈應賓甫先生大雅屬，个簃王賢客滬上。"（《當代名家中國畫全集·王个簃》）

作《墨梅圖》（140cm×71cm），題："空山梅樹老橫枝，入骨清香舉世稀。得意忘言閉門處，墨池冰破凍虬飛。曙亭學長令畫，草率成之，絶無是處，个簃王賢。己巳秋八月朔，曉師五虞後三日也。"（《古硯堂藏書畫集》，中國科學藝術出版社）

鈐印：啓之（白文）、王賢印信（白文）、强壽（朱文）。

作《松菊圖》（135cm×68cm），題："喬松謖謖操寒碧，野菊鮮鮮傲雪霜。風格泉明歸去日，田園蕪處獨徜徉。伯怡先生大雅屬，爲擬雙薇園筆意，己巳暮春，个簃王賢時客海上去駐隨緣室。"（《吳昌碩王个簃》，新加坡國家博物院）

鈐印：王賢印信（白文）、啓之（白文）、强壽（朱文）。

刻《梅癖》白文印，款："个簃居士鑿，己巳秋仲。"（《个簃印集》）

李禎逝世。作《哭曉師》詩悼之："萬行空灑傷時淚，二頃都無背郭田。摹印直追秦漢代，搖毫兀對雪霜天。貧憂鹽米艱明日，志托林泉負壯年。可念掀髯扶短策，一身愁倚夕陽邊。""不盡恩私餘一哭，西園夢裏尚徘徊。豪情點筆依修竹，游興捫碑剔綠苔。藥火頻年煎骨瘦，酒尊回首使心哀。一抔未妥超山側，忍更濠陽負土來。"

年五十三，病卒於上海西園寺側寓齋。生於南昌西園，業於南通翰墨林西園，

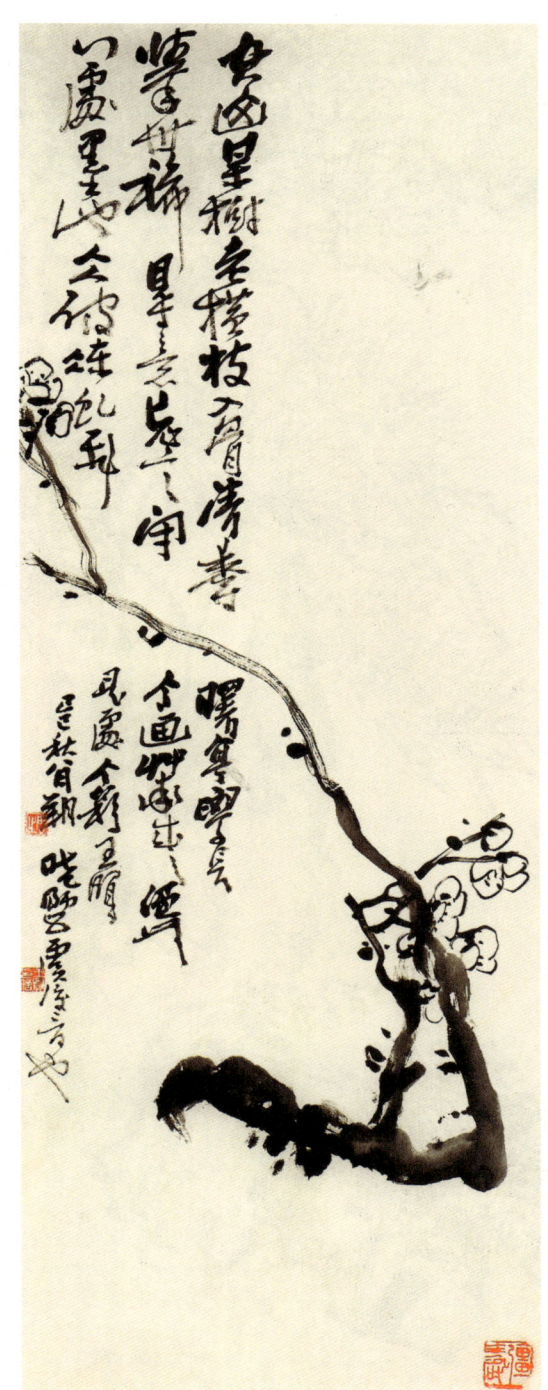

墨梅圖

松菊圖

別署"西園客",己巳暮春刻"西園病客",均有緣於"西園",實屬奇事。(《近代印人傳》111頁)

楊昌年逝世。

王个簃曾作《喜晤楊昌年》詩:"晤對苦無由,今朝願竟酬。丘軻耽舊義,茗酒蕩新愁。燦爛樓依蜃,模糊蝶幻周。詩情問何似,籠鳥亦啁啾。"

是年,諸涵生。

1930年　庚午　民國十九年　三十四歲

時任昌明藝術專科學校訓育主任兼國畫系主任。

年初,"昌明藝術專科學校"成立。2月21日開學,任訓育主任兼國畫系主任。王一亭任校長,諸聞韻任教務長,還設有校董會。校址在貝勒路(今黃陂南路)望志路口(今興業路)21號。該校設有國畫系、西畫系、藝術教育系。不久由吳東邁任校長。教授有王个簃、曹拙巢、呂大千、黃賓虹、潘天壽、賀天健、任菫、汪仲山、商笙伯、姚虞琴、胡汀鷺、吳仲熊、薛飛白、諸聞韻、諸樂三等。

子吳東邁與先生門人王个簃、潘天壽、諸聞韻、諸樂三等創辦私立上海昌明藝術專科學校,地址在當時的貝勒路望志路口(即今之黃陂路興業路口),聘王一亭任校長,吳東邁自任副校長,學科有西畫、國畫、雕塑等,以國畫爲重點,學生中成績較優者有劉伯年、馮建吳、邱及等。(《我的祖父吳昌碩》328頁)

《昌明藝術專科學校招男女生》:"宗旨:發揚中華文化,造就專門藝術人材、藝術教育師資,促進社會美育。學系:國畫系、藝術教育系(圖音組、土工組)。名額:國畫系一年乙級至三年乙級,藝教系一年乙級至二年甲級。各級新生二十五名。報名:即日起至考期前一日止。考期:二月十日至二十日。開學:二月二十一日。校址:法租界貝勒路蒲柏路近口。函索詳章,附郵四分。校長王一亭,教務長諸聞韻。"(《申報》1930年1月17日)

《昌明藝專籌備就緒》:"新創昌明藝術專科學校,現已籌備安定,校長王一亭,副校長吳東邁,教務主任諸聞韻。內容分國畫系、藝術教育系。各系主任及教授均屬當代名流,國畫系主任王啓之,教授實習如商笙伯、呂選青、吳仲熊、薛飛白等;詩詞題跋如馮君木、諸貞壯、任菫叔等;藝術教育系國畫主任潘天壽,西畫主任汪荻浪,音樂主任宋壽昌,手工主任姜丹書,教授如陳澂波、陶晶、仲子通、何明齋等。校舍在貝勒路蒲柏路口，設備完善。并聞有海上諸收藏家所藏名作更番陳列校中，以資學者參考，而對於國學之詩詞、題跋、書法，尤有深切之研究云。"（《申報》1930年1月17日）

2月28日，昌明藝術專科學校開學，并陳列古畫及各教授作品，公開展覽。王个簃有《丹桂》《桃花》展出。中國文藝學院亦於同日開學。

《昌明藝專觀光記（謝玉岑）》："王一亭、吳東邁兩先生創辦之昌明藝術專科學校已於日前開學，并陳列古畫及各教授作品，公開展覽。承國畫系主任王君个簃之招，故於吾校中國文藝學院開學盛會中蔡子民方娓娓演講之時，逃席

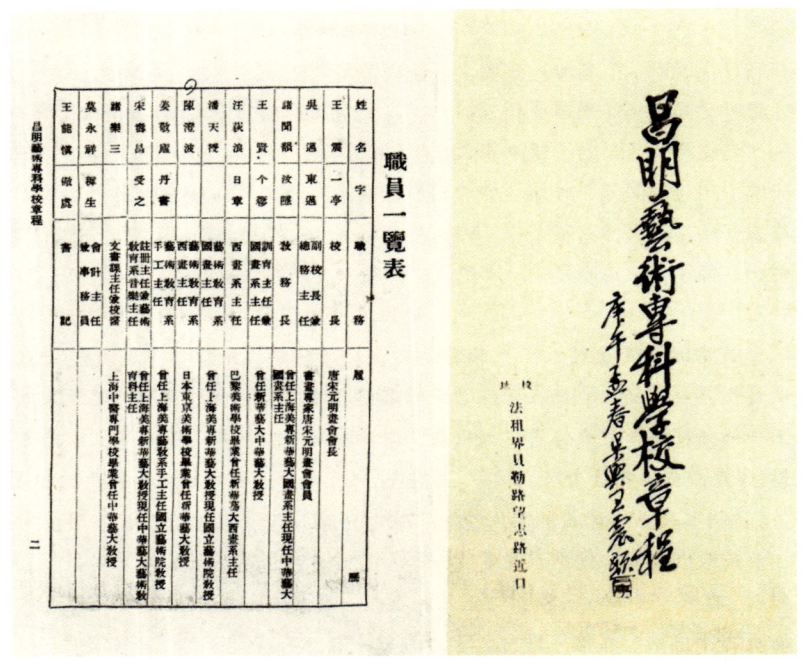

昌明藝術專科學校章程、職員一覽表

笙伯長壽（商笙伯）　王个簃刻　　　　阿壽（潘天壽）　王个簃刻

而去，驅車造訪，時已卓午。群聚庭中……昌明樓上俱爲名作，吾以匆遽未登樓，然就樓下所見，已如春暮看山，青紫萬態，不必山陰道上，正自顧盼不暇。个簃《丹桂》一幅，於樹根後以淡赭作小石，樹陽又着墨竹數莖，桂與石之混沌，墨竹之挺秀，尺幅之間，胸襟畢現，詫爲觀止。水墨《桃花》俱以碑版法入畫，古味盎然。昌老弟子不多，自師曾、玉盦、苦李下世，吾所知者，唯个簃、英賓篤守師法，最可敬佩。吾曾有詩曰：'个簃樸茂英賓秀，各有天才繼大聲。'朋輩皆以爲知言，然今日未見英賓畫，殆在樓上耳。"（《申報》1930 年 3 月 10 日）

"昌明藝術專科學校"的學生邱及因從事地下工作，在廣東被國民黨當局逮捕，王个簃與吳東邁設法營救，獲釋。

3 月 11 日，"蜜蜂畫社古今名畫展覽會"在巴黎舞場舉行。曾熙、閻甘園、許修直、許小仙、丁輔之、張善孖等提供古畫藏品，王一亭、謝公展、許徵白、鄭午昌、錢瘦鐵等社員提供展品，王个簃作《花卉》展出。

賀天健《雲蒸霞蔚之蜜蜂畫展》："蜜蜂畫展自開幕以來，倏已數日，參觀之人甚形踴躍，而社員加入者亦如雨後春筍，可見社會之注重藝術，而藝術亦爲人生之急需也。名收藏家除曾農髯、閻甘園、許修直、許小仙、丁輔之、張善孖、李祖翰、項松茂、吳幼潛諸君外，又加入哈少甫、秦清曾諸君，所出之品，皆爲藝苑精英，平時不易得見。諸君於該社肯如此熱心贊助，自可見該社此次藝術運動之鄭重矣。社員作品除本刊上次所記外，又有汪英賓之《山水》，熊松泉之《走獸》，陳寶濂之《山水》，張雪揚之《山水》，陳小蝶之《山水》，商笙伯、唐吉生之《歲朝圖》，秦清曾之《山水》，閻甘園之字，馬孟容之《花鳥》，王个簃之《花卉》，黃曉汀之《山水》，陳倚石之《人物》，鄭曼青之《花卉》，沈子丞之《仕女》，吳子鼎之《仕女》，王季眉之《山水》，沈立民之《人物》，吳青霞之《花鳥》，吳（楊）雪瑤之《花卉》，皆爲一時精到之作，海上藝術之花，將由以上諸君而狂放矣。昨日爲社員聚餐會之期，即就會場舉行，酒後興酣落筆，合作畫件甚多，間有老詩人奚燕子題詩。小子躬逢盛會，不能自已，爰作小詩以紀其事，倘亦許爲藝苑佳話乎！詩云：海上題襟幾劫灰，風流頓歇亦衰哉。豈知一隊丹青客，又作負香汲水來。今日社友謝公展所畫之合景屏條四幅，先有林君訂購一條，旋又有楊君爭購全堂，謝之畫可謂名重一時矣。社友許徵白所畫之立軸《山水》，爲郵政供應股長西人招勘購去，招君并求見許君以致其傾佩之意。張君大千之《荷花》爲宋蘭墅君購去。"（《申報》1930 年 3 月 18 日）

印光法師在蘇州報國寺閉關，王个簃前去瞻仰。印光法師遂爲起"宗賢"

法號。

6月14日,"昌明藝專書畫成績展覽會"在貝勒路望志路該校舉行,作《逃空圖》。

《昌明藝專展覽會預志》:"昌明藝術專科學校定於本月十四、十五、十六日在貝勒路望志路校內舉行書畫成績展覽會。聞該校國畫、藝教兩系學生學業猛進,此次展覽成績以國畫爲多,國畫中工寫俱備,有上規宋元者,有參用西法者,頗能各盡其妙。該校教職員亦有中西畫精品參加陳列,而校長王一亭并畫有扇面多幀作爲獎品,以資鼓勵。"(《申報》1930年6月12日)

《昌明藝專書畫展覽會紀》:"貝勒路昌明藝術專門學校開書畫展覽會,昨日第二日(星期)。上午天氣晴明,參觀者踵相接。記者於十一時到會,見全部作品不下四百餘件,國畫居十之八九,陳列四壁及走廊各處,幾無餘地,琳瑯滿目,美不勝收。王一亭之《寒山拾得》,筆觸神情,具見妙相。吳東邁、諸樂三之書法,功力俱深,諸聞韵之《歲朝圖》,設色古雅,神韵天成。王个簃之《逃空圖》,用筆超逸。學生中如馮建吳、劉伯年、張蔚文、吳姚華、李宴桃等,均能各見面目,工寫特長。女生沈韵真畫法亦娟秀可愛。此外佳作尚多,未及詳記。聞該校下學期添設西畫室,冶中西藝術於一爐,可預卜其精進也。"(《申報》1930年6月17日)

7月7日,昌明藝術專科學校暑期補習班開學,擔任國畫課教授。

《昌明藝專暑校近訊》:"昌明藝術專科學校暑期補習班,原定七月一日開學,兹因各地中小學教師函請展期,乃延長至七日開學。聞各系教授均系當代藝術界名流,西畫方面有方干民、汪荻浪、陳澄波、盧維治等,音樂方面有宋壽昌、仲子通、張桂卿等,中國畫方面有王一亭、諸聞韵、潘天壽、吳仲熊、呂選青、王个簃、諸樂三等,理論教授請任菫叔、馮君木、姜丹書、何明齋等擔任。近來報名入學者頗爲踴躍云。"(《申報》1930年6月28日)

7月8日,昌明藝術專科學校暑期補習班舉行開學儀式,在開學儀式上演說。

《昌明藝專暑校開學》:"昌明藝術專科學校暑期補習班,自報名以來,頗形踴躍,於昨日上午九時行開學式。到教職員學生六七十人,由校長王一亭、吳東邁致辭,次教務長諸聞韵報告,各系主任、教授王个簃、宋壽昌等相繼演説,散會時已十時餘,即日上課。該校各系課程上午爲實習,下午爲理論,并擬於課餘敦請海上名流蒞校講演云。"(《申報》1930年7月9日)

7月,"中國左翼美術家聯盟"在上海成立。

新秋,王一亭爲李禎師造像。王一亭、陳散原、諸宗元、曹文麟、徐昂、費範九、陳保之題跋。碑刻今存南通狼山葵竹山房。

9月8日,張大千在癖斯堂爲王个簃作畫,題:"芋火今猶熱,世無李泌客。鐘聲出白雲,殘缽幾灰劫。先師農髯先生去年題我畫芋句也,爲个簃吾兄寫此并録之。个簃嘗云其鄉産芋多佳種,與他處迥異,他日當有以厭(饜)我老饕。老饕善治芋,不與常味同,惜不能起先師共嘗之也。大千居士并記於癖斯堂下,時庚午七月十六日燈下。"(《曾熙年譜長編》805頁)

9月17日,沙孟海來函,商榷其從弟沙引年(賢萓)欲入昌明藝術專科學校就讀之事。

啓哥足下:别來又是半月,前說從弟引年欲入貴校肄業,兹擬於本星期六來滬,次日即導彼進校。恐貴校開學多日,中途插入諸多不便,特先奉函,俾便接洽。昌明校址在何許,弟亦不知之,是日到滬當先奉詣。(星期六晚間請勿出門爲幸。)經年曠别,小晤匆匆,曾無長時間之談語,亦欲借此一傾積悃耳。老師胃疾不知有愈否,兄或有晤及也。餘不多述,即請著安不盡。弟若頓首,九月十七日。

10月4日,沙孟海來函,約赴杭州觀潮等事宜。

12月上旬,沈幼瑜母八十一歲生辰,在梵王宫廳事陳列一年來徵集之壽意畫屏八十幅,設宴邀請書畫名家鑒賞,與潘蘭史、王一亭等七十餘人赴會。

《楚王宫壽萱志盛》:"師山沈幼瑜氏,别署峴陀,以老廣文現宰官身,所至有惠政。家擅園林之勝,因閭閻不靖,僑寓滬瀆,顔所居曰海曙樓,奉母著書,不留時事,黄宗炎先生爲題樓跋,擬之蘇堪'海藏'、寐叟'海日',良有以也。夙工詩古文辭,更嗜書畫。去冬爲其太夫人八秩大壽,屏絶賀儀,而與弟芝平君斥巨貲,鋪砌梓鄉石路,里人德之。前日又太夫人生辰,特借梵王宫廳事,出一年中征得之壽意畫屏八十幅,陳列展覽,簡約書畫名家設宴鑒賞。予躬逢其盛,見滿壁琳瑯,生香活色。畫爲四尺立軸,一色裝潢,山水、花卉、人物、仕女、翎毛、走獸、草蟲、蘭竹,工細寫意,無不具備,無不精妙。除海上著名之三十餘家外,如趙、燕、魯、閩、浙、贛、皖、桂、滇諸省,均有作品。本省則以蘭陵、梁溪姑蘇爲多。閨秀、方外,另爲一組,誠洋洋大觀,開祝壽之新紀元也。來賓有潘蘭史、王一亭、商笙伯、沈心海、湯東父、謝公展、胡汀鷺、王師子、王雷夏、洪麗生、鄭午昌、馬孟容、馬岱雲、馬萬里、陳剛叔、謝閑鷗、吳琴木、姚墨村、查烟谷、關富亭、丁少石、徐穆如、許徵白、許仲奇、陸丹林、朱蓉莊、湯臨澤、王个簃等七十餘人,濟濟一堂,觥籌交錯。酒酣落筆,合作多紙,以留紀念。聞沈君尚擬徵滿百幅,刻板印行。是會也,既集朋簪之樂,復博萱堂之歡,更創藝苑之例也。"(《申報》1930年12月11日)

王个簃爲懷念父親,請王一亭作《少階先生遺像》,題:"少階先生遺像,庚午仲秋,白龍山人王一亭寫於海雲樓。"馮君木作跋。

孫雪泥等組織"寒之友"畫展,何香凝、謝公展等參加,王个簃作《五清圖》。

刻《白龍山人》朱文印,款:"一亭宗老令刻,庚午,賢頓首。"(《王个簃篆刻集》)

曾熙(1861—1930)病逝於上海,張大千扶柩至衡陽,在墓旁築草廬,守墓一月。王个簃作《挽曾農髯丈》詩哭之:"閱此不知老,蒼茫倚海天。避囂還近市,無酒亦能仙。未了三生債,長留半偈緣。秋風悲落木,惆悵攬遺編。"

少階先生遺像(王一亭作、馮君木跋)

一亭大利（王一亭）　王个簃刻

　　王个簃曾作《農髯先生約讀石濤畫即席賦呈》詩："老人惓惓我何好，酒半相攜畫裏行。聲欬雲泉流四壁，低回鐘磬靜三更。昔賢能事開蹊徑，勝日清歡養性情。睥睨冠裳同土芥，風懷畢竟屬書城。"

　　是年，譚延闓逝世，葉尚青生。

1931年　辛未　民國二十年　三十五歲

　　時任昌明藝術專科學校國畫系主任。
　　二月廿九日，沙孟海來函。

　　个兄：久不奉書，緣長歌寄到後，思和作一首，卒不能就，因而遲遲未復，得不罪我否。所示四印，弟最愛有文在手曰开逃空虛者，其次木師名印，至於錢印則不易評列，上之則在其他三印之上，抑之亦復不及其他三印，不知兄意如何耳。弟近來公務稍忙，然比之教讀與改文，則仍為閑，惟持名索刻之人踵屬，弟略有所應答，茲就印石尚留置者鈐示一二，其餘待他日旋申時全冊送覽，兄當細為評騭也。木師深愛吾兩人，前有函來，謂自弟赴杭後，意忽忽若有所失，惟賴啓之時來過談稍破岑寂，又謂啓之數日不來，甚念之。兄有暇時，望時時過存木師，則弟雖遠行，猶之親侍几杖也。武仲擬師事吾兄，遲日彼當詣謁，幸推愛進教之。湖山秀氣已為官僚市儈摧殘淨盡，弟來此且五旬，除初到時一游孤山外，至今不復重游。人家說我太俗，實則我何嘗俗，彼西湖乃已俗入骨髓耳。偏是有雅名者，其人特較他人為俗，偏是貪官汙吏，反要把鏟除貪官汙吏之語作保障，天下寧有公是非乎？言為心聲，知兄閱此後，料知弟之無憚也。八年前授武仲經籍，三尺青氈，自得其樂，今日回想，不啻如天上樓閣矣。兄印弟曾刻，兩度均未善，姓名二字兄所刻者已多種，弟又取此文刻之，當然不行，今擬增字刻之，庶幾千慮有一得耳。此間刻印之風氣頗盛，同事中有韓、潘二人能刻，而某長某員生來或不曾認得幾個篆字，亦極喜拉人刻印，不惜重金購置印石，嘉惠古玩店主人真不淺矣。至於潤筆，則充耳未聞，惟我亦有抵制方法，堆砌盈案，五指不動，桓魋其如予何。竟日碌碌，少靜栖時，晚飯後稍清靜，泚筆報書，續續不能自止，安得長日閒，寫盡胸中塊壘，亦一快也。前星期曾以事一回申，匆匆不及過詣，後有來時，非圖一晤不可。即候近好。弟若狀，二月廿九。

4月21日，王一亭率張大千、錢瘦鐵、王个簃、鄭曼青、李盛鈞、閻甘園、王莅蓀等二十餘人東渡參加"中日古今繪畫展覽會"，王廷珏隨行翻譯。日本名畫家橋本關雪亦同船赴日，經神戶至東京。

《中國書畫家今日東渡，大批古畫運日陳列》："日人近有書畫展覽之舉，以我國收藏之家尚富，特派員來滬，運動我國加入大會。定五月十五日開幕，我國名畫家王一亭已定今日東渡，茲錄消息如下：徵求書畫：日人書畫展覽會最注重者，為我國作品，而以唐宋元明四朝古畫尤為重視，日人代表飯島政男來滬，為此事接洽已久，由王一亭等代為設法。聞南潯龐萊臣家藏唐宋名畫甚富，此次已允攜至日本供展覽會陳列。其他之名貴書畫亦已運往不少，大致在二百卷軸以上，即於今日裝輪，先至神戶上陸，然後再送展覽會內。會員放洋：我國書畫家及收藏家赴日參加者，第一批由日人飯島政男招待，即於今日乘上海丸出發，計有王一亭、李盛鈞、閻甘園、王莅蓀、吳仲熊、杏村、王蔓青、潘曾蔭及王賢等，下午三時在匯山碼頭上船，直放神戶上陸，而第二批赴日之人，聞在下週放洋。"（《申報》1931年4月21日）

4月28日，"中日古今繪畫展覽會"在日本東京上野公園美術館開幕，訪日，月餘返滬。

《東京中日古今畫會紀要（畫禪）》："日本繪畫，源出我華，故於吾國古畫尤為珍視。近日政府為闡揚東方之美術，供國人之觀摩，特派正木直彥、渡邊晨畝來華，與滬、杭、蘇、京、津、平、遼各收藏家書畫家接洽，至前月杪始籌備完善，會址在東京上野公園美術館，會期自四月二十八日至五月十九日。開幕之日，會長伯爵清浦奎吾、正木直彥，及名譽會長吾國汪袞甫公使致開會辭，一木喜德内相、幣原外相、田中文相，及吾國代表王一亭、梁鴻志、袁思永等，均致祝辭，彼都各界名流均與會，濟濟蹌蹌，儀式極為隆重。會場頗宏壯，内分古畫、今畫兩部，古畫以清人作品最多，明次之，元又次之，宋畫亦列數幀。吾國前清内府所藏之黃子久、朱德潤、趙大年諸名迹亦在列。梁鴻志、羅振玉、張漢卿、蒯若木、曹元度、金開藩、羅原覺諸收藏家均有名貴出品，惜

與王一亭、張大千等訪問日本（南通市个簃藝術館藏）

滬、蘇諸藏家未能踴躍參與，致與原定件數相差尚巨耳。而日本方面則儘量搜羅，如帝室博物館、東京美術學校及東西京各名收藏家，均出其精品陳列，合計三百餘件，都爲前次唐宋元明名畫展所未見者，雖難免有贋鼎雜乎其間，然吾國繪畫之精華，亦可一表於世矣。今畫部可二百餘件，由上海、北平、天津、杭州、蘇州等處徵集者，以上海出品爲數最多，且頗有精采，以此處畫家最盛也。日畫家年來努力精進，此次出品以每人一件爲限，皆揀選工細精美富有藝術意味者，以示彼邦繪畫之特長，聚古今中外繪畫於一堂，相形之下，優絀自見，願吾國畫家加之意焉。日本朝野素重藝術，此會參觀者之踴躍，與輿論之宣揚，美術空氣非常濃厚，回顧我國消息杳然，昨特訪問馬孟容畫家於釺橋容齋，得悉旅東種種通訊，巫錄一二，以告關心藝術者。又此次赴日與會之畫家二十餘人，備受彼邦人士之歡迎，聞有數人將於下旬返滬云。"（《申報》1931年5月19日）

馮君木作《个簃奉王一老所寫先德遺像索題》詩。

5月，馮君木病歿於上海。

6月9日、10日，昌明藝術專科舉行學生成績作品展覽，有中國畫和西洋畫作品共三百餘件。培養的學生中，不少成爲國家的有用人才，如羅銘，後任西安美術學院教授；馮建吳（石魯胞兄），後任四川美術學院副校長；邱及，後任北京語言學院黨委書記。

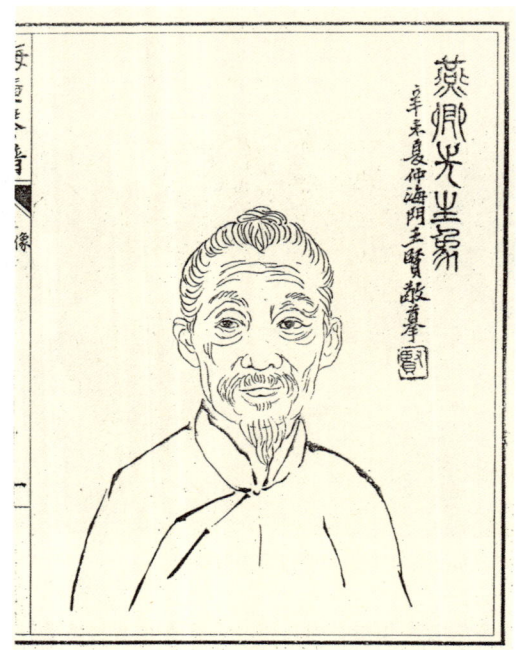

燕卿先生像

6月26日，昌明藝術專科學校因教育部未準立案，創辦一年半，經校董會議決停辦。(《申報》1931年7月2日)

秋，南通梅庵琴社印行《梅庵琴譜》，琅玡諸城王燕卿講授，弟子南通徐卓編述，柳詒徵、石重光題簽。王个簃作《燕卿先生像》，題："燕卿先生像，辛未夏仲海門王賢敬摹。"(南通市圖書館藏)

10月1日，王一亭、蔡元培、張大千等發起人作《各省水災書畫急賑會徵求書畫古玩啓》。9日，各省水災會婦女組虞淡涵、唐冠玉發起組織的書畫展覽會在上海西藏路寧波同鄉會四樓開幕，王个簃《水仙蕉菊》在列，張善孖、張大千、黃賓虹、謝公展、馮超然等均有精品，展覽會爲期三日。(《申報》1931年10月8日)

12月27日，與董貞柯、胡仲持等門弟子在上海鐵觀音寺爲馮君木設位公祭并召開"回風社"成立大會。

《申報圖畫周刊：回風社之成立》(第八十四號)：慈溪馮回風先生道德文章，彪炳海內，其門弟子董貞柯、王个簃、胡仲持諸氏追念遺教，爰有回風社之組織，上月廿七日，爲馮先生誕辰，特在鐵觀音寺設位公祭并開成立會。(1932年1月10日)

父親王少階逝世30周年，作《先君三十周忌》詩：" 卅年前事一彈指，倚遍江樓衣袂單。父病纏綿書卷夜，家門蕭瑟歲時寒。椎心夢斷終天恨，轉眼親衰久客難。霜鬢三春融未得，不堪仔細鏡中看。"

賀天健、張聿光、葉恭綽、錢瘦鐵、鄭午昌等發起的"中國畫會"（前身爲蜜蜂畫社）在上海成立。

徐北汀、吳野洲發起的"白馬畫社"在上海成立。

作《辛未清明留滯海上感賦一律》詩："日坐風塵裏，所憎是嘆嗟。親衰年月貴，路梗水雲賒。節到春如海，愁生客有家。四方射弧矢，何似藝桑麻。"

作《菊石圖》（135cm×34.3cm），題："黃花自與淵明別，不見閑人直到今。寶珊女士雅屬。辛未春个簃王賢客海上。"（南通博物苑藏）

鈐印：王賢印信（白文）、啓之（白文）、前身畫師（朱文）。

刻《思若印信》白文印，款："辛未二月，个簃。"（《王个簃篆刻集》）

刻《賢》朱文印，款："辛未四月，刻於滬上禪甓軒，个簃。"（《王个簃篆刻集》）

刻《啓》朱文印，款："个簃自刻面面印，辛未夏。"（《王个簃篆刻集》）

是年，馮君木逝世，馬國權生、方增先生。

菊石圖（南通博物苑藏）

既壽　吴昌碩刻（南通市个簃藝術館藏）

1932 年　壬申　民國二十一年　三十六歲

4 月，得吴昌碩"既壽"印（5.3cm×2cm×2cm）（南通市个簃藝術館藏）。

王个簃曾於甲戌二月，爲南通陳曙亭作《歲寒冷艷圖》鈐有此印并記之："是印，缶師鑿贈楊見山先生，壬申四月得於滬市，邊刻曰：仿漢磚文，个宧并記。"（《王个簃紀念文集》，中國文聯出版社，2007 年 8 月）

6 月，"中國現代繪畫展覽會"成立籌備委員會。

行政院四十二次會議决定："聘教育部部長、中央研究院院長蔡元培、北平研究院院長李石曾、駐德公使、葉恭綽、陳樹人、高奇峰、劉海粟等爲在柏林舉行之中國現代繪畫展覽會籌備委員會委員。"（《劉海粟藝術文選·劉海粟年表》）

夏，諸聞韵、吴茀之、潘天壽、張書旂等發起組織的"白社國畫研究會"在上海成立。出版《白社畫集》兩種。

秋仲，爲母陳夫人賀壽，請吕萬作《青緑山水圖》。（南通市个簃藝術館藏）

《青緑山水圖》題："長愛青山好，行行入翠微。今朝山頂上，下看白雲飛。張以寧詩，壬申秋中，寫奉个簃仁兄法家令堂陳節母稱觴，即希雅正。時客春申浦上，海昌吕萬十千甫并記。"

冬日，爲母陳夫人賀壽，請葉渭莘作《松鹿頌壽圖》。（南通市个簃藝術館藏）

《松鹿頌壽圖》題："啓之道兄爲其節母陳太夫人稱觴，寫此頌之。壬申冬日，葉渭莘。"

葉渭荃《松鹿頌壽圖》
（南通市个簃藝術館藏）

11月，參加經頤淵、于右任等組織"寒之友"及"榆園畫友"詩書畫活動。王个簃、經頤淵、鄭嶽、何熏、王雲、商笙伯諸位同仁作花卉册頁，互爲交流、共同切磋。（《申報》1932年11月4日，《諸聞韵年譜》77頁）

11月，浙江鄞縣鄭福潮（馥才）安葬，慈溪馮貞胥撰銘，鄞縣沙文若（孟海）書丹，海門王賢（个簃）篆蓋，吴縣周梅谷鎸刻。（《沙孟海書法作品集》123頁）

12月24日至26日，上海舉辦"近代書畫名家册頁展覽會"。

出品者：沈心海、黄曉汀、經子淵、王一亭、張善孖、魏弱叟、張大千、閻甘園、商笙伯、陳小蝶、謝公展、錢瘦鐵、汪仲山、鄭午昌、洪麗生、孫雪泥、丁六陽、馬企周、熊松泉、俞劍華、王師子、蔡逸民、樓辛壺、許徵白、賀天健、馬萬里、張聿光、俞寄凡、汪聲遠、諸聞韵、顧坤伯、王个簃、朱良材、徐曉村、高尚之、沈益齋、朱蓉莊、朱文侯、李芳園、潘小雅、程鏗、沈劍□、謝玉岑、趙半跛、范志宣、錢雲鶴、陸元鼎、梁凱世、吴青霞、胡若思、徐培基。日期：二十四、二十五、二十六三天，早九時至晚七時。地點：棋盤街五馬路口。主辦者：大海嶽盦。（《申報》1932年12月24日）

致函沙孟海，催書《缶廬講藝圖》碑末題名一事。

請曹拙巢、楊滄白評閱批注《霜荼閣詩稿》十卷。

撰《缶廬先生事略》，備述吴昌碩生平，刊諸報章。（《我的祖父吴昌碩》330頁）

王一亭爲劉玉庵造像，王个簃補題："別對無聲泪，三年悔遇遲。楓青如見白，琴苦不忘期。家室羈誰割，肝腸恨獨知。寒山鐘一杵，夜半益凄其。君墓在寒山寺左百武。玉盦賦性忳摯，事母孝謹，好學，尤精繪事，指墨極俱高巖嶺。缶師亟稱道之，與余論交三稔，心情契合，一如昆季，不意其年未五十遽爾奄忽也。歲壬申，爲之造像，并録憶舊一律以寄慨。个簃王賢時居滬上禪凳軒。"（南通市个簃藝術館藏）

刻《劉寒楓》朱文印，款："寒楓仁兄屬刻，壬申三月既望，个簃王賢。"（《王个簃篆刻集》）

刻《範公》（1.3cm×1.3cm）白文印《師洪字範九》（2.5cm×2.5cm）朱文印。（《錢鏡塘鑒藏印録》）

刻《涵拂齋》朱文印，款："霆模老兄正刻，壬申冬仲，个簃賢。"（《个簃印集》）

是年，諸宗元逝世、劉山農逝世。

劉寒楓　王个簃刻　　　師洪字範九　王个簃刻　　　涵拂齋　王个簃刻

1933年　癸酉　民國二十二年　三十七歲

　　與次子王游同住上海幸福坊。由學生翁櫺予妻蔣惠正及表姐等照料。常來的學生有鍾山隱、劉伯年、陳斐叔、曹簡樓、林心傳、謝開甲、曹用平、施壯懷等。在此期間，結識書畫掮客甚多，購置了吳昌碩書畫以及部分明清書畫，如仇英、沈周、"四王"等。

　　3月19日，作《記夢》（癸酉二月二十四日）詩："畫有所思夜縈夢，夢境迷離非空洞。昨得一夢昧來因，寧是蚩仙作嘲弄。分明閑步入名區，一徑紆回匝明湖。眼底高岡起岧岹,平生歷覽似此無。攀援石磴一百丈，忽見坎巖深以廣。試憑古木作楯欄，俯視阡陌畫指掌。回頭隱約聞經聲，趨之堂殿得數楹。眾僧合十循牆走，見我徜徉雙眸瞪。一僧前行長九尺，授我鵝黃之梵冊。揭來襟袖染奇香，字跡端嚴略可憶。曰爾前生是朱廉，不用騫騰安隱潛。王稅不納硯田好，奕世聲名焉用占。逢逢暮鼓催景短，揮手復循原道返。始覺山麓氣漸和，瞬息一輪光四闢。道傍列石十二辰，形態彷彿豢初馴。一聲雞唱落枕畔，夢斷人醒天初昕。曉來與客共稽考，廉善屬文風格老。明洪武間拜翰林，闡揚理學修史稿。曠隔後先四百年，宿慧慚我何有焉。嗒然此身被儒服，造化着意來相勖。"

　　4月15日，中國畫展在巴黎堡姆美術館開幕，現代名家七十一人作品參展，歐洲爲之轟動。

　　《巴黎中國畫展經過》："中法大學駐法事務處對於巴黎中國畫展之經過，制成報告，頗爲詳盡。茲分志於下：中華民國十五年冬，徐悲鴻君攜其作品一部，道過里昂，中法大學同人請其公開展覽，未允，僅陳列一室中，任人觀覽，甚得中外人士之贊賞。十九年夏，謝壽康君使比，代攜其作品，舉行"徐悲鴻個人展覽會"於北京，轟動一時，比后且親臨參觀。是年十月，劉大悲君將徐君作品，除在比已售去者外，搬運來法，益以褚民誼君所借中國參加比國獨立百周年紀念博覽會出品之一部分，就雙十節之機會，陳列於里昂中法大學，三日之間，參觀者四千餘人，報章熱烈宣傳，聲譽甚隆，唯藝術中心之巴黎人士，不無向隅之嘆。同時我國學術界同志感中國藝術頗有在外宣傳之必要，遂有中德、中法兩展覽會之醞釀。二十一年夏，李石曾先生來歐，旋接徐悲鴻君八月七日函，略謂中法畫展必須舉行，托劉大悲兄籌備一切，請先生就與法國當局一商，唯其要點：一、必須取中法大學蒐藏中國近代美術展覽會之名義，以便徵集作品。二、可不公開，免除糾紛及無價值作品要求加入展覽之麻煩。三、完全由中法兩方主持，不用無關人物參加。如蒙贊可，請在十月以前見示云云。同日又致同一函於劉大悲君，主張以法國國立近代美術博物館柔德堡姆（以後簡稱堡姆）為展覽會址，請力促其成。并勸其繼續在外努力文化事業，謂歸去亦無補於危亡云云。李石曾先生接函後，極端贊成，唯主張與中德畫展覽會合作，并由國內外各學術及美術團體主持（如上海世界學學院、南京中央大學、上海美術院、國立北平研究院、北平中法大學、蘇州美術學校、中法大學駐法事務處等），以期力量充實，進行便捷。除將此意電復徐君，促其積極籌備外，并請劉厚君展緩歸期，玉成此舉。此中法畫展醞釀之經過也。華人在法組織畫展，先後三次，均未實現，法方甚感失望。此番向政府交涉會址，系先由李石曾先生將吾人組織畫展之意見，向巴黎世界學院院長波萊君提出，得其贊同，即囑該院美術部秘書奉篤吉帝君，偕劉厚君就商於法國美育次長米斯頓及國立美術館總館長范納君等，米、范諸君初頗懷疑，經劉君多方解釋，范君乃介紹與堡姆美術館館長杜薩丸君接洽，杜君其時諄諄以吾會組織經費之有無着落、展覽作品能否代表中國藝術、此次之組織能否不蹈前此中報之覆轍等等為問，用書面訂定條款數項如左：一、堡姆美術館第一樓完全借用。二、展覽三周，暫定為四月十五日至五月十五日之間。三、陳列之件務須選擇純粹中國美術之代表作品、未受歐洲化或東洋化者二百五十件至三百件，至遲在三月十五日以前運到法國。四、現代畫之外，搜集古代若干幅，約可陳列一小室，以備參觀者作中國古今美術比較之研究。五、圖畫之外，如近代雕刻、瓷器等等，可作時代之代表作品者，多多徵集，寄來陳列。六、凡組織費用，全由華方擔任，目錄印刷費，在入門券收入內撥給，如有剩餘，應照例繳入法國國庫。堡姆美術館本有租借兩例，租則月納租費三萬佛郎，借則展覽會之門票歸彼出售。吾人籌備畫展之初，既苦無法預付三萬佛郎之租金，而展覽之結果如何，又殊無把握，當時乃覺得借用會址為自由，不料結果大受損失矣。會址及會期既定，當即組織畫展籌備委員會，分工進行。國內即請徐悲鴻、謝次彭、顏文樑、汪亞塵四君負責，國外由張鳳舉，及風篤吉底（國際文化學院美術部主任）、葛塞（巴黎色呂支中國美術館館長）、德薩丸（堡姆美術館館長）、灑耳（魯勿爾東方美術部主任）六□君負責。籌備會外，另請中法要人爲名譽委員，計華方顧少川公使及顧夫人、蔡孑民、張静江、吳稚暉、李石曾、朱騮先、李聖章、李潤章諸先生，法方爲教育部長蒙齊、外交部長朋谷，美育次長鮑臘支、前國總理赫裏歐・班樂衛、國會議員穆岱、文豪梵來理、法蘭西學院教授郎之萬、伯希和、國立博物館長魏倫、國際文化學院長波萊，里昂中法大學協會會長雷賓，前里昂中法大學校長樊佛受，及美術家葷納・沙伯、丹模特、德尼斯、郎篤斯基、墨尼諸先生共二十八人，均承其對於畫展予以贊助及指導，此畫展之能獲得圓滿結果者，賴諸公之賜爲獨多矣。本年三月三日，徐悲鴻君偕其夫人蔣碧薇（微）女士，携帶出品到法籌備開幕，唯因經費無着，一切進行感受無限困難。幸北平中法大學電匯兩千元，顧公使及其夫人各捐一千元，方得勉强布置一切，未爽法人之約，亦幸事也。堡姆美術館分上下兩層樓，下層光綫太暗，地位甚窄，上層反是。我國美展即在上層舉行，布置分古今兩部，左方兩間爲極古畫，居中一室爲近古畫，右方三大間爲當代畫。當代畫共一百十幅，出品者七十一家，前已言之。兹特將近代及古代畫情形，略述於次：所謂近古畫者，即由徐悲鴻君携來法國之任伯年、沈南萍、禹之鼎、錢載、張夕庵、李谷、徐達章諸家作品是也，共計十一幅，專存一室，以爲古今美術過渡作品之代表。古畫爲自唐至明末之作品。此部分全由法人主持，故將清代之作品亦羼入其中，殊爲混亂。計有宋代壁畫十二片，系我國古董商盧芹齋君所借，其他各種圖畫及周朝銅像等共七十四號，均從魯勿爾、基梅兩博物院，及法、比各收藏家，如 Lang-weil、Lecerf、Vado、Barley、Cole Porter、Hyd 諸夫人及 Stocler、Riviere、Veuer、Culty、Klekian、Mailon、Viginer、Henraux、Nubal-Eey、Rateau、Gerard 諸先生處所借來，計唐代有伯希和氏所發現之敦煌古畫十一幅，及 Stoclet（比國最有名收藏家）所藏之《狂醉圖》一幅、宋代作品六幅、元代十一幅、明代二十六幅、清代十七幅。展覽會重要工作，厥唯徵集出品。比次出品之徵集，全由國内籌備諸君擔任，而以徐悲鴻君徵得者爲最多，蓋徐君爲吾國藝術界巨擘，相與往還者皆藝術聞人及鑒藏大家，自藏友朋投贈之作已多，且皆非尋常筆墨，故能立即檢出精作百幅。此外或向友人借用，或向各處選購，不四月而徵得近古作品四十件、當代之代表作品二百四十件，洋洋大觀，應有盡有。兹將出品家七十一人之姓名錄下：王一亭、王夢白、王賢、王傅燾、王師子、方藥雨、江新、宋君方、宋芝宜、朱應鵬、江東、汪亞塵、汪英賓、李祖韓、李秋君、林風眠、周湘、吕鳳子、凌直之（支）、胡佩衡、胡汀鷺、徐悲鴻、吳仲熊、吳湖帆、吳待秋、吳秉彝、吳似蘭、沈乙齋、高飛、高奇峰、馮超然、許士騏、許竹珊、許正華、黃賓虹、商笙伯、張善孖、張聿光、張大千、張紅薇、張光宇、張坤儀、張書旂、張天奇、張琴、張鐘□、陳樹人、陳半丁、陳小蝶、陳摩、陳封可、彭漢懷、鄭曼青、鄭伯、鄭午昌、賀天健、潘天壽、經亨頤、湯定之、顏元、俞寄凡、葉季英、秦淦、齊白石、蕭厔泉、蕭謙中、謝公展、滕白也、劉海粟、諸聞韵、錢瘦鐵。"(《申報》連載1933年11月25日至29日）

5月10日，利利公司文藝部在其公司二樓舉行"現代名家書畫扇面展覽會"，有作品展出。

今庚節序疊運，已屆春末夏臨，爰定本月十日起舉行癸酉年現代名家書畫扇面大會一月，聯絡書畫名家三百餘人，邀集作品二千餘件，因地位之有限，仍隨購隨取，每逢星期更換一過，以新觀賞。愛好藝術嗜痂書畫諸君，尚希及早鑒定，幸毋交臂失之。主幹人謝夢鯉謹啓。(《申報》1933年5月12日）

6月3日，得沙孟海函。

啓之我兄：惠寄墓銘講藝圖墨拓，感感。陳文鄭書皆卓絕一時，拙書真欲僵矣。惟篆刻者不知徽意，偏將縱橫界格省去，使字皆若散絮，無所附麗，實為大憾，未知可否補刻？又末尾由周君自補四字，貌拙書為之，本亦不妨，惟周君姓氏亦已見於前，書者云并書，刻者不曰并刻，僅云某某刻，亦有失金石體例，此則無法可想耳。王君畫圖尚未展讀（室中太局促故也）。自系名手，無待僭贊。近數月，京滬藝人競開所謂個人展覽會者，兄息影滬壘，諒亦有所聞，畫宗大師，譽滿人寰，腥穢不可聞。極欲得吾兄清素一幀，張之寓壁，以湔滌之。兄其許我乎？舊贈二幀留置鄉間，未及攜來也。本月十六日為木師六十仙壽，本擬乞假一歸，未能如願。廿五日想必仍無機會，緣初進交通部，蘗務更不易爬梳也。耑此，順頌著安。弟若頓首。東邁先生均此。十九日。

7月初，陪同王一亭乘普安輪赴青島消夏。在海輪上，邂逅潘仰堯。互以唱答為樂。二十餘日返滬。

作《癸酉六月，與一翁避暑青島，舟行三日，得七律四章》："輕舟一日三千里，遣暑從容遵海行。鷗鳥沈烟深不見，雲峰拔地削初成。隨時攬勝心無滓，與客譚瀛氣未平。散幘褰裳歌舞罷，千瀾波上月三更。""茫茫海色無邊際，一綫分明劃四天。霞氣侵晨騰燦爛，濤聲殘夜卷清漣。游蹤汗漫三生幸，心事縈回老母年。回首江幹親舍在，白雲一片護門前。""忽看檻外列群岡，夕照搖紅凝艷妝。遠近高低名不辨，往來迎送影難忘。當前游興成今昔，到此詩情嘆莽洋。

贏得胸襟澄大海，一篇秋水讀蒙莊。""嘉木葱籠夾市廛，淺紅濃綠鬥眉邊。壯濤至此平如鏡，佳處當前別有天。舵負層雲驚水鳥，山橫斜日響金蟬。閑情浩渺搜難盡，落落山人共一船。"另有《青島舟中述懷即呈一老、仰兄》詩。（《王一亭年譜長編》613、614頁）

夏，與王一亭游青島海濱，王一亭作《青島海濱寫生圖》贈之，題："海濱浴場，瞥見游戲，一片裸裎，枕流席地。載欣載奔，如癡如醉，援筆寫之，聊以紀異。癸酉夏，青島海濱，寫爲王个簃，白龍山人。"（《王一亭年譜長編》614頁）

夏仲，請王一亭爲周瑯峰造像。（南通市个簃藝術館藏）

題："瑯峰詩人遺像。瑯峰詩筆似花爛，瑯峰書力同鐵鍛。獨憾其逝太倉皇，濠流汩汩不可諫。偶從个簃得其情，日抱長愁寧誰怨。末劫難逃在眼中，轉喜烽烽君不見。癸酉仲夏，白龍山人王震。"

夏，諸樂三爲作《墨梅圖》，題："花發晶晶絕點埃，蜀王小苑報春回。何郎一去無佳詠，留得清光照夜來。癸酉夏日，霜荼老兄正。諸樂三。"

秋，提供《刀魚圖》《菱瓜》參加在柏林舉辦的"中德美術展覽會"，作品先期在上海世界學院公開展覽。

《中德美展首批徵品劉海粟今日攜往柏林》："我國新興藝術領袖劉海粟，除致力於創作外，復專事藝術事業之建設，思想所及，藝運達振。一九三一年在德國佛郎克府講學，并舉行個人作品展覽會，極受德國學術界之推崇。復與德政府協定於一九三四年二月在柏林舉行柏林中德美術展覽會，歸國後，卽與蔡元培、葉恭綽、陳樹人等籌商辦法，并由行政院會議通過，籌備年餘，刻已將第一批徵集精品三百五十件，先於上海世界學院公開展覽三天，定於今日午後五時乘意大利郵船康推維脫動身。劉氏此行，除攜帶上項物品外，并有贈送德國籌備委員之瓷器數十件，及國畫之各種用具等，藉以宣揚我國之工藝美術，并使德人理解我國國畫之技法。昨晚蔡元培、李石曾、陳公博、上海美專同人及《文藝春秋》社等，特爲劉氏設宴話別，對劉氏不顧毀譽，努力謀我國藝術事業之建設，十分欽佩云。"（《申報》1933年11月13日）

《柏林中國美術展覽會籌備經過》："我國駐德使館乃與德國藝術界及政學各界領袖，協定於二十三年（1934年）二月舉行一次大規模之中國近代畫展覽會於柏林之普魯士美術院，并決定由中德兩國人士共同組織籌備委員會籌備一切，德方由德國東亞美術協會主持，華方由中央研究院主持。此舉行柏林中國美術展覽會之發動情形也。籌備委員會中，德方之委員爲德國東亞美術協

諸樂三《墨梅圖》

會會長沙爾武博士 Dr. Wilhelm Solf、德國東亞美術協會副會長克倫配博士 Dr. Jng Herbert Von Klepere、德國東亞美術館長克爾滿博士 Dr. Etto Kummel、德國東亞美術協會主任銀思伯博士 Dr. Herbert Ginsberg、副主任海歐德博士 Dr. Eduard Freilhere Von der Heydt、國立美術博物館館長克拉愁博士 Dr. Curt Glaser 及德國外交部代表等，中國方面之委員，經二十一年（1932年）六月行政院第四十二次會議決定，項教育部部長、中央研究院院長、北平研究院院長駐德公使，及陳樹人、葉恭綽、劉海粟、高奇峰、徐悲鴻等，至十一月經行政院七十四次會議，又加聘王一亭、張道藩、齊白石、林風眠、林文錚、狄平子、張繼等七人為籌備委員。……記者從另一方探得我國第一批出品為：齊白石二件，王師子三件，王顯詔一件，許徵白二件，梁凱世二件，符鐵年三件，王東培一件、秦仲文一件，吳弟之三件，成成一件，徐宗浩三件，潘天壽二件，黃素盦三件，諸聞韵三件，湯定之三件，汪鷖士二件，狄平子二件，蕭謙中三件，徐錚一件，鄭午昌二件，謝公展三件，黃少梅二件，黃般若二件，鄭爾雅一件，黎工佽二件，齊良琨一件，吳文質三件，況又韓二件，秦清曾三件，陸一飛三件，張愷驤二件，謝月眉一件，謝玉岑三件，夏敬觀三件，徐楨立一件，黃孝紓三件，康百華一件，張書旂三件，溥儒三件，方若一件，賀天健三件，丁雲軒二件，趙子雲二件，胡汀鷺二件，諸健秋二件，諸樂三一件，繆谷瑛一件，張則三件，張大千三件，張旭明三件，姚墨村三件，陳思萱一件，闇甘園一件，吳琴木二件，張紅葳三件，鄭曼青三件，晏濟原一件，楊溥二件，管一得二件，向鏞二件，高劍父三件，汪聲遠三件，沈子丞二件，王良生一件，盧子樞一件，李鳳廷二件，張谷雛一件，祁井西一件，余紹宋三件，汪仲山二件，馮超然□件，朱立我一件，周冷吾二件、姚虞琴二件，陳樹人三件，李祖韓二件，李秋君二件，陳曾壽二件，商笙伯一件，余雪楊一件，楊雪玖一件，黃賓虹六件，孫孟祿二件，汪慎生三件，陳子清一件，王啓之二件，張天奇三件，鄧（滕）白也三件，陳少鹿三件，張聿光二件，趙安之二件，王一亭二件，湯建猷三件，黎雄才二件，蘇卧龍一件，方人定二件，鄧春澍二件，趙叔孺一件，容大塊一件，劉關江一件，黎葛民一件，孫祿卿二件，顧樹森二件，高奇峰三件，張坤儀三件，周一峰三件，何漆園三件，葉少秉三件，趙少昂三件，黃少强□件，容漱石一件，王陶民二件，唐吉生二件，經頤淵費龍丁一件，余靜芝一件，尚有來件，未及□入者多件。"（《申報》1933年11月6日）

10月25日，沙孟海來函，因其從弟沙賢菖由昌明藝術專科學校轉至國立杭州藝術專科學校就讀，索要證明文件等事宜。

启之老哥左右：久未闻吾哥消息，伏计近况清胜。兹有一小事奉恳，舍从弟沙贤菖曩岁由弟介绍，入昌明艺术专校肄业。（当时用引年名，引年实为字，盖用昌阳引年之义。）昌明停办后转入他校，现又转至杭州艺术专校，学校当局索昌明证明文件，因学校已停办，只得拜恳老哥以教授名义代为证明。东迈先生是否为昌明教务长，若由彼与吾哥两人共同证明尤妙。（照例须请校长证明，唯转请一老不便，故请二位证明，亦已合用。）兹附拟证明书，请略照此式写一纸盖章寄下，以便应用。并盼速藻，无任感荷。（杭校催索颇急。请写贤菖名，因杭校用此名也。）先师遗集若由中华书局印刷，大费时月。日前至杭，晤朱赞卿兄，渠对于木刻书籍事务极熟悉，因请渠与手民接洽，用知不足斋丛书格式刊刻（约两月可刻毕），不知需几何钱，如尚不钜，不妨付木楔也。此事一日未就，吾辈一日未得安枕。又，散老允撰墓志铭，并请转嘱陆君代催，俾得早日复命，幸甚。丁介石君前因陆大暑假，无从问讯，兹当过访之，未知其人尚在此否。兄有兴来此一探菊讯否。余惟著作日富为颂。弟若叩上，十月廿五日。东迈先生均候。

10月30日，沙孟海来函，告知先师墓志铭已由陈散原撰就等事宜。

启之老哥：奉示敬悉。昌明证明书收到，谢谢。先师墓志铭已由散老撰就，喜悦无已，惜感弟尚未将其文钞示也。（此文最好付印若干份，送阅同好。）墓志已求到，便可进行碑表，今日即驰函余云岫先生，请即将散老文并其传状等，递交章先生。其润笔仍照前次办法，为数多少，由云老酌定之。……马一浮、黄季刚二子为后备军。马先生弟较稔识，黄先生仅数次晤面，但朋辈中多黄弟子，求之亦不难，此外则无人矣。志文书丹者，一时亦想不到妥人，惜彊村先生先逝也。弟意志表两件、书丹题篆共四人，此四人宜先期排定，然后分头恳写。苏堪先生与先师虽未晤面，但彼此知识（回风堂诗有其题辞），惜今已无从求其书矣。陈仁先生真书未之见，未知相宜否。黄晦闻何如？（弟有友人与黄极要好。）此外年辈较浅者，有任堇叔、钱太希，任君书弟夙所折服，或可谓（请）彼写志文。篆额篆盖人选最难，贞逸先生志盖用隶，最为得之，丁君介石已知其住址，且亦去此不远，得暇即当过访。何叙甫闻在上海，兄想常与晤见，其所藏古物月前让与中央博物院，未知其中有何希品。见巴黎中国画展览会中有兄作品，知主办人尚有眼光。又中国画不能自信，必乞灵于洋鬼子，则殊为弟所不解。拉杂谈述，未尽饩缕，惟兴居佳胜为祝。弟若拜上，十月卅日。东迈先生均候。

11月13日，與王一亭、謝公展、史不昧、張子耕等在上海南京路大陸商場中國國貨公司參加由上海社會局舉辦的"第四屆菊花展覽會"。

《市菊展今日結束》："本市社會局主辦之第四屆菊花展覽會在南京路大陸商場中國國貨公司舉行，昨為展期之最後一天，各界名流，到者仍極擁擠。審查委員王一亭亦於十三日由首都來滬，親繪新絳須等數種。他如謝公展、史不昧等均有續作，張子耕題'霜下傑'，秦元鼎題'東籬鬥艷'，柯定盦題'莫談國事，且賞黃花'，福建集美學校參觀團題'秋光佳色'，王个簃題'黃菊倚風催酒熟'等，琳瑯滿目，美不勝收，為歷來各種展覽所未有。四時許，并請張有德將各界獎品及名人所題贈之書畫攝影，名家出品定於今日上午發還。"（《申報》1933年11月15日）

11月15日，王濟遠、黃賓虹等發起組織的"百川書畫會"在上海成立。

11月，遵吳昌碩生前遺願，將其墓由上海移至浙江超山大明堂外西側山坡上。王一亭為紀念吳昌碩逝世五周年作《缶廬講藝圖》，王个簃、沙孟海等十九人繪建，勒石碑於缶廬墓地石級處。又作《為缶師營墓地超山宋梅下》詩記之："重到鄣溪悵隔年，欲憑勝處築新阡。上攀石罅凌諸岫，遠盡林梢見匹泉。夢斷疏鐘證圓覺，神來香雪與周旋。老人避地曾經過，早締靈山半偈緣。"（香港《大公報》1980年11月24日）

子東邁遵先生遺命，在超山為先生安窀穸，并將章氏夫人靈主暨施氏亡人靈梓移葬於斯。墓左有白石造像，執卷屹立，栩栩如生。墓側立有《缶廬講藝圖》，為門生王个簃、沙孟海等19人所繪建。馮君木為撰墓表，陳散原為撰墓誌銘，墓表由于右任書丹、周梅谷鐫石。昌明藝術專科學校學生劉伯年、邱及、李宴陶、沈蘊真、薛士芳等36人同贈紀念白玉佛像鑲於石碑（《吳昌碩先生藏魄誌》）（《我的祖父吳昌碩》329頁）。

關於王震《缶廬講藝圖》：

西泠印社藏有一幅王震畫的《缶廬講藝圖》，紙本，長120厘米，寬53厘米。其上繪缶廬及其四個學生，栩栩如生。還有王氏長題："缶廬講藝圖。缶廬老人，德性文藝冠絕一時。次君藏龕，克承家學。從游陳君師曾、李君苦李、劉君玉盦，并以才秀閎俊，卓著聲聞。今老人既歸道山，而四君復先後雕萎。風流消歇，可勝悼嘆。輒以舊感，寫作斯圖。壬申暮秋，白龍山人王震。"（《西泠群星》44頁）

沙孟海書《缶廬講藝圖碑記》："先師吳貞逸先生既歿之五載，東邁承顧命安葬於塘棲之超山。道乾等追維遺教、情難自恕，因乞王君一亭作《缶廬講藝圖》，并勒石墓側，用志永慕。壬申十一月，門人鄭道乾、趙起、周梅谷、沙文若、汪英賓、張公威、汪鶴孫、吳楷、錢厓、吳欽猷、王立三、諸文萱、王傳燾、吳熊、茍詞、王賢、王堪謹記，沙文若并書，周梅谷刻。"（《吳昌碩紀念館藏品集》186頁）

沙孟海書《缶廬講藝圖碑末題名》："右缶廬講藝圖碑末題名，原碑十年動亂中已毀。今惟西泠印社珍藏王一老繪圖原迹，超山吳先生紀念館尚藏全碑拓本。个簃來書，囑錄存畫款及題名留示後人。趙即趙雲壑，沙文若即沙孟海，錢厓即錢瘦鐵，諸文萱即諸樂三，茍詞即茍慧生，王賢即王个簃。个簃今年正九十，孟海亦八十七矣。一九八六年丙寅八月，沙孟海附記。"（南通市个簃藝術館藏）

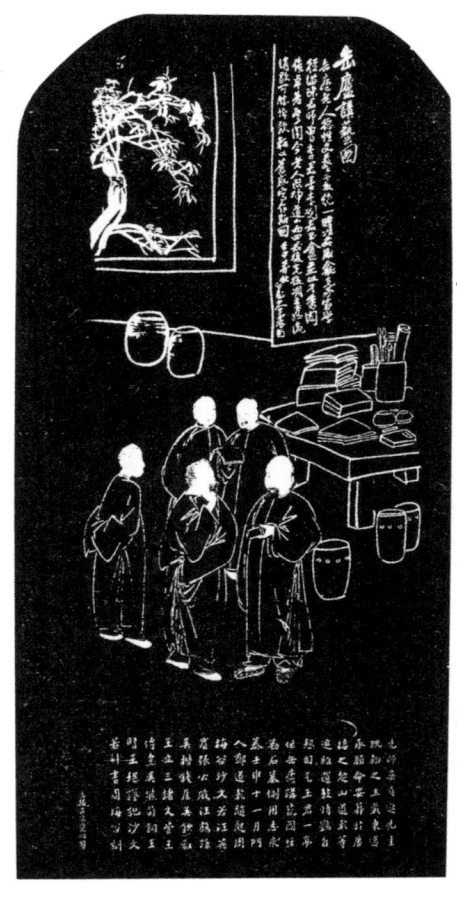

《缶廬講藝圖》拓片

沙孟海《缶廬講藝圖碑末題名》（南通市个簃藝術館藏）

作《缶師歸葬超山》詩："自我離師座，此生抱永嘆。已驚六載後，未到一抔乾。宋樹陪風格，超山護歲寒。今朝展拜地，回想舊盤桓。""感逝數頻年，回頭一愴然。師應知我苦，天不共人憐。空憶三更夢，還賡未了緣。悲來無一語，含涕下山巔。"

有《題缶師墨梅》詩："愛梅不同逋仙嗜，學畫偏寫梅花意。一筆能散天下春，回頭紅紫笑成媚。此語當年師所云，江樓閑坐我側侍。今覘畫幅出年少，獨辟町畦恣游戲。水痕淡掃影橫窗，墨趣長留香破鼻。不見超山萬梅花，縹緲仙蹤鶴同睡。"

12月3日，與沈淇泉、王一亭、哈少甫、陳霭士、丁輔之等發起在覺園佛

臨《散氏盤》

教净業社舉行"吳昌碩九十冥壽追薦會",并展覽遺墨精品百件。

《吳昌碩追薦會(附遺墨展覽會)》:"吳昌碩先生德隆望尊,盡人欽仰。今歲九十冥壽,沈淇泉、王一亭、哈少甫、陳霓士、丁輔之、王个簃等發起第二次追薦會,訂於國曆十二月三日午前十一時,假座愛文義路哈同路口覺圜舉行追薦典禮,并於是日上午十時至下午四時,展覽遺墨精品百件。并聞外國藝界名流亦擬援用盛典參加致祭云。"(《申報》1933年11月29日)

撰寫《貞逸先生軼事》,追思吳昌碩師。(《西泠印社百年史料長編》,西泠印社,2003年10月)

爲南通費範九題《南通平潮市風景冊》。(南通市圖書館古籍部藏)

篆書《集散氏盤七言聯》,款:"邇修老兄大雅屬篆,爲參獵碣文筆法,集散氕銘請正。癸酉秋仲,个簃王賢。"(《王个簃先生書畫篆刻展覽目》(日本))

臨《散氏盤》(126cm×45cm),款:"癸酉歲十二月,臨散氏盤銘全文,个簃王賢時居滬上去駐隨緣室。"(《2018中國書畫名家館聯會第二十三屆年會專輯》)

刻《王賢信印》白文印,款:"癸酉重陽,个簃擬漢銅印。"(《个簃印集》)

1934年　甲戌　民國二十三年　三十八歲

幼子王待生。

南通費氏珍藏(費範九)　王个簃刻

幼子王待

1月20日，作品《刀魚圖》《菱瓜》參加德國柏林普魯士美術院（巴黎大廣場）舉行的"中國現代繪畫展覽會"。展覽爲期兩月，後移往漢堡、杜塞爾多夫、阿姆斯特丹、海牙、日內瓦、伯爾尼、敏興、萊茵河各省、荷蘭、瑞士、捷克、法、意、英、波蘭等國展出。（《劉海粟藝術文選·劉海粟年表》《申報》1935年4月8日）

6月2日，"中國女子書畫會"在上海成立。

6月，王一亭作畫自廬山寄贈，題《避暑廬山寫圖寄个簃》："一住廬山萬事休，更無雜念挂心頭。掀天松吹如潮瀉，六月渾疑八月秋。"（《王一亭年譜長編》654頁）

7月19日，由劉海粟赴歐洲舉辦的"中國現代繪畫展覽會"移往瑞士日內瓦市立歷史美術館開幕，羅曼·羅蘭參觀後，稱中國畫爲"真的藝術"。展覽爲期一月。8月25日，該展又移至瑞京伯爾納展覽。作品《刀魚圖》《菱瓜》展出。

我國政府自去年派劉海粟赴德展覽圖畫，宣揚東方藝術後，曾先後在柏林、漢堡、萊茵河諸城暨荷蘭之阿姆斯托達姆、海牙等處，舉行盛大之中國畫展，皆獲得盛譽。今夏因瑞士政府及日內瓦市政府之邀請，劉氏復將所有作品二百八十幀，攜往日內瓦公開展覽一月。茲接日內瓦方面來函，備述此次展覽情形，爰摘要披露如下。日內瓦爲世界名城，是國際政治中心、世界文化樞紐。（七月十九日）中國畫展在市立歷史美術館開幕。

八月二十五日起，移至瑞京伯爾納展覽云。日內瓦中國畫展出品人姓名如下：

一、已故作家（以百年內者爲限）：林琴南、梁公約、任伯年、吳杏芬、沈塘、范金鏞、何詩孫、陳師曾、李孺、鄭磊泉、潘致中、王竹虛、翁印若、吳昌碩、胡三橋、計擔石、曾熙、沈石香、金香巖、汪叔明、任渭長、鄧叔問、陸廉夫、周存伯、張子祥、虛谷、吳秋農、任立凡、梁雪杭、居古泉、黃山壽、何庚生、李菱洲、汪歐客、張俞淑華、蒲作英、楊伯潤、顧若波、吳大澂、陳崇光、翁同龢、江小鶼、姜穎生、顏乙、金城、清道人。

二、現代作家：齊白石、王師子、沈張宛若、凌文淵、王顯詔、許徵白、梁凱世、符鐵年、王東培、秦仲文、吳弗之、成成、徐宗浩、潘天壽、黃素庵、諸聞韻、湯定之、汪靄士、狄平子、蕭謙中、徐綺、鄭午昌、謝公展、黃少梅、黃般若、鄧爾雅、黎工佽、齊良琨、吳文貲、況又韓、秦清曾、陸一飛、張愷驥、謝月眉、謝玉岑、夏敬觀、徐楨立、黃孝紓、康伯藩、張書旂、溥儒、方若、賀天健、丁雲軒、趙子雲、胡汀鷺、諸健秋、諸樂三、繆谷瑛、張澤、張大千、張旭明、姚墨村、陳思萱、閻甘園、吳琴木、張紅薇、鄭曼青、晏濟原、楊溥、管一得、向鏞、高劍父、汪聲遠、沈子丞、王良生、盧子樞、李鳳廷、張谷雛、祁井西、余紹宋、汪仲山、馮超然、朱立我、周冷吾、姚虞琴、陳樹人、李祖韓、李秋君、陳曾濤、商笙伯、余雪楊、楊雪玖、黃賓虹、孫孟祿、汪慎生、陳子清、王啓之、張天奇、滕白也、陳冷庼、張聿光、趙安之、王一亭、楊建猷、黎雄才、蘇卧龍、方人定、鄧春澍、趙叔孺、容大塊、劉美江、黎葛民、孫祿卿、顧樹森、高奇峰、張坤儀、周一峰、何漆園、葉少秉、趙少昂、黃少强、容漱石、王陶民、唐吉生、經頤淵、費龍丁、余靜芝、劉海粟、楊組雲、唐冠玉、鍾山隱、彭恭甫、王季遷、吳湖帆、沈邁士、杜考祥、胡友葛、陳緯華、屈秋聲、唐三、趙望雲、徐世昌、黎勉亭、鮑少游、曾施秋卿、吳梅鶴、杜其章、胡佩衡、孫誦昭、李五湖、何練湖、翟奉胡、晏少翔、龔德培、高雪湖、龔德秀、王鏗湖、劉光城、趙恩熹、洪怡、金哲明、陳東湖、金執中、楊敏湖、馬淳湖、袁壽瑜、惠孝同、佟公超、潘振鏞、王夢白、方介堪、顧慕飛、馬軼群、程兆翔、崔布周、曹檦、張真、李清棟、朱錦江、施則敬、褚叔明、楊二樹、陶淵如、呂雪丞、柯易蘷、柯壽之、柯參天。(《申報》1934 年 9 月 21 日)

新秋,欲學畫鶴,王一亭即以《五鶴圖》贈之,題:"啓之老弟語我將學畫鶴,爰繪五鶴贈之。甲戌新秋,白龍山人。"(《王一亭年譜長編》654 頁)

偕吳東邁游嘉興南湖,登烟雨樓攬勝,詩酒唱和,有"此游擔負壺中酒,末教舟人去擊鮮"句。(《西泠印社百年史料長編》)

王个簃曾作《寄慰東邁》詩:"生兒墮地誰可蔔,福斯基與禍斯伏。多不如少少遜無,清净之至寓真樂。悟徹此旨心自怡,不受幻象來敲撲。君喪稚子何足雲,矧又未判石與玉。我來青島任遨游,襟抱遠對群山矗。江頭返棹無幾時,勝概從容爲君複。"

與王一亭

9月，王一亭邀赴浦東花圃賞菊。回吉慶里後王个簃作《菊花》一幀贈之。

吳昌碩誕辰九十周年，王个簃作《缶師九十冥誕感賦一律》："又屆淞濱八月秋，追懷奉爵炯雙眸。枯腸辜負三年學，陳迹消磨百尺樓。木落天高雲氣散，燈昏漏盡梵音柔。客途自覺添霜鬢，我亦乾坤一贅疣。"

10月16日，沙孟海來函，囑王个簃轉告其親屬慎重應考上海郵局等事宜。

个簃老哥台鑒：奉教敬悉。郭君刻適來系，因與面談，渠謂因地位關係，不便向上海區辦理考試人員私托，此亦實情。弟固轉托部中同事某君代爲説項（某君與上海郵局人員熟識），未知有無效力。據郭君言，名額僅八九人，而報名者已有千餘人，惟屬令親當心應考而已。其人畢業大學，想較有把握也。丁似閎近在咫尺，後未過訪，固屬冗忙，然亦太懶。黃淬伯尚在中央政校否。弟自九月初即卧病，直至本月初始愈，到完消假僅一星期也。故鄉多盗，現已令舍弟迎老母來京，遍地饑荒，今年將更不得了，未知珂鄉如何耳。志況兄事迄無眉目，因部中員額早滿，近數月來確未出一缺，未嘗補用一人。朱部長復王一老函謂當特別留意，此間確爲特別留意，顧無一機會，奈何。弟人微言輕，固無能力，然如上述情形之下，即有能力，亦屬不易設法，尚乞二公警恕爲幸。黃牧甫印存新出版，兄曾見之否。其人蓋專學悲盦者，此間頗有人推崇之，實無甚足觀。八煒圖已請一老着手繪制否，弟頗思效兄所爲（擬僅製一圖，不必八也），顧未有適當名目，將來想得，當求兄審定之。耑復，順頌撰安。弟若叩頭，十月十六日重九節。東邁先生均候。

11月，上海中國畫會《國畫月刊》創刊，共出版12期。

12月，徐昂爲南通費範九撰《西願堂額跋》，王个簃篆書。(《西願堂文字般若》，南通市圖書館古籍部藏)

自1934年至1937年，王个簃作如下詩：

《滬杭車中晤攝影家郎静山》《哭妹素蓮》《贈許盟堂》《自嘲》《調哥挈豫兒抵滬喜賦》《哭吳未卿》《題未齋學古圖距未卿之殁且一歲矣》《消長》《除夕和曼弟兼呈調哥》《除夕賦贈東邁》《元日》《寄懷保之》《挽沈竹賢》《贈許太平》《入都》《不寐》《示客》《次盟堂韵》《醉歸》《次夢痕韵》《題壽萱圖爲康侯盟堂》《晤曼青秣陵》《贈梁穎文秘書》《叙甫約游明孝陵途次遇雪》《振纓淬伯子美約游瑯山凖提庵賦贈葦一和尚》《過韓相金滄江墓》《謁曹公祠》《題虞山沈氏舊藏缶師簡劄百餘通》《漫興》《贈夏昌瑜》《五月十二日英王加冕是夕晤盟堂》《知味觀雅集分韵得韵字》《次許太平盟堂盛心如張夢痕所示分韵詩各得一首》《聽姚文璐女士鼓琴》《次大哥韵》《挽黃也石》《閑集酒家拈十二屬爲韵得兔字》《次

許太平韵》《叠前韵》《題山水幛》《作圖贈涵翁》《村居即事》《關河》《讀吉星文寄京友書》《孤憤》《盧溝橋》《日兵犯平津感賦》《別元侯盥堂》《避兵滬西會太玄歸自京師》《贈浩齋》《和桂林龍積之》《日軍犯上海》《秋日言懷》《叠韵和玄翁》《日飛機飲彈炸墮喜賦》。

作《墨松》（123.1cm×55.3cm），題："寒松聳拔倚蒼岑，綠葉扶疏自結陰。丁固夢時還有意，秦王封日豈無心。常將正節栖孤鶴，不遣高枝宿衆禽。好是特雕群木後，護霜凌雪翠逾深。沄公我師命塗，甲戌大暑，王賢頓首。"（南通博物苑藏）

鈐印：王賢印信（白文）、啓（朱文）、既壽（朱文）。

作《墨竹》（138.8cm×34cm），題："山頭雪霽雲巘屼，劍門插天斜陽殘。碧烟隨風吹欲墮，却是抱巖秋竹竿。甲戌中秋，擬文湖州，个簃王賢時客滬上。"（南通市个簃藝術館藏，《世紀丹青（六）》）

鈐印：王賢私印（白文）、啓之（朱文）、藪石亭（朱文）。

作《白菜竹笋圖》（102cm×34.5cm），題："甲戌寒夜，个簃賢。"（《王个簃書畫作品集》）

鈐印：啓之（朱文）、不暇嫻（白文）。

刻《南通費氏珍藏》印（3cm×3cm）。（《錢鏡塘鑒藏印録》）

是年，潘飛聲逝世。

墨竹（南通市个簃藝術館藏）

墨松（南通博物苑藏）

1935年　乙亥　民國二十四年　三十九歲

時任上海美術專科學校花卉實習教授。

春正，爲南通史友蘭作《甲骨文七言聯》，題："友蘭道兄屬篆，爲參散氒銘暨石鼓文筆法書殷墟文字請正。乙亥春正，个簃王賢。"（《史友蘭紀念文集》）

2月20日，"中國現代繪畫展覽會"在倫敦新百靈敦舉行。

4月，"中國現代繪畫展覽會"移至捷克布拉格舉行。（《劉海粟藝術文選·劉海粟年表》）

《菱瓜》與吳昌碩、任伯年、梁公約、高奇峰等十四人的十七件作品爲柏林美術院中國現代名畫廳永久保藏、陳列。

一九三四年春，我政府派劉海粟來德，在柏林普魯斯美術院開中國近代畫展覽大會兩月，不特爲德國朝野所稱揚，且引起其他各國之注意，爲中國現代文化吐萬丈光芒。當時德國博物院總長奎邁爾教授 Progotte Kummel 曾提出其中名作十七幅，要求中國政府贈於德國柏林美術院，特辟專室，永久保藏陳列，俾供西方學者研究，當經劉代表與國內籌備委員蔡元培、葉恭綽、陳樹人諸氏函電往返多次，商得妥當辦法，僉以此事關係表彰我國現代文化，實爲我民族榮光，故商得各作家及藏者同意，并由行政院飭贈在案。後劉代表應荷蘭、瑞士、法、英、捷克諸國之請，因此項作品不能缺少，乃隨身運往各處展覽。刻德方以劉氏在英展覽又已圓滿成功，最近總院長奎邁氏特致函劉代表，商量作品運德，及柏林美術院中國現代名畫廳開幕典禮日期，并贈與手續。

全部作品十七幀，計一、吳昌碩《紫藤》，二、任伯年《漁翁》，三、梁公約《瓶菊》，四、高奇峰《花橋烟雨》，五、王啓之《菱瓜》，六、劉海粟《赤壁圖》，七、劉海粟《葫蘆》，八、劉海粟《松鷹》，九、黃賓虹《大渡河》，十、黃賓虹《峨嵋山》，十一、王一亭《柳鴉》，十二、張大千《墨荷》，十三、陳樹人《紫雲》，十四、高劍父《松風水月》，十五、潘天壽《朱荷》，十六、溥儒《寒巖》，十七、孫孟祿女士《荷塘》。（《申報》1935年4月8日）

7月21日，柏林中國美術展覽會籌備委員會在上海華安大廈八樓歡宴赴歐辦展近二年而載譽歸來的劉海粟。到會人士有：蔡元培、李石曾、葉恭綽、吳鐵城、李大超、王震、黃伯樵、錢新之、潘公弼、潘序倫、劉海粟、黃賓虹、張溎任、王濟遠、吳湖帆、謝公展、張澤、吳東邁、王个簃、鄭午昌、許徵白、鄔克昌、馬崇淦、徐則驤、李子寬、錢滄碩等數十人。（《申報》1935年7月22日）

夏，王一亭爲王个簃畫像，題："个簃心性極蕭散，矻矻晨昏親筆硯。不

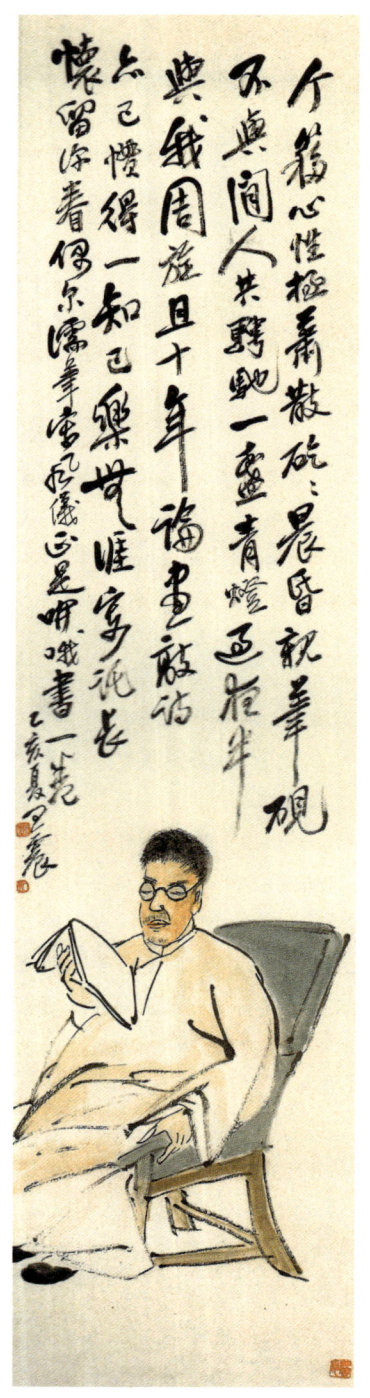

與閒人共騁馳，一盞青燈過夜半。與我周旋且十年，論畫敲詩亦已慣。得一知己樂無涯，寄托長懷留深眷。偶爾濡筆寫風儀，正是呫哦書一卷。乙亥夏，王震。"

9月，受聘上海美術專科學校，不久即任（1936年）中國畫系主任。時劉海粟任校長，謝海燕任副校長，蔡元培亦爲校董之一，校址在上海順昌路。上海美術專科學校分國畫、西畫等系。王个簃在上海美術專科學校近十年之久，程十髮夫婦爲其學生。

1936年，中國畫系主任爲：王个簃。

中國畫、中國畫史、中國畫理論、美術史、美學、藝術論、詩學、題跋、金石學、書法、篆刻等教師與1935年大體相同。除離校者與前錄者外新增如下：李健，任教國畫、金石學、書法講座；王念慈，任教國畫山水；朱文侯，任教國畫花卉；陳鎮庭，任教中國畫；朱天寬，任教美學；向培良，任教藝術概論；杜考祥，任教國畫山水；吳公虎，任教國畫。

1937年，中國畫系主任爲：王个簃。

中國畫、中國畫史、中國畫理論、美術史、美學、藝術論、詩學、題跋、金石學、書法、篆刻等教師與1936年大體相同。除離校者與前錄者外新增如下：戴雲起，任教國畫山水；李開麟，任教國畫花卉；溫肇桐，任教色彩美術教學法。（據史料摘抄）

移住上海美專校內，與關良爲鄰。與謝公展、孫雪泥時相往來，常與畫友聚會

王个簃畫像（王一亭作）

上海美術專科學校舊址

關良　王个簃刻

者有：劉海粟、趙半坡、王陶民、張聿光、鄭午昌、王英賓、謝玉岑、錢瘦鐵、鄭曼青、馬萬里等。從其藝者有：吳未卿、翁檾予。

9月，上海美專教授黄賓虹、夏敬觀、潘天壽、張善孖、張大千、謝公展、王个簃、諸樂三等在劉海粟寓所成立"百川畫會"。

歲寒，作《蝦酒圖》，發表於《美術生活—時人妙墨》1936年第33期。

在南通小住，與劉子美游狼山，夜宿準提庵（今葵竹山房），詩贈葦一和尚。夜闌，庭院月色溶溶，臘梅怒放，乘興揮筆作《古臘梅圖》。（《王个簃書法選集》，上海書畫出版社，1996年1月；《西泠印社百年史料長編》，西泠印社，2003年10月）

臨《漢三公山碑》（82cm×19cm）。（《王个簃書法選集》）

作《海棠花卉》（140cm×40cm），題："此花標格亦高哉，不見秋風不肯開。濕地叢生蟲迹伴，移根誰為上瑶臺。乙亥仲春，个簃王賢寫。"（《大師大家》，江蘇省美術館藏）

鈐印：个宧私印（白文）、啟（朱文）、霜茶（白文）。

作《荷》（141cm×34.5cm），題："水一重重玉一重，更無妖色媚西風。雖然物外能為素，又恐人間只愛紅。乙亥春杪，个簃王賢客禪凳軒。"（《王个簃書畫作品集》）

鈐印：王賢私印（白文）、啟（朱文）、東西南北之人（朱文）。

作《夾竹桃》（66cm×33.2cm），題："名花逾嶺至，漪娜自成陰。不分芳春色，猶餘晚歲心。絳分凝翠小，青入嫩紅深。本識心源種，無妨共入林。乙亥夏仲，个宧王賢畫。"（南通市个簃藝術館藏，《中國歷代畫家佳作品鑒·王个簃》）

鈐印：啓之（白文）、个宧（朱文）、藪石亭（朱文）。

刻《一亭老人七十以後書》朱文印，款："一亭宗老正刻，乙亥冬仲，賢。"（《王个簃篆刻集》）

海棠花卉
（江蘇省美術館藏）

夾竹桃（南通市个簃藝術館藏）

花卉册頁（上海中國畫院藏）

謝玉岑逝世。王个簃在上海美術專科學校任職期間，因酷愛詩詞，即常請教曹拙巢、楊滄白二人，同時又與許豐龍、薛敏農、沈芝萍、謝玉岑等交往、探討詩文。有《悼念舊友》："嶙峋瘦骨風華茂，交誼纏綿話夜深。壽短鑄成無限恨，回思往事最寒心。（謝玉岑）"

1936年　丙子　民國二十五年　四十歲

時任上海美術專科學校中國畫系主任兼花卉實習教授。

除夕，作詩兩首。

《除夕和曼弟兼呈調哥》："夜話聲中一歲收，欲尋歡笑轉添愁。此生坎坷休天問，前路趄趄聽足投。甲煎餘光醒倦眼，書城無恙且埋頭。弟兄鬢髮侵霜重，端待春暾射海樓。"

《除夕賦贈東邁》："師門爲客歡晨夕，濡滯江樓十一年。小草敷榮分雨露，奇文欣賞盡山川。事成陳迹拋雙泪，夢有餘温擁一氊。爆竹聲聲浮大白，扶持清興擘吟箋。"

元日，作《元日》詩："元日彌天靜，囂塵總不關。鼓鐃喧大路，兒女粲紅顏。日過雲中麗，人隨亂後閑。持杯宜獻頌，不壞舊河山。"

9月4日，表姊妹魏氏（諱素蓮，同縣陳方椿之妻）逝世。奉母命，請丹徒陳邦懷撰《陳君夫人魏氏墓志銘》，銘文由鄞縣沙文若（孟海）書丹，安吉吳邁篆蓋，吳縣周梅谷刻字。（《沙孟海研究》下卷56頁、《沙孟海真行草書集》17頁）

9月8日，中華美術協會主辦的第一屆美術展覽會之籌備委員會舉行會議。被推爲籌備委員。

《中華美術協會主辦第一屆美術展定九月廿四日開幕》："中華美術協會成立迄今，已八閱月，雖當草創之時，而工作進展卓著成績。前經理事會議主辦第一屆美術展覽會，昨在愛麥虞限路四五號會所舉行籌備委員會議，到閻甘園、丁墨農、何明齋、馬公愚、向培良、劉海粟、王津遠、鄢克昌、謝海燕、倪貽德、施翀鵬、謝公展，主席劉海粟。

討論事項當經議決：一、修正通過辦法大綱。二、修正通過徵集出品細則。三、通過本會徵品方式，采登報公告、通訊徵集二種。四、確定經費預算。五、展覽會期訂本月二十四日起至九月三十日止。六、會場假上海南京路大新公司四樓畫廊。七、推舉全國著名中西畫家出品。八、推舉籌備委員：劉海粟、王濟遠、馬公愚、謝公展、鄢克昌、蔣建白、潘玉良、謝海燕、倪貽德、吳公虎、李健、施翀鵬、向培良、徐則驥、宋邦幹、何明齋、鄭午昌、陳大悲、王賢、閻甘園、柳亞子、陳鶴琴、顧樹森、李浩然、丁墨農、張小樓、呂鳳子、趙君豪、胡叔異、馬崇淦、蔣湘青、高劍父、劉獅、陳樹人、夏劍丞、王一亭、黃賓虹、吳仲熊。茲探得組織大綱，徵集出品細則如下：（略）"（《申報》1936年9月9日）

10月23日，中國畫會"第六屆書畫展覽會"在大新公司四樓開幕。

《中國畫會"第六屆書畫展覽會"》："本會素以提倡國粹、發揚文化爲志志，此次徵得一百八十餘人最近作品六百餘幅，公開展覽，謹希各界蒞臨指導。會期：十月二十三日至十一月二日。會場：南京路虞洽卿路大新公司四樓。時間：每日上午九時至下午七時止。"（《申報》1936年10月24日）

11月，王立德堂（喬家路梓園）發行《白龍山人畫選》，王一亭自序，吳東邁篆寫扉頁，王个簃選編并題簽。

12月22日，王一亭七十壽，在寓所素筵招待社會各界來賓，以王个簃選

編的《白龍山人畫選》分贈來賓，人各一卷，以作紀念。同日，黃炎培亦來祝壽。（《王一亭年譜長編》714 頁）

與劉海粟合作《蘆雁圖》并題。

作《山水》（88cm×69cm），題："水與風爭地，山招客渡江。過帆捷鷹隼，遠樹卓旌幢。人物淘金盡，蛟龍鬥未降。由來天塹險，今日剩苔矼。丙子春夜，濡毫作圖并錄前人題畫詩，閱歲復製一幀，貌似神遘，良堪自哂。个簃王啓之於上海西郊。"（《吳昌碩王个簃》，新加坡國家博物院）

鈐印：王賢印信（白文）、啓（朱文）、須曼（朱文）。

作《陶淵明詩意》，題："丙子春杪，寫淵明詩意，个簃王賢時客滬上禪凳軒。"（《个簃畫集（上）》）

作《青梅》（142.5cm×34cm），題："青莎徑裏香未乾，黃鳥陰中實已圓。蒸豆作烏鹽作白，屬聞丹杏薦牙盤。个簃王賢并錄山谷句，丙子夏仲。"（《王个簃書畫作品集》）

鈐印：王賢之璽（白文）、个窟（朱文）、藪石亭（朱文）。

作《秋階冷艷》（139cm×33.7cm），題："秋階冷艷。丙子八月，畫於海上禪凳軒，个簃王賢。"（《王个簃書畫作品集》）

鈐印：王賢私印（白文）、啓（朱文）、藪石亭（朱文）。

作《夕照歸鴉》（135cm×34cm），題："濕雲度巉巖，寒泉咽幽壑。一陣噪歸鴉，天際斜曛落。丙子冬仲，个簃王賢。"（南

夕照歸鴉（南通市个簃藝術館藏）

與母親

橘廬（丁吉甫） 王个簃刻

通市个簃藝術館藏，《王个簃畫集》）

刻《王賢之璽》白文印，款："丙子孟秋，个簃居士仿漢，時客滬上。"（《个簃印集》）

刻《橘廬》朱文印，款："吉甫先生屬刻，丙子歲十二月，个簃王賢。"（《王个簃篆刻集》）

是年，鄭餐霞畢業於上海美術專科學校中國畫系，師從王个簃。曾任廣州藝術學院副院長。（《上海美專名人傳略》401頁）

李駱公考入上海美術專科學校，師從王个簃。

个簃老師教花鳥和治印，他是近代大師吳昌碩的入門弟子，功力很深，為人忠厚，很得師生敬重，我的寫意花鳥技法和對篆刻的興趣與王老師是分不開的。（黃惇《民國時期上海美專的篆刻教育》）

是年，任堇逝世、徐鋆逝世。

1937年　丁丑　民國二十六年　四十一歲

時任上海美術專科學校中國畫系主任兼花卉實習教授、東吳大學詩文教授、教育部第二次全國美術展覽審查委員。

1月2日至11日，上海新華藝專為紀念創校十周年，在南京路大新公司四樓舉辦"現代名家書畫展覽會"，出品者二百餘人。（《申報》1936年12月31日）

4月1日至23日，國民政府教育部在南京戲劇音樂院（建國後為人民大會堂）和國立美術陳列館（建國後爲江蘇省美術館）舉辦轟動全國的"第二次全國美術展覽會"，王个簃爲審查委員。

5月12日，英國國王喬治六世加冕，作詩："今夕傳空巷，天涯拜冕旒。燈光爭霽月，喜氣躍重樓。野性難因熱，詩骸任作囚。客來酣一盞，夜靜室幽幽。"

6月5日，沙孟海來函。

啓之老哥左右：得通卡來書，知代求陳散老文已再度接洽，潤筆滿兩百金，自然須先送去。前議請散老撰墓志銘較爲適宜，想都良亦必同意也，且就志表二者言之，亦自以墓志爲要，蓋無表有志則無妨，有表無志殊不成事，想尊見亦以爲然耳？兄曾有來京之意，何時能實現，弟一時暫不離京，丁介石君亟思一見，徑往訪彼，似太突兀，最好兄可蓄來爲弟介紹。都門同好不多，偶有所值，皆一知半解，無足與語大體也。印章成語未經它人用過者，略有所擷存，兹迻寫數句，兄有暇能先刊尤妙，它日來滬，便當篡取數紐，兄亦不能禁我也，一笑。語見別紙。尚奉敬候道安。弟文若叩頭。六月五日。

6月29日，爲賑濟黔川災區，參加谷音畫會在大新公司舉辦"谷音書畫展覽會"。

《谷音畫會賑災展今開幕，由朱慶潤等柬邀各界，售款將捐撥各省災區》：谷音畫會自今日起在南京路大新公司四樓東西兩花廳舉行賑災書畫展覽七天。該會出品有張小樓父女人物山水、張聿光花卉、胡藻斌《猛虎》、何嘉山水、馬公愚、梁子真、黃堯之書法，錢化佛之《佛》，均爲生平傑構。并有現代名家劉海粟、何香凝、張書旂、謝公展、王一亭、簡琴齋、唐冠玉、樓辛壺、王个簃、王長寶、徐培基、顧青瑶、袁松年、俞劍華、馮文鳳、朱成淦、龐左玉、仲湘石、諸樂三、吳荓之、汪亞塵、陳楓、虞覺放、鮑亞暉、沈一齋、胡文山、周大貞、張振鐸、吳文賀、陸一飛、孫福熙、熊松泉、趙夢蘇、邵仲威、朱冰廠等五十餘人之出品六百餘件，均爲不可多得之佳作，有完全捐賑災者，亦有半數賑災者，大新公司亦將售券所得完全捐賑。今日下午三時，并由朱子橋、屈映光、王震等略備茶點，請各界范會評覽。（《申報》1937年6月29日）

7月7日，盧溝橋事變爆發。王个簃在此期間賦詩多首。

《盧溝橋》："三更依舊盧溝月，新鬼煩冤處處聞。帶甲虎狼誇伎倆，無辜雞犬厄塵氛。危邦已識天方蹶，大計猶祈絲未棼。敗虜幾時傳一鼓，堂堂河朔將三軍。"

《日兵犯平津感賦》:"天塹拋撇餘痛哭,長城依舊抱關矗。豺狼私狠夜沉沉,磨厲爪牙逞大欲。窺城突兀師無名,借道紆回螫有毒。鋒鏑橫空碎萬身,肝腦墮地輸一局。萁豆相煎古已傷,黷武人憐寐無覺。天理反復一剎那,不見王孫彈黃鵠。而況中原百萬兵,光芒未瀹劍在櫝。士氣山嶽列群峰,地力江河豕千瀆。英雄異代見嶙峋,敵寇多門供追逐。請纓南朔耀旌旗,喋血邊疆露頭角。風雲叱咤轉乾坤,不爲全瓦爲碎玉。主賓勞逸勢遠殊,會見機樞運帷幄。蒼生延佇意若何,一鼓蕩平收東北。"

《日軍犯上海》:"十里市聲還雜遝,一天兵氣已回翔。頹垣霜肅寒蛩泣,新鬼風噓白日涼。問鼎河山蒙恥辱,搴旗肝膈吐光芒。版圖未許終淪落,猛將如雲御策長。"

《日飛機飲彈炸墮喜賦》:"袧襮倚北窗,獨酌成小醉。悍敵禦風來,萬丈搏鷹鷟。一瞥飲飛彈,鎩羽在造次。如天屠赤龍,如雷吼大地。耳目震奇情,心胸飫大慰。忌憚籲久無,償事暴其氣。蠢蠢十萬師,念否傷其類。"

"八一三"事變,日軍侵犯上海,謝晉元團長率八百孤軍固守閘北,王个簃詩以抒志,有"北風卷地軍威壯,史乘流芳萬古雄"句。(《王个簃書法選集》,上海書畫出版社,1996年1月;《西泠印社百年史料長編》,西泠印社,2003年10月)

9月25日,沙孟海來函,道謝爲其兩弟所贈書畫并告知《回風堂詩文集》第二卷已刊等事宜。

啓之老兄足下:奉惠書并法繪花果兩幀,敬領。前輩弘獎後生若是其至,敬先代兩弟道謝。五弟頃已赴安慶任事,引弟則尚留都,從悲鴻習西畫也。生事碌碌,舊游星散,足下不來,令人增三秋之感,來又爲有力者挾去,欲求如曩時望衡對宇、晨夕過從,殆不易得,思之黯然。朱贊兄刻寄回風堂詩,第二卷已刊,初印樣本送校,已校一過,明日再校一過寄還。此事進行稍緩,然手續太繁,無如何也。尚復,敬頌著祺不一一。弟若頓首,九月廿五日。東邁先生均候。

因東吳大學國畫系主任龔隱軒之薦,王个簃受聘東吳大學教授,任教詩文課。(《西泠印社百年史料長編》,西泠印社,2003年10月)

移居呂班路(今上海重慶南路)幸福坊4號翁檻予寓所,三子王游來滬同住。

爲劉海粟題畫《海粟得黃石齋畫松長卷一旦爲好事者攫去乃出其臨本索題》:"松樹抱堅貞,不隨時飄忽。冰雪見崚嶒,泉石相縈郁。畫松不貴形,所貴在風骨。石齋古疇人,萬怪指間出。染眼絶汙泥,填胸餘辛辣。向誰作傾吐,烟霧疑可撥。展卷廿九松,肝腸起搖兀。筆勢軼尋常,秦篆幻奇倔。休從藝細論,枯毫濡泪血。海粟獲瑰寶，滿室儲清玩。龍蛇不可馴，得失勤更叠。名迹一溯洄，圖成意無説。折簡道因緣，并乞詩爲跋。籲嗟明遺臣，浩氣無時窒。神留楮墨間，天地同生滅。即此着微茫，後世亦有説。"

12 月，日軍侵略江陰，曹拙巢不畏强暴、壯烈就義，王个簃有詩哭之："儒冠不可褻，毋寧啜糠籺。大地實仗此，光芒麗日月。拙公不諱拙，閉户養風骨。本性合固窮，復何病遺佚。溯自寇氛揚，道路競奔逸。公獨擁百城，翛然被短褐。賊來遠聞風，將謀作津筏。誰料一衰翁，三軍不可奪。倔强殞厥身，抵死還奮舌。回緬坐江頭，昏旦研聲律。我忝門下士，聞信怒沖髮。昔年記公云，庶政目就室。激昂悚聽聞，或且議迂闊。而今值時窮，凜凜見高節。青史看來兹，褒貶爲誰述。"

12 月，作《金陵淪陷》詩："緣何兀兀挫心雄，又陷新都續故宫。絶塞烽赩天中酒，一江潮咽鬢如蓬。蝶寒無力依霜菊，雁落餘音譜爨桐。我欲躬耕率妻子，只愁畎畝盡成東。"

致沙孟海函，商討爲馮君木師擇選墓地等事宜。

前聞足下以事過滬，未獲執手，憶自北站別後，且涉數月，懷想何如。頃誦手箋，快甚。令弟證明書遵囑繕奉。木師墓志銘由匡廬寄到，已囑仲足録稿奉閲。散翁附函極謙退拜，甚稱傳狀諸作。都良兄性情坦置，書銘之人尚希足下酌奪之。木師墓地已擇定否，頗思念，及蚤妥幽靈也。丁介石仍居寧垣，住

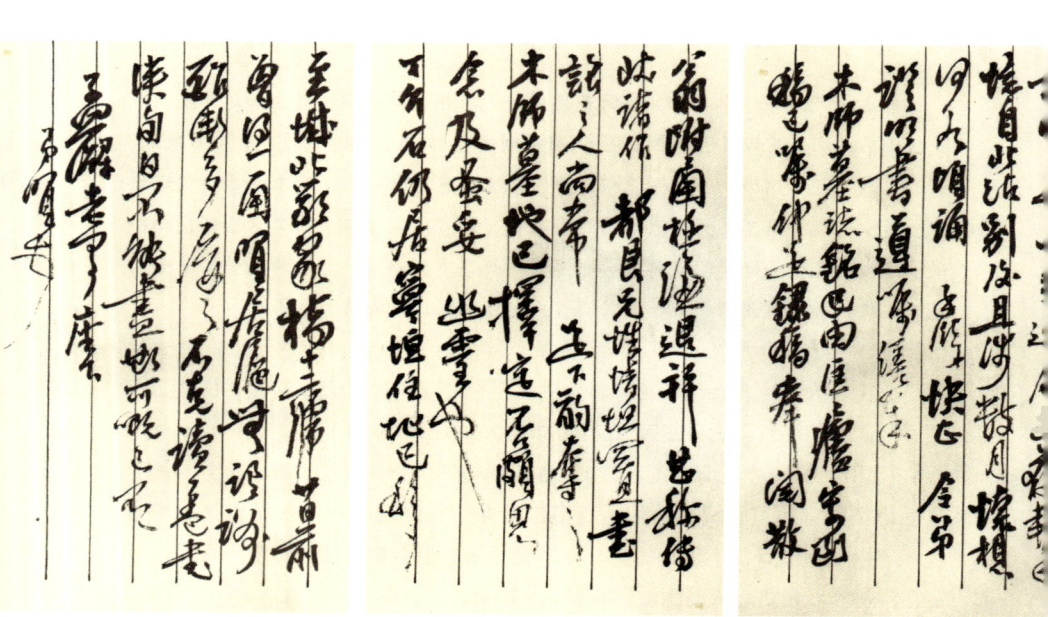

致沙孟海函

址已移至城北嚴家橋十二號，廿日前曾得一函。賢居滬，無謂酬酢漸多，屏之不克，讀一卷書浹旬日不能盡，斯可慨已。不一。孟海老友座下，弟賢頓首。(《王个簃書法選集》)

與潘天壽、吳茀之、張天奇合作《清供圖》。潘天壽題："石不能言花解語，滿窗清影上疏簾。二十六年雷雨聲中，壽題。"(《吳茀之作品集》)

作《歲朝圖》(97cm×34.7cm)，題："元辰試筆心太平，春花照眼歲崢嶸。百事如意千瀾靖，笑酹屠蘇邀巨觥。丁丑元旦，个簃王賢客禪甆軒。"(南通市个簃藝術館藏，《世紀丹青（六）》)

鈐印：賢（朱文）、啓之（白文）、既壽（朱文）。

作《杏花圖》(138cm×34cm)，題："墻外春風游彎路，水邊紅影酒旗邨。丁丑春仲，畫於海上禪甆軒，个簃王賢。"(《吳昌碩王个簃》，新加坡國家博物院)

作《榴花》(138cm×33cm)，題："實錦繡囊，花吐紅玉。閃爍風前，娛我心目。丁丑春，个簃王賢。"(《吳昌碩王个簃》，新加坡國家博物院)

鈐印：王賢私印（白文）、啓（朱文）、藪石亭（朱文）。

作《山水》，款："丁丑九秋，个窟居士畫。"(《个簃畫集（上）》)

刻《友蘭》朱文印，款："丁丑三月，个簃。"(《王个簃篆刻集》)

刻《海粟之璽》印，款："丁丑十月，拈案頭劣石，鑿贈海粟老兄，个簃賢。"(《王个簃先生書畫篆刻展覽目》(日本))

刻《玄翁倚聲》朱文印，款："玄翁令刻，丁丑孟冬，賢。"(《王个簃篆刻集》)

自1937年至1938年，王个簃作如下詩：

《感事用老杜秋興韵》《飲破禪樓玄翁同賦》《和盬堂韵》《建吳函促入蜀賦詩答之》《讀美總統羅斯福演講詞》《寄曼弟》《伯儼喪子繪卷索題感賦》《和太玄送伯儼入蜀韵》《移居藏經會》《藏經會與潘效安姚澤人論詩》《伯儼席上和太玄用杜韵》《謝景元團長師八百人死守閘北》《酒邊和太玄》《太玄詩來爽持蟄之約》《別一老》《題缶師墨梅》《湯臨澤索題宋拓禮器碑》《盬堂喪幼子曼詩以慰》《九國公約開會前夕答調哥》《海粟得黃石齋畫松長卷一旦爲好事者攫去乃出其臨本索題》《歸舟》《金陵淪陷》《霜晨》《書感用山谷韵》《歲晚》《答友》《寄懷許康侯盬孚昆季》《答調哥》《贈彭龍驤》《抵滬贈範九斅安笙伯鐵年都良通叔諸公》《和劉庸熙六十述懷》《贈鄭生睎虔》《盬堂抵滬示近著即席次韵》《偕吳茀之游復興公園》《一亭翁約游香港不果賦此却寄》《曹師拙巢殉難江陰賦長句哭之》《記夢（癸酉二月二十四日）》《簡姚澤人》《游師山公園》《季祠看梅》。

是年，陳散原逝世。

歲朝圖（南通市个簃藝術館藏）

1938年　戊寅　民國二十七年　四十二歲

時任上海美術專科學校中國畫系主任兼花卉實習教授、東吳大學詩文教授。

除夕，作《戊寅除夕》詩："何以酬今夕，跼蹐爲客情。鄉違搔短鬢，兵潰失長城。霽雪餘寒在，殘年舊夢縈。江樓剩形影，愁聽海潮聲。"

元日，作《元日》詩："客來都説今晨好，消盡陰飆換瑞晴。小盎梅開初入畫，隔鄰酒熟共持觥。春回十里眉先暖，兵擾三年命久輕。旋轉乾坤非異任，獨慚東野以詩鳴。"

五月，徐州淪陷。作《徐州淪陷慨然有作》詩："李巡釋徐州，地寬民安徐。今茲國土蹙，惡蠹蝕版圖。奔徙鋒鏑下，大邑委荒墟。津浦與隴海，鐵軌轇中樞。一從寇西竄，多士效馳驅。要津輒對壘，斬首獻群俘。一役臺兒莊，列國交相譽。乃傾大兵至，轟炸逮無辜。攻守叠主客，追逐觀盈虛。我仆匪云痛，我馬匪云瘏。沉冤只此郡，豺虎躍通衢。血腥炙日穢，禾稼隨人枯。國能拚一擲，城寧惜三屠。風雲起芒碭，涕淚思菇蘆。我儕弄文翰，抑塞氣愈粗。危邦有猛將，股肱樹宏模。張眸待月日，取次復其初。"

8月13日，即"八一三"

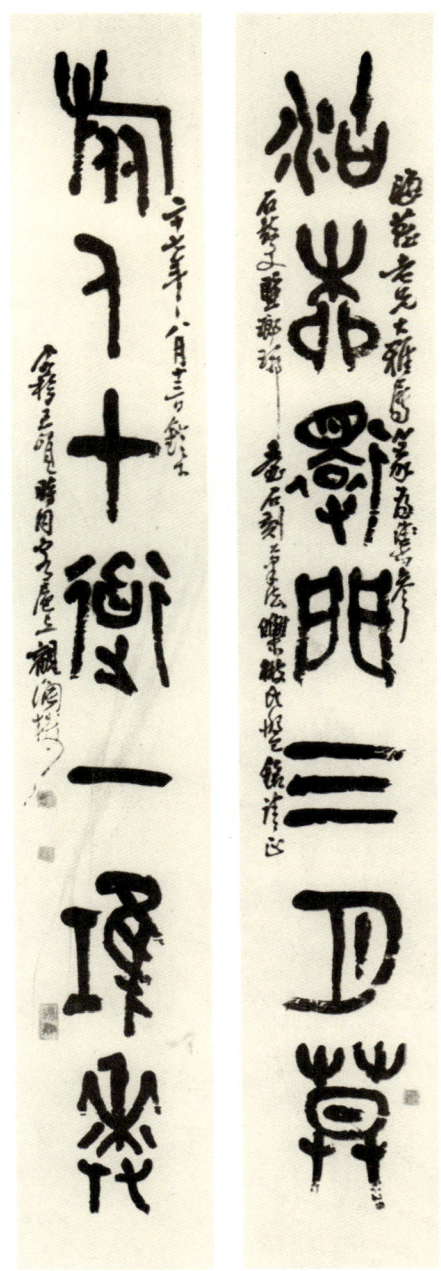

"湖柳旅人"八言聯

抗戰一周年。時與謝海燕同住上海美專海容齋觀瀾樓。是夜，王个簃彈畢古琴，又乘興爲謝海燕篆書聯："湖柳環門三月暮；旅人在道一鴻來。海燕老兄大雅囑篆，爲參石鼓文暨琅玡臺石刻筆法，集散氏盤銘請正。二十七年八月十三日燈下，个簃王賢時同客滬上觀瀾樓。"

秋夜，與隱軒、調之、檻予飲滇西茅台邨名酒，興酣落筆，作《香橙圖》，題"西風初作十分凉，喜見新橙透甲香。"(《个簃畫集（上）》)

11月12日，王一亭病逝於上海覺園寓所，王个簃時於海門探親，獲噩耗痛哭失聲，越三載，題王一亭遺墨："繭細殘稿絲垂盡，目斷游蹤涕欲漣。三載幽明失知己，樓邊何意拂琴弦。"

母親七十歲，作《出門吟》。請唐熊繪《如南山之壽》。(南通市个簃藝術館藏)

《如南山之壽》題："个簃先生爲吳缶老入室高弟，金石而外，雅擅三絕，實淵源於母夫人陳老伯母之家學。尤可敬者，老伯母霜操柏性，節孝可風，个簃出紙索畫，爰寫此爲賢母壽。唐熊敬繪。"

由葦一和尚引見，曹用平師事門下。

此間，時來寓所的學生有劉伯年、陳斐叔、劉浩然、黃稚松、曹用平、曹簡樓、林心傳、謝開甲、施壯懷、謝孝平、

唐熊《如南山之壽》(南通市个簃藝術館藏)

袁義勤等。

本年度王个簃尚有如下代表作：

作《石榴》（145cm×40cm），題："紅榴罅玉房。玉琳先生雅屬，戊寅春仲，擬吳讓翁設色，个簃王賢。"（《吳昌碩王个簃》，新加坡國家博物院）

鈐印：王賢私印（白文）、啓（朱文）。

作《山水》（130cm×65cm），題："蓬蓬白雲圍玉屏，隱隱青峰聳螺髻。伸紙寧須學古人，墨氣水痕自天籟。戊寅夏仲，个簃王賢。"（南通市个簃藝術館藏，《經典傳承 世紀丹青》）

鈐印：啓之（白文）、不誘於譽（朱文）。

作《西瓜》，題："一片冷裁潭底月，六灣斜卷隴頭雲。个簃王賢時客滬上昨今無是非齋，戊寅大暑。"（《个簃畫集（下）》）

作《秋醉圖》（142cm×34cm），題："戊寅秋初，與玄翁、盥堂、茀之、伯儼同醉市樓，乘興濡筆。个簃王賢記。"（《王个簃書畫作品集》）

作《桂花》（69cm×26.3cm），題："影高群木外，香滿一輪中。戊寅中秋前二日，畫於海上見遠樓之南榮，个簃王賢。"（《王个簃書畫作品集》）

作《彼岸花》（29.5cm×13.5cm），題："戊寅閏七月十一日，个簃涉事。"（《王个簃書畫作品集》）

作《香櫞》（137.5cm×27.5cm），題："西風初作十分涼，喜見新橙透甲香。戊寅秋夜與隱軒、調之、檻予飲滇西茅台邨名酒，興酣落筆。个簃啓之王賢。"（《三个簃書畫作品集》）

作《焦墨山水》（111cm×33.5cm），題："我今畫山不畫雪，盈盈雪意來毫端。試看苔枯林梢禿，已疑肌骨生祁寒。戊寅醉司命日，个簃王賢時居海上炙轂樓。"（《王个簃書畫作品集》）

作《紅楓》（139cm×36cm），題："楓落吳江冷。个簃王賢。"（《王个簃書畫作品集》）

刻《淡遠樓》印（2.4cm×2.4cm），款："范公我師正刻，戊寅冬，个簃賢。"（《錢鏡塘鑒藏印錄》）

刻《黃枋信印》白文印，款："松師命刻，戊寅十一月，賢。"

刻《大無畏》白文印，款："个簃客於吳門，戊寅歲十二月。"（《个簃印集》）

是年，鄭孝胥逝世，王一亭逝世、經頤淵逝世。

1939 年　己卯　民國二十八年　四十三歲

時任上海美術專科學校中國畫系主任兼花卉實習教授、東吳大學詩文教授。

焦墨山水

除夕，作《除夕》詩："筆硯舊生涯，營營送歲華。江雲思故里，客夢逐歸鴉。鬢短心無改，腸枯願自奢。窮冬何所慕，數點古梅花。"

元日，作詩兩首。

《元日次調之韻》："又值歲朝春，流光笑轉輪。屬樓雲外滅，蠟炬酒邊新。慈母多依戀，饑軀自率真。心情羨兒輩，野馬未能馴。"

《和吳生長鄰元日韻即以志勉》："一片陰霾鬱不開，空空令節眼中來。男兒養氣歸無懼，舍豈能爲必勝哉。"

元宵，作《元宵不見月次韻山隱》詩："渾疑無計遣今宵，車馬潮喧總寂寥。節序遷流天道在，雨絲撩亂月痕消。縈回客夢江村寂，零落中原野戍遙。且把一尊向三鼓，模糊昨夜與明朝。"

3月1日晚，至上海丁惠康家參加"古畫展覽會成立會"，有褚民誼、溥西園、吳湖帆、劉海粟、潘博山、徐邦達、張蔥玉、秦法曾、王季遷、丁惠康、朱仰高、陳少孫、沈劍知、李拔可、朱屺瞻、林爾卿、孫伯淵、王選青、俞子才等在座。

歸家後陳少蘇、沈劍知二君來，云李拔可約吃夜飯。余因今晚在丁惠康家開古畫展覽會成立會，余亦主人之一，正躊躇間，拔翁親自御車來偕行，少孫已先去，乃與拔翁、劍知同行，而潘博山、朱屺瞻、林爾卿、孫伯淵、王選青諸君先來，本約余同行，只能分道矣。在拔翁家少坐，與劍知同至丁處，博山等已先到。座中有溥西園、褚民誼、劉海粟、秦法曾、王个簃、徐邦達、俞子才諸人，畫會專爲陳列古董，只售門票，所得款項悉充紅十字會爲傷者醫藥等用，而處此時日環境，又不能明言，故對外爲救濟難民也。成立會後推定褚民誼、溥西園爲會長，余任常務主席，劉海粟爲常務兼總幹事，潘博山、徐邦達、張蔥玉、秦法曾、王季遷爲常務委員，丁惠康、朱仰高爲當然委員，二君皆醫師，經理其事者。丁宅在麥特赫司脫公寓內，有水汀，殊覺悶熱，歸家後頗感不適，時已十時矣。(《吳湖帆文稿（醜簃日記）》243、244頁)

春，丁惠康發起"吳昌碩遺作展覽會"，刊印畫册《缶翁遺墨》。

6月1日，在大新公司（今上海市百一店）舉辦"吳昌碩第三次遺作展覽"。王个簃爲畫展作前言《吳昌碩先生藝傳千古》。與劉海粟、吳東邁接待來賓。(《西泠藝報》1994年第100期。《西泠印社百年史料長編》，西泠印社，2003年10月)

吴昌碩先生藝傳千古

安吉吴先生歿後之三年及七年秋，皆有遺作展覽會，以永景慕，迄於今，且十又二年。吴先生藝事大別爲金石書畫，試縷述之。

先生篆刻宗秦漢，印璽上窺鐘鼎瓴甑，下衷諸家之長，故能平實中見生動，奔放中見端凝。鈍刀硬入，眞力彌漫；法度謹嚴，不苟點畫；損益挪讓之間，探討尤深。先生嘗曰：治印布白最難。譬如哦詩，遇有一字未寧，淬慮神志，枕上得之，急披衣起，奏刀耋然，動逾夜分。則先生弄石之樂，且勤可知矣。夫豈若贋古者流，務怪駭俗，弄巧悦人，所可幾及哉。彼作瑑功力未深，曷足以語此。

先生自幼癖好臨池，少長游吴門。相與往還諸公，各出秘笈，朝夕評鷺。用是得博觀碑板，刻意臨摹散盤石鼓秦權量，琅玡石刻，致力彌勤。行草側重懷素黄米，楷法鍾太傅，瞰其用筆，務樸不華，運指運肘，細大畢備。刳天骨開張，迴殊流輩；各體互用，窮極變化之致。中年以還，自成風概，凌駕前賢，顧先生謙抑自下，不立詭論以蔽世。嘗以爲指實掌虛，心領神會，外無他途也。筆用長鋒，紙愛生宣；濡濃墨揮灑自如，而顧盼位置，審度宜忌，必盡其折旋控縱之能，故氣盛而味雋矣。

先生既勤於金石詩文，又肆力於畫，胸襟跌宕，元氣浩潔，發爲繢事，而風情幽邃，造境奇麗。筆健而不流於粗獷，氣淳而不失於平鈍。墨韵飛動，燥潤兼用，點色古艷，雖看意經營，歸於恬適。局法忌排比瑣細，而一力於錯綜回縈，有類史遷之爲文。蓋功力、書卷、胸襟三者具備，師古而不泥於古，妙到毫巔，有不期然而然者。平生篤慕石濤、雪個、青藤、白陽，故其筆墨間有會合。畫中題句嘗曰，師某參某法。殆旨趣相似，學養相伴。非一花一葉爲盈、爲縮、爲丹、爲墨之較量也。故風格高渾，心性強固，其表襮時代之精神，與歐西畫伯馬蒂斯，實相輝映；塞尚、高更，亦頗近之。試一舉其人之抱負與修養而觀之，不僅如驂之靳也。近世究心畫學者，徒以迹象求之，而不溯其源，貌愈合而神愈離矣。先生生於清末，不隨俗尚，能自成其畦徑。矯矯不群，辟數百年未有之奇，懿歟盛已。更就先生畫中覘索題識，與印章之位置，皆深有推敲。題句印文，亦與畫有關。此則國畫獨具之妙境，非歐美人所能領會耳。曩記朱彊公論先生畫：畫之外有畫，無筆墨處，大有事在。先生嘗許爲知言。

要之，先生藝事，唯以藝事之眞諦爲歸，不爲人役而變易其心靈。此所謂"有我、無我，然後見格力"，爲一世宗仰非無故歟。賢事先生有年，深愧師門。兹不自揆度，濡筆書此，誠不禁汗流被甲也。（《王个簃紀念文集》中國文史出版社，1993年6月）

6月，爲尤無曲所藏紫端硯篆題"松月"。尤無曲賦詩并作松月圖，陳半丁題"無曲制畫之硯"，嚴惠宇題"古月松風"，秦曼青題"明月松間，清泉石上"。尤其偉跋記并刻之。

9月13日，楊滄白師留飲，作："漫天秋雨夜荒荒，閑話燈邊盡酒觴。菊放半牕霜已重，書連四壁影俱香。蛛絲乍補占晴霽，蝸殼高黏學退藏。湘漢又傳收郡邑，乾坤容我作重陽。"

程十髪入上海美術專科學校國畫系學習山水和花鳥，同時臨摹人物畫，臨摹木版或珂羅版，師從王个簃、汪聲遠、李仲健等。(《西泠印社百年史料長編》，西泠印社，2003年10月)

題程十髪畫作："程生不猶人，胸次極寥廓，樵古有會心，筆墨無拘束。蕭疏木一柯，峛岃山一角。策杖入空濛，俯仰何所怍。曲高和者誰,紛紛念流俗"。(《王个簃書法選集》上海書畫出版社，1996年1月。《西泠印社百年史料長編》，西泠印社，2003年10月)

臨《伯芳敦》(60cm×29cm)，題："伯芳敦用筆圓勁處與史頌敦相類似，若能參合散盤銘暨獵碣文求之，則氣韵自佳耳。己卯重陽後十日，劍雲學兄囑臨，个簃王賢時居滬上。"(《王个簃書法選集》)

篆書《集散氏盤七言聯》，款："一鳴先生大雅屬篆，爲參獵碣文筆法，集散氏盤銘請正。己卯重陽節，个簃王賢"。(《王个簃先生書畫篆刻展覽目(日本)》)

作《露氣圖》(69cm×46cm)，款："露氣。个簃王賢涉事。"(《吳昌碩王个簃》，新加坡國家博物院)

作《臘梅天竹》(109cm×40cm)，題："大似黃冠悟道時，鉛華洗盡見幽姿。春心畢竟難收拾，瞞着東風放一枝。己卯歲不盡六日，个簃王賢呵凍。"(《吳昌碩王个簃》，新加坡國家博物院)

鈐印：王賢私印(白文)、啓之(白文)。

作《杜鵑松樹》(110cm×40cm)，款："个簃畫。"(南通市个簃藝術館藏,《名家翰墨 世紀留芳》)

鈐印：急就(白文)、善抱(白文)。

刻《朱融私印》白文印、《瘦梅》朱文印，款："淑梅老兄屬刻，爲擬漢鑄印請正，己卯，个簃賢。"(《王个簃篆刻集》)

是年，作以下詩：

《歸舟》："梅雨初晴樹色幽，一天凉氣擁歸舟。頻移時序蘇雙眼，未定干戈泛一漚。久客有懷江北路，孤身怕上海東樓。停橈前渡生餘慕，漁父田夫自釣矍。"

杜鵑松樹
（南通市个簃藝術館藏）

《枯梅重茁》:"兹木昔槁死,訖今三稔矣。嫩葉忽扶疏,新枝復拔起。物倘會我心,誰與詮此理。當年適舅家,掇苗細如指。手植向中庭,數載繁金蕊。既把亦既拱,花時香數里。每從雪後開,含英自成綺。偶爲斬叢枝,意態愈俶詭。惠之適害之,凋萎空貽悔。天性不可戕,取徵有如此。樹木猶樹人,勿云細故耳。"

《挽姚澤人》:"論詩幾隱經千卷,把酒樓觀路兩歧。別緒不妨增亂世,耗音初警跌危枝。寇來文物銷應盡,仙閱滄桑意已疲。遺墨低徊燈欲滅,爲君奚止哭其私。"

《抵滬書寄調之》:"疇昔歸家雨初晴,今晨出門風乍歇。甫抵江干便登舟,屈指淞濱日未昳。大造變化指顧間,轉柁狂風鼓颶颶。濤頭高漲任飛濺,船脚斜簸同戰栗。或倚一榻或隱几,時鎖雙眸時咋舌。座中幾輩朱顏蒼,相繼垂頭困嘔沫。逆水遲遲過寶山,愁對波心掠蒼鶻。嗚呼行路古來難,而況今當天地軋。"

《贈凌宴池》:"未倦螺梯百八盤,小樓過訪話悲歡。朅來畫地身疑贅,夢裏憂天膽亦寒。石硯爲田猶可耨,儒冠無垢不須彈。哦詩生計知疏淡,短褐空瓢倚藥欄。""才名天際喧清磐,肯與閑人作等倫。落筆枝柯爭偃蹇,吐詞肝肺亦輪囷。塵中屐迹歸荒徑,亂後漁舟失舊津。幸有孟光共文賞,抱書奔徙不辭貧。"

《觀缶師遺墨展覽會》:"墨瀋飄零處,應憐迹未干。升堂辜歲月,肅像重衣冠。梅影蟠螭舞,松聲瀉瀑寒。并時餘幾輩,相與説刳肝。""早羞五斗米,老倚一枝藤。海水飛鯨吸,天龍借馬乘。拈髭參絶妙,磨盾諱無能。詩畫通消息,維摩剩一燈。"

《謁墓》:"舍北諸邱墓,隆然若斷山。千春貽舊蔭,七尺靦頑顏。客路人皆醉,兵塵日正艱。狂瀾西倒海,黯黯向池灣。"

《寄曹師君覺》:"書來始信栖東海,想見倉皇幾日行。兩地懸心殷泪漬,異鄉扶杖郁詩情。漁樵自昔呼爲侶,草木如今認作兵。西望五峰雲不散,禪房石鼎爲誰烹。""窮鄉且愛無拘束,聊復弦歌慰白頭。往事夢回俱杳渺,深心禪定任沈浮。塵途我負十年學,亂世樓扃一夜愁。漫説丹青消俗慮,模糊身世幾春秋。"

《外王母施太君忌日詩以代哭》:"韶年光景能記取,父病纏綿歲月久。王母饋問獨頻來,瞥見開顏牽我肘。中亘卅載孺慕深,轉眼不覺成皓首。年逾九十重關情,期期慎向風塵走。歸寧扶病母常爲,我疏蹤迹負恩厚。王母儼然貌慈和,心氣寬平賤筲斗。或工針黹或耘田,多子不傭他人手。太息門祚日衰微,眼中先後催諸舅。畢生艱苦淬冰霜,獲酬於天唯此壽。久思述德愧不文,差幸稱崇有鄰叟。哦詩聊復志深思,精誠所至心欲嘔。"

《奉和滄師滬上之作即用其韵》:"淞濱寧復似當年,坐井眸枯此小天。晚歲兵戈見詩史,高情栖遯謝塵緣。深憂路斷無從隱,苦爲親衰未忍捐。書史將心强安放,狂將一醉狎群仙。"

《哭許盥孚》:"三年兵氣惡,一夜漏聲長。歸思淹荊棘,窮愁裹糗糧。引觴孤雁落,覓句萬山荒。世路知君倦,迷津早戒航。""問君何所苦,止酒過吾廬。一夕拋書卷,雙眉鎖藥爐。腸枯纏恨久,命促見才殊。有母增悽絕,朝昏尚倚閭。""與子年相若,心情亦最投。論文常反覆,竟日故淹留。迹冷江山暮,悲生風雨秋。長眠可同夢,爲蝶爲莊周。""兒女傷俱小,嬌憨學母啼。數聲撼肝碎,一念凜霜淒。托付方吞咽,音塵已阻睽。秋懷更愁結,簾外月如圭。"

《盥孚既歿康侯遄歸分湖瀕行潸然出涕乃賦此詩》:"君應無語對慈顏,路近鄉關泪暗彈。禱病空階香火靜,愴神返櫬路途難。紛陳萬卷俱成贅,澆灌千觥總不歡。况是眉邊秋漠漠,飛來黃葉刮風乾。""鶺鴒賦罷知何似,舊事紛紛刺眼來。奉母簞瓢艱菽水,避人門巷長蒿萊。殘燈幽淡餘光盡,好夢低回舊念灰。我亦銜悲失知己,忍將詩句擲泉臺。"

《題淡遠樓》:"不礙清虛境,江山占一樓。禽聲亂朝暮,花氣釀春秋。書卷青雙眼,生涯贅一疣。蕭騷風雨夕,牖户好綢繆。"

《德侵波蘭歐戰遂起感賦》:"萬古波濤歸起伏,百年人物鬱癡瞶。烏聲夜噪天風勁,蜃氣朝翻海色新。謀國正宜思楚寶,老師何補問燕民。竭來無地容肥遁,欲把陳編誦過秦。""覆車未遽絕寰中,快意當前作首戎。虎翼天驕詡神武,鴻毛民命壓軍功。正憐暴骨依青冢,慣見爭雞啄小蟲。我正中流困波惡,篙師莫更誤西風。"

《將歸海門視伯兄病》:"每憶呻吟苦,昏朝傍藥爐。西風過午勁,凉月下帷孤。病劇疏漁釣,心寒長虎貙。束裝曾幾度,艱苦上征途。""江上書來日,秋聲亂碧空。字欹徵病久,境老嘆愁叢。兒女催飄鬢,干戈累轉蓬。令原端在望,助我一帆風。"

《到家》:"安貧猶有母,甘旨愧空罍。菊羨經霜骨,松慚養棟材。江鄉欣暫托,風雨任頻催。一夜哦詩句,蟲聲透箔來。""母老情彌苦,浮華不足歡。避囂能自壽,戒殺宅心安。雪壓節根在,風生衣袂單。叮嚀天地改,好惜未刳肝。"

《次劉振纓九日過訪寓樓得句索和韵》:"尚有登臨處,遥情可奈何。秋風新涕泪,猛士舊山河。霜肅花初綻,窗明鳥間歌。客貧慳斗酒,佳節等閑過。"

《和曹柳堂述懷詩》:"霜天寥廓雁行低,天外音書可爲攜。賈客久嫌情冷暖,幽人獨對夜清淒。司空大好歸官谷,仲子長懷灌舊畦。吟興今朝知不淺,只愁塵累汩天倪。"

《郟師返蜀賦詩叙別》:"萬里公歸去,霜天月色新。泛舟鯤自徙,拂袖鶴難馴。歲月贏詩卷,勛名付釣綸。何須論出處,肝膽故輪囷。""蹤迹年來密,欽遲與日深。詩吟秋樹葉,酒氣蕩眉間。涕泪廿年別,桑榆幾處閑。中興同引領,莫更托衰頑。""蹤迹年來密,欽遲與日深。詩吟秋樹葉,酒入故園心。列座青雙眼,橫雲隔萬岑。夜闌愁欲動,往事暗追尋。""攬勝向三巴,頻嗟歲月賒。名山供畫本,好景入詩家。跬步憂親老,卑身雜市嘩。亂離餘我輩,長自系匏瓜。"

《次韵君詒》:"亂後長安不易居,此身何幸托蝸廬。交游疏盡餘寒畯,議論往來發古初。君試萬言江入海,我搔兩鬢蠹行書。閉門種菜原非計,聊復同心一日娛。"

《贈徐一瓢》:"人道狂生却未狂,雙眸只爲古人張。捫詩隔巷聞溪漲,縱酒杜門任徑荒。劫後孤身驅道路,歲闌一棹載風霜。登樓莫問年來事,鬢髮蕭騷各已蒼。"

《題丁敏之山水卷子》:"景色太崢嶸,伊誰結數楹。松聲飛瀑瀉,雲影亂峰擎。拄杖方搜句,挐舟豈釣名。避人終未易,聊復畫中行。"

自 1939 年 5 月至 1940 年,王个簃尚作如下詩:

《徐州淪陷慨然有作》《贈岫青》《次韵邱鏡吾》《馮明權約續山人集》《枇杷》《屠門》《遲調兄》《遠侄避兵滁洲音信中梗書此慰調兄》《贈劉斯》《贈玄翁》《諸將和敫翁》。

是年,諸聞韵逝世。

1940 年　庚辰　民國二十九年　四十四歲

時任上海美術專科學校中國畫系主任兼花卉實習、篆刻教授。

4 月,於滬肆得焦山自然庵舊藏《蔡松原仿古册子》,詩以記之:"松原餘響嗣耕烟,尺幅雲山值萬千。野岸橫斜輕放棹,寒泉迸落静揮弦。古人攬盡非常道,妙諦參來上乘禪。卷帙重披驚易地,焦山風色異從前。"

作《懷人詩三十首》,懷念三十位師友:印光法師、徐師亦軒、曹師君覺、張峽亭、王一亭、孫儉可、程伯葭、吳待秋、胡汀鷺、姚澤人、許康侯、薛飛白、錢浩齋、陳叔吟、陳保之、丁似庵、沙孟海、諸希齋、何叙甫、鄭曼青、張大千、王陶民、潘天壽、吳虞薰、梁穎文夫婦、劉振縡、葦一和尚、吳棟英夫婦、劉德宣、遠侄。

《印光法師》:"開示劫臨頭,生機在自求。度人煩苦口,盡分繹真修。身謝山中遁,心爲天下憂。何當持棒喝,一偈攝貔貅。"

《徐師亦軒》:"氣定山難撼,城空鴉亂萤。短琴三尺累,萬卷一身依。暴寇方營窟,前村漫合圍。舞雩風正暖,怊悵瑟聲希。"

《曹師君覺》:"落落住城南,門延百尺嵐。著書開士路,供佛就詩龕。稼穡三時害,疆場百戰酣。愁腸回寸寸,端仗道心參。"

《張峽亭》:"崇水追陪日,斜曛繪剩樓。焚香詩律細,擊節曲聲遒。歲月驚雙鬢,風雲長百憂。勸君莫穨喪,大海看吞鈎。"

《王一亭》:"南海托游敖,常將白首搔。狼烽燒世短,洪水拍天高。我願唯祈佛,仇心不改饕。誰將馴悍鱷,韓在也徒勞。"

《孫儉可》:"一棹太倉來,年年餽竹胎。布衣留本色,白眼看紅埃。譚虎愁千叠,攤書酒一杯。今從何處遁,烽火滿林隈。"

《程伯葭》:"左衽尼山恥,亟稱管仲賢。中原驚板蕩,文物付雲烟。尊攘心如訟,流離歲已遷。知君翻舊感,俯首淚如泉。"

《吳待秋》:"十畝買蘇州,閑閑慰白頭。蝸涎穿石竅,塔影上簾鈎。搖筆山爭媚,揚氛木落秋。遥知率妻子,蘆荻隱扁舟。"

《胡汀鷺》:"飛鏑窺君宅,梁溪第一聲。腐儒坑也可,脫兔窟難營。筆硯原非累,肝腸依舊清。只愁窮不死,無酒向山傾。"

《姚澤人》:"依舊經離亂,江天一望賒。挑燈遲過雁,負錨向來蛇。荊棘疑無路,乾坤尚有家。儒冠堪自慰,漫説筆生花。"

《許康侯》:"正病無消息,倉皇弟北來。窮途仍覓酒,滄海任飛埃。貨賂囊中火,干戈雨後苔。幾時重握手,欵吐響風雷。"

《薛飛白》:"促坐削觚廬,歸來望眼枯。石城三日破,我馬幾時瘏。詩思隨驚鳥,人情笑媚狐。料應無別事,汲水洗高梧。"

《錢浩齋》:"笠屐今安適,飛鴻到處稀。聯床情脈脈,揮手話依依。喘定鄉關失,愁增盜賊肥。海枯留一勺,猶得養生機。"

《陳叔吟》:"聞道困城中,栖栖君固窮。戴天羞共賊,縱火斷來鴻。書卷長撐腹,乾坤一轉瞳。孤舟何所適,雨過再推篷。"

《陳保之》:"津滬望迢迢,孤舟夜趁潮。著書燈一豆,屬客酒千瓢。冠蓋今無賴,萑苻舊未消。思君遲月出,昂首坐中宵。"

《丁似庵》:"卒卒溯江上,前游倍可懷。一杯山正暖,萬劫境全乖。聚米排新壘,揮戈撥宿霾。眼前莫東望,當路盡嘷豺。"

《沙孟海》:"襟膈清如許,居官實自憐。文章無地著,家室逐人遷。黽立翻湖水,鴻飛避竈烟。四明山叠叠,流轉憶經年。"

《諸希齋》:"似此才無敵,風塵剩幾人。師門懷有若,潭水重汪倫。寇暴山能竄,儒迂性未馴。鄞南問消息,一瞬已兼旬。"

《何叙甫》:"何處能容汝,才長妒也深。尋幽徵失意,却敵負雄心。巷廢巢無定,鞭橫笋自森。束歸難縮地,相望怨商參。"

《鄭曼青》:"不復聞消息,京滇道上回。笳聲傳塞北,雁陣亂江隈。舊事甕邊卧,新詩馬上催。藕花君自況,露下一枝開。"

《張大千》:"客臘傳君死,不然亦就俘。世情蛛結網,生計雁銜蘆。大錯何容鑄,清才未可汙。遥知千里外,秋興動蒪鱸。"

《王陶民》:"合向畫中行,長髯酌巨觥。拋書攲枕簟,拂石布棋枰。風雅十年共,流離一日成。聳肩向何許,洪水尚縱橫。"

《潘天壽》:"不求人共悅,此意見君奇。好景離常態,真源無盡期。避兵卸雙屐,講學下重帷。江海容吾輩,花開借短籬。"

《吳虞薰》:"百子亭邊路,姍姍踏月痕。談瀛瓶易罄,搖筆室生溫。淚眼江山艷,別腸風雨喧。溯江千萬舸,載不盡煩冤。"

《梁穎文夫婦》:"迂闊人方唾,君胡投契深。隨肩儕弟妹,攜手涉園林。小劫雙飛燕,長愁幾杵砧。料當坐帷幄,指點仗戈鐔。"

《劉振纓》:"一炬連村巷,回頭剩涕洟。媚狐蹲大道,寒雀失高枝。瞖曠三年艾,愁吟諸將詩。南山一尊酒,抵掌定何時。"

《葦一和尚》:"爲愛僧寮靜,期期約住山。燕歸驚棟折,虎出失弓彎。松柏心無改,鐘魚日正閑。應思舊衣鉢,一卷血痕殷。"

《吳棣英夫婦》:"舉室人無恙,流離此最難。溯江三峽險,回首數州寒。舟楫程何限,琴書興未闌。漫漫任長夜,寄語共加餐。"

《劉德宣》:"惻惻念汝父,黃壚痛十年。扶孤心未冷,聞警夢相牽。在昔憂鹽米,籲今輟誦弦。晨昏且將母,珍重此顛連。"

《遠侄》:"路斷歸何許,傳書總卻回。一家胥汝慮,異地任人猜。爲學功虧簣,揮戈志已胎。陰霾連夜氣,無計撥天開。"

秋,尤無曲將赴北平,海上諸名流題詩壯行。王个簃作《尤無曲將赴北平索賦》:"大宙入窮秋,攜詩上小樓。牢愁深避地,辛苦自埋頭。北去山河在,長歌烽火流。予懷嗟渺渺,鷗鳥靜沙洲。"(《尤無曲年表》《霜荼閣詩:王个簃詩稿全集》卷六)

篆書《集散氏盤八言聯》(140cm×17cm×2),款:"庚辰端陽節參獵碣文暨琅玕臺石刻筆法,集散氏盤銘字奉亞塵道兄雅評。个簃王賢時居海上見遠樓。"(《王个簃書法選集》)

篆書《集散氏盤八言聯》(132cm×12cm×2),款:"家驤先生大雅囑篆,爲參獵碣文暨琅玕臺石刻筆法,集散氏盤銘字請正。庚辰立秋節,个簃王賢時居蘆子城。"(《吳昌碩·王个簃》,新加坡國家博物院)

篆書《多駕寫來七言聯》(133cm×20cm×2),款:"克勤先生大雅囑篆,爲參琅玕臺石刻筆法,集石鼓文請正。庚辰立秋節,个簃王賢。"(《2018中國書畫名家館聯會第二十三屆年會專輯》)

篆書《集散氏盤八言聯》(131cm×13cm×2),款:"吉六先生大雅囑篆,爲參獵碣文暨琅玕臺石刻筆法,集散氏盤銘請正。庚辰立秋節,个簃王賢時居海上見遠樓。"(《王个簃書法選集》)

作《寒夜燈昏》，題："寒夜一燈昏，孤館百愁長。玲瓏石有竅，風來衆籟音。掩卷意君何，歲月且俯仰。庚辰歲暮，个簃。"(《个簃畫集（下）》)

作《迎春花》（88cm×48cm），款："个簃。"（南通市个簃藝術館藏，《世紀丹青（六）》）

鈐印：善抱（白文）、王賢（白文）。

自1940年秋至1941年，王个簃作如下詩：

《霜晨》《次鎮慈勖韵》《尤無曲將赴北平索賦》《贈鄧鈍鐵》《讀史》《缺題》《題一翁遺墨》《和隱軒》《次韵調哥》《衡廬雅集太玄蔭軒同賦》《范師贈詩次韵奉答》《次韵王伯衡》《辛巳元旦重訂潤例》《元旦次韵調哥》《題程潼畫》《酬劉潔敖》《蘇後老抱孫索賦》《和鄭馥泉》《賀天健過談》《謝孝萍袁義勤膺教育部各大學國學競試獎賦贈》《周荃孫自西川寓書賦詩答之》《午日次韵張維石》《吕十千自寫匡廬舍身巖看雲圖》《次韵玄翁》《焦山自然庵舊藏蔡松原仿古册子庚辰四月得於滬肆》《調之寓書賦兩律代柬》《次韵謝鹿庵訪琴不遇》《飛白寓書遭兵燹困極鬻畫苟維生理》《吴湖帆贈夫婦合作梅影書屋畫册詩以酬之》《乞山隱伯年檻予治膳夜飲思嘯樓》《調哥抵滬》《寄陳叔吟》。

是年，印光法師逝世、羅振玉逝世、蔡元培逝世、張善孖逝世、謝公展逝世。

集《散氏盤》八言聯

迎春花（南通市个簃藝術館藏）

1941年　辛巳　民國三十年　四十五歲

時任上海美術專科學校中國畫系主任兼花卉實習、篆刻教授。

元旦，作《辛巳元旦重訂潤例》詩："江海自年年，生涯托硯田。憂時先望歲，食力豈違天。落筆從吾好，餘生了衆緣。梅花香滿屋，一笑擘吟箋。"

夏，作《辛巳夏日木道人乩示何處堪消暑六律次韵奉和》詩："何處堪消暑，兵塵日夜浮。哀哀魚在釜，烈烈日當頭。多少蟲沙化，縱橫涕泗流。得閑聊一快，蒲扇坐層樓。""海市喧車馬，熙熙一例忙。傾懷霞帶影，罷唱汗流香。歲月隨金盡，肝腸與世忘。蔓騰終似此，獨醒亦神傷。""我有園三畝，濃陰翳緑疇。風輕蟬語細，露重柳絲柔。午夢依親穩，清酤與婦謀。只今牛馬走，生計日綢繆。""逭暑今難得，平湖泛畫船。荷香清欲滴，山影薄能寒。鐘磬傳朝暮，漁樵忘歲年。前游倘可續，願爲洗腥膻。""客館與鄉關，模糊自往還。草深藏毒虺，潮急起孤鷴。戰迹山千叠，愁心月一彎。蹉跎光景速，魚鳥笑人頑。""道人無住相，木筆寫心機。詩比千瀾湧，神如一蝶飛。前緣欣可證，我道喟皆非。抑塞憑誰遣，商量借衲衣。"

8月，篆書"虞耕"，尤其偉刻硯。

子公助將赴重慶，因取齋名"待鴻樓"。

中華書局出版發行《回風堂詩文集》（聚珍仿宋版）十四卷，上海回風社推王个簃作跋并負責與出版社接洽等事宜。

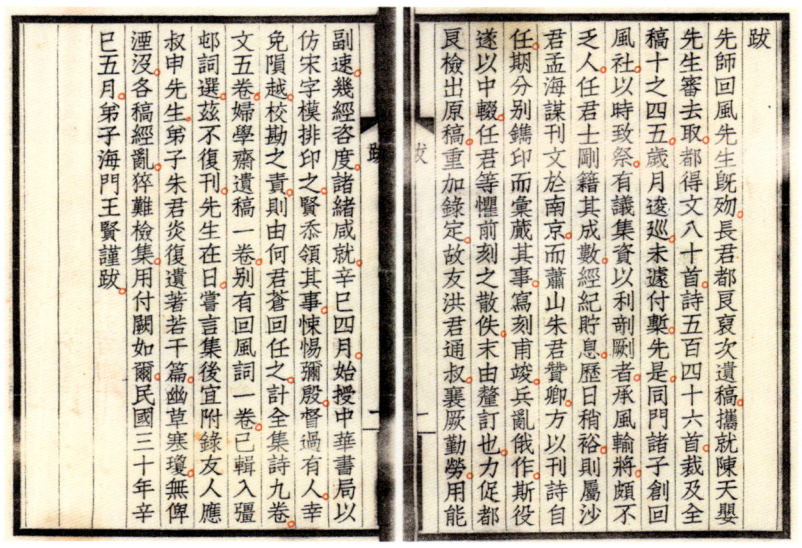

王个簃跋《回風堂詩文集》

與王季眉合作《紅梅靈石圖》。

作《費範公贈詩次韵奉答》詩："荒荒江海暮潮平，鼓枻中流鷗夢驚。萬瓦霜凝連鬢白，一樽酒盡剩愁傾。途歧書劍身餘累，眼倦風塵命久輕。樓角哦詩寧自放，漫隨野鶴一長鳴。"

作《寄沙孟海》詩："西風漠漠群帆亂，落照沈沈一雁低。羇客久嘗情冷暖，幽懷無奈夜清淒。司空大好歸官谷，仲子長縈灌舊畦。吟興今朝知不淺，只愁塵累汨天倪。"

書《大篆四種扇面》，款："辛巳大暑節，个簃王賢揮汗摹古，書不足觀。"(《王个簃書法選集》)

篆書《庚羆卣銘文》（惟王十月既望，辰在己丑，王格於庚羆宮。王蔑庚羆歷，賜貝十朋，又丹一柲，庚羆對揚王休，用作厥文姑寶尊。其子子孫孫，萬年永寶用），款："庚羆卣銘。辛巳長夏，个簃王賢時居滬上思嚏樓。"(《王个簃先生書畫篆刻展覽目（日本）》)

節臨《散氏盤》（130.5cm×26.5cm），款："辛巳立秋前一日，節臨散氏盤銘字。个簃王賢時客蘆子城西。"(《王个簃書畫作品集》)

作《蘭竹》，題："介如石，堅多節，臭如蘭，皆易象所示也，君子以之。辛巳元旦，个簃王賢時居滬上見遠樓。"(《个簃畫集》)

作《冷香圖》（67cm×43cm），題："冷香。辛巳元旦寫贈履中似兒清玩。个簃王賢時客蘆子城西。"(《吳昌碩王个簃》，新加坡國家博物院)

鈐印：王賢私印（白文）、啓之（白文）、个窒（朱文）、藪石亭（朱文）。

臨《散氏盤》

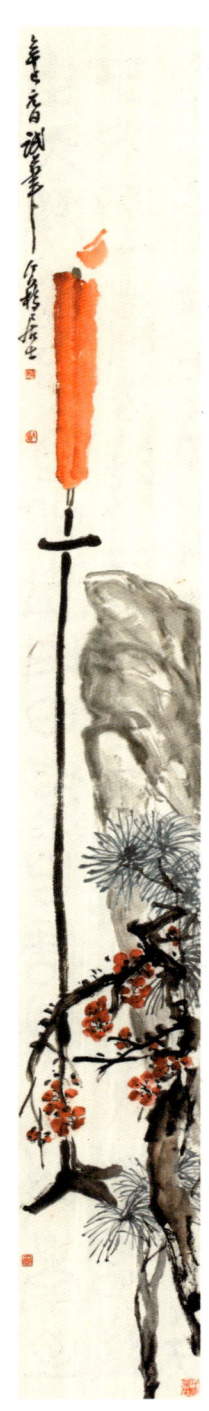

作《清供圖》（121cm×16cm），題："辛巳元日試筆，个簃居士。"（《王个簃書畫作品集》）

鈐印：啓之大利（白文）、賢（朱文）、个窟（朱文）、千歲芝堂（朱文）。

作《珊瑚》（99.5cm×40.5cm），題："七尺珊瑚夜不收。辛巳夏仲，贊廷仁兄大雅囑畫，个簃王賢時客滬上。"（《王个簃書畫作品集》）

作《白菜紅柿》（69cm×34.6cm），題："个簃。"（南通市个簃藝術館藏，《世紀丹青（六）》）

刻《翁原》白文印，款："辛巳三月，鑿贈檻予，个簃。"（《王个簃篆刻集》）

自1937年至1941年，王个簃作如下詩：

《鄉井》《山隱伯儼檻予諸生治膳夜飲思嚥樓》《逐獯篇》《析薪篇》《調之寓書賦詩代柬》《哭許盥孚》《盥孚既歿康侯遄歸分湖瀕行潸然出涕為賦此詩》《寄康侯》《歲暮》《和太玄》《山人席上次韵秦伯未》《答曼伯》《春寒》《感舊篇懷亡友崇川周瑯峰》《見遠樓宴集》《謀醉和龔隱軒》《即事》《聞警》《和鄧英翹》《喜雪和孫雪泥》《戊寅除夕》《元日》《答康侯》《過酒家懷盥孚》《贈隱軒》《題畫》《贈翁生檻予》《豫兒入省立蘇州中學賦詩識之兼示達侄》《贈徐一瓢》《屬氣》《答鍾山隱》《茀之東返不數日又將入蜀寄詩索和》《張闓如招飲》《出門吟》《雪窗懷豫兒梅溪道中》《除夕》《元日次調之韵》《和吳生長鄴元日韵即以志勉》《元宵不見月次韵山隱》《慰隱軒病》《讀隱軒詩稿》《即目》《隱軒病愈賦贈》《西垣雜詩八首用東坡韵》《和楊滄白先生》《贈嚴蒼山》《送周生荃孫歸蜀》《贈沈芝平》《獨飲》《和王巨川》《食杞苗有感》《辛巳夏日木道人乩示何處堪消暑六律次韵奉和》《將歸海門》《歸舟》《答荃孫》《費範公贈詩次韵奉答》《和劉振緱》《滄白師將繞道南海返蜀賦詩敘別》《呈君覺師》《將歸里門視調之病》《寄沙孟海》《集缶廬師遺墨百餘幀假大新畫廳舉行展覽敬賦兩律》《贈凌宴池》。

清供圖

1942年 壬午 民國三十一年 四十六歲

時任上海美術專科學校中國畫系主任兼花卉實習教授。

篆書《集石鼓文七言聯》(136cm×20cm×2),款:"堯庭先生大雅囑篆,爲集阮刻北宋本石鼓文字請正,時壬午冬,个簃王賢。"(《王个簃書法選集》)

作《端午即景》,款:"壬午端陽節,畫於滬上待鴻樓,个簃王賢。"(《个簃畫集(上)》)

作《三清圖》(108.5cm×40cm),題:"贊廷老兄樓前蒔蘭蕙數盆,香櫞一樹,案頭供小石一拳,清雅有致。壬午歲寒,戲繪奉貽,个簃王賢。"(《王个簃書畫作品集》)

是年,弘一法師逝世、楊滄白逝世。

1943年 癸未 民國三十二年 四十七歲

正月十一日,母親陳賢清病故於海門三星鎮老宅,終年七十五歲。因電

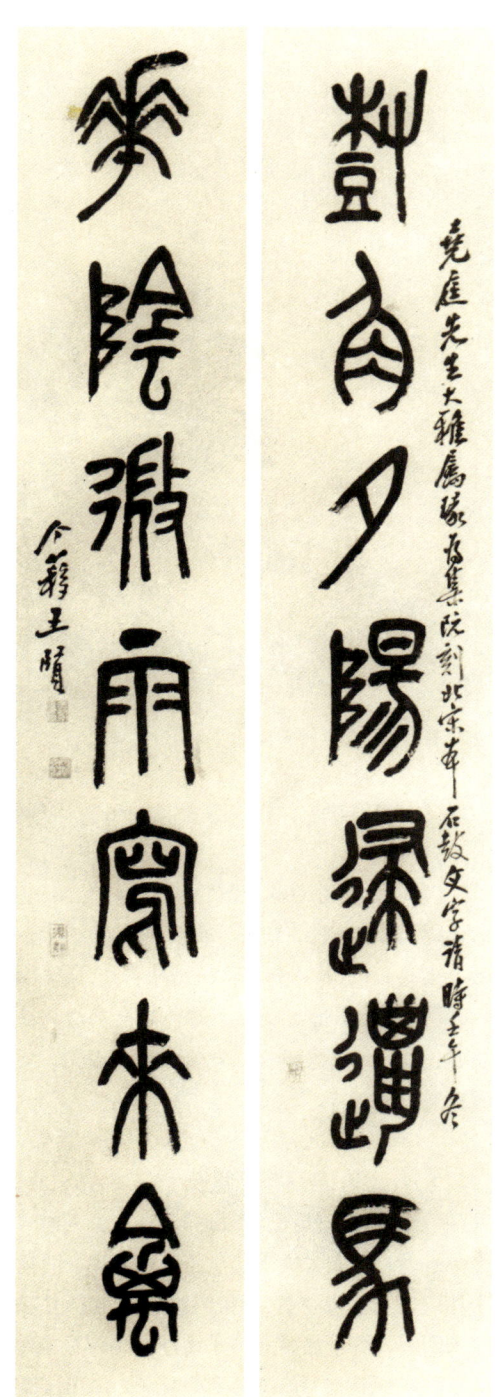

集《石鼓文》七言聯

鄭午昌《歸遲圖》（南通市个簃藝術館藏）

報延誤，未能訣別，成終身之恨。母親病逝前，曾作詩。

《母病歸里舟中感賦》："客子多憂患，飄流不計年。無人慰羈屑，有母獨矜憐。落葉回殘照，寒潮咽暮天。夜闌燈灺後，歸夢一鐘懸。母老兒微賤，無由請遺羹。劬勞生我始，衰病一朝成。強笑離家日，誠惶爲子情。誰憐江岸上，不似故鄉聲。"

《母病危亟愴然賦此》："涉江急雨送歸篷，寸斷腸兮母病癃。藥石今朝疑勝昨，道途通處忽嗟窮。挑燈坐盡冰霜夜，斂眼頻驚寂寞中。卅載劬勞思報答，寫將詩句乞蒼穹。"

4月，鄭午昌爲作《歸遲圖》（78cm×27.7cm）寄托哀思。鄭午昌跋云："歸遲圖。个簃道兄幼孤，事母節孝陳太夫人至孝，旅食海上，得暇輒歸省奉甘旨。今年一月，遽聞太夫人病危，星夜登程，閱兩日抵家，而太夫人已先一日西游。个簃以未及親侍湯藥，不勝歸遲之痛。家山依舊，白雲何處，爲寫此圖，能無同憾。癸未四月，鄭午昌并記。"（南通市个簃藝術館藏）

作《瓶花》，題："淺紅疑中酒，微靨似窺人。癸未暮春，畫於海上昨今無

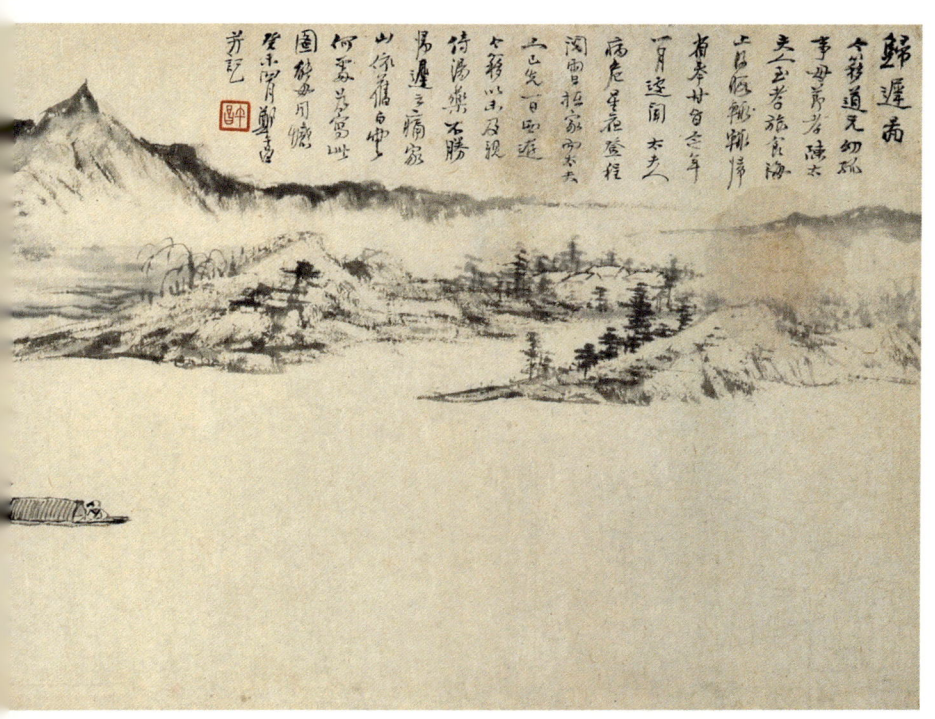

是非室,个簃居士賢。"(《个簃畫集(上)》)

作《野菊》,款:"癸未秋仲,倚醉作圖,尚無惡態。个簃居士王賢,時客海上昨今無是非室。"(《个簃畫集(上)》)

作《無量壽佛》。(《王个簃先生書畫篆刻展覽目(日本)》)

是年,胡汀鷺逝世。

1944年　甲申　民國三十三年　四十八歲

端陽節,作《鍾馗降魔圖》。(《个簃畫集(上)》)

潘天壽任國立藝專校長。(《沙孟海研究》60頁)

本年度王个簃尚有如下代表作:

隸書《九疇興夏,六典存唐》聯(72cm×17.5cm×2),款:"集華山碑字爲翼孫賢倩。甲申三月,个簃。"(《王个簃書畫作品集》)

鈐印:王賢私印(白文)、啓之(白文)、一個臣(朱文)。

篆書《詩經·六月》(135cm×34cm),款:"甲申重陽後十日,參籀文暨

150 | 王个簃年譜

鍾馗降魔圖

琅玡臺石刻筆法書詩經句。个簃王賢時居蘆子城西之待鴻樓。"(《王个簃書畫作品集》)

作《雞毛毽》(24.8cm×22.8cm),題:"甲申元旦,个翁畫付游兒玩之。"(《王个簃書畫作品集》)

作《藤》,題:"龍蛇奮起三冬蟄,緱絡分垂百尺身。見說紫雲偏得意,不知翠幄巧藏春。甲申春仲,个簃。"(《个簃畫集(上)》)

作《端陽蔬果》,款:"甲申端陽節,畫於海上炙轂樓,个簃。"(《个簃畫集(上)》)

作《蟹螯》《蜘蛛》,題:"甲申八月杪,个翁持螯餘興。"

作《美意延年》(151.5cm×80cm),題:"美意延年。耀宗先生大雅屬畫,即蘄正之。王賢。輕陰階翠帷,宿雨泣晴暉。醉後佳期在,歌餘舊意非。蝶繁輕粉住,蜂重抱香歸。莫惜熏爐夜,因風到舞衣。甲申歲首,个簃居士。"(江蘇省美術館藏,《大家大師》)

作《楊梅》(138cm×31.5cm),題:"霞樹珠林暑後新。翼孫賢倩生朝,喜寫一幀貽之。甲申五月二十五日,个簃王賢。"(《王个簃書畫作品集》)

作《雁來紅》(138cm×35cm),題:"爛斑秋色雁初蜚,淺碧深紅映落暉。甲申暮春之初,个簃王賢畫於海上待鴻樓。"(《王个簃書畫作品集》)

作《墨荷圖》(51cm×28.5cm),題:"清水出芙蓉,天然去雕飾。甲申秋仲,个簃居士時居滬上待鴻樓。"(《王个簃書畫作品集》)

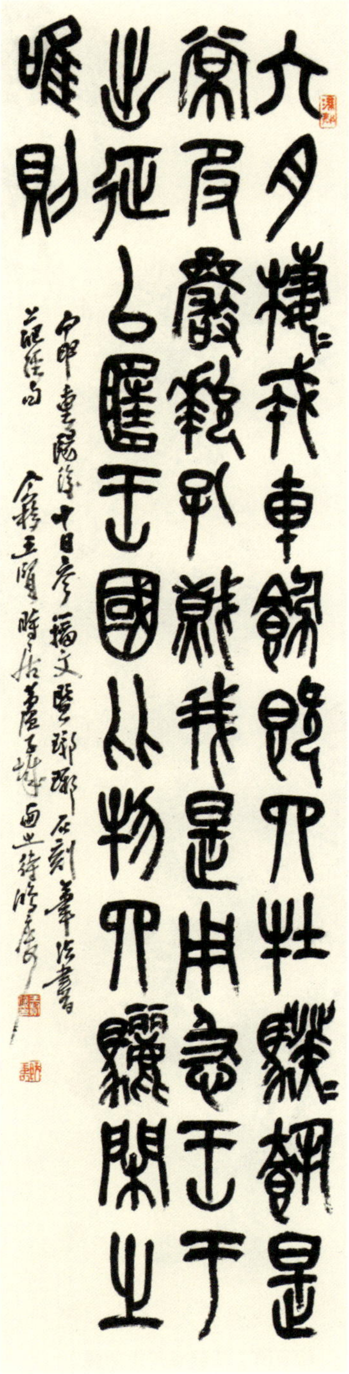

篆書《詩經·六月》

秋菊圖（江蘇省美術館藏） 　　麥豆（南通市个簃藝術館藏）

作《葫蘆》(137.5cm×34.7cm)，題："依樣。甲申中秋節，个翁。"(《王个簃書畫作品集》)

鈐印：王賢私印（白文）、啓之（白文）、須曼（朱文）。

作《秋菊圖》(117.5cm×34cm)，題："清霜下籬落，佳色散花枝。載詠南山句，幽懷不自持。甲申秋暮，个簃居士王賢。"（江蘇省美術館藏，《大師大家》）

鈐印：王賢印信（白文）、啓（朱文）、既壽（朱文）。

作《乾坤清氣》(70cm×28.5cm)，題："乾坤清氣。甲申歲十一月，乘醉濡筆，略似陳玉几小品。个簃王賢時居滬上。"(《王个簃書畫作品集》)

鈐印：王賢私印（白文）、啓之（朱文）、藪石亭長（白文）。

作《麥豆》(108cm×40cm)，款："啓之王个簃畫於慶憙樓中。"（南通市个簃藝術館藏，《中國歷代畫家佳作品鑒·王个簃》）

1945年　乙酉　民國三十四年　四十九歲

長女王悅與陳謀結婚。

抗戰勝利前夕，從吳淞口乘船回海門探親數月。

冬仲，與仇淼之合作《牡丹玉蘭》(103cm×38cm)，題："參差排玉珮，爛漫奉金盤。乙酉冬仲，藐之畫牡丹个簃補成并題字。"

盧心竹作《題上海王个簃揚州仇淼之畫玉蘭牡丹七絕一首》："歇浦揚州各擅長，牡丹安在玉蘭旁。莫言滿紙皆春色，富貴從來倚玉堂。"（《春水（盧心竹詩文選）》）

冬仲，與仇淼之、嚴敬子、陳曙亭合作《芋藕圖》，題："乙酉冬仲，集夢栖桐館，苦藐畫芋藕、敬子點葡萄、曙亭補成。奉叔吟老哥補壁。个簃王賢署款。"（《苦藐書畫》18頁）

與仇淼之、黃幼松合作《山家清味圖》(126cm×20cm)，題："山家清味。藐之畫百合、幼松補菜、个簃點梅并署款。"（《苦藐書畫》31頁）

苦藐居士印（仇淼之）　王个簃刻

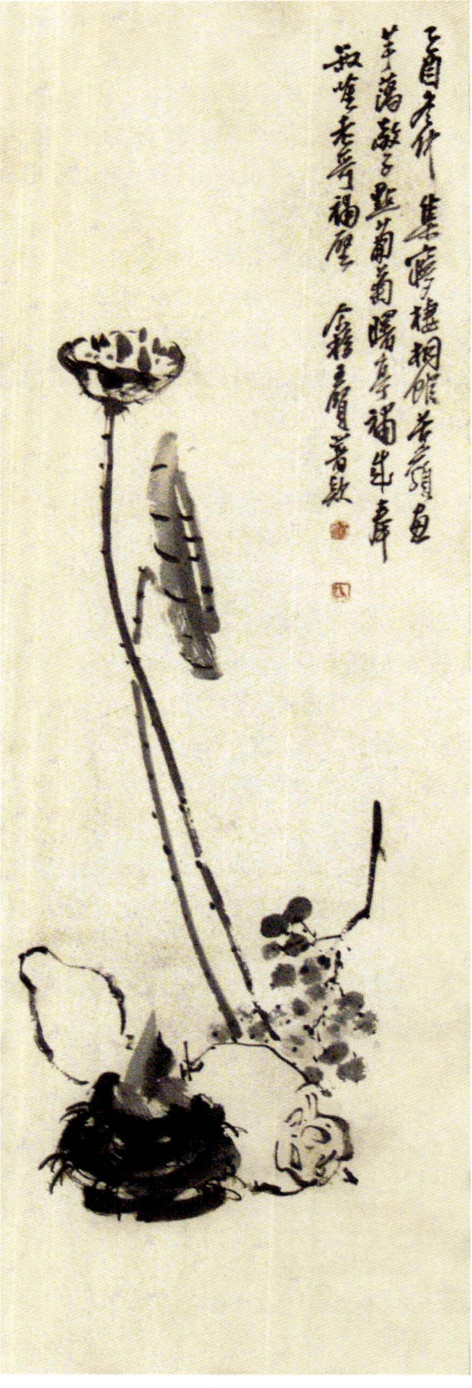

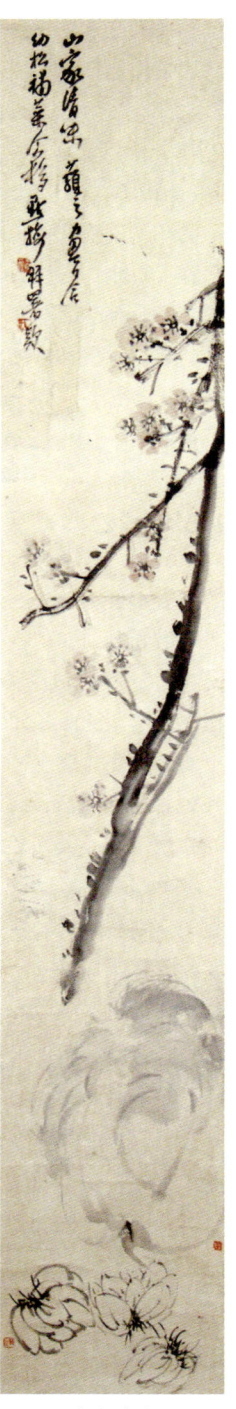

芋藕圖　　　　　山家清味

本年度王个簃尚有如下代表作：

行草《白龙山人诗》（120cm×45cm）。（《王个簃书画作品集》）

篆書《石鼓文》（132cm×68cm）。（《王个簃書畫作品集》）

篆書《石鼓文七言聯》（71cm×25cm×2）。（《王个簃書畫作品集》）

隸書《朱闕蒼靈》五言聯（135cm×27cm×2），款："乙酉歲十一月，集華山碑字，付悦兒補壁，个翁呵凍。"（《2018中國書畫名家館聯會第二十三屆年會專輯》）

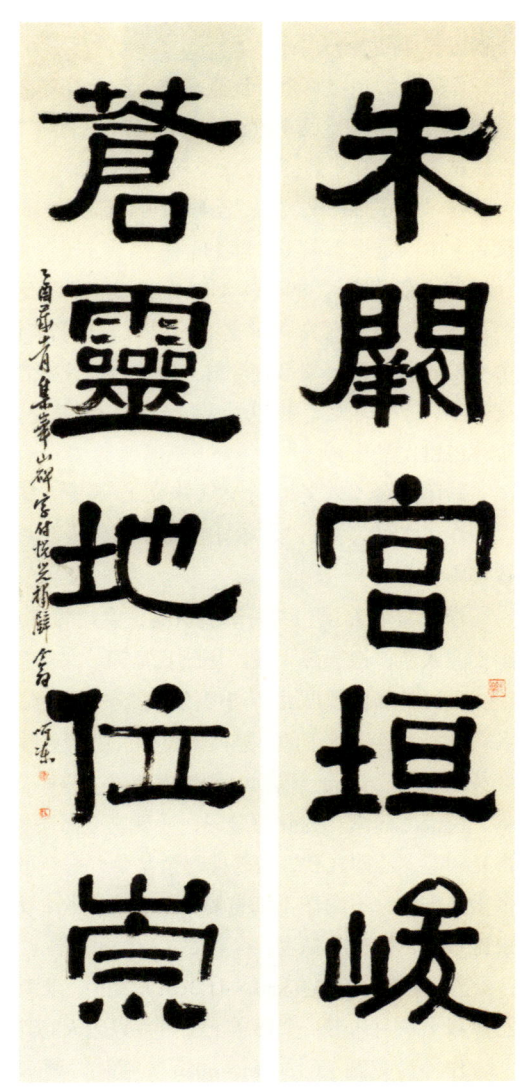

"朱闕蒼靈"五言聯

作《歲朝圖》（114cm×34.2cm），題："乙酉春正月，翼孫賢倩此來，戲寫歲朝圖一幀貽之，个簃王賢倚醉。"（《王个簃書畫作品集》）

作《青藤遺意》（22.5cm×22cm），題："擬青藤老人。乙酉春，王賢。"（《王个簃書畫作品集》）

作《一帆風順》（37cm×29.5cm），題："一帆風順。乙酉四月初吉，將歸海門，倚裝作畫，个宧。"（《王个簃書畫作品集》）

作《蘆橘》（77cm×28cm），題："乙酉四月，海上歸來，家園蘆橘初熟。游兒摘十數枚置余案頭，欣然剝之，如飲醇醪。爰寫一幀付游兒，个簃高興。"（《王个簃書畫作品集》）

作《竹》，題："雨余笋長抓高枝。乙酉維夏，个簃王賢。"（《个簃畫集（上）》）

作《百事如意圖》（66.5cm×30cm），題："百事如意。乙酉六月，移居師儉廬試筆。个簃王賢。"（《王个簃書畫作品集》）

作《清玉搖影》，款："乙酉大暑，臨東坡本。个簃王賢時居用晦廬。"（《當代名家中國畫全集·王个簃》）

作《芋花圖》（89cm×41.5cm），題："芋花圖。曩歲在滬肆得程瑤田所寫芋花圖，上有翁蘇齋、阮文達、紀曉嵐諸名家題詞，始識此花。瑤田自題云，芋不植著花，花爲瑞徵宜。村夫野叟亦未之或覯也。乙酉仲秋，翼孫見田芋著花數莖，亭亭可愛，折以示余，爰繪一幀贈之，兼以志喜。个簃王賢。"（《王个簃書畫作品集》）

鈐印：賢（朱文）、个宧（朱文）、長樂（朱文）。

作《水仙》，題："翠帶托雲舞，金卮照雪斟。乙酉秋仲，个簃王賢。"（《个簃畫集（上）》）

作《盆菊》，題："翡翠剪秋葉，金瓊鏤寒英。逞芳固的皪，鬥媚益晶熒。幽姿匪人造，逸態諒天成。用酬我嘉節，來踐爾佳盟。元人對菊聯句，摘以補空。王賢時居蘆子城北待鴻樓。""衆芳豈不妍，秋英自清絶。意與幽人會，標名霜下傑。容以桃李顏，艷彼茱萸節。翩翩五陵子，佳色紛相悅。積紫照朱茵，堆黃象金垺。賞韵一以乖，籬堵寧辭拙。亭亭盆中菊，偏承美人擷。香分甘谷幽，色借冰壺潔。對此讀離騷，心魂坐瑩澈。悠然見西山，孤峰正欹蘗。錄董香光句。""乙酉九秋，曹簡樓贈余盆菊，秀色可餐，於是伸紙援毫，對花寫照。余素性癡頑，不耐作工細畫幅，於宋元雙鈎，尤未窺門徑，方家見之，當請爲東施效顰，枉勞妝點也。个簃。"（《个簃畫集（上）》）

作《枇杷》（154.3cm×41.3cm），題："淮南側畔楚江陰，五月枇杷正滿林。乙酉歲十一月初吉，个簃居士王賢并錄唐人詩句。"（《王个簃書畫作品集》）

作《荷花圖》（150cm×60cm），題："湖水浸秋藕花白。乙酉十一月，个

白描葡萄

䂮王賢時客崇川閑靜廬。"(《古硯堂藏書畫集》,中國科學藝術出版社)

鈐印:王賢印信(白文)、啓(朱文)、霜茶(朱文)、長樂(朱文)。

作《雪梅》(154cm×41.5cm),題:"冰雪見精神。乙酉歲寒,擬任山陰點色,而風韵不逮遠甚。个簃居士王賢時居居明用晦齋。"(《王个簃書畫作品集》)

作《露氣》,題:"露氣。乙酉歲寒,畫於師儉堂,啓之。"(《个簃畫集(上)》)

作《紅芙蕖》(81.3cm×29cm),款:"啓之王个簃畫於上海。"(南通市个簃藝術館藏,《紀念李苦禪誕辰120周年中國書畫名家館聯會邀請展作品集》)

鈐印:賢(朱文)、啓翁(朱文)、个簃(朱文)。

作《案頭小景》(68.5cm×18.5cm),款:"个簃墨戲。"(《王个簃書畫作品集》)

作《白描葡萄》(69.5cm×33cm),題:"葡萄不禁冬,屈盤似無氣。春來乘盛陽,覆架青綾被。龍髯亂無數,馬乳垂至地。初如早梅酸,晚作醍酪味。誰能釀爲酒,爲爾階前醉。滿斗不與人,涼州幾時致。蘇子由賦園中所有詩,録以補空。賢。"(《王个簃書畫作品集》)

鈐印:王賢印信(白文)、啓(朱文)、容雜(白文)、茶邨(朱文)。

刻《百年七萬二千飯》白文印,款:"宋饒德詩句,乙酉冬,王賢。"(《个簃印集》)

1946年　丙戌　民國三十五年　五十歲

子王公助自重慶回上海。

百年七萬二千飯　王个簃刻

與長子王公助

6月,作《吳昌碩造像》。(《个簃畫集(上)》)

王个簃積有畫作數百幅,即選擇滿意者,由上海著名裱畫師潘德華裝裱,在寧波同鄉會舉辦首次個人畫展。時新聞界名人嚴獨鶴、記者汪英賓到場。展品出售甚多,獲得圓滿成功。

吳昌碩造像

中秋,嚴肅作《个翁夫子海上寄詩次韵奉酬》贈之。(南通市个簃藝術館藏)

亂離驚節序,醉裏學逃禪。人有無家別,月從行處圓。關門唯掃地,生計只憑天。忽奉傷時作,臨風一惘然。丙戌八月中秋,嚴肅頓首。

臨《文徵明行書前赤壁賦》(55cm×49cm)。(《王个簃書畫作品集》)

作《書案清供》,題:"丙戌春初,見西爽軒舊藏任山陰畫幅,擬其大意,个簃居士。"(《个簃畫集(上)》)

作《柳》,題:"曉風殘月。丙戌春仲,个簃王賢畫於滬上暫閑樓。"(《个簃畫集(上)》)

作《牡丹》,題:"赤玉盤。丙戌春仲,个簃王賢客滬上暫閑樓。""春風晴晝起浮光,玉作肌膚羅作裳。獨步世無吳苑艷,渾身天與漢宮香。一生多怨終羞語,未剪相思已斷腸。茶邨并錄石延年句。"(《个簃畫集(下)》)

作《細嚼梅花讀漢書》,題:"細嚼梅花讀漢書。丙戌春仲,个簃王賢時居海上暫閑樓。"(《个簃畫集(下)》)

作《蝴蝶》(34.5cm×27.5cm),題:"丙戌五月,个簃墨戲,時居滬上暫閑樓。"(《王个簃書畫作品集》)

作《端陽小景》,款:"丙戌端陽節,个簃王賢倚醉。"(《个簃畫集(下)》)

作《蠶豆初熟》,題:"丙戌夏首,蠶豆初熟,伸紙遣興,个簃王賢時客蘆子城。"(《个簃畫集(下)》)

作《雙鈎海棠》,題:"是花偏灼灼,開處幾叢叢。弱質不禁露,幽懷欲訴風。空庭聊取媚,傍石若爲容。黃菊紛相應,餐英未許同。丙戌七月既望,个簃王賢時客蘆子城。"(《个簃畫集(上)》)

作《葡萄》(82cm×38cm),題:"爛紫葡萄重垂架。丙戌大暑節,个簃。"(《王个簃書畫作品集》)

鈐印:王賢私印(白文)、啓之(白文)、藪石亭(朱文)。

作《柏樹》,題:"風吹高柏影在衣,忽驚滿座蛟龍入。丙戌八月,个簃居士王賢畫於滬上暫閑樓。"(《个簃畫集(上)》)

作《雙鈎竹圖》,題:"丙戌九月,擬張豁雲,王賢。"(《个簃畫集(上)》)

作《中秋佳物》(100cm×33.5cm),題:"一年一度中秋節,眼底時馨憶故園。个簃居士畫於海上見遠樓。"(《王个簃書畫作品集》)

作《瓶插石榴圖》(103.6cm×35.2cm),題:"蠟蒂團顆玉,文英簇絳綃。秋來結佳果,珍味不須調。立衡先生雅正。丙戌秋仲,个簃王賢。"(南通博物苑藏)

瓶插石榴圖（南通博物苑藏）

钤印：王賢印信（白文）、啓（朱文）、个宧（朱文）、藪石亭（朱文）。

作《芋魁》，題："陸生畫臥腹便便，嘆息何時食萬錢？莫誚蹲鴟少風味，賴渠撐拄過凶年。丙戌歲十二月雨窗，戲繪芋魁一幀，偶憶劍南詩句，錄以補空，賢。"（《个簃畫集（上）》）

作《臘梅天竹圖》（134cm×68cm），題："曄曄臘梅吐金英，累累天竹綻朱實。漫天風雪催殘年，衆芳消歇見顏色。梅竹本是歲寒身，專美寧容松與柏。丙戌冬暮檢得篋中數年前舊作，老幹紛披，頗繞佳趣。爰題小句張之。个簃居士賢。"（《吳昌碩王个簃》，新加坡國家博物院）

钤印：王賢私印（白文）、啓之（白文）、長樂（朱文）。

作《藕菱圖》，題："圖中一片清芬意，五色何曾令目盲。丙戌歲暮，悶坐齋頭，伸紙作畫，聊用遣興。个簃居士王賢。"（《个簃畫集（上）》）

作《寒夜圖》（88cm×35cm），題："丙戌寒夜，倚醉濡筆，个簃居士王賢，時客滬壘。"（《王个簃書畫作品集》）

作《挑燈讀畫圖》（69cm×31cm），題："挑燈讀畫圖。丙戌寒夜，个翁墨戲，時居滬上暫閑樓。"（《王个簃書畫作品集》）

作《懸崖帆影圖》（26.5cm×14cm），題："个簃啓之畫於滬上遠硯樓。"（《王个簃書畫作品集》）

作《臘梅》（82.7cm×36cm），題："垂垂瘦萼泫微霜，剪剪纖英鎖暗香。金雀釵頭金蛺蝶，春風傳得舊宮妝。个簃居士倚醉。"（《王个簃書畫作品集》）

钤印：啓之（白文）、元牝之門（朱文）。

作《墨荷》（34cm×25cm），款："个簃。"（《王个簃書畫作品集》）

钤印：橫山客（白文）。

作《凌霄》，題："天風搖曳寶花垂，花下仙人住翠微。一夜新枝香焙暖，旋薰金縷綠羅衣。范成大壽櫟堂前小山峰凌霄花盛開，賦詩一絕錄以補空。个簃居士王賢。"（《个簃畫集（上）》）

是年，薛飛白逝世、仇森之逝世。

1947年　丁亥　民國三十六年　五十一歲

7月25日，《新聞報》總編輯李浩然（1887—1947）在搭乘電車上班途中遭遇車禍逝世。作詩挽之："關中朋舊無餘幾，魁梧者閭短小李。李君恬退若無能，胸次森嚴鬱奇偉。秋英會上始訂交，餘事先窺寫山水。山川彈壓付筆陣，豈果區區名畫史。論壇褒貶仗直言，語出公非亦公是。文章在我不受略，菲躬淡泊無所滓。舉世皇皇在衣食，君惟一硯自礪砥。而今海上益煩囂，蹉跌人叢誤尺咫。

痛哉先生一閃失，骨肉爲塵化車軌。望中世路見崎嶇，衽席之安不可俟。"

8月18日，由上海書畫家劉葵中倡議的"南通書畫會"成立。

重九，西泠印社舉行雅集活動（丁亥重九題名），題名共80人。王个簃爲西泠印社早期社員之一。（《西泠印社志稿》127頁）

姓名	別號	齋館	年齡	籍貫
王賢	啓之、个簃	霜茶閣	51、丁酉	江蘇海門

《西泠印社志稿》："社因地名，人以印集。龍泓首出，宗風遠挹。繼起雲興，咸與緝耷。往者仰企，來者平揖。志人卷二。"（《西泠印社志稿》7頁）

在上海成都路滄州書場舉辦第二次個人畫展。（《王个簃書法選集》《西泠印社百年史料長編》）

上海美術專科學校停辦，王个簃鬻畫不足以維持生計。

因門人翁檉予之介，由上海閔行路移居蘇州，在其所辦工廠料理事務。與次子王游借住橫塘葑門吳衖場三十一號，王个簃嗣父王渭濱、妻張襄如、女王悦、王摯、幼子王待亦由江蘇海門遷至蘇州同住。橫塘風光旖旎，王个簃時常憑吊唐寅墓，走遍上方、天臺、靈巖，有詩寄懷。

王个簃在蘇州期間，借住在著名化學家、中科院院士徐景韓家一樓南側的一間房内（橫塘葑門吳衖場31號）。時任蘇州大學俄文系教授劉博、心理學系趙興中、中文系陳一民等先後在此居住。至今，仍陳列着王个簃故地重游時創作的書法作品，南牆壁爐亦保存完好。

作《訪唐子畏墓》詩："橫塘名勝餘荒冢，磊落碑捫唐解元。畫重山容裁一角，吟邊燕語掠前村。風標自有騷壇重，姓氏何勞稗史喧。聞説桃花廟尚在，探幽何處認頹垣。"

作《贈檉予惠正夫婦》詩："知我移居志已堅，姑蘇覓屋費周旋。今逢佳處城隈路，大可閑居洞裏天。畫據明窻延遠景，晨趨小市買時鮮。爾曹雅意深潭水，一段因緣豈偶然。"

作《依城一首贈徐景韓》詩："依城帶水營精舍，户牖綢繆十載先。隙地叢花留蝶舞，當門雙柏幻龍眠。泉沈短綆烹香茗，檻對遥山把翠烟。多感主人容小住，婆娑歲月録新篇。"

作《次韵答范烟橋》詩："塵氛看亦倦，自笑已遲來。覓屋初安竈，逢君且酹罍。

注①：叶为铭一九三三年编撰《西泠印社三十周年纪念刊》中，有"石刻已故本社赞助诸公神位"名单（三十六人），"石刻已故本社社员神位"名单（十八人）。这两个石刻名单，刊于年例春秋一祭，准确性毋庸置疑（影印件附后）。社史，包括本志稿收的其他名单中，记录此五十四人的身份，有不符合者，应视为漏缺或误列。

注②：志人卷二原收六十人，据韩登安所述，志稿初版油印完成，存张宗祥寓所待分发。朱晖适见，经张宗祥、阮性山等同意，朱晖拆开，补名后重行装订。原书由朱晖"和第八页"六十一人"之"一"字未加印加盖。○页小传页为重新刻写，四十六页记此事说，"志稿原收六十一人……其中朱晖曾为王福庵删去，恰成六十，由不详。"历来还有其它说法，均不确实。朱晖艺事有成，补名由社中长老首肯，事有机缘，附注于右。

西泠印社志稿

卷二　志人

社因地名人以印集，龙泓首出宗风远，挹继起云兴，咸与缵承往者印企来者平撰志人卷二。

[印人·石刻赞助社员]
胡钁　金鉴　丁立诚　金承诰　吴俊卿　吴涵
　　　　　　　　　　　鍾以敬
吴迈　汪承启　王世　吴隐　李息　叶铭　费砚
经享颐　汪厚昌　胡然　俞遯　胡宗成　马衡　丁仁
武鐘临　高时显　俞人萃　楼邨　黄賓　童大年　王雲
王寿祺　唐源邺　万昌楹　苏涧宽　王賢　吴熊
　　　　　　　　　　　胡涂　方爛　包容
方　　吴樸　谢光　陈锡钧　胡涂　方约
（音□）
吴珑　韩竞　韩宜　秦康祥　羅崇藝　諸樂三
梁崇　沙文若　来楚生　羅崇藝　諸樂三
葉豐　张克和　高时敷
江文信　長尾甲　河井仙郎　朱暉注②

西泠印社早期社員名單（一）

西泠印社早期社员名单 共一百三十六人

根据一九一五年叶为铭《西泠印社小志》、一九三三年叶为铭《西泠印社三十周年纪念刊》，秦康祥《西泠印社志稿》、一九六〇年韩登安、阮性山撰文《西泠印社》等材料史整理。包括赞助社员和社员两部分。名单按各史料原顺序排列。早期社员时间界定为一九〇四 — 一九四九年间。此为初步整理结果，非无遗漏，俟日后补订。

早期赞助社员 五十五人 已故五十五人

编号	姓名	籍贯/备注
1	崇明 童叔平 要	
2	仁和 王同伯 同	
3	浮阳 陈六笙 端	
4	仁和 汤勉斋 聘伊	
5	杭 金明斋 鉴	
6	石门 胡匋谷 懽	一九二一
7	会稽 胡宝亭 如玉	
8	泉唐 丁修甫 立诚	一九四一
9	仁和 罗矩臣 嫠	一九一〇
10	泉唐 丁治平 理	
11	乐清 周六介 孚光	
12	宜宾 扬星吾 守敬	一八四九 — 一九一七
13	湘阴 张逊先 祖冀	
14	仁和 李幼梅 辅耀	
15	武进 盛杏荪 宣怀	
16	仁和 高龚甫 宝康	
17	泉唐 盛鼎丞 祖同	
18	秀水 金吉石 尔珍	
19	泉唐 丁和 立中	
20	仁和 王善前 三元	
21	余杭 盛凤翔 起	
22	仁和 王定叔 绮	
23	仁和 汪曼峰 获	
24	山阴 吴善卿 善庆	
25	常州 释治开 清溶	
26	青田 夏定候 超	

早期社员 八十一人 已故七十九人 今健在 高式熊 江成之 二人

编号	籍贯 姓名 字号	生卒
27	吴兴 张石民 钧衡	一八七一 — 一九二〇
28	杭县 俞寅初 潮	
29	嘉禾 钱念劬 恂	
30	永嘉 黄志容 拯	
31	山阴 丁咏生 庚	
32	杭县 胡宇澄 学海	
33	南海 康掌来 有为	一八五八 — 一九二七
34	杭 鲁澄伯 宝清	（坚）
35	钱塘 盛幼文 俊	三十周年纪念刊
36	杭 王秋甫 士杰	
37	杭 张子祥 景星	
38	杭 王湘眷 锡荣	
39	杭 郑健安 道乾	
40	杭 洪承德	
41	绍兴 俞馥甫 文铺	
42	绍兴 丁静卿 泰	
43	余杭 孙桂荪 涛	
44	余德 盛完甫 俭	
45	吴兴 周竹甫 昀	
46	崇德 钟景瑜 元禄	
47	海宁 李子庸	志稿卷二
48	湘阴 胡穆卿 奇	一八八一 — ？
49	杭州 邵裴子 长元	一八八五 — 一九六八
50	杭州 阮性山 继甫	一八九一 — 一九七四
51	海宁 周承德 佚生	一八九七 — ？ 志稿卷六
52	杭州 邹贻孙 建俊	一八八九 — ？
53	安徽 释弘伞	
54	杭州 孙智敏 廑才	一八八一 — 一九六一 韩广文
55		

1	绍兴 吴小冈 潮	
2	盐城 奇峰 兆鋆	？ — 一九二二
3	如 钟以敬 矞申	一八六六 — 一九一七
4	杭州 杨序东 宝镕	
5	余姚 柯陶庵 怡	
6	吴县 杨世昆	？ — 一九一七
7	余杭 王 世 剃昆	一八八○ — 一九三五
8	杭州 汪亦启 佑衡	？ — 一九三三病故
9	杭州 王似山 同烈	
10	绍兴 张子固 坚	
11	杭州 吴隐 石潜	一八六七 — 一九二二
12	安吉 吴 涵 减龛	一八七六 — 一九二七
13	杭 吴俊卿 昌硕	一八四四 — 一九二七
14	杭州 丁竹孙 上左	
15	大兴 戴文图 书龄	
16	杭州 俞 逊 廷甫	一八八一 — ？
17	杭州 郑逸孙 殿征	
18	绍兴 吴小楼 金发	
19	杭州 张劲蕉 惟祥	一八七一 — 一九二七
20	杭州 钟鄂生 有麟	
21	绍兴 金鄂生 鼎	
22	杭州 叶璋伯 希明	
23	杭州 武劾斋 曾保	
24	杭州 胡 然 卓庆	一八八一 — 一九三三
25	平湖 葛昌楹 书徵	一八九三 —
26	杭州 叶 铭 品山	一八六六 — 一九四八
27	绍兴 胡宗成 止安	？ — 一九三三尚在
28	绍兴 孙织云 锦	
29	绍兴 王杰人 楒	
30	杭州 王瞻民 萱	
31	绍兴 顾伯和 元谋	
32	平湖 李 息 叔同	一八八○ — 一九四二
33	镇江 宜 谦 君左	
34	绍兴 叶墨卿 鸿翰	
35	杭江 苏澜宽 硕人	？ — 一九四一
36	江阴 廖少寅	
37	华亭 费 砚 龙丁	一八七九 — 一九三七
38	京都 河井仙郎 荃庐	一八七一 — 一九四五
39	绍兴 金承诰 谨斋	一八四二 — ？ 志稿卷六
40	安吉 吴 迈 东迈	一八八二 — 一九六三
41	杭 汪厚昌 吉广	一八八一 — 一九四三
42	鄞县 马 衡 叔平	一八八一 — 一九五五
43	绍兴 丁 仁 辅之	一八七九 — 一九四九
44	杭县 武钟临 知谷	一八七四 — 一九四九
45	绍兴 高时显 野侯	一八八六 — 一九五八
46	绍兴 楼 邨 平壹	一八八一 — 一九五○
47	歙县 黄 质 宾虹	一八六五 — 一九五五
48	崇明 童大年 心安	一八七三 — 一九五五
49	绍兴 王寿祺 福庵	一八八○ — 一九六○
50	杭州 王 云 竹人	一八七八 — 一九六〇
51	长兴 唐醉石 源邺	一八八六 — 一九六九
52	杭州 高络园 时敷	一八八六 — 一九七六
53	平湖 葛昌楹 书徵	一八九三 —
54	平湖 王个簃 贤	一八九七 — 一九八八
55	绍兴 吴幼潜 熊	一九〇二 — 一九六八
56	绍兴 吴振平 珑	一九〇七 — 一九七六
57	绍兴 吴朴堂 朴	一九二二 — 一九六六
58	绍兴 谢 光 磊明	一八八四 — 一九五三
59	淮阴 韩登安 竞	一九〇五 — 一九七六
60	温州 方介堪 岩	一九○一 — 一九八七
61	杭州 吴佐塘 途	一八七六 — 一九四七
62	永嘉 方 约 节庵	一八七七 — 一九五四
63	杭州 陈方去疾	一九○一 —
64	萧山 韩锡钧 伯衡	一八八〇 — 一九四七
65	萧山 韩登安 竞	一九〇五 — 一九七六
66	宁波 秦彦冲 仲祥	？ — 一九三三尚在
67	鄞县 秦康若 仲祥	？ — 一九三三尚在
68	鄞县 高式熊 廷肃	一九二一生 健在
69	温州 包 容 友三	一八八一 — ？
70	杭州 梁 荣 友三	？ — ？
71	武进 张克和 文若	一八九八 — 一九八？
72	萧山 来楚生 初生	一九〇三 — 一九七五
73	新化 罗叔子 艺芸	
74	安吉 诸乐三 文若	一九○二 — 一九六五
75	慈溪 张咀英 一初	一九○一 — 一九六四
76	吴县 叶潞渊 丰	一九○七 —
77	嘉兴 江成之 文信	一九二四年生 健在
78	香川 长尾甲 两山	一八六四 — 一九四二
79	嘉兴 朱醉竹 晖	
80	嘉兴 沈听笙 光荟	
81		

西泠印社早期社员名单（二）

徐景韓故居（王个簃曾居於此）

擁書吾自貴，入世懼非才。静趣簾鈎外，園花幾處開。"

始教子王公助、女王悦、王摯等學習繪畫。
寄書并贈詩至南通陳叔吟，其作詩奉答。

《啓之自横塘寄書并贈詩依韵奉答》："懷人遠夢隨詩發，煮茗寒宵當酒嘗。漸覺困窮生至樂，未妨瓶缶罄餘糧。違時敢學狂奴態，悦己難爲静女妝。何日探梅到鄧尉，與君風雪卧雲房。"（《雲潔軒詩稿（陳叔吟詩文集）》38頁）

8月，長女王悦之長子陳莳（外孫）生。
作《桃花》，題："春色東家出，相窺似有心。曲垣遮自短，別院閉還深。影動疑人折，香摇妒蝶尋。好風時解意，吹片拂羅襟。丁亥春正月，个簃。"
作《杏花》，題："春物競相妒，杏花應最嬌。紅輕欲愁殺，粉薄似啼消。願作南華夢，翩翩繞此條。丁亥二月，个簃。""花開連錦帳。茶邨又題。"（《个簃畫集（上）》）
作《海棠》，題："春色先應到海棠，獨留此種占秋芳。稀疏點綴猩紅小，堪佐黄花薦客觴。丁亥二月，个簃王賢。"（《个簃畫集（上）》）
作《河渡笑牽牛》，題："丁亥二月既望之六日，个簃居士王賢時客滬上。"（《个簃畫集（上）》）
作《盆梅》，題："梅梢春雪活火煎，山中人兮仙乎仙。丁亥春正月，个簃啓之王賢時客蘆子城。"（《个簃畫集（下）》）
作《天香國色》，題："洛下根株，江南栽種。天香國色千金重。花邊三閣建康春，風前十里揚州夢。油壁輕車，青絲短鞚。看花日日催賓從。而今何許

定王城,一枝且爲鄰翁送。丁亥春仲,个簃賢。"(《个簃畫集(上)》)

作《紅薇》,題:"濃陰似帳紅薇晚。丁亥春仲,个簃王賢時客滬上何陋軒。"(《个簃畫集(上)》)

作《水邊紅薇》,題:"水邊看濯錦,一樹亂紅薇。丁亥春,个簃居士王賢時客滬上。"(《个簃畫集(下)》)

作《榴實桂香》(108.5cm×35cm),題:"悦兒二十三歲生辰索畫,擬張孟皋點色付之。時丁亥八月,庭榴結實,叢桂飄香。思鄉之感油然而生也。个簃并識於姑蘇葑門之亦愛廬。"(《王个簃書畫作品集》)

作《秋實花開》(108cm×34.5cm),款:"丁亥夏仲,个簃居士王賢時客吳門。"(《王个簃書畫作品集》)

作《夏熟圖》,題:"丁亥新秋,畫於吳門亦愛廬,个簃居士王賢揮汗。"(《个簃畫集(下)》)

作《竹菊》,題:"花竹秀而野。丁亥重陽,个簃居士畫并録元人句。"(《个簃畫集(下)》)

作《端陽即景》,題:"丁亥端陽節,即景成圖,略得任渭長風概,个簃居士王賢時客滬上蘆子城北隅。"(《个簃畫集(下)》)

作《梧竹圖》(137.5cm×34cm),題:"風過樓邊如戛玉,參差梧竹撼秋聲。个簃王賢時客吳門,丁亥冬。"(《王个簃書畫作品集》)

作《紫藤》,題:"的皪明珠夜有光。丁亥冬,个簃。"(《个簃畫集(下)》)

作《歲寒圖》,款:"丁亥歲十二月初吉,个簃居士王賢時客海上。"(《个簃畫集(下)》)

作《霧鬢雲鬟》,題:"霧鬢雲鬟。丁亥十二月,个簃居士王賢呵凍時客滬上。"(《个簃畫集(下)》)

作《雙鈎竹圖》,題:"擬太瘦生雙鈎本。丁亥歲十二月既望之四日,个簃王賢呵凍。""菊華寒露濃,蘭愁曉霜重。指佞不長生,蒲萐今無種。安如植叢篁,他年待栖鳳。大則化龍騎,小可釣璜用。留烟伴獨醒,回陰冷閑夢。何妨積雪凌,但爲清風動。乃知子猷心,不與常人共。茶邨。"(《个簃畫集(下)》)

作《梅》,題:"雪初銷,鬥覺寒將變。已報梅梢暖。日邊霜外,迤邐枝條自柔軟。嫩苞匀點綴,緑萼輕裁剪。隱深心,未許清香散。漸融和,開欲遍。密處疑無間。天然標韵,不與群花鬥深淺。夕陽波似動,曲水風猶懶。最銷魂,弄影無人見。丁亥歲暮,擬金俊明遺意,个簃。"(《个簃畫集(下)》)

作《樂在其中》(70cm×34.5cm),題:"樂在其中。个簃居士畫於海上暫閑樓。"(《王个簃書畫作品集》)

作《扁豆花》(68cm×30cm),題:"滿架秋風扁豆花。个簃居士王賢時客

滬上。"(《王个簃書畫作品集》)

鈐印：王賢印信（白文）、啓（朱文）、守墨（朱文）。

作《瀟湘竹》（138cm×35cm），題："宿雨初收曉翠寒，晴梢猶鎖碧雲端。春風絶勝瀟湘曲，還帶啼痕濕未乾。个簃居士王賢。"(《王个簃書畫作品集》)

作《荷》（114cm×35cm），款："个翁倚醉。"(《王个簃書畫作品集》)

作《棕櫚》（81.5cm×29.4cm），款："个簃王賢畫。"(《王个簃書畫作品集》)

作《三冬風物》（97.5cm×33cm），題："幾回花店門前過，慣被花光引住人。呵凍援毫描一角，三冬風物倍精神。个簃王啓之畫於滬上西郊。"(《王个簃書畫作品集》)

鈐印：王賢印信（白文）、啓（朱文）、个簃（朱文）、須曼（朱文）。

作《枇杷》（34.5cm×27.5cm），題："東園載酒西園醉，南斗文章北斗年。个簃。"(《王个簃書畫作品集》)

刻《不誘於譽》朱文印，款："不誘於譽。个翁刊於滬上鶴園，時丁亥嘉平。"(《个簃印集》)

約在是年，作《王師子病風加劇驅車視之壁間懸赤鯉一幀十年前所繪也》。

《王師子病風加劇驅車視之壁間懸赤鯉一幀十年前所繪也》："何嘗生氣盡，赤鯉畫中騰。室罄憐磨盾，身羸礙折肱。閑愁雲萬疊，世事浪千層。吞吐辭無訖，兹樓亦倦登。"

約在1947年至1949年間，作《題缶廬師鐵函山館印存爲方去疾》詩："師印焉用游夏贊，鐵函一卷光璀璨。記取師言學無倦，痛癢得間即就案。奏刀耆耆過夜半，襁褓一任旁人訕。上窺周秦下逮漢，少日孜孜勤撫玩。師印流傳非云罕，兹卷疇曩却未見。既壽福昌卷中冠，友人貽我重矜炫。安得師印搜之遍，編年別類窮正變。籲嗟一世幾同心，日月其邁發浩嘆。"

自1947年秋至1949年9月，王个簃尚作如下詩：

《贈櫂予惠正夫婦》《依城一首贈徐景韓》《次韵答范烟橋》《王師子病風加劇驅車視之壁間懸赤鯉一幀十年前所繪也》《移居》《調之書告家鄉又爲匪軍竄擾》《次韵夢痕》《登拱星樓贈彭若谷》《李浩然爲車撞殞命詩以挽之》《寄林敬叔潮陽》《游紫蘭小築贈瘦鵑》《移桂》《夢痕和移居詩再用元韵酬之》《消息》《挽符鐵年》《贈俞劍華》《過吳門羅氏園園東有餘屋可賃心甚羨之》《題曼伯弟山水軸》《殘詩》《贈汪英賓》《次韵謙齋病起詩》《雙桂》《登城》《重游滄浪亭》《九日》《瘦鵑所居西軒粉飾甫竣有藤蘿一枝破壁而入亭亭多姿遂賦此篇》《晚望虎丘》《野行》《可園圖書樓西遍植蕉數十本蔚然緑天乃賦一律》《嗣母杜孺

人忌辰》《靈巖山頂瞻謁印師舍利龕別室紛陳遺物如其生前愴然賦此》《聞儆虞弟設學塾於家》《秋思》《水村即目》《寓齋書意》《古吳相王廟崇祀春秋桑湛壁以其築城有殊績也》《懷馮建吳周荃孫林敬叔再爲韵語寄之》《題蘿卜梅花》《程小青范烟樵君博蔣吟秋周瘦鵑趙眠雲陳負蒼張星階余彤甫柳君然集江聲閣》《陳叔吟喪子》《贈蔣吟秋》《烟橋將葺舊居賦贈一律》《贈黄叟》《贈鶴》《題畫》《贈薛敏農》《題五峰石圖》《觀葛竹谿畫展賦贈一首》《和施扶九（艸鵬）游東天目詩》《旅懷次維石韵》《哀游兒》《烏鵲橋》《與襄如結婚三十年矣賦兩律贈之以示吾儕情愛老而彌篤也》《題天台山農遺像》《挽黄母舅石林》《贈李童子光榮》《贈彭又村》《王季遷丈過訪》《又村介夏鞠農來分租寓中餘屋》《賃屋鶴園距伯儼所居僅咫尺移居之日戲賦一律》《題缶廬師鐵函山館印存爲方去疾》《壽調之六十》《展覽近作得詩一首》《何處》《挽吳待秋》《廢祀》《豫兒娶婦賦詩誡》《題曼伯山水障子》《三子王游葬銘》《小游息處》。

是年，符鐵年逝世。作《挽符鐵年》詩："江海逃空久，枯腸獨自斟。亂離淤士路，甓甓養禪心。把卷貧而樂，拈髭老易侵。何傷返冥漠，身世總浮沉。""廿年驚一瞥，意氣耐尋思。潑墨無傷雅，調朱懼入時。山林悲裏足，冠蓋倦伸眉。風格何須辨，隨人説畫師。""詩句徵留戀，寧懔蹤迹疏。盟心神自往，執手語無餘。窗静聽花落，囊空剩石儲。前塵今縹緲，周蝶笑遽遽。"

1948年　戊子　民國三十七年　五十二歲

往返蘇州、上海兩地，在上海住吳興路孫宅。

侄王遠去世。

同年，三子王游病殁，年僅二十歲。王个簃悲慟至極，作《哀游兒》詩："遠侄死疆場，游兒死牖下。夭折皆英年，累我淚如瀉。送僅登海船，依依兩不舍。百戰寧顧身，志不爲全瓦。埋骨盧溝橋，殘月暗松檟。兒性懦以庸，應對耽風雅。會計獨潛心，餘事不苟且。病篤惜父嚢，欲語聲先啞。翻恨識大義，日月空陶冶。逝者如斯夫，塵緣一例假。太息我弟昆，垂垂成老者。"

王个簃曾爲兒王游刻《洗心》白文印，款："游兒在地鋪售得，疑爲舊坑，翌日索刻，遂成此印，个簃。"（《王个簃篆刻集》）

花朝前一日（3月22日），蔣吟秋在上海冒雨來訪并有詩記之："二月輕寒雨乍晴，門前流水碧波澄。輞川高致人同仰，一室琴書絶俗情。"（《吟秋書論（年譜）》，蘇州大學出版社）王个簃亦曾作詩贈之："回首隱公語，同心數蔣侯。

《个簃畫集》書影

前塵天就醉,近況物驚秋。栽菊吟三徑,攤書靜一樓。太湖三萬頃,鷗鷺在前頭。"

在上海九華堂厚記書畫商店舉辦第三次個人畫展。作《展覽近作得詩一首》詩:"書生積習消難盡,聊藉毛錐寫性情。濃抹頳顏拼酒醉,淡妝墨色想雲行。采真久負年方盛,食古還愁氣未平。休笑圖成思易米,客中只有硯田耕。"

珂羅版《个簃畫集》(上、下集)印行,葉恭綽題簽,共三百套。

梅舒適在日本創立"篆社"。

作《紅梅》,題:"玉人中酒殢芳華,盡壓東風百種花。襆被冬深裁異錦,篝燈夜永障輕紗。纖蕤露沁蜂腰蠟,密蕊雲蒸鶴頂砂。為問閶風何處在?相期高舉爾晨霞。戊子元日,个簃居士王賢時客吳中。"(《个簃畫集(下)》)

作《盆梅》(105cm×34cm),題:"紅梅本遲暮,冬暖遂爭先。亂蕊額黃淡,細藐丹砂圓。雖加點染工,風致終自然。懷哉生意具,欲折還復憐。物理且如此,吾生寧怨天。戊子歲朝,試筆偶憶劉說,元旦賦紅梅詩錄以補空。个簃居士王賢。"(南通博物苑藏)

鈐印:王賢印信(白文)、啓(朱文)、賢(朱文)、長樂(朱文)。

作《松竹石》,題:"歲寒心。戊子歲朝,个簃呵凍,時客吳門。"(《个簃畫集(下)》)

作《榴》,題:"擬張孟皋點色,未能神似。戊子歲朝,个簃王賢時客吳中。"(《个簃畫集(下)》)

作《石榴》,題:"風折安榴子滿房。戊子春正,个簃居士王賢時客吳門。"(《个簃畫集(下)》)

盆梅（南通博物苑藏）

作《竹》，題："栖鳳枝梢猶軟弱，化龍形狀已依稀。戊子春仲，个簃居士。"（《个簃畫集（下）》）

作《金雀花》，題："管領東風知幾春，也將俗態染香塵。有人不具看花眼，惱殺飄蓬老病身。宋翁元廣有金雀花詩，偶憶及之，錄以補空。戊子春仲，个簃居士王賢。""我家聽耕書屋前，舊有金雀一叢，入春花開曄曄。嘗見人采之入鹽，俟其微干，充爲茗品。茶邨識。"（《个簃畫集（下）》）

作《仿百齡圖意》，題："昨見高南阜百齡圖，戲仿其意。个簃居士王賢時居吳門亦愛廬，戊子春仲。"

作《寒鴉歸林圖》（69cm×34.5cm），題："戊子暮春，烏鵲橋晚眺，作圖寄興，即付悦兒，个翁。"（《王个簃書畫作品集》）

作《端陽節景》（102cm×39cm），題："客來茶罷空無友，蘆橘微黄尚帶酸。戊子端陽節，个翁畫贈平。"（《王个簃畫集》）

作《葡萄》，題："金谷風露凉，緑珠醉初醒。珠帳夜不收，明月墮清影。戊子六月杪，个簃居士并録唐人句。"（《个簃畫集（下）》）

作《春棠》，題："斷腸花放伴出齋，艷此春棠韵更佳。雨過寒蟲吟唧唧，一痕新影映苔階。戊子夏，个簃。"（《个簃畫集（下）》）

作《青旗斜卷彩雲飛》，題："青旗斜卷彩雲飛。戊子夏，个簃王賢寫。"（《个簃畫集（下）》）

作《金鳳》，題："金鳳嘗稱好女，嬌姿楚楚如仙。顏色并宜秋夏，美人獨立階前。戊子大暑節，个簃居士王賢時客古長洲。"（《个簃畫集（下）》）

作《蓮藕》，題："戊子大暑節，戲擬青藤墨法，个簃居士揮汗。"（《个簃畫集（下）》）

作《延齡多子圖》（134cm×68cm），題："高南阜延齡多子圖，不落尋常窠臼，是幀得略擬之。个簃居士王賢，戊子九秋。"（南通博物苑藏）

鈐印：王賢私印（白文）、啓之（白文）、容雜（白文）、長春草堂鑒賞（白文）。

刻《以一持萬》朱文印，款："戊子花朝鑿於滬，个窟。"（《王个簃印集》）

刻《客何能》朱文印，款："个簃王賢鑿於滬上鶴園，戊子冬。"（《个簃印集》）

刻《松髯六十後書》朱文印，款："松髯六十壽，刻呈誨正，賢。"（《个簃印集》）

是年，董石樵逝世。

曾爲其畫蘭題詩："石樵禪誦餘，寫幅蘭花賣。得錢去供佛，心頭了無挂。皤皤禿髮翁，何所殊方外。"

是年，葉銘逝世、喬大壯逝世。

與學生曹簡樓、曹用平

1949 年　己丑　五十三歲

時任上海美術專科學校國畫系教授。

移居上海安福路鶴園，與門人劉伯年爲鄰。

與夫人張襄如結婚三十周年，作《與襄如結婚三十年矣賦兩律贈之以示吾儕情愛老而彌篤也》詩贈之："結縭三十載，真足慰平生。婦道償親願，師承愧衆評。避兵家尚在，食苦世無爭。松柏凌冰雪，移來證我卿。""珍重此因緣，雲開月正圓。室暄孫可弄，釜沸豆方燃。色喜添燈炷，心危歎硯田。躊躇看世變，白髮任盈顛。"

子王公助與陳詠軔結婚，沙孟海爲結婚證人。(《西泠印社百年史料長編》，西泠印社，2003 年 10 月)

作《豫兒娶婦賦詩誡之》詩。又曾作《雪窓懷豫兒梅溪道中》詩："臘鼓

王个簃夫婦

急深宵，江樓日易銷。詩隨千盞湧，目送一鴻遙。雪照肝腸冷，山回魂夢搖。男兒應有事，跋涉趁今朝。"

作《小游息處》銘："兒名小游，字曰公休。生年二十，離亂之秋。歲在己丑，寧汝於此。贏博之悲，其胡能已。民國三十八年□月，个簃老人題。"

11月6日，"吳昌碩二十三回祭紀念展"在日本東京上野凌雲院舉行。松丸東魚編《缶翁二十三回祭印集》。(《日本篆刻藝術》，上海書畫出版社，1995年12月)

12月，長女王悦之次子陳菲(外孫)生。

歲寒，蔣吟秋過談，檢舊作《三友圖》(94.5cm×49cm)贈之。(《王个簃書畫作品集》)

臨黃庭堅《苦笋帖》(141cm×31cm)。(《王个簃書法選集》)

作《翠柏瀉秋聲》(103cm×34cm)，題："翠柏瀉秋聲。己丑春仲，个簃王賢。"(《王个簃書畫作品集》)

鈐印：王賢私印(白文)、啓之(朱文)、既壽(朱文)。

作《建設中的新上海》(111.5cm×56.2cm)，題："修理不平的道路，裝置光明的電炬。一九四九年十月二十五日，个簃王賢時居上海鶴園。"(《王个簃書畫作品集》)

鈐印：王賢印信(白文)、宗原應變(朱文)、容雜(白文)。

作《竹石圖》(130cm×65cm)，題："栖鳳枝梢猶軟弱，化龍形狀已依稀。

余酷嗜苦笋,諫者至十人,戲作苦笋賦。其詞曰:僰道苦笋,冠冕兩川,甘脆愜當,小苦而及成味,溫潤縝密,多啖而不疾人。蓋苦而有味,如忠諫之可活國,多而不害,如舉士而皆得賢,是其鍾江山之秀氣,故能深雨露而避風煙。食肴有之,可以開道酒客,為之流涎。彼桂之與夢永,又安得與之同年。蜀人曰苦笋不可食,食之動痼疾,使人萎而瘠。予嘗與之,蓋上士不謀而喻,中士進則若信,退則眩焉。下士信耳而不信目,其頑不可鑴。李太白曰:但得醉中趣,勿為醒者傳。

己丑冬仲 賢

臨《苦笋帖》

竹石圖(南通市个簃藝術館藏)

建設中的新上海

个簃居士王賢時客吳中。"(南通市个簃藝術館藏,《中國歷代畫家佳作品鑒·王个簃》)

鈐印：啓之（白文）、茶村（朱文）、曲重其豫（朱文）。

作《宋人詞意圖》(64.3cm×32.5cm)，題："曉日初開露未晞，夕烟輕散雨還微。暗摇緑霧游絛戲，斜映紅雲屬玉飛。情脈脈，恨依依。沙邊空見棹船歸。何人解舞新聲曲，一試纖腰六尺圍。个簃居士王賢并録宋人詞,時客吳門。"(《王个簃書畫作品集》)

作《油菜花香》(27.7cm×18cm)，款："个簃王啓之畫於上海西郊。"(《王个簃書畫作品集》)

刻《真率》朱文印,款："己丑閏日,个簃居士鑿於滬上。"(《个簃印集》)

刻《壽于旗翼》白文印,款："壽于旗翼,己丑春,个簃。"(《个簃印集》)

刻《計勝欲》朱文印,款："計勝欲則從,欲勝計則凶,摘《荀子語》。己丑四月,个簃。"(《个簃印集》)

刻《戀道》朱文印,款："戀道向道也,己丑七月,个簃。"(《个簃印集》)

刻《假物》白文印,款："假物,己丑七月,个簃。"(《王个簃篆刻集》)

刻《味因爲上》朱文印,款："見《楞嚴經》,己丑大暑節,个簃。"(《个簃印集》)

刻《壯夫不爲》白文印,款："己丑大暑節,个道人。"(《个簃印集》)

刻《不可説》白文印,款："佛云不可説,己丑八月,个道人刻。"(《个簃印集》)

刻《太上忘情》朱文印,款："己丑夏仲,个簃。"(《个簃印集》)

刻《渺閭易以恤削》朱文印,款："个簃摘《子虚賦》,己丑夏仲。"(《个簃印集》)

刻《宗原應變》白文印,款："己丑夏仲,个簃摘荀子語,時客吳門。"(《个簃印集》)

刻《癡鈍》朱文印,款："摘蘇詩:堪笑東坡癡鈍老。己丑夏,个簃。"(《西泠印社社員作品集》)

刻《栖止事如昨》白文印,款："韋蘇州詩句,己丑夏,个簃。"(《个簃印集》)

刻《筆頭不倒》白文印,款："筆頭不倒,見《老學庵筆記》,己丑夏,个簃。"

壽于旗翼　王个簃刻　　　宗原應變　王个簃刻

(《个簃印集》）

刻《常體》白文印，款："君子有常體語，見《荀子》，己丑秋，个道人。"（《个簃印集》）

自 1949 年秋至 1958 年，王个簃尚作如下詩：

《祈壽堂席上和玄翁自壽篇》《敏農屬繪香芷圖悼念其配馬湘芷》《題畫》《寄吳豈凡》《答友一首》《吳偉治寄示哭子詩賦一律贈之》《元和雞場口占》《題畫》《種竹》《雪後》《挽太玄》《贈吳鐘英》《羅肖諦萬迪昆季許借園東餘屋三楹賦贈一律》《題毛澤東昂頭照片》《喜晤楊昌年》《何學愚索題蒼回閣圖》《訪吳谷宜談次披覽高鶴年名山游訪記歸賦兩律》《與友人論詩》《鄰婦醉歸書所見》《嗜蓮俊才素生執冰聯袂過談》《和又村》《贈鈕執冰》《倉街虹橋浜訪老農施石林》《梅雨次韵又村》《寄調之》《寄曼伯》《園丁共飲》《訪唐子畏墓橫塘王家村》《雜詠四首》《羅園雅集》《和嗜蓮》《寄何叙甫》《耆翁來園賞荷急就一律》《寄友》《今夕》《次韵維石》《贈維石》《即事》《寄調之兼示曼伯》《答敏農》《次調之果育堂詩韵》《葵孫誕生》《雜詠》《調之示哭子詩賦長古一首慰之》《與嗜蓮論詩》《題百衲齋印存》《嗜蓮爲余小女覓屋西城王叟院中叟工詩能操獨弦琴曾於嗜蓮所兄余吟草引爲同調頃乃避暑西子湖賃屋周旋非叟莫屬詩以俟之》《答周荃孫》《柴灣許老人頻數寓書索題綠水園圖迄未賦答比聞老人已歸道山愴然作此》《陳兆五既殁之明年嗣君寄贈遺像賦詩寄慨》《葵孫生甫匝月寫葵寄興》《耜墅嗜蓮過訪口占一截》《次韵維石》《題嗜蓮圖》《挽曹太君》《聽王耜墅鼓獨弦琴》《院中有蝶白質錦章曳尾數寸許爲生平僅見戲賦一詩》《入廠口占》《上方山香期》《廠居雜詠》。

吳待秋逝世。作《挽吳待秋》詩："卅載緣深翰墨場，相逢娓娓話家常。誰知乘興門初款，忽訝鐫真硯已荒。早躋麓臺游汗漫，晚陪酉室染蒼黃。等身畫本餘光爛，流水青山共久長。"

是年，丁輔之逝世、余紹宋逝世。

1950 年　庚寅　五十四歲

離任上海美術專科學校國畫系教授。

一、上海美專中國畫與中國畫史論等本土美術方面的教學和學術，幾囊括全國一流藝術碩彥和學術才俊。如劉海粟、張聿光、丁悚、沈伯塵、呂鳳子、吳昌碩、王一亭、滕固、諸聞韵、潘天壽、許醉侯、謝公展、錢瘦鐵、鄭曼青、賀天健、諸樂三、豐子愷、姜丹書、顧燮光、方介堪、樓辛壺、許徵白、鄭午昌、黃賓虹、張善孖、王師子、馬駘、張大千、傅雷、陳樹人、陸丹林、李寶泉、華林、馬萬里、吳䒩之、李芳園、陳子清、王伯琴、黃曦、汪仲山、吳仲雄、孫松、黃曉汀、符鑄、王甄、商言志、黃小癡、蔣兆和、陳之佛、童書業、馬公愚、汪聲遠、俞劍華、王念慈、王季遷、王个簃、張書旂、謝海燕、朱蓉莊、陳摩、張光、容大塊、許溪西、張天奇、柳子谷、管一得、梁凱世、胡友葛、余靜芝、陳鎮庭、吳公虎、戴雲起、李開麟、李建、朱文侯、陸一飛、顧坤伯、吳文質、來楚生、唐雲等，以及理論方面有呂澂、黃懺華、朱天寬、朱天梵、滕白也、唐儁、向培良、薛飛白、江紅蕉、譚正璧、溫肇桐等，均以不同方式參與美專本土美術教學、學術、建設和發展。

二、美專與國內大多數院校選擇師資來源相同，上海美專十分注重從優秀的畢業生中選留人才，充實到教師隊伍中，一方面是血脈相承，有"近水樓臺先得月"之便；另一方面也是抱着"十年樹木，百年樹人"的思想，繼續對學生中的佼佼者進行栽培，這些亦師亦徒的教員中有潘玉良、諸聞韻、汪聲遠等名家。上海美專最終形成的一個強有力的專職師資隊伍，再配以當時在全中國都堪稱實力超強的兼職教師隊伍，在專、兼職教師的聯手澆灌下，不負眾望培養出了一大批在日後影響中國社會的棟梁之才，也成就了上海美專光輝的四十年歷史。（《上海美專研究》68至69頁）

在上海美專發展的四十餘年間，計有上百位教師曾經在學校工作過，形成美專特有的倡導中西美術思想和技法交匯的教育機構，教師中有擅長中國書畫的，也有精於西洋畫的，更有些兩者兼具、學貫中西、藝術精湛的知名藝術家。其重要的代表人物如下：

黃賓虹（1865—1955），時任國畫理論教授

王一亭（1867—1938），時任校董并兼教授

張聿光（1885—1968），初任校長并兼教授

吳發鼎（1883—1924），時任教務長兼教授

姜丹書（1885—1962），藝術教育系主任兼教授

李毅士（1886—1942），時任教務長兼教授

陳抱一（1893—1945），初任教員後任教授

馬公愚（1893—1969），時任國文及書法教授

汪亞塵（1894—1983），教務長兼西畫教授

諸聞韵（1895—1939），首任國畫系主任兼教授

潘天壽（1897—1971），籌建國畫科兼教授

錢瘦鐵（1897—1967），國畫系主任兼教授

王个簃（1897—1988），國畫系主任兼教授

李詠森（1898—1998），時任圖案系教授

關良（1900—1986），油畫和美術理論教授

（《上海美術研究》100 至 101 頁）

全家移居蘇州羅家花園，子王公助夫婦亦從上海移居蘇州同住。與趙子雲、周瘦鵑、程小青、范烟橋、蔣吟秋、張嗜蓮、沈素生、鈕執冰、張辛稼、張寒月、吳敖木、謝孝思、余彤甫等同游。

7月，子王公助之子王葵（孫）生，作《葵孫誕生》詩："山妻報道孫枝茁，昂首中天霽月開。慶協螽斯沿舊說，債添兒女築新臺。故園一炬愁難撥，破硯無靈老可咍。萬事看來身外爾，悲歡擾擾郁詩裁。"

8月，孫王葵滿月，作《葵花》并題《葵孫生甫匝月寫葵寄興》詩："我愛葵花開向日，風前直立捧金盤。人生意氣應如此，莫羡凌霄上樹端。"

9月29日，上海"新國畫研究會"成立。

獲吳昌碩所刻巨印"還硯堂"，遂以"還硯樓"爲齋名。後作《還硯樓抒懷》十首。有："窮途迫促回腸斷，歧路徬徨兩鬢霜。却喜淞濱還硯日，舊妝卸就換新妝。""大有事在擔當起，展望前程喜欲狂，願共藝林肝膽照，載歌載畫慶繁昌。"等。（《西泠印社百年史料長編》，西泠印社，2003年10月）

吳昌碩於1884年（41歲）刻"還硯堂"朱文巨印，款："碩庭仁兄法家正篆。甲申寒食節，倉碩吳俊刻。"（《吳昌碩紀年書法繪畫篆刻錄》848頁）

爲方約所編《苦鐵印選》作序。

還硯堂　吳昌碩刻

篆書《小雨高邊樂棕馬，斜陽古囿來鳴禽》聯，款："參琅玡臺石刻筆法，集獵碣文字。庚寅秋日，个簃王賢。"（香港虛白齋藏）

作《三清圖》（68.5cm×35cm），題："庚午元旦試筆，對花寫照，黏壁自讀，略得高南阜遺意，待兒愛其鮮艷，即題付之，个翁。"（《王个簃書畫作品集》）

作《玉蘭花》（90.3cm×61cm），題："葉叢瑤朵迸奇姿。个簃王啓之畫於滬西。"（南通市个簃藝術館藏，《中國歷代畫家佳作品鑒·王个簃》）

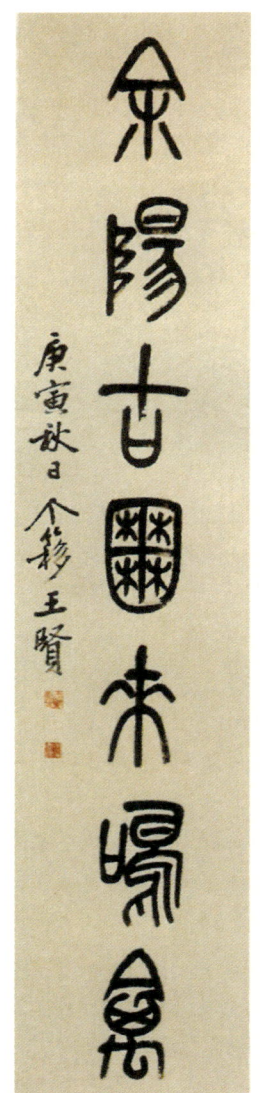
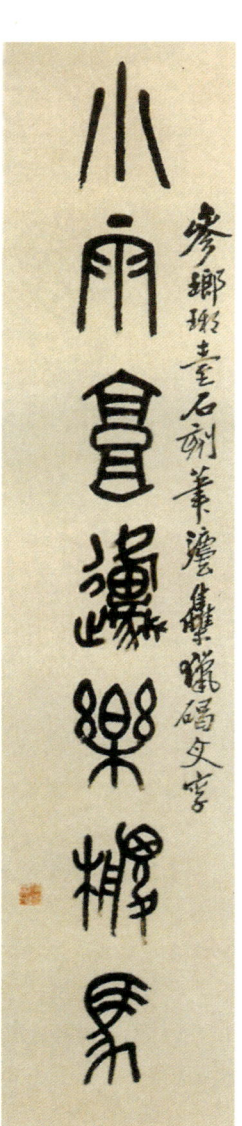

"小雨斜陽"七言聯

粗服亂頭　王个簃刻

作《赴湯蹈火》（119cm×54cm），題："從火窟中救出群衆的生命。个簃王賢。"（《王个簃書畫作品集》）

鈐印：王賢之印（白文）、大巧若拙（朱文）。

作《芭蕉小鳥》（37.5cm×34.5cm），題："个翁戲墨。"（《王个簃書畫作品集》）

作《松石圖》（35cm×22.5cm），款："个簃畫。"（《王个簃書畫作品集》）

刻《鄉方》白文印，款："宿道鄉方，庚寅春，个簃。"（《个簃印集》）

刻《身外事》白文印，款："庚寅四月，个道人。"（《个簃印集》）

刻《釘壁玩》朱文印，款："釘壁之玩。庚寅立夏節，摘王僧虔語，个道人。"（《王个簃篆刻集》）

刻《粗服亂頭》朱文印，款："世說裴令公有俊容儀，脫冠冕，粗服亂頭皆好。庚寅夏，个道人刻。"（《个簃印集》）

刻《香雪莊》白文印，款："之初先生精鑒別，富收藏。庚寅秋暮囑刻是印，爲仿古銅印刀法請正，賢。"（《王个簃篆刻集》）

是年，王雲逝世、樓辛壺逝世、王師子逝世。

1951 年　辛卯　五十五歲

嗣父王渭濱病殁於蘇州。

是年後，全家自蘇州羅家花園搬遷并與長子、長女家分開居住。

子王公助全家遷至嚴衙前。長女王悅全家遷至打綫弄。王个簃則與夫人張裹如、幼女王摯、幼子王待一起先後搬遷至嚴衙前、葉家弄兩處居住。（《王个簃書畫作品集·王个簃年表》）

12 月，在蘇州作《題曼伯山水障子》詩："落落詩腸被酒分，一杯扶夢入鷗群。畫圖猶是承平日，三兩人家卧白雲。"

行書《詩册》（35cm×33cm）："宋元名迹搜羅遍，下逮明清品匯稠。鑒賞

勤儉持家（上海中國畫院藏）

直追天籟閣，閑情如許幾生修。印影成書投萬里，此情珍重勝兼金。渾疑香雪莊前坐，一盞從容道古今。之初先生沖襟朗抱，近出其秘篋書畫印影成帙，遠道分頒，增吾清興。喜賦兩截句志謝即祈郢正。辛卯秋仲，个簃王賢頓首。"

鈐印：王賢印信（白文）、啓（朱文）、勞亭長（朱文）。

作《勤儉持家》，題："門前獵獵西風起，趕做棉鞋趕結衣。一切開心下一代，個中瑣屑托深微。个簃王啓之畫於上海。"（上海中國畫院藏，《上海中國畫院 1956—2004》）

鈐印：个簃（朱文）、須曼（朱文）、上海中國畫院收藏畫（白文）、上海中國畫院收藏印（朱文）。

作《鱖魚》（74cm×41cm），題："余不善畫魚蝦，適有老友贈鱖魚一尾，其味甚佳，乘興作圖，不計工拙。王个簃。"（南通市个簃藝術館藏，《世紀丹青（一）》）

鈐印：啓之（朱文）、个簃（白文）、學到老（白文）。

刻《呼之欲出》朱文印，款："个簃鑿印，辛卯四月維夏。"（《个簃印集》）

是年，曹文麟逝世。

鱖魚（南通市个簃藝術館藏）

桃花楊柳圖（南通市个簃藝術館藏）

1952 年　壬辰　五十六歲

"文藝整風"在全國展開。

作《桃花楊柳圖》(138.2cm×69cm)，題："和暢春風初入户，桃花楊柳已争妍。一年之計人應識，好趁良辰趕上前。清明節約友郊行，歸後作圖，王个簃啓之。"(南通市个簃藝術館藏)

鈐印：王賢私印(白文)、啓之(朱文)、面向生活(白文)。

作《端陽即景》(69.3cm×52.5cm)，題："壬辰端午節，閑坐齋頭，戲繪一幀遣興，魚我所欲而寫真大雅，約略塗成，不求形似。个簃王賢時居吴門東城食自力軒。"(《王个簃書畫作品集》)

鈐印：王賢印信(白文)、啓(朱文)、王个簃金石詩書畫印(朱文)。

作《端陽清供》(94.5cm×69.5cm)，題："嘗新聽得老妻説，九個枇杷價兩千。濡筆刹那驚滿擔，寧須再去擲囊錢。壬辰端陽後一日，个簃王賢。"(《王个簃書畫作品集》)

葛竹溪逝世。

王个簃曾觀其畫展賦詩以記："昔年橐筆求師友，紫琅山畔逢竹叟。竹叟儼然道氣凝，博覽群言絶塵垢。時還墨瀋飲一升，紙上疇驁龍蛇走。古梅寒瘦元氣胎，奇石崔嵬天門陡。雪個青藤是前生，却與時人殊窠臼。年逾七旬興猶酣，腕底精神何抖擻。琳琅一室品匯多，點畫謹嚴曾不苟。就中更有自壽圖，桃實千年大如斗。讀畫醺醺欲流涎，真賞休言今無有。"

是年，徐景韓逝世、鄭午昌逝世。

1953 年　癸巳　五十七歲

4 月，徐悲鴻寄贈與廖静文、齊白石及家人合影照片，并題："1952 年 11 月，羅銘兄爲白石翁攝影於其北京跨年胡同寓中，時余全家及友人訪之。即贈个簃先生紀念。弟悲鴻。1953 年 4 月。"(《王个簃隨想録》85 頁)

端陽，自題"還硯堂"。

建國後第一次由國家舉辦的大型中國畫展在上海隆重開幕，王个簃作巨幅《五色牡丹圖》參展。時任市長的陳毅曾三次觀展并有書面意見，其手迹至今尚存。

《五色牡丹圖》(356cm×150cm)，款："公元一九五三年七月上旬，王个

1952 十一月羅銘兄為
白石翁攝影于其
北京跨車胡同寓
中時予全家及友人
訪之即贈
个簃先生紀念
弟悲鴻
一九五三 四月

徐悲鴻題贈合影

還硯堂
癸巳端陽
个簃王賢

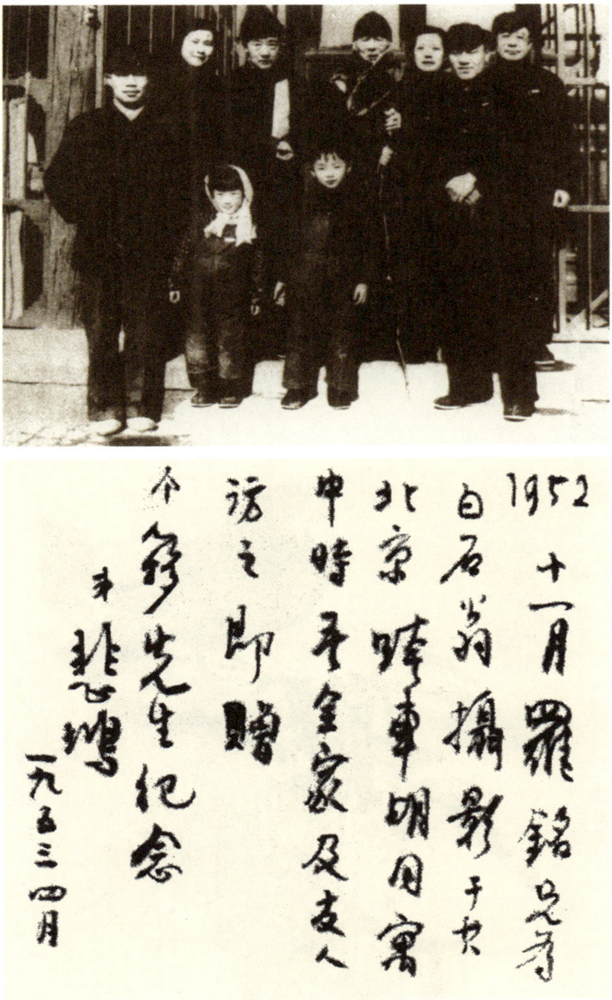

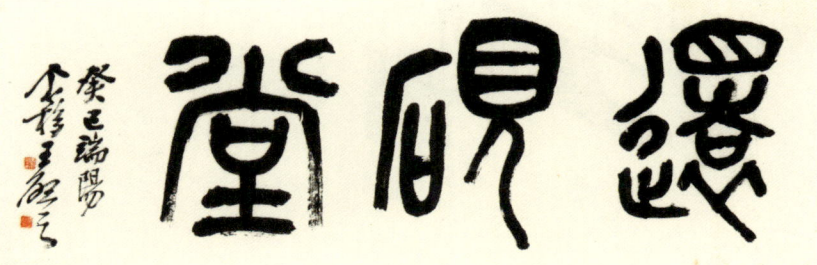

還硯堂

和平鴿（上海中國畫院藏）

五色牡丹圖（南通博物苑藏）

籛畫於滬西和明邨。"（南通博物苑藏）

鈐印：海門王賢（白文）、簡廛（朱文）。

作《和平鴿》（100.5cm×40cm），題："一九五三年，个籛王賢畫。"（上海中國畫院藏）

刻《阿簡》白文印，款："癸巳清明節，个籛爲簡樓刻。"（《王个籛印集》）

刻《超以象外》白文印，款："癸巳大暑節，摘《詩品》鑿贈簡樓仁弟，个籛時同客滬上。"（《个籛印集》）

刻《潮州羅銘》白文印。（《个籛印集》）

是年，徐悲鴻逝世、徐昂逝世。

1954 年　甲午　五十八歲

搬遷至蘇州醋庫巷五十四號，在此居住數月後，受賴少其邀請赴滬商討籌建華東美術家協會等有關事宜，即携妻張襄如、幼女王摯遷至上海，定居愚園路一四一二弄三十號。結束近八年的蘇州居住生涯。移居之日，於燈下作《菊花圖》。赴滬後，在上海電工器材廠擔任秘書，與學生劉伯年共事。

華東美術家協會爲上海市美術家協會的前身，於 1954 年 4 月 21 日成立。後改組爲中國美術家協會上海分會（簡稱美協上海分會），在這段時期，美協

三秋收穫慰雙眸　　　　秋色

上海分會主要工作是舉辦各種美術展覽和學術研討會，開展對外美術交流活動，還擔任了一些組建美術單位的重任，如籌建上海美術展覽館和上海中國畫院。（《上海美協五十年》）

子王公助長女王薇（孫女）生。

年初，赴杭州屏風山工人療養院療養兩周，同行藝術家有評彈工作者嚴雪亭、王杏花，畫家張石園等。療養期間，作畫數十幅并與張石園舉辦小型書畫展覽。

2月12至15日，上海召開籌委會，成立"華東美術家協會"。劉開渠任主任，賴少其、豐子愷任副主任，陳烟橋任秘書長。

4月21日，"華東美術家協會"成立。

華東美術家協會主辦畫展，王个簃《三秋收穫慰雙眸》被評爲優秀作品。

8月，《三秋收穫慰雙眸》由華東人民美術出版社出版發行。

蘇州博物館籌辦期間，聞知缺藏古琴，即將所藏古琴三把捐出其一，其餘兩琴先後分藏於學生陳斐叔處和南通市个簃藝術館。

在上海籌辦"吳昌碩書畫展覽"。（《西泠印社百年史料長編》，西泠印社，2003年10月）

作《豆麥圖》，款："个簃寫生，一九五四年四月十五日。"（《花卉·王个簃》）

作《秋色》，款："个簃畫秋色，甲午秋仲。"（《當代名家中國畫全集·王个簃》）

作《丹楓圖》（96cm×44cm），題："秋空艷色無過此，一樹爛斑醒衆眸。啓之王个簃畫於滬上。"（南通市个簃藝術館藏，《世紀丹青（五）》）

鈐印：王賢印信（白文）、霜茶（白文）、須曼（朱文）。

刻《面向生活》白文印，款："甲午四月，刻於滬西，个簃啓之記。"（南通市个簃藝術館藏，《个簃印集》）

刻《實事求是》朱文印，款："一九五四年夏，个簃鑿。"（《南通市个簃藝術館藏品集》）

1955年　乙未　五十九歲

2月12日,"華東美術家協會"改稱"中國美術家協會上海分會",同年,召開第一屆會員大會。劉開渠當選主席,賴少其、米雲谷、豐子愷當選副主席,沈柔堅當選秘書長,陳烟橋當選副秘書長。

3月27日至5月15日,文化部、中國美協在北京蘇聯展覽館舉辦"第二屆全國美術展覽會",王个簃作品《蝦酒圖》展出。此展後在上海、廣州、武漢、重慶、西安、瀋陽等地巡展。

初夏,潘天壽、吳茀之來滬,在曹用平寓所觀賞王个簃所藏吳昌碩書畫精品。潘天壽、吳茀之合作《雙鴿圖》,潘天壽題曰:"海闊憑魚躍,天高任鳥飛。"劉伯年、曹簡樓、翁檍予在座。(曹用平文,《西泠藝報》,1994年第100期)

秋,"中國金石篆刻研究社籌備會"成立。籌備委員爲王福庵、馬公愚、錢瘦鐵、王个簃、張魯庵、陳巨來、朱其石、來楚生、葉潞淵、錢君匋、沙曼公、高式熊、單孝天、吳樸堂、方去疾。常務委員爲王福庵、馬公愚、錢瘦鐵、王个簃、張魯庵、錢君匋、沙曼公。公推王福庵任主任委員,馬公愚、錢瘦鐵爲

中國金石篆刻研究社籌備會成立合影

副主任委員，張魯庵爲秘書長。社址設在上海市餘姚路 134 弄 6 號張寓。參加者有高絡園、白蕉、唐雲、秦彦沖、吳仲坰、汪大鐵、薛佛影、王哲言、穆一龍、郭若愚、陳佩秋、支慈庵、田叔達、沙孟海、方介堪、韓登安、周節之、沙曼翁、陳半丁、鄧散木、于非闇等。

王个簃曾與吳茀之游復興公園，有《偕吳茀之游復興公園》詩："刺眼腥膻在，清冷復此園。石根遮曲徑，桐葉繡重門。細卉風翻影，長裾水染痕。低回愁自破，何意覓匏尊。""一年多勝日，四海剩閒人。已涉園中趣，還祛襟上塵。浮沉魚自樂，矰弋鳥難馴。權作桃源路，相將説避秦。"

又有《茀之東返不數日又將入蜀寄詩索和》詩："書到終傷別，吟成未遣愁。山深驚虎跳，海闊羨鷗浮。白髮親加老，西風歲又秋。勞人何草草，三宿出温州。"

作賀卡《月季一束》，由人民美術出版社出版。

作《香水月季》（82cm×35cm），題："乙未新秋，畫於慶憲樓，啓之王个簃。"（《王个簃畫集》）

鈐印：王啓之（白文）、梅鄰（朱文）。

作《一串紅》，款："乙未中秋節，畫於滬西。啓之王个簃。"（《花卉·王个簃》）

作《瓶菊》（83cm×48cm），題："乙未九秋，參觀人民公園菊展，紛披五色，美不勝收。翌日作圖，以志秋興。啓之王个簃於滬西寓樓。"（南通市个簃藝術館藏，《世紀丹青（一）》）

鈐印：王賢印信（白文）、啓（朱文）、善抱（白文）、面向生活（白文）。

作《案頭一角》（94.5cm×41.5cm），題："啓之王个簃畫於滬上慶憲樓，一九五五年。"（《王个簃書畫作品集》）

作《月季一束》，款："一九五五年，啓之王个簃。"（《花卉·王个簃》）

作《大麗花》（127cm×62cm），題："鵝黄大利花，豐姿曄曄，耐人尋味。乘興濡筆，爲之寫照。啓之王个簃并記，乙未年。"（《王个簃書畫作品集》）

作《菖蘭香滿》（109.5cm×46cm），款："个簃畫於上海西郊。"（南通市个簃藝術館藏，《王个簃畫集》）

約在二十世紀五十年代，作《珠光露氣》（132cm×65cm），題："珠光露氣。个簃王啓之畫於滬上西郊。"（《花開盛世—中國美術館藏花鳥精品集》122 頁）

鈐印：王賢印信（白文）、啓（朱文）、个簃（白文）、新意（白文）。

約在二十世紀五十年代，作《珠光露氣》（136.5cm×58cm），題："珠光露氣。个簃王啓之畫於滬上西郊。"（上海中國畫院藏）

約在二十世紀五十年代，作《一枝楓葉紅于醉》（135cm×56cm），題："滿院繡球何皎潔，紛紛珠玉簇成團。一枝楓葉紅于醉，相映圖中更好看。个簃王啓之畫。"（上海中國畫院藏）

珠光露氣（中國美術館藏）

一枝楓葉紅于醉（上海中國畫院藏）

鈐印：王賢印信（白文）、啓（朱文）、須曼（朱文）。

刻《鏡塘所愛》印（2.3cm×2.3cm），款："乙未重陽節，个簃刻。"（《錢鏡塘鑒藏印錄》）

趙雲壑逝世。

建國後，王个簃赴蘇州看望他時，其將吳昌碩所篆"雲臥北極，雪釣南溟"聯贈之，後王个簃又轉贈其弟子黃昌中。

是年，黃賓虹逝世、童大年逝世。

1956 年　丙申　六十歲

時任上海市文史館館員、上海中國畫院籌備委員會委員。

5月下旬，與戈湘嵐、陸抑非、唐雲、曹簡樓在上海西郊還硯樓合作《農貿市場物資豐》（560cm×96cm），王个簃并題。

6月，根據毛澤東主席的提議，周恩來總理在最高國務會議上提出在北京、上海兩地建立畫院的設想。此設想獲得會議通過，并由文化部具體經辦。

8月1日，長女王悅之三子陳藝（外孫）生。

8月3日，籌建上海中國畫院，任籌備委員。賴少其爲主任委員，委員傅抱石、潘天壽、唐雲、謝稚柳、劉海粟、伍蠡甫、吳湖帆、賀天健、陳秋草、白蕉、汪東、沈尹默。

據《上海中國畫院 1956—2016》載：6月25日，中共中央文化部頒發《文

化部關於建立中國畫院實施方案（草案）》。中共上海市委隨即對建立上海中國畫院作了具體部署。

8月3日，上海中國畫院籌備委員會成立。大會推選賴少其爲主任委員，傅抱石、潘天壽、唐雲、王个簃、謝稚柳、劉海粟、伍蠡甫、吳湖帆、賀天健、陳秋草、白蕉、汪東、沈尹默爲委員。協助籌備工作的中共黨員有呂蒙、涂克、富華等。上海市委文藝部長張春橋、文化局副局長陳虞孫出席了第一次會議。會議共召開五次，反復討論以下問題：1.《上海中國畫院實施方案（草案）》, 2.醞釀院長、副院長與院務委員名單，3.提出畫師、助理畫師名單。

9月6日，上海市委作出"市委關於籌建上海中國畫院工作的批復"。

9月10日，第五次籌委會一致通過草案與名單。

9月11日，籌委會主任賴少其向全體畫師傳達"實施方案"報告。當時的工作要點是：1.國畫創作，2.輔導院外國畫創作活動，3.建立機構，配備幹部，確定院址。院址在高安路。民主協商聘請入院畫師的名單後，正式確定69位入院畫師名單。

9月18日，上海市文化局黨組書記陳虞孫、中國美術家協會上海分會黨組書記賴少其，就"滬委（56）寅字第116號批復"上報中央文化部周揚、錢俊瑞，并抄送中國美術家協會黨組蔡若虹、文化部李長路。報告附院長、副院長及院務委員名單。院長爲吳湖帆，第一副院長賴少其，第二副院長傅抱石，第三副院長賀天健，第四副院長潘天壽。院務委員會委員王个簃、白蕉、伍蠡甫、沈柔堅、吳湖帆、涂克、唐雲、陳之佛、陳烟橋、陳秋草、富華、傅抱石、賀天健、賴少其、潘天壽、劉海粟、謝稚柳、豐子愷。

8月，爲慶祝上海中國畫院籌備委員會正式成立，與賀天健、賴少其、吳湖帆、

農貿市場物資豐（上海中國畫院藏）

自有春秋册（上海中國畫院藏）

涂克、潘天壽、劉海粟、程十髮、謝稚柳、唐雲、陳秋草合作《開宗明義第一章》山水卷及《自有春秋》花鳥册。(《上海中國畫院 1956—2016》15 至 17 頁）

9月18日，上海市文史館致函上海中國畫院籌備處，確定王个簃等老畫師的薪資發放問題。

10月8日至30日，參加上海中國畫院組織的畫家赴黃山、雪竇山、宜興、桐廬體驗生活。(《上海中國畫院 1956—2016》9 頁）

10月，中國金石篆刻研究社籌備會集體創作《魯迅筆名印譜》，人民美術出版社出版，王个簃篆刻作品《孺牛》刊入。

11月，浙江省文化局成立"吴昌碩紀念室籌備委員會"，聘請許欽文、董聿茂、

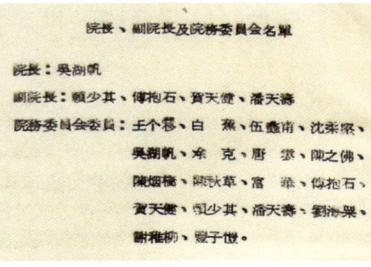

上海中國畫院籌建時期的領導名單

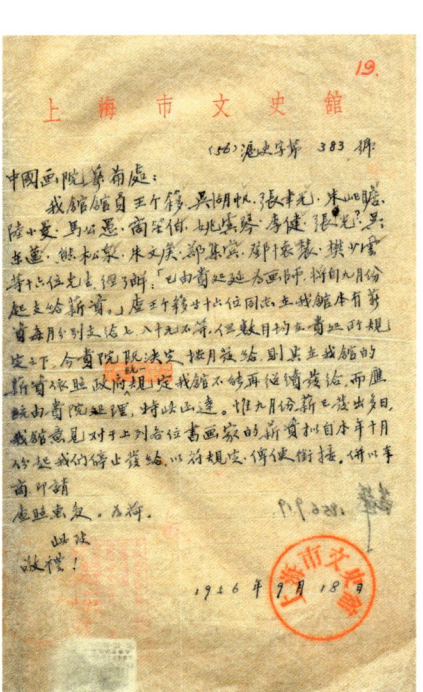

上海市文史館文

王福庵、王个簃、張宗祥、潘天壽、余森文、施律、江聞道、吳茀之、諸樂三、孫禮樂、沙孟海等爲籌委會委員。(《沙孟海先生年譜》73頁)

12月,沙孟海代表浙江省博物館與王个簃聯繫,爲"吳昌碩紀念室"捐贈所藏吳昌碩珍貴書畫《臨散氏盤》《墨梅圖》《鼎盛圖》及相關實物文獻八十五件等事宜。(《沙孟海先生年譜》73頁)

與唐雲、曹用平赴南通參觀美術展覽。出席文藝界同仁座談會,魏紫熙、黃松庵、曹從坡、劉子美、劉嵩樵、尤無曲、黃稚松、邱豐等在座。由曹用平陪同拜訪了舊日同事錢嘯秋。

本年度王个簃尚有如下代表作:

行書《郭沫若詩》(55cm×54.5cm)。(《王个簃書畫作品集》)

作《芍藥春風》,題:"昨夜東風巧,吹開金帶圍,折花欲有贈,香露沾羅衣。丙申四月,个簃畫於海上。"(上海美術館藏,《王个簃畫集》)

鈐印:王賢印信(白文)、个簃(朱文)、領略古法生新奇(朱文)。

作《插瓶紫藤》,題:"商量清供翻新樣,插瓶藤花插滿瓶。丙申四月畫於滬上還硯樓,个簃并記。"(《花卉·王个簃》)

作《錦葵》,款:"丙申五月,个簃畫於上海。"(《花卉·王个簃》)

作《凌霄花》,款:"丙申夏日,个簃畫於上海還硯樓中。"(《花卉·王个簃》)

作《橫塘十里》(95.5cm×41cm),題:"橫塘十里生涯足,紅藕綠蓮采滿盆。畢竟水村今異昔,百般豐稔擁千門。丙申秋仲游吳門,郊行竟日,歸寫所見。个簃并記。"(南通市个簃藝術館藏,《王个簃畫集》)

鈐印:王賢印信(白文)、啓之(朱文)、梅鄰(朱文)、栗里園丁(朱文)、个簃(朱文)。

作《霜曉菊鮮》(34.3cm×40.7cm),題:"霜曉菊鮮鮮。王个簃畫,丙申秋仲。"(江蘇省美術館藏,《大師大家》)

鈐印:啓之(白文)、个窟(朱文)。

作《蟑螂花》,款:"丙申八月,个簃於上海。"(《花卉·王个簃》)

作《雪梅》,款:"丙申歲十二月,个簃王啓之踏雪歸來。"(《當代名家中國畫全集·王个簃》)

作《蘆石圖》(154cm×41.3cm),題:"个簃王賢倚醉。"(《王个簃書畫作品集》)

作《芙蓉》(133.5cm×66.5cm),題:"芙蓉挺立拒秋霜。个簃啓之畫於滬上西郊還硯樓中。"(《王个簃書畫作品集》)

作《花開富貴》(154cm×82.8cm),題:"翠毫泡露香,富貴花開早。金谷酒常溫,玉堂春不老。曩見張孟皋巨幅牡丹,點色清腴,不讓撝叔,是幀略擬其意,个簃王賢。"(《王个簃書畫作品集》)

蔣風白　王个簃刻

　　作《端午清供》扇（52cm×19cm），款："啓之王个簃畫於上海西郊邊硯樓，一九五六年。"（《王个簃書畫作品集》）

　　作《枇杷天竹圖》，題："枇杷累累摘盈盤，榴花曄曄紛照眼。興來點染雜丹黃，墨色端陽欣可勉。丙申，个簃畫。"（《機械工人》新年賀卡）

　　刻《虞山張氏且去樓珍藏書畫印》朱文印，款："際青先生大雅囑刻，丙申三月，个簃賢。"（《王个簃篆刻集》）

　　刻《蔣風白》朱文印，款："風白老兄屬刻，丙申四月，个簃。"（《王个簃篆刻集》）

　　刻《以貌取神》朱文印，款："丙申四月維夏，个簃刻爲風白弟台鑒家，時同客上海。"（《王个簃篆刻集》）

　　是年，李健逝世。

1957 年　丁酉　六十一歲

　　時任上海中國畫院籌備委員會委員。
　　3 月 22 日，與吳東邁致函沙孟海，論及"吳昌碩紀念室"籌建、捐贈等事宜。

　　關於籌建杭州吳昌碩先生紀念堂，刻已着手進行。聞訊感紉，我等茲將先父、先師遺作、遺物先行開具清單，奉閱并希轉陳有關部份。此致孟海學兄。吳東邁、王个簃同啟，三月二十日。

　　3 月，上海美術家協會舉辦"王个簃個人繪畫展覽"，爲新中國成立後王个簃首次個展。
　　4 月，與張聿光、朱文侯、張大壯、江寒汀、陸抑非、唐雲、張守成合作《萬千紅紫向春明》（98cm×69cm），白蕉題："動地歡聲寫不成，萬千紅紫向春明。畫家筆下無它意，只寫人民此日情。一九五七年四月，歡迎伏羅希洛夫蒞滬，白蕉題。"
　　6 月，應中國美術家協會之邀，先後在中國美術館和中山公園舉辦畫展。

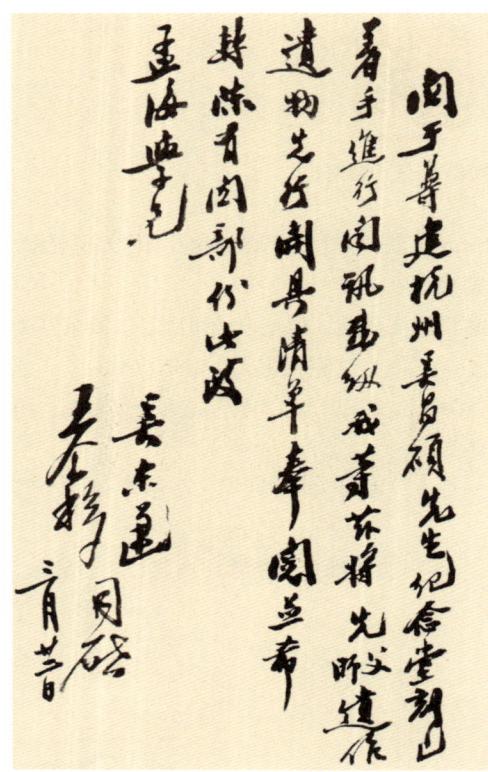

吴东迈、王个簃致沙孟海函

万千红紫向春明（上海中国画院藏）

與齊白石

夏衍、周揚、朱丹出席開幕式,并由高冠華及學生邱及、羅銘、林心傳、曹簡樓陪同拜訪何香凝、夏衍、齊白石、吳作人、陳半丁、于非闇、李可染、李苦禪、郭味蕖等。其間,王个簃接到時任文化部副部長夏衍的通知,何香凝老人約請做客,在席的有廖承志、夏衍、文藝界知名人士以及陳樹人先生的家屬。(曹用平文,《西泠藝報》,1994年第100期)

參觀"徐悲鴻紀念館"。

9月22日,參加在北京西城嘉興寺舉行的"齊白石公祭儀式",全國文聯主席郭沫若主祭,周恩來總理親臨致奠。

1957年9月16日,國畫大師齊白石在北京逝世,終年97歲。22日,首都各界在北京西城嘉興寺舉行公祭儀式。全國文聯主席郭沫若主祭,周恩來總理親臨致奠。參加公祭儀式的各界知名人士有:陳叔通、邵力子、沈雁冰、周揚、老舍、田漢、夏衍、陽翰笙、張奚若、錢俊瑞、陳半丁、葉淺予、張光宇、張光年、吳作人、于非闇、蔡若虹、王个簃等四百多人。儀式結束後,由文化部黨組書記錢俊瑞護送靈車駛往西郊的湖南公墓墓地下葬。(《文匯報》1995年9月5日)

9月,與馬公愚、張魯庵、方去疾、陳巨來、高式熊、葉潞淵、錢君匋等十八位篆刻家集體創作的毛澤東《長征》《井岡山》印章,刊於《解放軍畫報》。

12月26日,"吳昌碩紀念室"在杭州西泠印社觀樂樓成立。(《西泠印社九十年》)

開幕之日，王个簃與吳東邁出席盛典，并各捐獻吳昌碩一批遺物，如《散氏盤文》《墨梅圖》《鼎盛圖》《蕉陰納凉缶像》《石鼓屏條》等。其中王个簃捐獻吳昌碩書畫、篆刻、手稿二十六件。

1957年，浙江省博物館籌劃成立吳昌碩紀念室，个老與吳老師少子東邁兩人聞此消息，就撿選吳老師一批遺作遺物捐獻給國家，由博物館派車載運來杭。个老所捐的，計字、畫、篆刻手迹精品二十六件，衣服、文具、手杖、照片等遺物三十二件（邁老所捐大略稱是）。紀念室的地點，大家認爲莫好於西泠印社的西樓，吳老師生前曾經攜帶家屬及个老在這裏寓居過一段時間。因此，博物館與西泠印社商洽，由兩單位合辦，印社出房屋，博物館負責一切工作。依靠兩人的捐獻，這個紀念室很快成立。歷年開放，吸引了大量的中外觀衆。開幕之日，首長咸集，來賓滿座，捐獻文物的邁老、个老兩先生應邀蒞臨講話，極一時之盛。(《沙孟海論書文集》679至680頁)

《西泠印社的奉獻精神——由張魯庵等先生捐獻文物所想到》(摘錄)："1957年吳東邁捐獻先父吳昌碩篆刻、書畫作品數十件，充實了'吳昌碩紀念室'；後幾年其孫吳長鄴又捐獻吳昌碩常用田黄印章及其他字畫等文物數十件；其弟子王个簃又無私捐獻缶翁詩稿、書畫作品三十餘件。"(劉江文,《西泠藝報》167期)

《無私獻珍品 赤忱報國心——記王个簃先生捐獻的四件吳昌碩作品》(摘錄)："解放後王个簃不止一次捐獻出吳昌碩的書畫和遺物。1984年5月7日，《中國近代五位著名畫家作品展覽》在美國華盛頓白宮附近的科科倫藝術館正廳展出。展品中有吳昌碩書畫二十件，其中四件就是二十餘年前王个簃先生捐獻給國家的。

"吳昌碩《墨梅圖軸》，光緒十二年（1886年）吳昌碩四十三歲時所作。畫本幅左下角有吳昌碩的詩書老師楊峴的題識。作品裱邊還有著名學者馮開（沙孟海、王个簃的老師）的長題，内云：'先生（指吳昌碩）臨歿前，以是幀付王君啓之，啓之於先生固能心知其意者：屬余題之，以發先生不言之隱。'啓之即王个簃……1927年吳昌碩臨終前以此圖面贈學生王个簃，三十年後，即1957年，王个簃先生爲籌劃杭州孤山吳昌碩紀念室，慨然將恩師的這件珍貴紀念品捐獻出來。"(《西泠印社百年史料長編》，西泠印社，2003年10月)

12月，上海、天津美術界掀起到農業戰綫上去勞動改造的熱潮。中國美術家協會上海分會組織創作人員和機關幹部報名參加上山下鄉，沈邁士、王个簃、朱文侯、鄧懷農、江寒汀、張石園、陳秋草和女畫家李秋君、侯碧漪、陳佩秋等50人報名參加。(《上海中國畫院1956—2016》18頁)

篆書《晨出左好十一言聯》(145cm×18cm×2)，款："丁酉歲十二月，集石鼓文聯語，呵凍濡筆，慮無是處耳。海門王个簃啓之於滬上西郊還硯樓之南窗。"(《2018中國書畫名家館聯會第二十三屆年會專輯》)

作《石榴圖》(50cm×41cm)，題："庭榴結實墊芳叢，一夜飛霜染茜容。萬子同苞無異質，金房玉隔謾重重。丁酉春正月，个簃畫於上海西郊。"(南通市个簃藝術館藏，《中國歷代畫家佳作品鑒·王个簃》)

鈐印：梅鄰（朱文）、王賢印信（白文）、啓之（朱文）。

作《枇杷》，題："黃金滿樹入筐時。丁酉春正畫於滬上西郊，王个簃。""枇杷夏熟饞涎滴，黃金鮮鮮一片黃。最憶兒時放學後，攀登上樹摘盈筐。个翁又題小詩一絶補空。"(《花卉·王个簃》)

作《絲瓜》(84cm×38.5cm)，題："丁酉春仲，个簃畫於上海西郊。"(《王个簃書畫作品集》)

作《紫帳春暖》，題："龍蛇奮起三冬蟄，瓔珞紛紜百尺身。見説紫雲偏得意，不知翠幄巧藏春。丁酉暮春，个簃。"(《當代名家中國畫全集·王个簃》)

作《蝴蝶花》，題："白石丹楓下，栩栩蝶影翻。丁酉暮春之初，个簃畫於滬上西郊。"(《花卉·王个簃》)

作《墨竹》，款："丁酉四月，个簃畫竹遣興。"

鈐印：王賢印信（白文）、啓（朱文）。

作《紅荷》(56cm×40.5cm)，題："貪看翠蓋擁紅粧，不覺湖邊一夜霜。卷却天機雲錦段，從教匹練寫秋光。丁酉秋暮，个簃并録東坡橫湖一首補空。"(南通市个簃藝術館藏，《中國歷代畫家佳作品鑒·王个簃》)

鈐印：啓之（白文）、梅鄰（朱文）、賢（朱文）、啓翁（朱文）。

作《紅梅》(89cm×50.5cm)，題："梅花照眼送寒色，酒暈着臉生春和。丁酉歲十一月，个簃王啓之畫。"(南通市个簃藝術館藏，《世紀丹青（六）》)

作《山水小卷》(69.5cm×12cm)，題："丁酉雪夜个簃。"(《王个簃書畫作品集》)

作《神游》(23cm×20cm)，款："个翁墨戲。"(《王个簃書畫作品集》)

刻《武進》白文印，款："个簃刻爲風白，丁酉元旦。"(《王个簃篆刻集》)

刻《白也所繪》朱文印，款："丁酉元旦，爲白也老兄刻，个簃。"(《王个簃篆刻集》)

刻《姚耕雲》朱文印，款："丁酉暮春，个簃爲耕雲同志刻。"(《王个簃篆刻集》)

刻《啓之》白文印《王个簃印》朱文印，款："丁酉中秋節，刻於滬上，个簃。"(《个簃印集》)

是年，齊白石逝世、楊清磐逝世。

1958年 戊戌 六十二歲

時任上海中國畫院籌備委員會委員。

3月6日,上海中國畫院向全國國畫界提出"國畫結合工藝美術"倡議,并向北京、江蘇省國畫院提出友誼競賽。畫家深入生活。

3月8日,王个簃、唐雲、程十髮、朱梅邨、葉潞淵、李秋君、周鍊霞、侯碧漪、俞子才等畫師赴上海久新、益豐搪瓷廠體驗生活、駐廠作畫,半天勞動、半天創作,設計出了一批精彩的搪瓷花樣。王个簃創作作品《走向生活》(88cm×40cm,上海中國畫院藏)等,并在《文體通訊》第5期發表《走向生活》一文。

與俞子才等參與搪瓷盆花樣設計

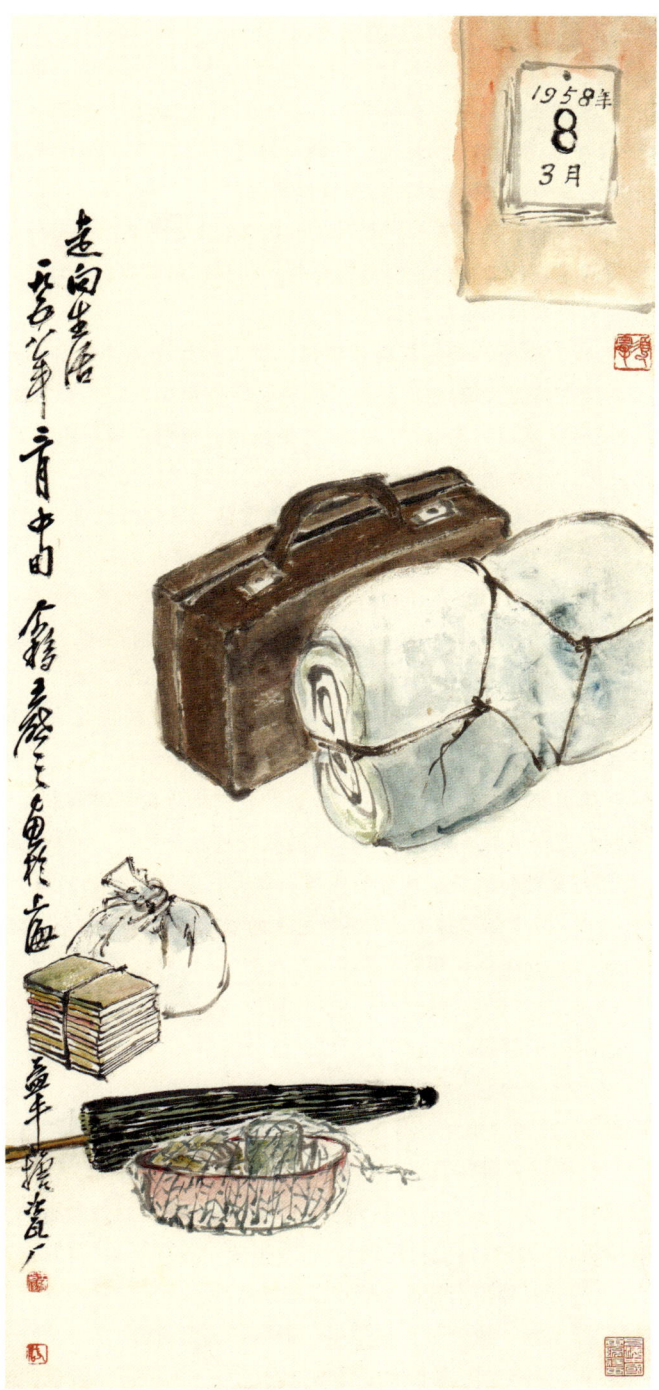

走向生活（上海中國畫院藏）

走向生活

　　這次下搪瓷工廠參加勞動鍛煉和美術設計工作，對我這樣一個年逾六十的人來說是畢生難忘的大事。在廠裏，工人弟兄說："工人六十歲要退休，畫家過了六十歲却還來鍛煉。"我聽了這話更自警惕，因爲我深切感到已往的六十一年并不是在勞動中度過的，這一課必須補上。

　　在我初到車間的時候，工人們看到我年齡比較大，對我特別關懷。我常常聽到他們這樣講：這位老伯伯還倒不怎麽老。我真感到高興，勞動喚回了我的青春，社會主義使我越活越年輕了。

　　在我們開始試繪搪瓷面盆花樣的時候，工人們總是直率地提出意見。爲了便於製版和更符合裝飾藝術的需要，他們親切的希望我們"筆下留情"。自第一批62件花樣完成後，和我們一起舉行了座談，他們以對人民負責的態度，對花樣逐一批評。這和舊知識分子講究"情面"的情況，完全不同。我更體會到如果沒有工人弟兄的熱情幫助，不依靠集體智慧，我們必然會閉門造車，製造出許多不合實用的圖樣來。這裏我感到集體主義的偉大。

　　現在工人同志和我們相處得更熟悉了，他們時常到我們畫室裏來交談，畫室已漸漸成爲一個小俱樂部，很多年輕工人對中國畫感到興趣，要我們輔導。他們說："在舊社會裏我們工人是無法獲得畫家們的輔導的。"我們是樂意接受他們的請求，我熱切的希望在工人群衆中培養出美術家的隊伍來。現在已有六十二個青工跟我們學畫，這是社會主義的奇迹。

　　經過一個多月來與工人同住同吃同勞動，我們生活在一個大家庭中處處感到溫暖。我感到是勞動把我們的心和工人的心連接在一起了。從而也使我們更進一步的體會到黨對知識分子政策的英明和偉大。今天的勞動鍛煉對我來說，還只是剛剛開始。我要繼續努力，求得思想上的徹底改造。（《王个簃紀念文集》中國文史出版社，1993年6月）

　　3月，上海中國畫院成立人物、山水、花鳥創作組。
　　4月，《花卉·王个簃》（64開活頁，10頁）由人民美術出版社出版。
　　12月26日，作品《勤儉治家》在莫斯科中央展覽廳舉行的"第一屆社會主義國家造型藝術展覽會"上展出。
　　沙孟海與王个簃、吳東邁聯繫，爲浙江省文物管理委員會徵集吳昌碩珍貴書畫一批。（《西泠印社百年史料長編》，西泠印社，2003年10月）
　　12月，上海人民美術出版社出版《歌唱總路綫》畫册，收錄上海中國畫院畫師王个簃、程十髪、陳秋草、來楚生、朱梅邨、吳青霞、陸小曼、沈邁士、應野平、陸抑非、謝稚柳、陳佩秋、唐雲、孫雪泥、賀天健、謝之光等二十九幅作品。王个簃作品《歌唱總路綫（中山公園）》刊入。

西泠印社恢復。

吳東邁著《藝術大師吳昌碩》印行。

本年度王个簃尚有如下代表作：

作《田頭小景》（107.5cm×49.5cm），題："一年之計在於春，五八年頭萬象新。拿取鐮刀穿草履，十年鍛煉百年身。一九五八年春日，个簃王啓之於上海中山公園新村寓樓。"（上海中國畫院藏）

作《菜場歸來》（73.5cm×65cm），款："一九五八年三月下旬，个簃王啓之畫於上海西郊。"（上海中國畫院藏）

作《收麥》（77cm×57cm），題："一片農村新面貌，卅條綱要壯波濤。從知萬萬千千社，盡與時間作賽跑。一九五八年六月上旬，上海西郊寶南合作社寫生，王个簃。"（上海中國畫院藏）

鈐印：个簃（朱文）。

作《葵花》（90.3cm×61cm），題："葵花葵花金子黃，朵朵開放向太陽。葵花就是萬人心，心心朝向共產黨。王个簃畫并録川南民歌，一九五八年七月一日。"（南通市个簃藝術館藏，《中國歷代畫家佳作品鑒·王个簃》）

作《洞庭豐產》（138cm×69cm），題："洞庭東山與西山，枇杷楊梅熟成片。艷説今年勝往年，三倍收穫同欣羨。不是冬春勤積肥，增產哪能操左券。爛熟綱要四十條，發展農業迅如電。農民畢竟是我師，苦幹實幹迎頭幹。試將好景入畫圖，積玉堆金看不倦。一九五八年夏，寫洞庭豐產圖并題一詩志盛。个簃王啓之於上海西郊還硯樓中。"（上海中國畫院藏）

鈐印：王賢印信（白文）、啓（朱文）、須曼（朱文）、王个簃（白文）。

作《獻寶圖》（131cm×68.5cm），題："人民公社辦得好，共產主義實現早。集中力量小并大，條件一日來創造。畝產保證年年增，千斤棉花萬斤稻。今天盛會貢獻心，擡着花籃來獻寶。紅旗滿地鑼鼓喧，要求建社熱情高。紛紛提出決心書，一片歡呼，大辦人民公社好。一九五八年九月十七日，上海七寶寶南鄉人民要求建立人民公社，獻心大會上見獻寶花籃一對，歸後作圖并題詩志盛，个簃王啓之。"（上海中國畫院藏）

作《田園風味》（96cm×45cm），款："一九五八年十二月，个簃王啓之畫於上海西郊。"（上海中國畫院藏）

鈐印：王賢印信（白文）、啓（朱文）、須曼（朱文）。

作《芙蓉花》（50cm×40.6cm），題："染露金風裏，宜霜玉水濱。莫嫌開最晚，元自不爭春。个簃并録楊萬里詩句於滬上西郊。"（南通市个簃藝術館藏，《中國歷代畫家佳作品鑒·王个簃》）

吕十千逝世。

曾爲其《自寫匡廬舍身巖看雲圖》題詩："十千好游歷高山，山中歲月重留連。猿鳥數聲攪詩思，烟霞一抹參畫禪。兩脚踏遍無人處，山精值之訝古仙。匡廬拔地數千尺，舍身巖峻齊斗躔。陽明屐影試追訪，俯仰空濛天地寬。從容一杖自來去，松根采采芝飽餐。東歸海澨厭塵土，悔不築屋凌高寒。鐘聲泉韵永朝夕，心襟遥落白雲間。圖寫往迹合欷歔，兵氛繚繞况連年。"

是年，蕭退庵逝世、鄭振鐸逝世。

1959 年　己亥　六十三歲

時任上海中國畫院籌備委員會委員、中國人民政治協商會議第三屆全國委員會委員。

4 月 11 日，當選中國人民政治協商會議第三屆委員會委員。

4 月 17 日至 29 日，與沈雁冰、王朝聞、豐子愷、葉淺予、傅抱石、蔣兆和、梅蘭芳等在北京參加中國人民政治協商會議第三屆全國委員會。29 日下午，全國政協舉行茶話會，周恩來總理召開"敬老會"，招待六十歲以上的政協委員。王个簃受到周恩來總理的接見，勉勵大家要"活到老，跟到老，學到老，改造到老"。返滬後，刻"學到老"印。

6 月，上海人民美術出版社出版《中國畫小輯之二》，收錄賀天健、王个簃、江寒汀、唐雲、朱文侯、黃幻吾的作品，王个簃作品《菜場歸來》刊入。

7 月，上海中國畫院領導分別拜訪吳湖帆、王个簃、江寒汀、張大壯、沈邁士、吳青霞、陸小曼、陳小翠、陳佩秋、龐左玉等十多位畫師，調查畫師的健康情況。（《上海中國畫院 1956—2016》22 頁）

夏，吳甹之赴滇，王个簃賦七律言別。（《吳甹之書畫集》165 頁）

11 月，上海人民美術出版社出版《爲鋼而戰》畫册，作品《露天糧庫》及與孫雪泥、江寒汀、朱文侯、張大壯、唐雲合作的《豐收圖》刊入。

作《魚兒牡丹圖》并題詩一首，以致情懷："名一藝者無不用，古語千春今可證。最是懷仁堂下立，親承雨露仰深情。"

與豐子愷、葉淺予、王朝聞、傅抱石、張兆和等至十三陵水庫。

爲北京人民大會堂上海廳作八尺巨幅《葡萄紫薇圖》，題："燁燁秋花堆錦繡，累累秋實壓珠簾。"

爲全國政協禮堂作巨幅《枇杷圖》。

與唐雲、張大壯、孫祖白、張炎夫在豫園作畫。

上海中國畫院組織畫師在上海美術館舉行作品觀摩會。(《上海中國畫院1956—2016》25 頁)

作《歡度春節》(138cm×68cm),題:"歡度春節。公元一九五九年一月下旬,个簃王啓之畫於上海西郊。"(上海中國畫院藏)

鈐印:王賢印信(白文)、啓(朱文)、須曼(朱文)。

作《群芳吐艷》(141cm×69cm),題:"群芳吐艷。上海園藝工作者精心培育四季名花展出,慶祝國慶作圖志盛。个簃王啓之并記於上海長寧樓。""四季花朶一齊開,慶祝輝煌國慶節。人定畢竟勝過天,念念躍進強無敵。一九五九年八月下旬;个簃又題二十八字。"(上海中國畫院藏)

鈐印:个簃(朱文)、王賢印信(白文)、啓(朱文)。

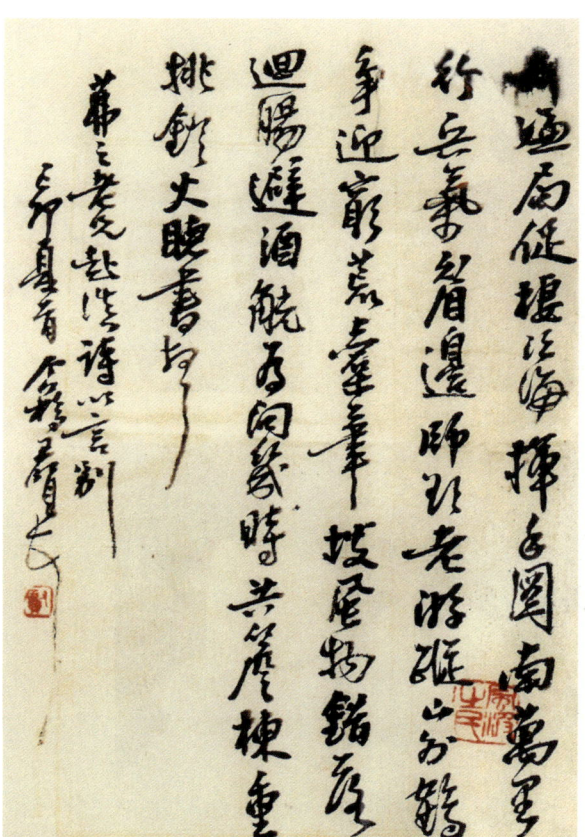

致吳弗之言別詩(吳弗之紀念館藏)

學到老　王个簃刻

少其(賴少其)　王个簃刻

與葉淺予、豐子愷、王朝聞、傅抱石、張兆和在十三陵水庫

與王朝聞、豐子愷在十三陵水庫

與唐雲、張大壯、孫祖白、張炎夫在豫園作畫

葡萄紫薇（人民大會堂上海廳藏）

作《紫藤》（229cm×100cm），題："花垂明珠滴香露，葉張翠蓋團春風。建國十周年。个簃王啓之畫於上海。"（上海中國畫院藏）

作《萬年長春》（98cm×40cm），題："萬年長春。建國十周年。个簃王啓之畫。"（南通市个簃藝術館藏）

作《墨葡萄》（113.5cm×68cm），題："爛熟葡萄風景好，明珠灼爍閃光芒。而今滿眼誇新意，物阜年豐樂未央。一九五九年國慶節，个簃。"（南通市个簃藝術館藏，《中國歷代畫家佳作品鑒·王个簃》）

20世紀50年代，與上海中國畫院畫師陳秋草、唐雲、李秋君、謝志光、應野平、吳青霞、胡若思、朱文侯、蘇聯畫家、張聿光、黃幻吾、程十髮、邵洛羊合影

萬年長春(南通市个簃藝術館藏)

作《雙桃圖》，題："舊傳仙桃大如斗，今日園中尋常有。摘來紅實甘且香，釀得萬石長生酒。舉杯祝賀躍進年，六億人民同康壽。个簃王啓之，一九五九年十一月。"（《上海中國畫選集》）

作《竹趣》（35cm×24.5cm），款："霜荼居士。"（《王个簃書畫作品集》）

刻《个簃》白文印，款："个簃自鑿印，一九五九年三月杪，龍華苗圃歸來。"（《个簃印集》）

是年，呂鳳子逝世、于非闇逝世、張石園逝世。

1960 年　庚子　六十四歲

時任上海中國畫院籌備委員會委員、上海中國畫院副院長、中國人民政治協商會議第三屆全國委員會委員、中國文學藝術工作者第三次代表大會代表、中國美術家協會第二屆理事會常務理事。

子王公助次女王萍（孫女）生。

1月，上海人民美術出版社出版《鳥語花香》畫册，收錄上海中國畫院畫師王个簃、江寒汀、張聿光、孫雪泥、唐雲、謝稚柳、吴青霞、張大壯、朱文侯的12幅作品，與唐雲合作的《紅梅紫頂》刊入并題寫書名。

3月29日至4月11日，在北京參加中國人民政治協商會議第三屆全國委員會第二次會議。陳毅設宴邀請部分畫家，王个簃即興揮毫作畫。

4月7日上午，上海中國畫院全體畫師、幹部參加局系統躍進大會，呈送保證書，沈邁士代表畫院在大會上發言。（《上海中國畫院1956—2016》33頁）

4月9日，劉開渠、華君武、吴作人、潘天壽、豐子愷、王个簃、王朝聞、葉淺予、陳半丁、傅抱石、蔣兆和等共同探討。《人民日報》發表《美術事業大躍進》。

5月1日，與樊少雲、張大壯爲慶祝"五一國際勞動節"，在上海中國畫院合作《花石圖》（70cm×38cm），沈邁士題記。同日，又與張聿光、吴青霞合作《蝶戀花》（70cm×38cm），王个簃并題。

5月，上海中國畫院畫師合作《松柏長青》，王个簃題："松柏長青奇花遍地。上海市文化系統社會主義建設先進單位和先進工作者大會。一九六零年五月，上海中國畫院敬獻。"

鈐印：上海中國畫院（白文）。

6月，當選上海市先進工作者并作爲特邀代表出席全國教育和文化、衛生、體育、新聞方面社會主義建設先進單位和先進工作者代表大會。

6月20日，上海中國畫院正式成立。出席成立大會的畫師近百人。豐子愷

花石圖（上海中國畫院藏）

上海中國畫院成立合影

任院長，王个簃、賀天健、湯增桐任副院長。陳毅市長親自爲畫院題寫院名。院址位於汾陽路150號。(《上海中國畫院1956—2016》34頁)

7月，赴京出席"全國文藝工作者代表大會"，受到黨和國家領導人毛澤東、劉少奇等中央領導人的親切接見并合影留念。

7月，王个簃與豐子愷、王式廓、古元、石魯、關山月、李樺、沈柔堅等當選中國美術家協會第二屆理事會常務理事。

9月10日，幾內亞共和國總統塞古·杜爾訪問我國，王个簃、張聿光在上海中國畫院合作《秋菊圖》。(《新民晚報》1960年9月14日)

秋，與沈尹默、潘伯鷹、郭紹虞等積極籌建"上海中國書法篆刻研究會"。(《中國書法》2010年第12期)

10月5日，上海中國畫院宣布成立教學輔導組。13日，舉行第一次教務會議，出席者有副院長王个簃、賀天健、湯增桐，畫師邵洛羊、樊少雲、吳湖帆、唐雲、程十髮、張大壯、孫祖勃等。會議上宣布了師生分配名單：山水畫教師賀天健，學生爲邱陶峰和苗重安；山水畫教師吳湖帆，學生爲陸一飛；花鳥畫教師王个簃，學生爲劉保申；花鳥畫教師唐雲，學生爲吳玉梅；人物畫教師程十髮，學生爲毛國倫；人物畫教師樊少雲，學生爲汪大文。教學大綱由教師分別制訂。(《上海中國畫院1956—2016》36頁)

方增先、諸涵、杭英在上海中國畫院從其學藝。

爲全國政協禮堂繪八尺《紫藤圖》。

郭（郭紹虞） 王个簃刻

亞明 王个簃刻

陸一飛 王个簃刻

上海中國畫院 王个簃刻

本年度王个簃尚有如下代表作：

篆書《我師唯工八言聯》（148cm×26cm×2），款："集散氏盤我師我旅用執正義；唯工唯農實新鴻圖十六字爲聯，參石鼓文筆法成之。一九六零年十二月下旬，个簃王啓之於上海西郊。"（南通市个簃藝術館藏，《世紀丹青（三）》）

鈐印：王賢信印（白文）、霜荼（白文）、須曼（朱文）、還硯堂（朱文）。

作《金花萬朵向陽開》（118cm×54.5cm），題："金花萬朵向陽開。一九六零年三月中旬，个簃王啓之畫於上海西郊。"（南通市个簃藝術館藏，《中國歷代畫家佳作品鑒·王个簃》）

作《扁豆肥》（133cm×71cm），題："水邊燦爛豐收景，滿架花繁扁豆肥。一九六零年九月中旬，七一人民公社歸來乘興作圖。个簃王啓之并記。"（上海中國畫院藏）

鈐印：王賢印信（白文）、啓（朱文）、領略古法出新奇（朱文）。

作《田頭瓜果》（70cm×28.5cm），題："田頭屋角風光好，芋艿噴香瓜果肥。一九六零十月，个簃王啓之七一公社歸來作此。"（《王个簃書畫作品集》）

作《五色菊》（110cm×62cm），題："一本齊開五色花。个簃王啓之畫，

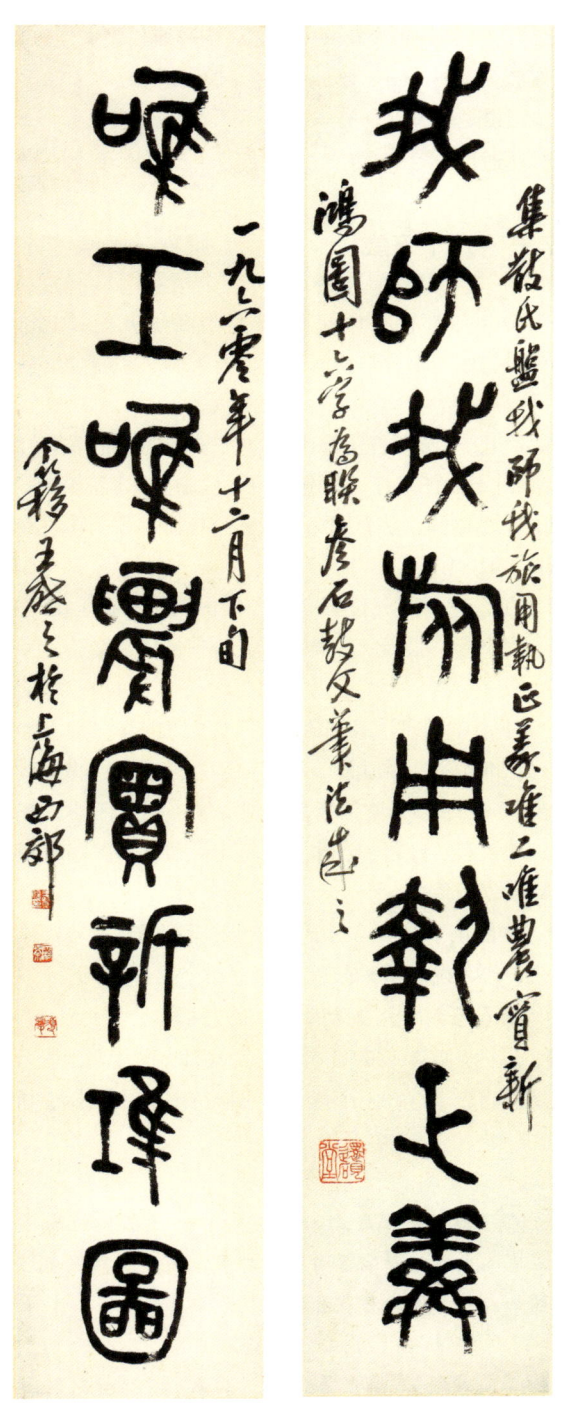

"我師唯工"八言聯（南通市个簃藝術館藏）

一九六零年十二月。"（南通市个簃藝術館藏，《中國歷代畫家佳作品鑒·王个簃》）

作《百花齊放》（108.5cm×47cm），題："百花齊放。个簃王啓之畫於上海西郊。"（上海中國畫院藏）

是年，王福庵逝世。

1961 年　辛丑　六十五歲

時任上海中國畫院副院長、中國人民政治協商會議第三屆全國委員會委員、中國美術家協會第二屆理事會常務理事、上海市書法家協會第一屆理事會副主席。

1月，哈爾濱北方大廈委托上海中國畫院布置畫六幅，確定作者爲王个簃、賀天健、唐雲、程十髪、江寒汀、謝稚柳。（《上海中國畫院 1956—2016》41 頁）

2月14日，上海中國畫院召開第二次教務會議，王个簃主講。（《上海中國畫院 1956—2016》41 頁）

2月18日上午，意大利三位專家和一位伊朗專家在上海中國畫院參觀訪問，由王个簃、程十髪、張大壯、吳青霞、陸一飛負責接待。（《上海中國畫院 1956—2016》41 頁）

4月8日，"上海中國書法篆刻研究會"（上海市書法家協會前身）在上海博物館成立，歸上海中國畫院建制。召開第一届理事會，沈尹默當選主席（主任委員），郭紹虞、王个簃、潘伯鷹當選副主席（副主任委員），以及馬公愚、鄧散木、白蕉、包六科、錢君匋、來楚生等十餘位委員。同時舉行了上海市首届書法篆刻作品展覽開幕式。

4月15日，中國選手在"第二十六屆世界乒乓球錦標賽"盛會中取得優異成績，捷報傳來，作《祝捷圖》志慶。（南通市个簃藝術館藏，《王个簃畫集》）

4月，"中國金石篆刻研究社籌備會"停止活動。

5月20日，以西川寧爲首的日本書法代表團一行九人，在上海中國書法篆刻研究會參觀訪問。豐子愷、王个簃等負責接待事宜。（《上海中國畫院 1956—2016》42 頁）

曾爲應野平題《應野平囑題山水小卷》詩："萬般傳統勤師古，滿地源泉敢創新。早已成家人共賞，筆歌墨舞祝長春。""展開小卷風光好，墨色含情鬥彩鮮。百讀心頭如火熱，這邊看盡看那邊。"

夏至節，作《蠶繭圖》，題："蠶寶寶，真乖巧，殷勤吐絲意纏綿，好繡河

與陳佩秋、唐雲、朱屺瞻、程十髮、吳青霞等在上海中國畫院座談

與朱屺瞻、唐雲、程十髮等深入農村采風

山新面貌。"

7月28日，在《光明日報》發表《對花鳥畫創新的探索》一文。

7月，上海人民美術出版社出版《上海美術作品選》，作品《群芳吐艷》入選。

10月25日，王个簃、唐雲、謝之光、沈邁士、孫雪泥、江寒汀等二十一人赴杭州，然後分批赴廣東及寧波、紹興等地深入生活。27日，王个簃、朱梅邨等應邀前往杭州作畫。（《上海中國畫院1956—2016》46頁）

篆書《石鼓文》，題："參用琅玡臺石刻筆法，節錄獵碣文汧鼓字。辛丑夏至節，个簃王啓之於上海西郊還硯樓中。"（河北人民出版社《中國現代書法選第二集》4頁）

行書《金華雜詠四絕句》(135cm×45cm)。(上海中國畫院藏)

作《新花奇卉》(98cm×48cm),款:"一九六一年一月二十二日,个簃王啓之畫於上海長寧樓。"(上海中國畫院藏)

鈐印:王賢印信(白文)、啓(朱文)、个簃(朱文)、須曼(朱文)。

作《案頭小景》(80cm×50cm),題:"一九六一年三月十二日,曉起濡筆作圖。个簃王啓之於上海西郊。"(《王个簃書畫作品集》)

作《春光》(133cm×67cm),題:"春光。一九六一年四月上旬,个簃王啓之畫。"(南通市个簃藝術館藏,《中國歷代畫家佳作品鑒·王个簃》)

作《鷹擊長空》(109cm×95cm),題:"鷹擊長空,魚翔淺底,萬類霜天競自由。毛主席長沙詞中語,摘以作圖。一九六一年六月,个簃王啓之於上海。"(南通市个簃藝術館藏,《王个簃畫集》)

作《紅桃圖》(62.5cm×33cm),題:"一顆桃子一顆心,紅心獻給黨,

鷹擊長空(南通市个簃藝術館藏)

六億神州齊歡騰，歌聲如海震天響。建黨四十周年，个簃敬繪并題小詩。"（上海中國畫院藏）

鈐印：賢（朱文）、啓翁（朱文）。

作《翠柏祥雲》（178cm×94cm），題："山騰翠柏群龍舞，日照祥雲萬象新。公元一九六一年夏，个簃王啓之畫於上海西郊長寧樓。"（上海中國畫院藏）

作《豐產圖》（90cm×64cm），題："烟台途中得此豐產圖。啓之王个簃時年六十五歲。"（上海中國畫院藏）

鈐印：个簃（白文）、啓之（朱文）、領略古法生新奇（朱文）。

刻《昌中畫記》白文印，款："辛丑孟春，个簃啓之滬濱。"（《王个簃篆刻集》）

刻《發奮圖強》印，款："發奮圖強，一九六一年六月中旬，个簃王啓之刻。"（《中國印譜史圖典（下）》）

刻《諸涵印》朱文印，款："个簃爲涵侄刻三字回文印，辛丑。"（《个簃印集》）

吳汀鷺逝世。

曾爲其畫册題詩："汀鷺筆墨醇而肆，畫爲其人斯可貴。比出所製瞿然驚，不敢折衝且退避。紙不滿尺氣氲氲，衆妙拈來力不費。試叩其玄究若何，一笑語人恣游戲。江南畫士多盈千，輒以嫵媚傷風致。我更蹉跎百不能，未信人言仗奇氣。拉雜哦詩與君期，十日五日一挤醉。"

是年，姚虞琴逝世、熊松泉逝世、梅蘭芳逝世、朱文侯逝世。

全家合影

1962 年　壬寅　六十六歲

時任上海中國畫院副院長、中國人民政治協商會議第三屆全國委員會委員、上海市文學藝術工作者第二次代表大會代表、中國美術家協會第二屆理事會常務理事、上海市美術家協會第二屆理事會第一副主席、上海市書法家協會第一屆理事會副主席。

2月21日，上海市群衆藝術館在嘉定縣舉辦"上海市郊區農村群衆業余美術作品展覽會"，并在寶山縣、川沙縣舉行巡回展出。展覽內容分美術作品和民間工藝美術作品兩部分。王个簃作《參觀嘉定縣業余美展》詩："美不勝收觀美展，發揮潛力正蓬蓬。吳衣曹帶存天趣，刻紙堆花見技紅。近采鄉風饒特色，兼羅衆藝亦同工。休言草創規模小，綽有精神占上風。"

5月8日至12日，王个簃、豐子愷、劉海粟、沈尹默、沈柔堅、張聿光、張叔通、陳秋草、吳湖帆、呂蒙、林風眠、唐雲、賀天健、程十髪、錢瘦鐵、謝之光、謝稚柳出席上海市文學藝術工作者第二次代表大會。（《上海中國畫院1956—2016》50頁）

8月16日，應山東省文聯、美協和青島市文聯聯合邀請，赴青島參加中國畫創作會議，與會者有上海孫雪泥、江寒汀、呂蒙、楊涵、錢君匋；南京錢松喦、亞明、俞劍華、陳大羽、張文修、肖平；北京李苦禪、王雪濤、吳鏡汀、郭味蕖、田世光、李燕、郁風；山東于希寧、關松聲、劉魯生等，由孫長林陪同。

8月20日，游崂山。

8月24日，應邀觀上影話劇《上海屋檐下》。

8月26日，經烟台去威海衛，游扁擔島。

9月8日，抵濟南游趵突泉、泛舟大明湖。

9月9日，抵泰安，游岱廟，晚觀豫劇《謝瑤環》。

9月12日，登泰山極頂，有《泰山紀游》詩："泰山下視青未了，一片歡騰滿地歌。大好風光來不易，天時地利重人和。"

秋仲，在山東青丘爲郭味蕖篆書《獨鶴不知何事舞，赤鯉騰出如有神》聯，題："味蕖老兄囑篆，爲參石鼓文筆法，集杜子美詩句請正。時壬寅秋仲，个簃啓之於青丘。"（郭味蕖美術館藏，《百年菁華》）

9月24日，返滬，探幽尋勝歷時35天。

12月中旬，西泠印社成立六十周年，組建籌備委員會。張宗祥任主任，潘天壽、傅抱石、王个簃等爲副主任。

《1962年印社籌備會議題名》："張宗祥　唐醉石　高繹求　阮性山　王个

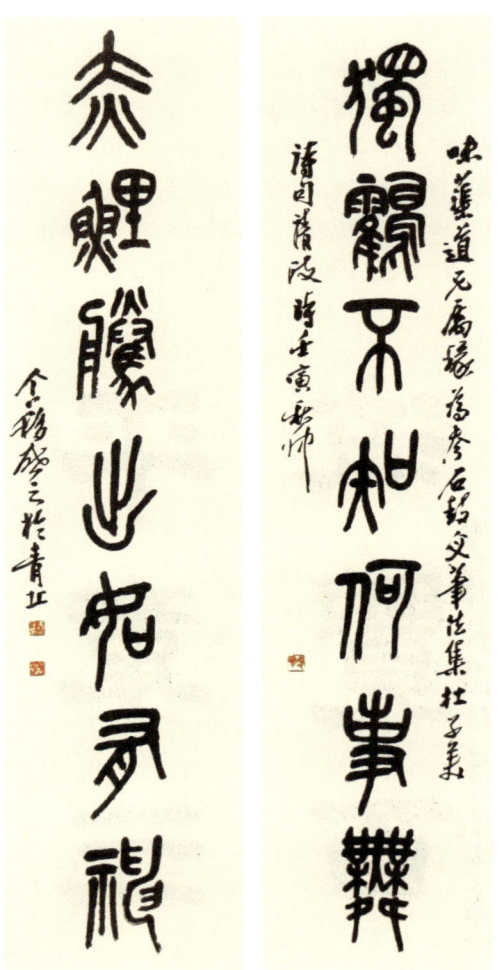

"獨鶴赤鯉"七言聯
（郭味蕖美術館藏）

籙　邵裴子　潘天壽　高式熊　秦康祥　葉露園　方去疾　吳振平　韓登安　諸樂三　商景才　陳禮節　許欽文　沙孟海　陸維釗　金越舫　方介堪　錢鏡塘　錢君匋　傅學群　朱醉竹　吳寅　孫曉泉　傅抱石　羅竹風　丁吉甫　沈尹默　褚保權　吳樸　曹漫"（《西泠印社九十年》）

　　中國美術家協會上海分會第二屆大會召開，豐子愷當選主席，王个簃、沈柔堅、吳湖帆、張樂平、林風眠、賀天健、顏文樑爲副主席。呂蒙爲秘書長，陳秋草、張充仁、蔡振華爲副秘書長。

隸書《平章三代器，流覽百城書》聯（126cm×24.7cm×2），款："集漢張遷碑字，壬寅夏仲，个簃啓之。"（南通市个簃藝術館藏，《世紀丹青（二）》）

鈐印：王賢印信（白文）、啓之（朱文）、須曼（朱文）。

作《石楠》（139cm×69.5cm），題："大葉扶疏綴細實，石楠曾不遜蒼梧。前人不畫我來補，一樣秋光異樣圖。壬寅秋杪，个簃啓之并題。"（南通市个簃藝術館藏，《中國歷代畫家佳作品鑒·王个簃》）

鈐印：王賢印信（白文）、啓之（朱文）、領略古法生新奇（朱文）。

"平章流覽"五言聯
（南通市个簃藝術館藏）

作《彼岸花》扇（52cm×19cm），款："壬寅端陽節，个簃王啓之。"（《王个簃書畫作品集》）

作《冷艷》，題："半臨秋水照新妝，淡静豐神冷艷裳。壬寅歲十一月初吉，試西泠印社新制青赭。个簃啓之於黃歇浦上。"（《王个簃先生書畫篆刻展覽目》（日本））

作《春光》扇（50.5cm×19cm），款："个簃啓之畫於滬上。"（《王个簃書畫作品集》）

刻《大聲》白文印，款："壬寅七月七日，个簃爲涵侄刻石。"（《个簃印集》）

是年，商笙伯逝世、樊少雲逝世、胡小石逝世、黃松庵逝世、胡適逝世、張魯庵逝世。

1963年　癸卯　六十七歲

時任上海中國畫院副院長、中國人民政治協商會議第三屆全國委員會委員、西泠印社副社長、中國美術家協會第二屆理事會常務理事、上海市美術家協會第二屆理事會第一副主席、上海市書法家協會第一屆理事會副主席。

1月上旬，與張聿光、孫雪泥、唐雲、來楚生在上海中國畫院合作《三友圖》。吳東邁、王个簃向西泠印社捐獻吳昌碩書畫和有關文物，政府予以獎勵。

《西泠印社百年史料長編》："省文化局致省人民委員會《關於吳東邁捐獻文物擬予獎勵的報告》文辦（63）字第25號（1963年1月24日）：'吳昌碩是近代的藝術大師，我省的吳昌碩紀念室早在1957年成立，但尚不充實，很需要徵集吳昌碩先生有關文物。1957年以及最近，吳東邁先生曾兩次捐獻有關文物共計畫41件、字35件、篆刻32件、手寫詩稿2本、手刻端硯1件以及吳昌碩生前用物48件、詩集版片279塊。估價6270元。根據文物政策，并有利於今後文物徵集工作的進一步開展，擬發給獎金5000元（吳東邁最近家庭生活比較困難），并由省人委或省文化局名義發給獎狀。另外，上海國畫院副院長王个簃也捐獻了一些文物，擬發給獎狀。當否請批示！'"（省檔案館所藏文件）

省博物館致省人民委員會辦公廳的《關於吳昌碩畫捐獻獎金問題的補充意見》（63）總字98號（1963年3月6日）（摘錄）：

"1957年省文化局考慮社會的需要，指示我館創辦吳昌碩紀念室。當時我們動員吳東邁（吳昌碩之子）、王个簃兩先生各捐獻一批吳昌碩作品和遺物。今年是吳昌碩誕辰120周年，我館爲充實吳昌碩紀念館的陳列，來紀念這位藝術大師，并知其子吳東邁存畫較多而且是較精品。其因生活困難不斷在上海賣

三友圖
（合作，上海中國畫院藏）

希齋（褚樂三）　王个簃刻

出，而原有捐獻時，并無獎金。

"吴東邁兩次捐獻的文物，其中有繪畫41件、字37件、印章32件、手寫詩稿2本、生前用物49件等。繪畫之中，多屬吳昌碩早、中、晚各時期的代表作品，如獨松、獨柏、紅桃各大幅，在山海關畫的松石軸，臨終前三天所寫花卉軸，爲梅蘭芳畫的墨梅，金箋彩色天竹牡丹兩軸，花卉蔬果册頁十二幀……以及任伯年爲吳昌碩畫蕉陰納凉肖像等，更具有重要的歷史、藝術價值，至於吳昌碩手寫詩稿兩本，還是全國没有第二本的珍品。對於吳東邁捐獻的兩批文物的獎金問題，我們開過兩次會議，先後有館内領導幹部、與文物管理委員會領導幹部參加評議的解智運、□（清按：此處字迹模糊，難以辨認）、鍾國儀、孫永樂、楊晨鐘、朱家濟、沙孟海等參加。鑒於當時對第一批并沒有給予物質獎勵，所以這次把兩批文物統盤考慮。就每件作品的歷史藝術價值，并參照上海朵雲軒的現售價格，共估價爲6270元（生前用物49件，詩集版片279塊不算在內）。根據文物政策的精神、我們考慮發給獎金4000至5000元。爲了今後做好文物徵集工作及吳東邁先生有病急用此捐獻獎金，擬請提早核批。　此上
省人民委員會辦公廳"
（浙江省檔案館所藏文件（63）總字98號）

3月，王个簃、應野平、朱屺瞻、孫雪泥等赴浙東溫州、麗水、雁蕩等地寫生。

初夏，諸樂三携子諸涵赴上海拜訪王个簃，感謝王个簃對諸涵在上海中國畫院進修期間的關照和指點。同時諸涵拜王个簃爲師。（《王个簃紀念文集》，中國文聯出版社，2007年8月）

秋，諸涵在杭州大華飯店舉行拜師儀式，潘天壽、吳茀之、諸樂三及中國美術學院黨委書記高培明等參加。席間，王个簃、潘天壽、吳茀之、諸樂三合作《秋菊竹石圖》。（《王个簃紀念文集》，中國文聯出版社，2007年8月）

10月，《中國畫小輯之十二》由上海人民美術出版社出版。王个簃發表作品《繽紛紅紫映霞明》，另有賀天健、孫雪泥、朱屺瞻、錢瘦鐵、謝稚柳、來楚生、唐雲、朱梅邨、程十髪、張守成、陸一飛作品刊入。

10月，王个簃等赴大場部隊體驗生活。作《噴香米飯荷包蛋》（102cm×44cm），題："噴香米飯荷包蛋，公社食堂潔而精。芋豆堆盤帶露摘，清脾滿腹種深情。一九六三年十月，訪問滬郊大場人民公社作圖志喜。个簃啓之并題七

諸樂三、王个簃合照

西泠印社建社六十周年紀念大會

絕一首。"（上海中國畫院藏）

　　鈐印：王賢印信（白文）、啓（朱文）、个簃（朱文）、自力更生（朱文）。

　　重陽節，西泠印社舉行六十周年紀念會，會議通過新社章，選舉產生首屆理事會。張宗祥爲社長，潘天壽、傅抱石、王个簃、徐欽文、孫曉泉爲副社長，董必武爲大會題詩祝賀。（《西泠印社百年史料長編》，西泠印社，2003 年 10 月）

　　向西泠印社捐獻藏品。

　　與唐醉石、張宗祥、馬一浮、沈尹默、邵裴子、許欽文、錢君匋、沙孟海、方介堪、金越舫、高絡園、阮性山、孫曉泉、諸樂三、陸維釗、方去疾、吳樸堂、秦康祥、高式熊、葉潞淵、朱醉竹、韓登安、童雪鴻、吳振平、錢鏡塘、羅叔子、褚保權、丁吉甫、吳寅合影。（《西泠印社百年圖史》）

　　游桐廬、桐君山、七里瀧、嚴子陵釣魚臺、新安江水電站、白沙等，飽覽富春江、新安江山水美景。與詩人戴盟唱和詩詞，經金華、杭州返滬。

　　《桐君山》："登臨水合山環抱，山有仙人馬有洲。今日依山築高閣，供人休養與遨游。"

　　《桐廬渡口》："陰雨連朝忙喚渡，村人喧笑話年豐。雞鵝苗壯田園熟，人面霜花相映紅。"

　　《七里瀧攔洪壩》："萬人動手山爭劈，一壩橫江水就馴。如此規模如此景，山河越變越精神。"

　　《新安江水庫觀光》："乾坤旋轉古無能，夢想桃源洞裏行。今日人間真換了，窮山惡水總生情。自力更生呈巨變，荒山幾户閃奇光。一江鎖斷憑雙手，萬炬騰空照八方。"

《路過白沙》:"物阜窮鄉添廣廈,人稠闊水架雙橋。一回經過停車久,四面雲山分外嬌。"

11月27日至12月24日,王个簃、潘天壽、顧廷龍、陶白等六名中國書法家代表團成員赴日訪問。這是解放後西泠印社主要成員首次訪日,出訪極其成功。(《西泠印社百年史料長編》)

初秋,參加訪日代表團。團長陶白,團員還有潘天壽、顧廷龍,此為先生第二次訪日,距首次訪日已有三十一年。在東京,與日本書法家交流書藝,日本著名書法家豐道春海、西川寧、松井如柳、片山哲、金子鷗亭、川博等在座。在大阪,與100多名日本女書法家切磋交流。松丸東魚發起組織紀念吳昌碩活動,王个簃介紹吳昌碩藝術。為梅舒適刻印1方。在奈良,日本友人今井凌雪出示所藏近20幅吳昌碩畫作,其中一幅《蒼松圖》,為學藝期間與老師吳昌碩合作之作。從日本各地游覽返回東京後,王个簃、潘天壽、顧廷龍各作冊頁二十餘頁以答謝。歷時20多天返滬。(曹用平《王个簃大事年譜簡編》)

11月27日,王个簃、潘天壽、顧廷龍等六名中國書法家代表團成員乘坐英國國營航空公司的班機,到達成田機場。

11月28日,拜訪中島健藏私宅和豐道春海私宅。

11月29日,參觀東京國立博物館,觀看日本美術展,欣賞舞劇《寶蓮燈》。

11月30日,參觀內閣文庫,拜訪松丸東魚私宅和松井如流私宅。欣賞松山芭蕾舞團表演的"祇園祭"。

12月1日,與1958年訪中的書法家共進午餐。參觀書道博物館,拜訪西川寧私宅。

中國書法家代表團訪問日本,王个簃即席致辭

12月2日，參觀大倉集古館所藏大倉喜八郎的中國書畫文物藏品。參加接待三團體聯合舉辦的盛大歡迎宴會。

12月3日，乘坐全日空飛機往大阪訪問。參加"關西女流展"主辦的午餐歡迎會。參觀大阪市。參加大阪華僑總會主辦的歡迎晚會。

12月4日，拜訪村上三島私宅，拜訪宮本竹逕私宅。參觀松下電器工廠。參加大阪府日中友協主辦的歡迎晚會。

12月5日，參觀南住吉小的書道課。與1958年訪中的書法家共進午餐。參觀南中學的書道課。參加日本書藝院主辦的歡迎晚會。

12月6日，赴古都奈良市。參觀奈良國立博物館，訪問東大寺。拜訪今井凌雪私宅，拜訪杉岡華村私宅。

12月7日，參觀一條高中的書道課。訪問法隆寺和唐招提寺。

12月8日，參觀筆墨制造作坊——吳竹精升堂、墨運堂、明石屋本鋪。參觀大和文華館。拜訪制墨老作坊第三代堀剛治私宅。坐車回大阪。參加日本書道俱樂部主辦的歡迎晚會。連夜再坐車往京都。

12月9日，訪問清水寺。參觀龍村織物作坊。拜訪著名陶瓷家"清水燒"第六代傳人清水六兵衛私宅。參加京都府日中友協主辦的歡迎晚會。

12月10日，參觀住友財團的住友古銅館，訪問京都大學人文科學研究所。訪問金閣寺、龍安寺。觀賞歌舞伎表演。

12月11日，拜訪著名畫家水田慶泉私宅。參觀京都博物館。參加日本書道俱樂部京都支部主辦的歡迎晚會。

12月12日，參觀桂離宮。與京都的書畫家座談。拜訪立命館大學校長末川博私宅。篆題梅舒適創立的"篆社"。

12月13日，乘車往名古屋。參觀德川美術館。參加中部地區書道團體主辦的歡迎晚會。

12月14日，參觀名古屋陶瓷工廠。拜訪大池晴嵐私宅。

12月15日，乘電車往箱根。

12月16日，游覽箱根富士山。

12月17日，乘車往鎌倉。參拜聶耳紀念碑。拜訪殿村藍田私宅，拜訪企業家兼著名中國書畫大收藏家高島菊次郎私宅。（數年後，其所藏的珍貴中國書畫277件全部捐贈東京國立博物館。）坐車往東京。

12月18日，拜訪舊貴族內閣老臣細川護立（其孫細川護熙曾任20世紀90年代的首相）私宅，拜訪金子鷗亭私宅。與鑒真紀念會的幹部座談。

12月19日，再觀東京國立博物館的特別展覽。參加中日交流筆會。參加日本書道聯盟主辦的晚宴。

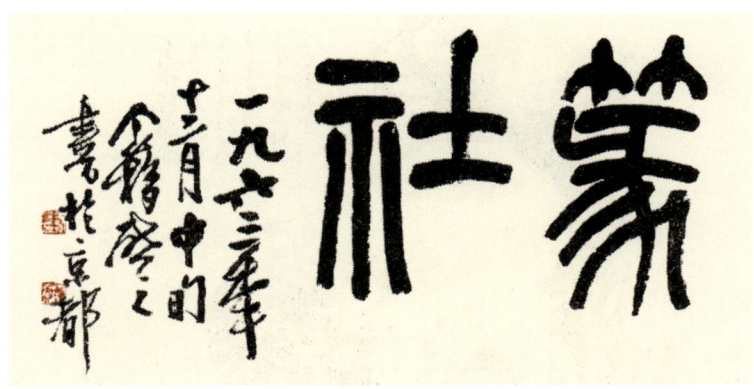

王个簃題 "篆社"

12月20日,參觀五島美術館。拜訪青山杉雨私宅。與書道雜誌學會關係者座談。參加新話劇訪中人員主辦的晚宴。

12月21日,參觀根津美術館。參加"吳昌碩逝世37周年紀念活動"。

12月22日,拜訪著名作家井上靖私宅。拜訪飯島春敬私宅。

12月23日,參觀靜嘉堂文庫。中國書法家代表團設宴答謝日本各界友人。

12月24日,乘坐日本航空客機回國。(《試考海派書畫大家潘天壽、王个簃、顧廷龍首次東漸交流》,《東方早報》2015年5月6日)

應潘天壽院長邀請,在浙江美術學院講學。

與寧波美術愛好者座談。(《寧波大衆》,1963年5月3日)

吳東邁著《畫家叢書——吳昌碩》印行。

行書《登泰山七絶》(138cm×34cm):"回馬嶺前來健步,步雲橋畔入高歌。此中風景初相識,送往迎來不厭多。登泰山七絶一首,癸卯春正,个簃啓之。"(《吳昌碩王个簃》,新加坡國家博物院)

鈐印:王賢印信(白文)、霜荼(白文)、長樂(朱文)、要好(朱文)。

隸書《廣宗披覽四言聯》(64cm×17cm×2),款:"个簃集張遷碑。"(《2018中國書畫名家館聯會第二十三屆年會專輯》)

作《菜肥麥秀》(138cm×70cm),題:"連疇元麥迎風秀,滿圃青蔬帶雨肥。一九六三年五月畫於滬上西郊還硯樓,个簃啓之。"(上海中國畫院藏,《百年中國畫集1907—2000(上)》)

鈐印:王賢印信(白文)、啓(朱文)、啓之(白文)、還硯堂(朱文)。

作《月季花》(103cm×34.7cm),題:"墙角花開紅爛漫,香風陣陣入簾櫳。癸卯端陽節,个簃啓之倚醉。"(南通市个簃藝術館藏,《世紀丹青(六)》)

鈐印:梅鄰(朱文)、王賢印信(白文)、啓之(朱文)。

雁蕩雲峰（南通市个簃藝術館藏）

  作《雁蕩雲峰》(69.8cm×46cm)，題："石根盤細澗，路背見遥山。好景紛紛列，還須健步攀。癸卯夏仲，个簃錄靈峰小景。"（南通市个簃藝術館藏，《中國歷代畫家佳作品鑒·王个簃》）

  作《傾心向太陽》(128cm×60cm)，題："傾心向太陽。一九六三年九月畫於滬上西郊，个簃啟之并記。"（上海中國畫院藏）

  鈐印：啟之（朱文）、个簃（白文）、生在福中（白文）。

  作《一塵不染》(128cm×60.5cm)，題："一塵不染。南京路上好八連事迹展覽觀後衷心敬仰，伸紙作圖。一九六三年九月，个簃王啟之。"（上海中國畫院藏）

  鈐印：个簃（白文）、美在斯（朱文）。

子愷書畫（豐子愷）　王个簃刻

作《葡萄》（137cm×68cm），題："的的紫房含玉潤，疏疏翠幄向風開。癸卯夏仲，个簃啓之畫於滬上西郊還硯樓。"（江蘇省美術館藏，《大師大家》）

作《向日葵》（97.5cm×42cm），題："南明山觀瀑亭前見此花。癸卯夏个簃。"（南通市个簃藝術館藏）

作《紅蕖》扇（52cm×19cm），題："朝日迎紅渠。个簃畫於滬上西郊。"（《王个簃書畫作品集》）

刻《子愷書畫》白文印、《緣緣堂》朱文印，款："个簃爲子愷老人刻面面印，癸卯六月。"（《王个簃篆刻集》）

刻《緣緣堂》白文印，款："癸卯夏日，个簃刻。"（《王个簃篆刻集》）

刻《梅舒適》白文印。（《王个簃先生書畫篆刻展覽目》（日本））

葦一逝世。

王个簃曾作《振纓淬伯子美約游瑯山準提庵賦贈葦一和尚》詩："春雨連宵茁花藥，軟風一片透簾箔。景光動地催芒屩，結伴驅車從日脚。才牽襟袖背城郭，忽聞欸笑入林壑。拾級天外鳴梵鐸，翹首雲中張繡幕。松柏盤挐魚龍躍，江海奔馳天地搏。此時心胸茫無着，長謁山僧陟高閣。壁間詩句極綜錯，石上子聲久落寞。泉源冬夏不曾涸，留取龕前水一勺。汲水灌漑石田穫，擷彼精英去糟粕。百年衣缽光芒嚼，割絕塵滓深扃鑰。蕭蕭數竿解新籜，泠泠一曲和天樂。半偈同參與君約，不效摶鵬效屈蠖。身坐蒲團氣磅礡，三島十洲裏囊橐。雙眼不見河山削，日與鐘魚相唯諾。"

鄧散木逝世。

王个簃曾作《贈鄧鈍鐵》詩："敲門夜半知乘醉，呼嘯登樓未許遲。篆用蟠挐如鐵曲，詩餘寒瘦爲霜欺。闌干頻撼宵風急，鬢髮俱蒼白日馳。身世茫茫何所托，拂弦無夢到鐘期。"

是年，吳東邁逝世、江寒汀逝世。

1964 年　甲辰　六十八歲

　　時任上海中國畫院副院長、中國人民政治協商會議第三屆全國委員會委員、西泠印社副社長、中國美術家協會第二屆理事會常務理事、上海市美術家協會第二屆理事會第一副主席、上海市書法家協會第一屆理事會副主席。

　　春，與林風眠、黃胄合作《女民兵》，李宇超題款："中華兒女多奇志，不愛紅裝愛武裝。一九六四年春，王个簃、林風眠、黃胄合作，李宇超題款。"（《王个簃畫集》）

女民兵（與林風眠、黃胄、李宇超合作）

4月上旬,與毛國倫在上海羅店公社金星大隊合作《遍地東風》(150cm×82cm),王个簃并題七絕一首:"農村遍地起東風,大鬧春耕競立功。穿過桃林女闖將,昂揚鬥志去除蟲。"又題:"是畫創作過程中,國倫弟曾與我助力,試繪既成。"(上海中國畫院藏)

5月,社會主義教育運動(即"四清"運動)開始,上海中國畫院畫師、職工參與下鄉、下廠。富華、王个簃、沈邁士、鄭慕康、來楚生、周鍊霞等赴上海市寶山縣深入生活。上海中國畫院舉辦"生活新贊畫展"。

《美術》第三期報道:"上海於5月中舉行'生活新贊畫展',這批中國畫人物畫,以反映人民新的生活和新的精神面貌吸引了觀眾注意。展出的作品都來自工農兵的生活。年初以來,上海市的許多國畫家先後去浙江、上海市郊的農村、工廠、部隊蹲點。除老年畫師以外,他們大都和工農兵群眾同吃同住同勞動,并積極以各種方式爲群眾服務。老畫家王个簃、沈邁士、鄭慕康、謝之光等,爲生活感動,充滿激情。"

5月21日,"上海中國畫院俱樂部"成立。

5月,日本近代書道研究所出版《中國書道代表作品——潘天壽、王个簃特集》。

5月,西泠印社籌備吳昌碩誕生一百二十周年紀念活動。王个簃爲籌備組成員并決定與潘天壽、諸樂三在"吳昌碩藝術座談會"上作專題發言。

吳昌碩誕生一百二十周年紀念活動計劃(草案)

吳昌碩是我國傑出的藝術家,西泠印社首任社長。今年九月六日(陰曆八月初一),是他誕生一百二十周年紀念。爲了更好地繼承和發揚祖國的藝術遺產,特制定吳昌碩誕生一百二十周年紀念活動計劃如下:

(一)舉辦吳昌碩作品展覽會,展出其詩、書、畫、印各方面的作品。展品的來源,同京、津、滬、寧、蘇、杭以及吳昌碩的故鄉安吉縣等地博物館和私人藏家商借。展覽會設在外西湖十八號美術館,展出時間九月五日到二十日。

(二)舉辦吳昌碩藝術座談會。邀請各地專家和藝術工作者參加,人數約五十人左右,會期三天,在九月六日至八日舉行。座談會上首先請省、市委和省、市人委負責同志講話作指示。然後請蔡若虹或王朝聞先生作有關藝術理論的專題發言;請潘天壽、王个簃、諸樂三先生作探討吳昌碩繪畫藝術的專題發言;請沙孟海先生作探討吳昌碩治印藝術的專題發言;請沈尹默先生作探討吳昌碩書法藝術的專題發言;請鄭曉滄先生作探討吳昌碩詩歌藝術的專題發言。

遍地東風（與毛國倫合作）

（三）編輯出版吴昌碩誕生一百二十周年紀念專刊，內容以學術論文爲主。建議浙江人民美術出版社出版吴昌碩書、畫、印小畫片和書簽；建議上海人民美術出版社出版吴昌碩書、畫、印選集。争取文物出版社將計劃今年九月出版、由沙孟海（社員）選編的《吴昌碩印譜》，盡可能和吴昌碩誕生一百二十周年紀念挂起鈎來，和有關報紙聯繫，互相配合、發表有關論文和通訊。

（四）擬在六月底以前，邀請下列人員，組成吴昌碩誕生一百二十周年活動籌備組，負責以上各項紀念活動的籌備工作：

（北京）何香凝、齊燕銘、蔡若虹、王朝聞、葉恭綽；

（杭州）王黎夫、許欽文、張英田、孫曉泉、張宗祥、潘天壽、馬一浮、邵裴子、諸樂三、沙孟海、夏承燾、鄭曉滄；

（上海）沈尹默、王个簃；

（南京）傅抱石；

（武漢）唐醉石；

（廣州）關山月；

（福建）陳子奮。

（五）舉辦以上各項紀念活動，共需經費陸仟柒佰陸拾柒元（預算表另附）。

一九六四年五月二十日（《西泠印社百年史料長編》）

8月，在上海市美協展覽部沈智毅的陪同下，與林風眠、唐雲、朱屺瞻赴江西景德鎮，在當地陶瓷廠老工人的指導下作瓷器畫。（《上海中國畫院1956—2016》56頁）

8月27日，在江西景德鎮作《西瓜鳴蟲圖》。

10月，由富華帶隊，赴上海羅店蹲點。同行者有鄭慕康、胡伯翔、來楚生、陸儼少、周煉霞、陳佩秋、毛國倫等十餘人。作詩數十首。

《選種忙》："選種一回重要事，東街西巷静中忙。婆婆戴着老花鏡，小輩儼然上課堂。"

《曉望》："緑裳圍繞黄綢帶，麥浪翻騰夾菜花。清曉風光看不厭，一輪紅日萬人家。"

《翻土》："排成一字長蛇陣，揮舞銀鋤意氣豪。拚與天公塵一戰，熱情如浪拍天高。"

《耕牛孿生》："耕牛清早孿生子，我雜棚前賀客群。艷説老農重生產，連宵伴宿致殷勤。"

從羅店體驗生活回上海中國畫院後，作人物畫《桃林春曉》，毛國倫協助。編輯出版《花鳥畫譜》。帶隊赴東海艦隊參觀學習并創作多幅國畫作品，受到一致贊揚，在此期間，曾向院黨組申請入黨。

游雁蕩，有詩紀游。

《雁蕩道中》："兹游償夙願，大地正回春。四面山爭秀，千家農可親。林梢藏水庫，嶺下牧牛津。時復歌聲起，風光一片新。"

《靈巖展旗峰天柱峰參天聳翠》："靈巖盤萬怪，四顧障雲屏。旗展山疑舞，柱撐天不傾。高松凝壁黛，細瀑散雲蒸。何以酬名勝，朝昏筆未停。"

本年度王个簃尚有如下代表作：

作《稻菽千重浪》（140cm×69.2cm），題："喜看稻菽千重浪，遍地英雄下夕烟。一九六四年二月十五日，用毛主席詩意作圖，王个簃於上海西郊。"（南通市个簃藝術館藏，《中國歷代畫家佳作品鑒·王个簃》）

鈐印：啟之（朱文）、个簃（白文）、敢教日月換新天（朱文）。

作《一丈紅》（133cm×65cm），題："不辜雨露殷勤意，競放奇葩一丈紅。一九六四年五月中旬，个簃啟之畫於滬濱。"（南通市个簃藝術館藏，《中國歷代畫家佳作品鑒·王个簃》）

鈐印：王賢信印（白文）、還硯堂（朱文）、新意（白文）。

作《毛澤東詩意》（134.5cm×66cm），題："紅雨隨心翻作浪，青山着意化爲橋。毛主席詩意，一九六四年五月中旬，王个簃畫於上海西郊。"（《王个簃書畫作品集》）

作《一塵不染》（219cm×94.5cm），題："一塵不染。南京路上好八連事迹展覽會觀後留下深刻印象，永銘肺腑，曾作玉蘭一幀以志景慕之忱。一九六四年八月一日，晨起濡筆，再繪是圖。个簃啟之并記於還硯樓。"（上海中國畫院藏）

鈐印：啟之（朱文）、个簃（白文）、敢教日月換新天（朱文）。

作《詠梅詞意》（130cm×55cm），題："已是懸崖百丈冰，猶有花枝俏。毛主席詠梅詞意。个簃啟之畫，一九六四年八月中旬。"（上海文史研究館藏，《王个簃畫集》）

鈐印：啟之（朱文）、个簃（白文）、賢（朱文）。

作《林角雞鳴》，題："偶爾放筆，頗饒生氣。一九六四年九月，个簃啟之。"（《王个簃畫集》）

鈐印：啟之（朱文）、个簃（白文）、學到老（白文）。

作《一串紅》（140cm×68cm），題："輝煌節日同歡慶，遍地花開一串紅。建國十五周年國慶前夕，心情騰沸，濡筆成圖，个簃王啟之并記於上海中國畫院。"（南通市个簃藝術館藏）

鈐印：海門王啟之（朱文）、个簃興到（朱文）、東風（白文）。

作《一串紅》（44cm×31cm），題："節日同歡慶，花開一串紅。建國十五

村邊秋獲圖（西泠印社藏）

曬場秋風（上海文史研究館藏）

周年國慶前夕，王个簃畫。"（上海中國畫院藏）

作《村邊秋獲圖》，題："村邊秋獲。个簃啓之畫於滬上西郊還硯樓，時一九六四年十月上旬。"（西泠印社藏，《西泠藝叢》2020年9月）

作《棉花》（69cm×28.5cm），題："一九六四年十月，个簃啓之畫。"（《王个簃書畫作品集》）

作《曬場秋風》（78cm×69cm），題："曬在場上，暖到心頭。一九六四年十一月，个簃。"（上海文史研究館藏，《王个簃畫集》）

鈐印：啓之（白文）、新意（白文）。

作《嘉實圖》（70cm×28.5cm），題："輕輕落數耙，嘉實惟滿眼。个簃啓之畫。"（《王个簃書畫作品集》）

作《麥秀》（70cm×28.5cm），題："連村麥秀散清芬。个簃啓之畫於滬上西郊。"（《王个簃書畫作品集》）

鈐印：面向生活（白文）、善抱（白文）。

作《楊梅枇杷》（67.5cm×31.5cm），題："洞庭東山與西山，枇杷楊梅熟成片。艷説今年勝往年，三倍收獲同欣羨。不是冬春勤積肥，增産哪能操左券。个簃啓之畫於滬。"（《王个簃書畫作品集》）

作《青菜扁豆》（70cm×28.5cm），款："个簃畫。"（《王个簃書畫作品集》）

作《荷塘楊柳》（138.3cm×47cm），題："楊柳隨風轉，藕花帶雨香。一九六四年，王个簃畫於滬上西郊。"（《王个簃書畫作品集》）

刻《海門王啓之》朱文印，款："个簃自刻印。甲辰三月九日，啓之。"（《个簃印集》）

刻《比貢獻》朱文印、《幫後進》白文印，款："一九六四年五月，个簃刻於滬上西郊。"（西泠印社藏）

刻《東風》白文印，款："甲辰夏仲，个簃刻石。"（《个簃印集》）

刻《獨有英雄驅虎豹》朱文印，款："試用篆隸楷三體結合刊是印，一九六四年十月，个簃記。"（西泠印社藏）

黄嶽淵逝世。

王个簃曾作《贈黄叟》詩："須髮婆娑遁海端，扃門掩卷足盤桓。蒔花滿地栽雲錦，飼鶴中庭伴歲寒。邱壑經營詩境曲，風烟繚繞酒腸寬。交期未晚從今始，我欲援琴石上彈。"

柯仲平逝世。

作《柯老逝世寫詩悼念》詩："多年慣聆殷勤語，回顧音容如前。囑付心頭懷六億，分清棋子看全盤。心長時引家常話，語重頻揮促進鞭。最憶栽培現代劇，叮嚀大寫十三年。"

是年，于右任逝世、戈湘嵐逝世。

比貢獻　王个簃刻

獨有英雄驅虎豹　王个簃刻

1965 年　乙巳　六十九歲

時任上海中國畫院副院長、中國人民政治協商會議第四屆全國委員會委員、西泠印社副社長、中國美術家協會第二屆理事會常務理事、上海市美術家協會第二屆理事會第一副主席、上海市書法家協會第一屆理事會副主席。

1 月 5 日，當選中國人民政治協商會議第四屆全國委員會委員。

3 月，重訪羅店金星大隊。

6 月，外國婦女代表團訪問上海中國畫院，王个簃、吳青霞、張迪平接待。

農曆九月廿五日，七十壽辰。沙孟海撰"海內存知己，人間重晚情"聯以賀。（《沙孟海研究》下卷 76 頁）

11 月，與張迪平合作《一心爲革命的王傑》。（《上海中國畫院 1956—2016》61 頁）

安吉籌備成立吳昌碩紀念館。

由唐雲、曹用平陪同回南通。

爲《李苦李印集》撰寫前言。

李先生名禎，字筱湖，曉芙，別號苦李，原籍浙江紹興。公元一八七七年生於江西南昌，先生從小愛好繪畫和篆刻。幼年喪父，家又貧困，曾爲扇鋪繪

李苦李印集前言（手稿）

扇得錢以養母。他父親從學於趙撝叔，故先生開始學畫學刻，都繼承趙氏流派。

先生年二十七遷居江蘇南通，任職翰墨林書局先後十數年，對書畫篆刻鑽研益勤，功力益深。他的聲名流傳大江南北，朋輩中與諸貞壯、陳師曾、徐亦軒、曹君覺等時相往還探討文藝。交誼特別深厚。四十後曾從吳昌碩老人爲師，先生後期作品得老人真傳爲多。先生性情嚴峻而謙退，刻苦治學精神數十年如一日。年五十二逝世。

先生書畫篆刻原迹大都流散各地，唯篆刻留。有印集可資稽考。印集中有昌碩老人親筆評語甚多。先生歿後，我和先生之子李其通、女李愉、李怡、長婿黃稚松謀刊先生印集。并與沙孟海、黃稚松會同編選，翁原協助鈐拓，適值抗日戰爭開始，所輯印存，中途擱置，一再拖延，迨一九六五年方始續成。印存中所收各印，除先生自用印章，大都將原印拓出外，餘皆鋅版複製鈐拓。茲略叙先生生平和選輯印集經過如上。門人王个簃。

行書毛澤東詞《水調歌頭·游泳》（132cm×32.8cm），款："一九六五年一月，録毛主席水調歌頭游泳一首，王个簃於上海西郊。"（南通市个簃藝術館藏，《世紀丹青（五）》）

行書毛澤東詩《七律·和郭沫若同志》（149cm×31cm），款："一九六五年三月上旬，个簃啓之書於滬濱。"（上海中國畫院藏）

鈐印：啓之（朱文）、个簃（白文）。

行書《毛澤東六盤山詞》（114cm×32.5cm）。（《王个簃書畫作品集》）

行書《大海航行靠舵手歌詞》（126cm×31cm）。（《王个簃書畫作品集》）

行書《王傑日記》（104cm×46cm）。（上海中國畫院藏）

行書《民謠》（35cm×32cm）。（《王个簃書畫作品集》）

行草《赴嘉定參觀馬陸、徐行、封濱詩五首》（110cm×48cm）。（《王个簃書畫作品集》）

作《鐵幹穿雲紅花遍地》（178cm×96cm），題："堅强鐵幹穿雲出，爛漫山花滿地紅。一九六五年六月，个簃啓之畫於上海中國畫院。"（上海中國畫院藏）

鈐印：王賢印信（白文）、啓（朱文）。

作《蘆蕩紅英》（138cm×69cm），題："蘆蕩紅英。一九六五年八月，个簃王啓之畫於上海中國畫院。"（上海中國畫院藏）

作《果品》（70cm×50.5cm），題："翼婿、悅兒索畫，爲作果品一幀贈之。一九六五年八月，个簃啓之於上海中國畫院之南樓。"（《王个簃書畫作品集》）

作《粒粒酬辛苦》（81cm×64cm），題："稻麥不爭芳，粒粒酬辛苦。用胡喬木詩意作圖。个簃啓之。"（上海中國畫院藏）

鈐印：啓之（朱文）、个簃（白文）。

作《雙豐收》（132.5cm×67cm），題："千斤稻，百斤棉，畝產一年高一年。幹勁足，戰勝天，六億人民盡歡顏。个簃啓之於滬濱。"（上海中國畫院藏，《上海中國畫院繪畫作品集》）

鈐印：啓之（朱文）、个簃（白文）、生在福中（白文）。

作《林隙飛刀》（138cm×69cm），題："林隙飛刀。南越人民抗敵圖景，个簃畫。"（上海中國畫院藏）

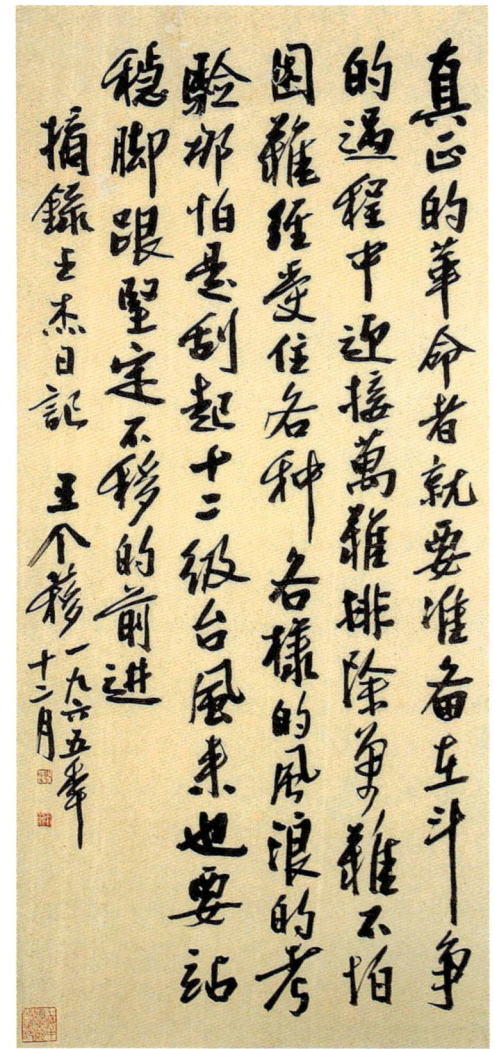

王傑日記（上海中國畫院藏）

粒粒酬辛苦（上海中國畫院藏）

鈐印：王賢印信（白文）、啓（朱文）。

作《梅花》（128.5cm×69cm），題："展望六十年代好，競搖鐵臂放紅花。个簃王啓之畫。"（南通市个簃藝術館藏，《世紀丹青（六）》）

作《葡萄茄子》（150.5cm×81cm），款："个簃王啓之畫於上海西郊。"（南通市个簃藝術館藏，《王个簃畫集》）

鈐印：王賢印信（白文）、霜荼（白文）、善抱（朱文）。

作《蓮塘清艷》（124.5cm×41cm），題："雨驟風狂初歇，霞光反映蓮塘。清艷應無倫比，美人斜曳羅裳。个簃。"（《王个簃書畫作品集》）

刻《天天學》白文印，款："一九六五年五月，个簃刻石自勵。"（《王个簃篆刻集》）

刻《啓之》白文印、《个簃》朱文印，款："个翁自刊印。一九六五年七月。"（《个簃印集》）

孫雪泥逝世。

王个簃曾作《喜雪和孫雪泥》詩："正嫌冬日行春令，忽見寒雲壓海樓。窗靜不知飛絮密，簷深似有凍禽啾。四山端待青迎眼，萬木何憂白上頭。商略與君煨榾柮，爐邊一盞引歌喉。"

是年，鄭集賓逝世、陸小曼逝世、傅抱石逝世、張宗祥逝世、周伯敏逝世。

1966 年　丙午　七十歲

時任上海中國畫院副院長、中國人民政治協商會議第四屆全國委員會委員、西泠印社副社長、中國美術家協會第二屆理事會常務理事、上海市美術家協會第二屆理事會第一副主席、上海市書法家協會第一屆理事會副主席。

幼子王待與孫梅芬在江西吉安結婚。

2月，日本中國文化交流協會、每日新聞社編印《中國現代書道展覽》，篆書《毛澤東詞西江月·井岡山》（138cm×68cm）刊入。

5月16日，歷時十載的"文化大革命"在全國全面展開。

5月24日，英國畫家托波爾斯基訪問上海中國畫院，王个簃、王其元、張迪平等負責接待。26日，日本美術鑒賞參觀團藤城銀太郎等八人訪問上海中國畫院，王个簃、唐雲、謝之光、張大壯、吳青霞、張迪平等負責接待。（《上海中國畫院 1956—2016》63頁）

初秋，被抄家，所藏書畫、文稿、詩箋等皆被"造反派"捆紮帶走，接受批鬥、檢查。

西泠印社活動被迫停止，丁敬、鄧石如、吳昌碩三造像及後山石坊遭毀。十年間，許多社員被抄家、隔離審查等。（《西泠印社百年史料長編》，西泠印社，2003年10月）

農曆九月廿五日，七十誕辰。全家在蘇州團聚。

與陳志明合作《蘆席棚下鬧革命》宣傳畫，陳志明作圖，王个簃配詩并題。

行書《毛主席語錄》（152.2cm×30cm），題："知識分子接受前人的經驗，主要是靠讀書。書當然不可不讀，但是光讀書還不能解決問題，一定要研究當前的情況,研究實際的經驗和材料,要和工人農民交朋友。毛主席語錄，王个簃，一九六六年一月十五日。"（南通市个簃藝術館藏）

行書《大慶人的壯語豪情》（130cm×65cm），題："成績只能說明過去，不能說明現在，更不能說明未來。我們要像登山一樣，把腳印留在後面，永遠向頂峰前進。大慶人的壯語豪情，一九六六年二月二十日，王个簃書。"（南通市个簃藝術館藏，《世紀丹青（六）》）

作《一塵不染》（133.7cm×66cm），題："一塵不染好八連，純潔胸懷樹榜樣。喜將畫筆作贊歌，皎皎花光塑形象。一九六六年四月十五日，个簃啓之寫

蘆席棚下鬧革命（上海中國畫院藏）

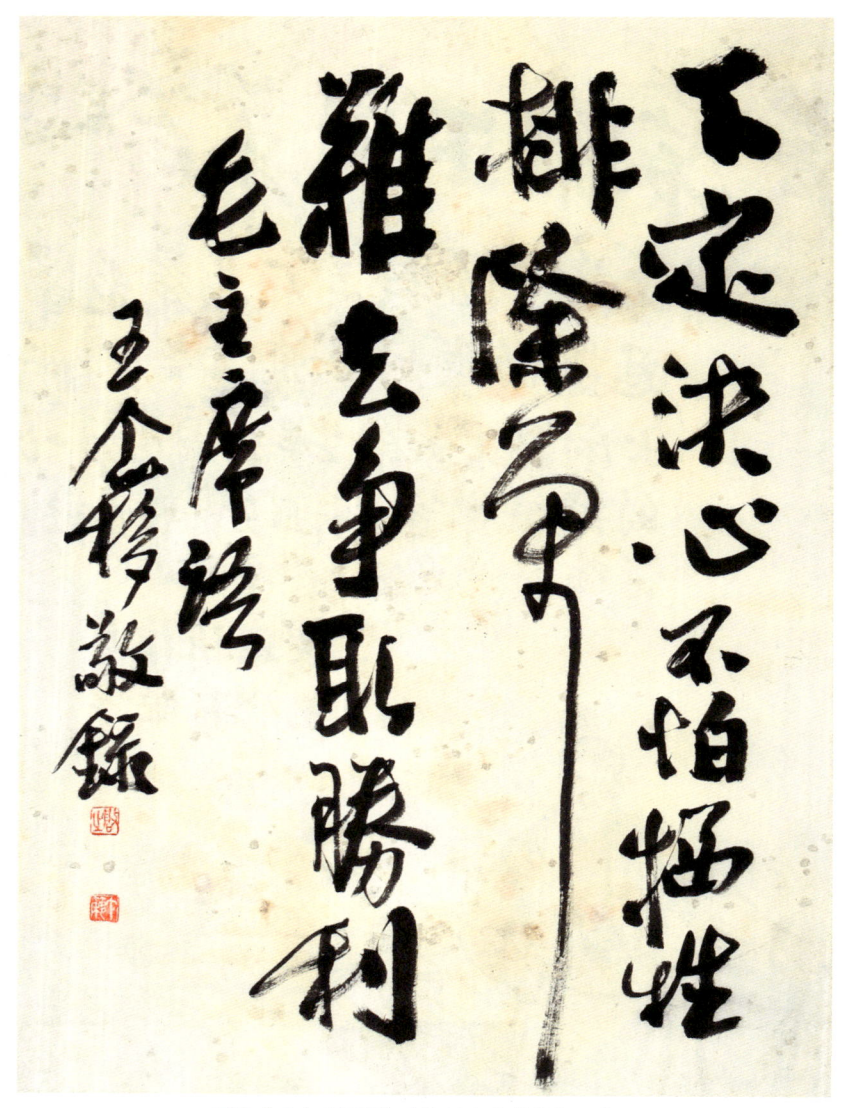

行書《毛主席語錄》（南通市个簃藝術館藏）

玉蘭并題七絕一首。"（南通市个簃藝術館藏，《王个簃畫集》）

　　鈐印：海門王啓之（朱文）、个簃（白文）、新意（白文）。

　　刻《豫》《王公助》印。

　　是年，張聿光逝世、袁松年逝世、潘伯鷹逝世、吴樸堂逝世、童雪鴻逝世。

王个簃在學習

1967年　丁未　七十一歲

  時任上海中國畫院副院長、中國人民政治協商會議第四屆全國委員會委員、西泠印社副社長、中國美術家協會第二屆理事會常務理事、上海市美術家協會第二屆理事會第一副主席、上海市書法家協會第一屆理事會副主席。

  幼女王摯與張季澄結婚。

  幼子王待女王萌（孫女）生。

  上海中國畫院進入大聯合時期。工宣隊進駐，開始"清理階級隊伍"。（《上海中國畫院 1956—2016》64 頁）

  是年，張叔通逝世、馬一浮逝世、費範九逝世、范烟橋逝世、錢瘦鐵逝世。

1968年　戊申　七十二歲

  時任上海中國畫院副院長、中國人民政治協商會議第四屆全國委員會委員、西泠印社副社長、中國美術家協會第二屆理事會常務理事、上海市美術家協會第二屆理事會第一副主席、上海市書法家協會第一屆理事會副主席。

  幼女王摯子張其榕（外孫）生。

  6月，上海中國畫院與油畫雕塑創作室合并，更名爲"上海畫院"。（《上海中國畫院 1956—2016》65 頁）

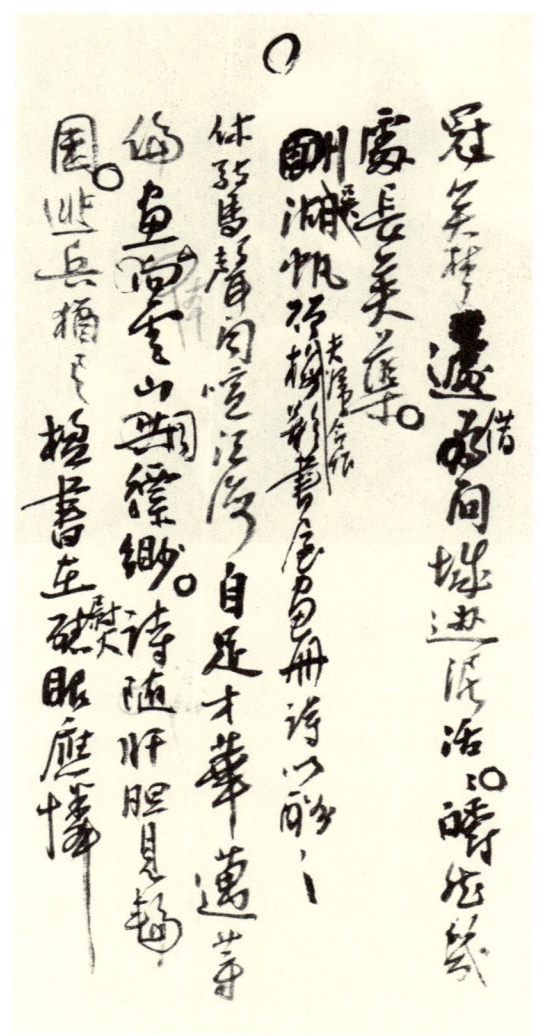

《吳湖帆贈夫婦合作梅影書屋畫冊》詩稿（南通市个簃藝術館藏）

上海畫院、設計公司、上海博物館等在工宣隊的帶領下，組織抗大式學習班，進行"思想改造（鬥、批、改）"。

吳湖帆逝世。

王个簃曾作《吳湖帆贈夫婦合作梅影書屋畫冊詩以酬之》詩："休驚聲聞喧江海，自足才華邁等倫。畫本雲山同縹緲，詩篇肝膽見輪囷。逃兵猶有楹書在，矐眼應憐梅影新。一卷分明披趙管，如何珍重付千春。"

嚴蒼山逝世。

王个簃曾作《贈嚴蒼山》詩："相望咫尺過從密，漸識心情異衆流。海上懸壺綿舊德，山中采藥負閑游。倚閭有母同懷疚，覓食爲家輒種愁。茗話今宵過夜半，徜徉歸路月當頭。"

周瘦鵑逝世。

王个簃曾作《游紫蘭小築贈瘦鵑》詩："常人構園林，十九諧世俗。雜遝主若賓，眼中皆碌碌。庸知一徑微，位置關全局。珠玉尚易求，襟抱誰可鬻。周子弄文翰，揉思極清卓。讀畫癖好深，邱壑撐滿腹。游陟見奇範，羅掘窮崖谷。囊歲獲古梅，題詠累卷軸。移植紫羅蘭，鍾好顔其屋。十畝重經營，四時長綠蓐。劫來園就荒，張眸添梗觸。修葺歷春冬，董匠勤往復。損益挪讓間，鈎心而鬥角。蕉竹沃成林，梧桐任孤獨。想象鳳來儀，寂寞動遙矚。松柏養直幹，頭角穿群木。珠藤結寶幢，雲霞閃花簇。茅亭倚石根，風致簡以樸。石蟠數仞外，剔苔碑矗矗。高處貯水源，汩汩懸飛瀑。芙蕖開重重，溪澗來曲曲。迤邐七尺欄，高低蓺芋菽。竹蔭埋大甕，錦鱗耀初旭。鳥馴來近人，時復飲且啄。院落古瓷盆，制作紛犖硞。中植嘉木繁，纖纖以嶽嶽。蟠挐態各殊，仿佛張畫幅。几案小景妍，安排隨所欲。範水復模山，零金與碎玉。佳趣一枝新，穿墻入帷幄。宛宛侍兒姿，低首閑且淑。周子復何嫌，玩物差自足。齟齬亂未終，世態同轉燭。冠冕笑泥塗，菀枯隔信宿。我今來卜鄰，駕言避混濁。涉園百慮忘，他日酒共漉。興至發嘯歌，形骸無拘束。莫更避人訕，相看鬢絲秃。"

是年，葉恭綽逝世、邵裴子逝世、荀慧生逝世、陳小翠逝世、董天野逝世、羅叔子逝世。

1969 年　己酉　七十三歲

時任上海中國畫院副院長、中國人民政治協商會議第四屆全國委員會委員、西泠印社副社長、中國美術家協會第二屆理事會常務理事、上海市美術家協會第二屆理事會第一副主席、上海市書法家協會第一屆理事會副主席。

幼子王待子王蓋（孫）生。

是年，馬公愚逝世、唐醉石逝世、徐立蓀逝世、白蕉逝世、龐左玉逝世。

1970 年　庚戌　七十四歲

時任上海中國畫院副院長、中國人民政治協商會議第四屆全國委員會委員、西泠印社副社長、中國美術家協會第二屆理事會常務理事、上海市美術家協會第二屆理事會第一副主席、上海市書法家協會第一屆理事會副主席。

上海畫院全體人員在郊區公社勞動改造,即"改造思想,接受再教育"。(《上海中國畫院1956—2016》84頁)

開始恢復創作狀態。

爲毛國倫書《魯迅無題詩》。(《王个簃書法選集》)

作《雪梅》(70cm×28.5cm),題:"梅花歡喜漫天雪。个簃啓之繪。"(《王个簃書畫作品集》)

鈐印:啓之(朱文)、个簃(白文)。

是年,陳半丁逝世、張光逝世、鍾毓龍逝世。

陶文之印(陶博吾)　王个簃刻

博吾(陶博吾)　王个簃刻

1971 年　辛亥　七十五歲

時任上海中國畫院副院長、中國人民政治協商會議第四屆全國委員會委員、西泠印社副社長、中國美術家協會第二屆理事會常務理事、上海市美術家協會第二屆理事會第一副主席、上海市書法家協會第一屆理事會副主席。

上海畫院畫師分批到上海奉賢的"五七幹校"勞動。(《上海中國畫院1956—2016》86頁)

10月,爲錢茂生書《魯迅贈畫師詩》。(《王个簃書法選集》)

與陸儼少、劉海粟、朱屺瞻、唐雲在蘇州南園賓館合作《滿園芳》,朱屺瞻作菊、唐雲寫蘭、王个簃畫藤、陸儼少補石。

篆書《餘事游於藝,高賢樂其天》聯(95.5cm×28cm),款:"一九七一年春正月呵凍濡筆,王个簃於滬上。"(《世紀丹青(八)》)

刻《孺子牛》白文印,款:"橫眉冷對千夫指,俯首甘爲孺子牛。一九七一年四月,个簃刻於上海中國畫院北樓。"(《个簃畫集》)

王个簃早年恩師黄松庵

汪英賓逝世。

王个簃曾作詩贈之："十年陳迹揮雙泪，寇去難忘與鬼鄰。西望重山連壁壘，夜抛一卷數星辰。君能得意還如舊，我却閑居不患貧。別緒天涯知幾許，重逢茗碗更何因。"

是年，沈尹默逝世、潘天壽逝世、郭味蕖逝世。

1972 年　壬子　七十六歲

時任上海中國畫院副院長、中國人民政治協商會議第四届全國委員會委員、西泠印社副社長、中國美術家協會第二届理事會常務理事、上海市美術家協會第二届理事會第一副主席、上海市書法家協會第一理事會副主席。

赴蘇州探親訪友，時寓居長女王悦處。吴教木在蘇州設家宴招待王个簃，張辛稼、蔡謹士等人作陪。携葵孫拜訪蘇州甲骨文專家陳墨移。

尼克松訪華之前，上海畫院爲上海十大賓館畫布置畫，集中創作人員，爲期半年。畫作不署作者姓名，即鈐上海中國畫院款章。(《上海中國畫院 1956—2016》87 頁)

作《荷塘秋艷圖》(83cm×60cm)，贈黄稚松，以緬懷其父黄松庵師，題："松髯師逝世十周年，稚松弟寄贈我師遺影，回顧侍坐小鷗波館時池影花光，記憶猶新，朗朗書聲，歷歷在耳，瞬已六十余年，寫此贈稚松寄意。一九七二年个簃并記。"(《王个簃隨想録》)

荷塘秋艷圖（南通三松堂藏）

10月20日，在上海舉行七十六生日宴會，學生們各備一菜賀之。即席吟誦："諸生個個年方盛，各有豪情爭上游。雨露同沾吾未老，還應追趕向前頭。後來須信能居上，智慧多從實踐來。時刻謙虛知不足，多思教導在胸懷。各攜一菜來團聚，删去繁文舊作風。唯有真誠同勉勵，此種深意樂無窮。"

南通陳叔吟作《農曆九月二十六个簃老人七六誕辰其群弟子各攜肴饌爲祝余率賦小詩用介賢夫婦眉壽》詩賀壽："開遍黄花未覺遲，芳辰將及小陽期。半生才藝垂名早，四海交游識子奇。師友共謀賓主樂，松筠不改雪霜姿。懸知明歲人逾健，祝蝦何方再獻詩。"

又有《憶昔即簡个簃老人》："講舍昔曾陪末座，三人相與各推誠。沉淵不解生前恨，刊稿長留死後情。每憶南樓看月色，慣於永夜聽琴聲。悠悠五十年前事，頭白猶能慶太平。"《有懷个簃海上》："別夢依稀化曉烟，淞濱月色幾回圓。藝高早定千秋業，交久同珍五十年。舊好盡多埋玉樹，遺詩忍爲理殘箋。應存追逝情難遣，獨對昏燈夜未眠。"（《雲潔軒詩稿（陳叔吟詩文集）》114、115頁）

篆書毛澤東詩《人民解放軍占領南京》
（上海中國畫院藏）

大治年頭　王个簃刻

12月，陳叔吟賜書及詩屏，因事務繁冗未能及時奉答，夜枕上成詩寄之："嘗舍追隨兄弟樂，詩聲琴韵未能忘。而今共趁東風好，展望前頭歲月長。"

篆書毛澤東《菩薩蠻黃鶴樓詞》，款："一九七二年十一月二十九日，王个簃敬錄。"(《美術資料》，1973年7月)

行書毛澤東《十六字令三首》(175cm×25.5cm)。

篆書毛澤東詩《人民解放軍占領南京》(179cm×54cm)。

行書《魯迅先生名言》(87cm×27cm)。(《王个簃書畫作品集》)

作《友誼花》(125cm×69cm)，題："乒壇盛開友誼花。一九七二年三月二十日，寫於上海中國畫院。"(上海中國畫院藏)

作《紫藤》(170cm×96cm)，題："東風浩蕩春如海，萬紫千紅爛漫開。一九七二年九月畫。"(上海中國畫院藏)

刻《邱陶峰寫》白文印，款："一九七二年春節，邱陶峰同志囑刻，个簃。"(《个簃印集》)

刻《學到老》朱文印，款："个簃自刻印，一九七二年三月二日午後四時。"(《王个簃篆刻集》)

刻《七十年代》朱文印，款："一九七二年四月，个簃刻。"(南通市个簃藝術館藏，《个簃印集》)

刻《大治年頭》印(4cm×4cm)，款："一九七二年五月二十八日，刻於滬上西郊，个簃八十一歲。"(南通市个簃藝術館藏，《王个簃篆刻集》)

刻《自以爲非》朱文印，款："一九七二年六月，个簃刻此自勉。"(《个簃印集》)

刻《敢教日月換新天》朱文印，款："別夢依稀咒逝川，故園三十二年前。紅旗卷起農奴戟，黑手高懸霸主鞭。爲有犧牲多壯志，敢教日月換新天。喜看稻菽千重浪，遍地英雄下夕烟。毛主席到韶山七律，一九七二年摘句刻印，个簃。"(《南通市个簃藝術館藏品集》)

程門雪逝世。王个簃後有《悼念舊友》詩:"丁氏真傳還博采,醫才詩律共奇芬。可憐早逝留方案,未盡長程突異軍。(程門雪)"

是年,何香凝逝世。

1973 年　癸丑　七十七歲

時任上海中國畫院副院長、中國人民政治協商會議第四屆全國委員會委員、西泠印社副社長、中國美術家協會第二屆理事會常務理事、上海市美術家協會第二屆理事會第一副主席、上海市書法家協會第一屆理事會副主席。

作《山茶花》,題"衝風鬥雪見精神",收入上海外貿系統的宣傳畫册中。後被視爲"黑畫"。

5月,關良過訪,作《葡萄》(70cm×30cm)贈之,并鈐所藏吳昌碩"長樂"印,題:"關良老友過訪,久別重逢,歡暢倍常,信手作圖,不計工拙。一九七三年五月,个簃啓之并記。"

6月,追憶從杭州赴新安江路過桐廬之行,作《烏桕圖》。(南通市个簃藝術館藏)

9月,上海畫院邱陶峰、陸一飛等十一人,由楊正新帶隊,赴黃山、井岡山深入生活,收集素材。(《上海中國畫院1956—2016》88頁)

10月,游蘇州拙政園。

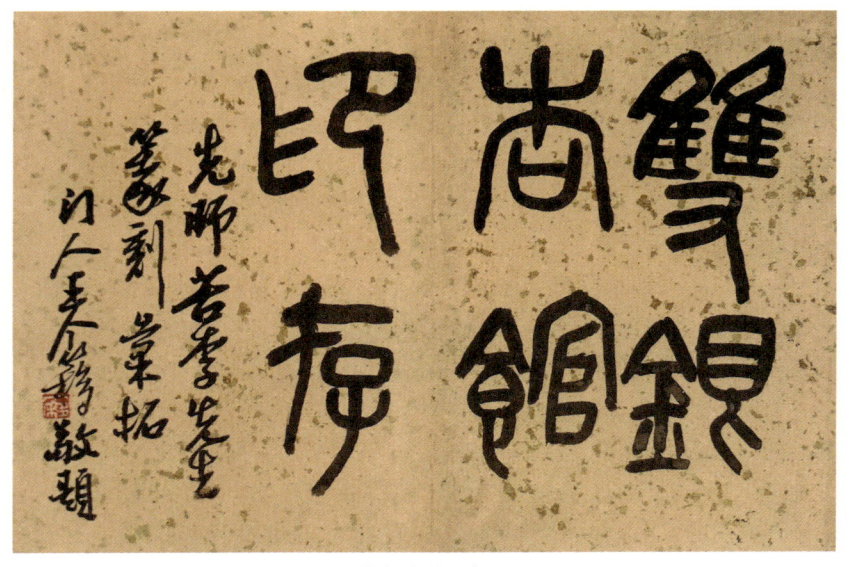

雙銀杏館印存

喜看石榴開笑口（上海中國畫院藏）

10月，日本書法家代表團青山杉雨、香川風雲、村上三島、梅舒適訪問上海，王个簃、陳秋草、莊久達、胡問遂、張森、錢茂生、顧廷龍、沈之瑜等接待。（《上海中國畫院1956—2016》77頁）

10月，爲《李禎印集》題"安吉真傳"簽并篆題"雙銀杏館印存"。

林心傳自京赴滬，拜謁王个簃。

蕭龍士携外甥赴上海，與王个簃、唐雲、朱屺瞻、來楚生、曹簡樓、黃幻吾等多位名家會晤。王个簃有《贈蕭龍士》詩："却喜畫蘭參妙諦，無馳不控見精英。老年永把青春葆，相約同心步錦程。"

篆書《魯迅無題詩》，款："魯迅先生無題詩一首。一九七三年四月，略參石鼓文暨琅玡臺石刻筆法作篆，王个簃於上海西郊。"

作《喜看石榴開笑口》（78cm×55.5cm），題："喜看石榴開笑口，也隨人意慶豐年。一九七三年二月，王个簃畫於滬上。"（上海中國畫院藏）

作《滿階冷艷秋風好》（79cm×55.5cm），題："滿階冷艷秋風好。一九七三年二月，个簃。"（上海中國畫院藏）

作《春暖藤花爛漫開》（79cm×55.5cm），題："春暖藤花爛漫開。一九七三年二月，个簃畫於滬濱。"（上海中國畫院藏）

作《洞庭山果》（106.5cm×68.5cm），題："洞庭山果報豐年。一九七三年三月，个簃畫於上海中國畫院。"（上海中國畫院藏）

作《春筍千尺》(86cm×34cm),題:"偶從篋中檢得春筍舊作,猶憶當年乘興塗抹,不拘繩墨。辛丑春日,个簃補題。"(《中國書畫大師王个簃·伏文彥精品藝術欣賞》)

作《葡萄》(138cm×69cm),題:"爛斑秋色,勝似春光。一九七三年五月,个簃畫於滬濱。"(《吳昌碩王个簃》,新加坡國家博物院)

鈐印:啓之(朱文)、个簃(白文)、七十年代(朱文)。

作《滿園春色》(139cm×69cm),題:"滿園春色。一九七三年八月十五日,个簃與簡樓、用平兩生合作并加以潤飾。"(南通市个簃藝術館藏,《中國歷代畫家佳作品鑒·王个簃》)

刻《東風勁吹》白文印,款:"一九七三年九月,个簃刊。"(《个簃印集》)

刻《東風巷》白文印,款:"个簃刻於滬上,一九七三年夏。"(《个簃印集》)

是年,李秋君逝世、潘志雲逝世。

1974 年　甲寅　七十八歲

時任上海中國畫院副院長、中國人民政治協商會議第四屆全國委員會委員、西泠印社副社長、中國美術家協會第二屆理事會常務理事、上海市美術家協會第二屆理事會第一副主席、上海市書法家協會第一屆理事會副主席。

幼子王待舉家從江西吉安遷調南通定居。

上海畫院成立書法組。(《上海中國畫院 1956—2016》91 頁)

沙孟海爲書《毛澤東詞句》横幅。(《沙孟海先生年譜》89 頁)

作《廣玉蘭》(137.5cm×68cm),款:"一九七四年三月,个簃。"(南通市个簃藝術館藏,《世紀丹青(五)》)

鈐印:海門王啓之(朱文)、个簃(白文)。

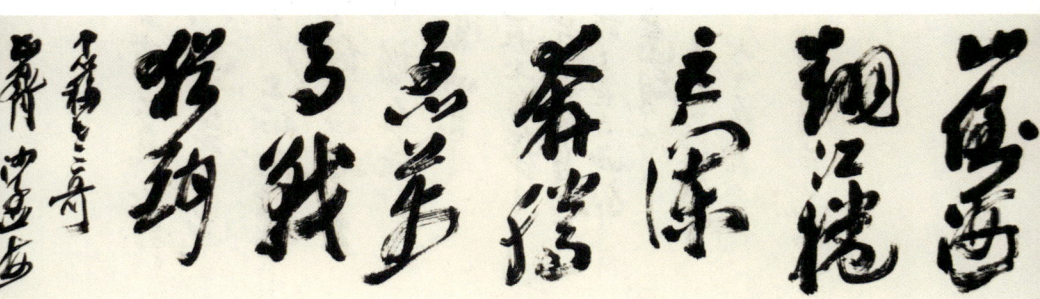

沙孟海書贈《毛澤東詞句》

王个簃畫像（方增先作）

作《山花爛漫》（63cm×33.8cm），題："山花爛漫。建軍我孫索畫，撿此贈之，个簃時年七十八歲。"（《王个簃書畫作品集》）

是年，阮性山逝世。

1975年　乙卯　七十九歲

時任上海中國畫院副院長、中國人民政治協商會議第四屆全國委員會委員、西泠印社副社長、中國美術家協會第二屆理事會常務理事、上海市美術家協會第二屆理事會第一副主席、上海市書法家協會第一屆理事會副主席。

11月27日，書法作品《行書參觀寶山縣彭浦公社詩》在《文匯報》發表。

11月，方增先爲王个簃作七十九歲畫像，王个簃題詩。

作《老少年圖》贈蔣吟秋，蔣吟秋賦詩爲謝，外孫陳藝遂入其室。

《得老友个簃贈畫》："得老友王个簃贈畫《老少年》，洋溢豪情，詩以志快，藉博郢正。勝似春光景更妍，十分秋色到毫巔，凌風壽石經霜菊，鼓舞雄心老少年。一九七五年十月吟秋漫草。"

隸書《毛澤東西江月井岡山詞句》（97cm×52.5cm）。（《王个簃書畫作品集》）

作《山茶圖》贈沙孟海。（《沙孟海先生年譜》90頁、《西泠印社百年史料長編》）

作《薔薇爛漫》（98cm×47cm），題："石畔薔薇爛漫開。七五年春節，偶從紙堆撿得舊作，用筆點色都有是處，即付待兒存之。七十九歲个簃并記於滬上還硯樓。"（《王个簃書畫作品集》）

作《牡丹圖》（138.5cm×69cm），題："翠毫浥露香，富貴花開早。金谷酒常溫，玉堂春不老。一九七五年春仲，王个簃畫於滬上。"（南通市个簃藝術館藏）

作《馬蹄蓮》（64cm×40cm），題："一九七五年五月，畫馬蹄蓮一叢贈菲孫，个簃時年七十九歲。"（《王个簃書畫作品集》）

豐子愷逝世。曾有《憶豐子愷談話》詩："作畫前頭想一想，再來動筆有東西。我今回顧豐君語，認識津梁不着迷。"

鄭曼青逝世。後有《悼念舊友》詩："一片清光留紙面，數年厚意繞淞濱。無端天地多惆悵，不縱長才共出新。（鄭曼青）"

是年，來楚生逝世。

發還部分抄家物資清單手稿

1976 年　丙辰　八十歲

　　時任上海中國畫院副院長、中國人民政治協商會議第四屆全國委員會委員、西泠印社副社長、中國美術家協會第二屆理事會常務理事、上海市美術家協會第二屆理事會第一副主席、上海市書法家協會第一屆理事會副主席。

　　1月12日，作《悼念周恩來總理》詩："鞠躬盡瘁爲人民，重任分擔五十年。萬端建設忠於黨，對敵鬥爭意志堅。久病遠懷心戚戚，長辭沉痛淚潸潸。諄諄教導銘心裏，不嫌老大永向前。"

　　4月28日，文清處發還"文革"期間部分抄家物資，書畫作品二十一件及折價一千七百零四元。

　　5月20日，致函上海中國畫院黨支部，要求文清處追回"文革"期間所查抄未歸還的吳昌碩書畫精品數十件。（南通市个簃藝術館藏）

畫院黨支部：

　　關於我的抄家物資的處理，上月廿八日（星期三），已向文清處辦理手續，領回字畫共二十一件，但尚有一個問題，須向組織上再次說明。抄家物資中有一百五十五件工藝品，由外貿部門收購，折價一千七百餘元。當時我接到通知，自己知道并沒有這麼多件工藝品，因此要求組織上查清。此後組織上抄來了一份清單，我這才知道所謂工藝品大部分是吳昌碩先生的作品。我便向組織提出要求，希望將原作歸還。組織上根據情況曾多次向文清處及有關部門反映，最近回答昌碩先生的作品可能已經出口，一時無法查清。在這種情況下，我暫將折價領回來。但希望昌碩先生的這部份作品中，例如：《石鼓文全文》十幅、《散氏盤全文》一卷、《印拓長題》一軸、《銅瓶福桔》軸、《自壽桃實》軸、《盆梅》

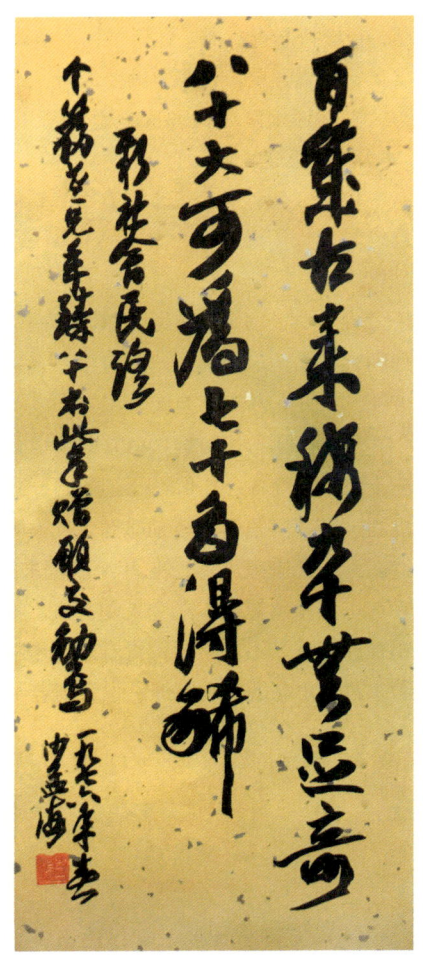

沙孟海書贈《新社會民謠》

軸、《自畫像》軸、《紫藤》軸等等數十件精品，如沒有賣出，原物能查到的話，仍盼歸還給我，我可將折合的原金額退還。這是我的一點願望，向組織上反映，如有不當，請指示。此致敬禮！王个簃謹啓，一九七六年五月二十日。

7月，朱德委員長逝世。作《悼念朱德委員長》詩："巍巍老將高標在，對黨忠誠獻一生。戰績縱橫山萬叠，心潮澎湃浪千鳴。豐功歷歷英雄史，晚節昭昭翠柏貞。悲痛齊心化力量，永懷遺教向前程。"

10月，八十生辰，沙孟海書贈《新社會民謠》條幅祝壽："百歲古來稀，九十無足奇。八十大可爲，七十多得豨。新社會民謠，个簃老兄年臻八十，書此奉贈，願交勉焉。一九七六年春，沙孟海。"遂刻"八十大可爲"印自用。

10月29日，曹用平作《長春藤》祝壽。王个簃喜賦二絶："用平手植長春藤，登樓持贈祝我壽。休言微物不值錢，脈脈交情重師友。""工餘拔步來敲詩，字字句句權輕重。直言爭論要保持，不法常規見行動。"

受南通地區專員郭琛之邀赴蘇州。蔣吟秋贈石章一枚以賀壽。返滬後作《水仙圖》答謝。

12月，親鈐篆刻三十八方贈翼婿、悦兒，題："翼婿、悦兒索觀五十年印稿，爲鈐數十枚印贈之。一九七六年十二月，个簃時年八十歲。"（《王个簃書畫作品集》）

12月，作《讀論十大關係》詩："十大關係重新讀，遠矚高瞻理萬端。馬列精神深展望，風雲變幻肯登攀。名言親切皆金玉，細意纏綿重泰山。旋轉乾坤揮巨掌，五洲四海換新天。"

作《刻印自述》詩："負笈南通嗜刻印，拉雜探求萃古今。無師先後得師承，三十來滬志竟成。缶師門下追隨日，指點評隲話言親。四卷印稿仔細看，優劣批注迹猶存。題簽撰詩勤黽勉，反復叮嚀見真誠。陣齊突出有創造，不似之似造詣深。自知奏刀嫌平鈍，年來腕弱未挺勁。推陳出新談何易，心餘力絀難精進。名言一句永銘記，不薄今人愛古人。唯唯諾諾舊風尚，批判繼承日日新。時代精神保持好，不法常規葆青春。一舉粉碎四人幫，前路寬宏慰深情。休言年老體未衰，思想解放永不停。學習到老幹到老，誓理舊課競中青。"

沙文若（沙孟海）　王个簃刻　　　石荒（沙孟海）　王个簃刻

書法作品參加在日本舉辦的"現代中國書法展覽"。(《日中文化交流》第236期，1976年9月1日)

蕭龍士爲作《墨蘭——如讀離騷》，款："个簃老畫師指教。龍士時年八十八作。"(《古硯堂藏書畫集》)

"上海市書法展覽會"開幕。

學生林曦明調入上海畫院。

篆書"寧静致遠"贈程十髮。

篆書毛澤東《水調歌頭重上井岡山詞》(138cm×67cm)。(《王个簃書法選集》)

作《松》(69cm×68.5cm)，款："一九七六年二月，个簃畫。"(南通市个簃藝術館藏，《世紀丹青（六）》)

作《雨露陽光》(140cm×138cm)，題："雨露陽光生萬物，鮮花碩果永繁昌。一九七六年九月二十日王个簃畫。"(南通市个簃藝術館藏，《王个簃畫集》)

鈐印：启之（朱文）、个簃（白文）。

作《翠柏瀉秋聲》(135.5cm×68cm)，題："翠柏瀉秋聲。一九七八年十月畫於滬上西郊，王个簃八十歲。"(上海中國畫院藏)

鈐印：启之（朱文）、个簃（白文）、學到老（白文）、欣欣向榮（朱文）。

刻《孟海晚年學書》白文印，款："个簃八十歲刻爲孟海老哥指正，一九七六年十二月於滬上西郊。"(《个簃印集》)

是年，高絡園逝世、謝之光逝世、韓登安逝世、沈劍知逝世。

1977年　丁巳　八十一歲

時任上海中國畫院副院長、中國人民政治協商會議第四届全國委員會委員、西泠印社副社長、中國美術家協會第二届理事會常務理事、上海市美術家協會第二届理事會第一副主席、上海市書法家協會第一届理事會副主席。

元旦，作《元旦獻詩》詩："乘勝前進再加鞭，却喜迎來七七年。砸爛黑幫除大患，光輝紅日耀中天。當年詩史心潮壯，今日宏圖鬥志堅。大振人心天地闊，神州八億獻歌篇。"

1月，作《哀悼周總理逝世一周年》詩："對黨忠誠周總理，鞠躬盡瘁爲人民。去年傷感同聲哭，一載縈回正氣伸。幾個蚍蜉撼大樹，千秋肝膽耀星辰。難忘反覆叮嚀語，改造心堅老此身。"

作《再賦一律》："懷仁堂上初回見，教誨年年本赤誠。佐國一生當重任，宏言萬緒識群情。會開敬老同加勉，身是典型世共尊。怎許妖魔施詭計，天高地厚憶深恩。"

1月,作《悼念陳毅同志逝世五周年》詩:"陳毅是個好同志,一語褒揚重九鼎。光明磊落聽直言,謙虛謹慎擔重任。革命路綫善秉承,文武全才盡馳騁。數年會面見殷勤,回顧威儀永崇敬。"

1月12日,書法作品行書《周總理逝世一周年詩》在《文匯報》發表。16日,又在《解放日報》發表。

2月21日,國畫作品《衝風鬥雪見精神》在《解放日報》發表。

4月3日,爲紀念周恩來總理逝世一周年。在《文匯報》發表國畫作品《雨花紋石》。

紅燈高挂鑼鼓喧天

5月，作《紀念在延安文藝座談會上講話三十五周年》詩："大治年頭熱騰騰，心潮澎湃談文藝。批判繼承須記牢，推陳出新是至理。思想面貌大解放，高峰登攀何所懼。抓綱治國看今朝，時代精神奮朝氣。講話教導永銘心，學習步步從頭起。滿頭白髮大可爲，繼續革命干到底。"

7月16日至22日，中國共產黨第十屆中央委員會第三次全體會議勝利召開，與唐雲、楊正新合作《鶯歌燕舞圖》并定製彩墨兩種以賀。26日，《鶯歌燕舞圖》在《解放日報》發表。

7月25日，與唐雲、楊正新合作的國畫作品《百花盛開》在《文匯報》發表。

8月20日，爲慶祝黨的十一大勝利召開，作《紅燈高挂鑼鼓喧天》(138cm×68.5cm)，題："紅燈高挂鑼鼓喧天，爆竹聲聲八億同歡。熱烈歡呼黨的十一大勝利召開。一九七七年八月二十日，王个簃。"

8月，作《勝利召開十一大獻詩一首》詩："華主席領導英明，抓綱治國向前進。勝利召開十一大，八億人民齊歡欣。紅旗如海陽光燦，好景當前天地新。白髮蒼蒼跟黨走，前程浩蕩花如錦。"

8月，爲歌頌建軍五十周年，作《山花爛漫花籃圖》并題詩："井岡烽火换新天，人民江山鐵打成。抓綱治國看今朝，萬朵山花萬代春。"

8月，作《南昌起義五十周年悼念賀龍同志》詩："光輝事業爲人民，赤膽忠心獻一生。穿破草鞋先士卒，舉來刀斧斬鯢鯨。黑幫毒計跳梁醜，老帥巍然建國英。起義南昌光史乘，悲歌遍地頌干城。"

9月，作《紀念毛主席逝世一周年獻詩一首》詩："毛主席恩深如海，全黨全民齊擁戴。繼承馬列開新天，樹立功勛馳中外。後繼有人承遺志，力挽狂瀾除四害。高舉大旗永向前，萬朵山花紅萬代。"

10月，與唐雲在上海畫院合作《勝似春光》(139.5cm×69cm)，王个簃并題。

12月，與唐雲合作《雨露陽光遍大地，蒼松翠柏萬年青》。

親鈐篆刻作品三十九方，贈待兒、梅媳。

周慧珺、姚有信調入上海畫院。(《上海中國畫院1956—2016》96頁)

本年度王个簃尚有如下代表作：

作《山茶臘梅圖》(120cm×62cm)，題："衝風鬥雪見精神。一九七七年一月十四日畫於滬上，王个簃時年八十歲。"(《上海美術館藏品選集·中國畫1》27頁)

鈐印：啓之(朱文)、个簃(白文)、欣欣向榮(朱文)。

作《雨花紋石》(82cm×37cm)，題："雨花紋石的寧静、明朗、堅實、無我，似乎象徵着主人的精神。敬愛的周總理在梅園新村時，經常到雨花臺憑吊革命烈士，每次都要拾一些雨花石回來，放在一只碗子裏，陳列在客廳，對同志們

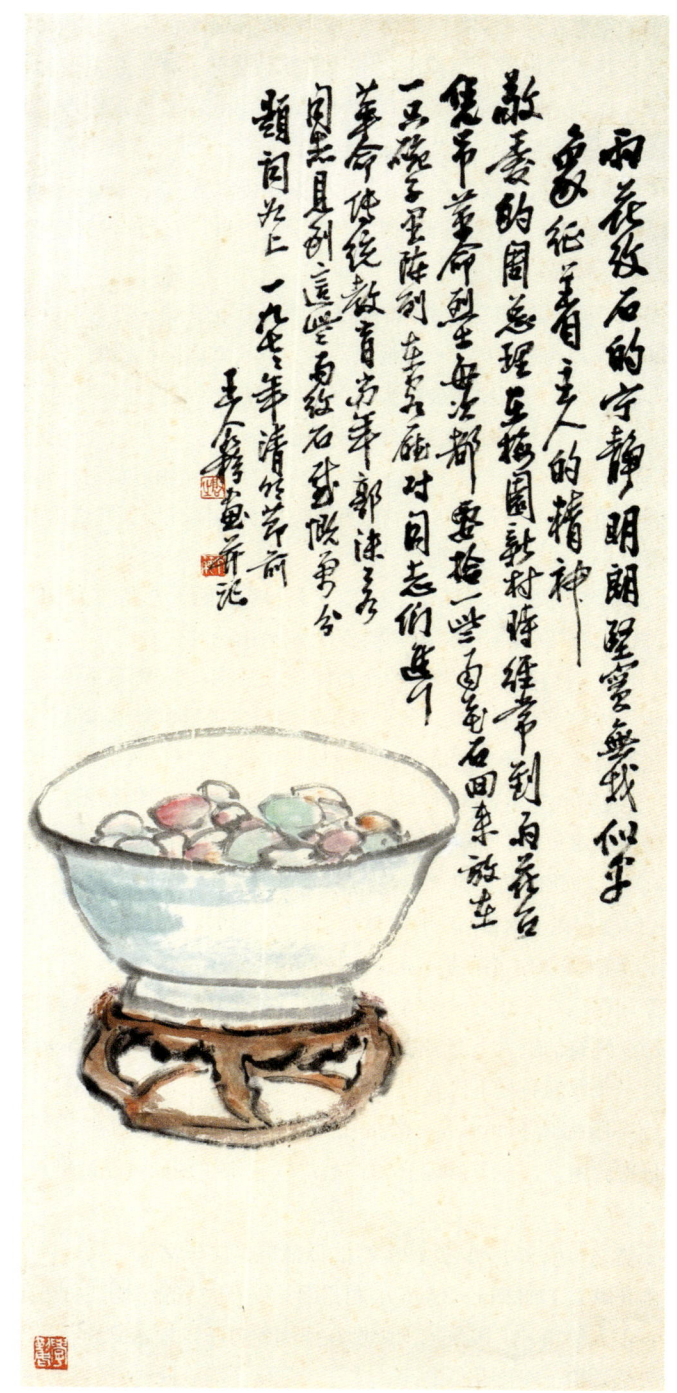

雨花紋石（南通市个簃藝術館藏）

青松圖（南通市个簃藝術館藏）　　賀天健過談詩稿（南通市个簃藝術館藏）

進行革命傳統教育。當年，郭沫若同志見到這些雨紋石，感慨萬分，題詞如上。一九七七年清明節前，王个簃畫并記。"（南通市个簃藝術館藏，《百年菁華》）

鈐印：啓之（朱文）、个簃（白文）、學到老（白文）。

作《鮮花碩果》（118cm×49.5cm），題："陽光雨露生萬物，鮮花碩果盡繁昌。一九七七年四月，王个簃八十一歲。"（上海中國畫院藏）

作《青松圖》（123.8cm×59cm），題："大雪壓青松，青松挺且直。要知松高潔，待到雪化時。錄陳毅同志冬夜雜感詩一首。一九七七年五月，王个簃畫，時年八十一歲。"（江蘇省美術館藏，《大師大家》）

作《臘梅鬥雪》，題："衝風鬥雪見精神。一九七七年九月四日，畫於滬上西郊，王个簃時年八十一歲。"（上海美術館藏，《王个簃畫集》）

作《雨露滋潤花齊放》（139cm×68cm），題："雨露滋潤花齊放，花團錦

簇艷陽天。一九七七年九月九日,王个簃畫於滬上西郊還硯樓,年八十一歲。"(上海中國畫院藏)

作《花團錦簇》,題:"高枝搖曳,花團枝幹,參差錦簇。一九七七年十月,王个簃作於上海畫院,時年八十一歲。"(上海美術館藏,《王个簃畫集》)

作《菊石圖》(151cm×84cm),題:"滿園秋色放新花。一九七七年復興公園參觀菊展歸來作圖志盛。王个簃於滬上西郊,時年八十一歲。"(《大家美術》2012年第4期)

鈐印:啓之(朱文)、个簃(白文)、學到老(白文)、大治年頭(白文)。

作《群松》(107cm×69cm),題:"群松聳翠萬年春。一九七七年,个簃畫。"(南通市个簃藝術館藏,《世紀丹青(六)》)

刻《大治年頭》(4cm×4cm),款:"一九七七年五月二十八日,刻於滬上西郊,个簃八十一歲。"(南通市个簃藝術館藏)

刻《檻予》白文印、《翁南山》朱文印,款:"南山老弟索刻雙面印,个簃八十一歲。"(《王个簃篆刻集》)

賀天健逝世。

曾作《賀天健過談》詩:"最難臭味却相投,風雨論詩静一樓。世路豺狼爭作壘,人情冠冕竟如優。三年落魄真成懶,百里有家且莫愁。昨夜殷雷驚節换,佇看萬蟄盡昂頭。"

是年,吴芾之逝世、高二適逝世。

1978年　戊午　八十二歲

時任上海中國畫院副院長、中國人民政治協商會議第五屆全國委員會委員、西泠印社副社長、中國美術家協會第二屆理事會常務理事、上海市美術家協會第二屆理事會第一副主席、上海市書法家協會第一屆理事會副主席。

李可染　王个簃刻

王个簃题陆维钊《四友图》（陆维钊家属藏）

2月21日，赴京出席中國人民政治協商會議第五屆全國委員會，住西郊賓館南配樓，上海畫院領導派蔡立群照料起居。瞻仰毛主席紀念堂、周恩來總理紀念館，參觀軍事博物館、故宫、頤和園等。與李苦禪會晤。

李可染深夜造訪，挑燈暢叙。

應邀在中央電視臺拍攝專題片并現場書"鞠躬盡瘁爲人民"。

2月25日晚，陳丕顯在西郊賓館看望上海代表，在座的文藝界人士有黄佐臨、衛仲樂、趙丹、秦怡、白楊、張瑞芳、童祥苓、関惠芬、朱逢博、余紅仙、筱文艷、陸春齡等。王个簃即席賦詩朗誦并書："今朝歡晤回腸熱，别後依依各自知。歌唱聲聲無限好，此情此景耐尋思。"

2月26日，由周而復將所作詩書轉交陳丕顯，同時亦作條幅贈周而復留念。

2月，《花鳥畫選輯》由上海人民美術出版社出版，收録上海畫院王个簃、朱屺瞻、謝稚柳、陳佩秋等十二位畫家的十三幅作品。

春，沙孟海、沙更世赴滬來訪。將王个簃所捐吴昌碩的珍貴遺物（石硯等）携交西泠印社。（《沙孟海先生年譜》92頁）

4月，在"文革"中受衝擊的三十八位上海畫院畫師經復查全部得到平反。（《上海中國畫院1956—2016》102頁）

5月28日，赴蘇州參加孫王葵與陳蓓華在松鶴樓舉辦的結婚典禮。第二日即返滬。

6月，上海書畫出版社出版《唐孫過庭書譜墨迹》，爲之題寫書名。

7月，"南通書法國畫研究院"成立。王个簃賦詩并書："第二故鄉南通市，十年教學意纏綿。西園侍坐春風暖，滬上留連晚菊鮮。城北江邊有舊貌，東街西巷變新穎。莫言藝苑人稀少，茁壯新苗湧眼前。一九七八年八月，南通書法國畫研究院成立爲賦小詩一律，王个簃時年八十二歲。"又親鈐五十年以來近四十方篆刻制印屏以賀。

8月，上海書畫出版社出版《吴昌碩篆刻選集》，爲之題寫書名。

南京梅園新村複製王个簃作品《雨花紋石》，并陳列保存。

西泠印社手拓出版藏品集《西湖勝景印集》，作者有來楚生、馬公愚、唐雲、吴樸堂、方去疾、葉潞淵、錢君匋、程十髮等。篆刻《九里雲松》《柳浪聞鶯》《靈石樵歌》刊入。（《西泠印社百年史料長編》，西泠印社，2003年10月）

受陸維釗家屬之邀請，爲陸維釗未具款之畫作《四友圖》《芙蓉圖》補題。其他補款者有諸樂三、沙孟海、陸儼少、王焕鑣、陸抑非、錢君匋、盧坤峰等。（《陸維釗書畫精品集（年表）》，中國美術學院出版社）

西泠印社整修社址，吴昌碩等三人造像重建落成。（《西泠印社百年史料長編》，西泠印社，2003年10月）

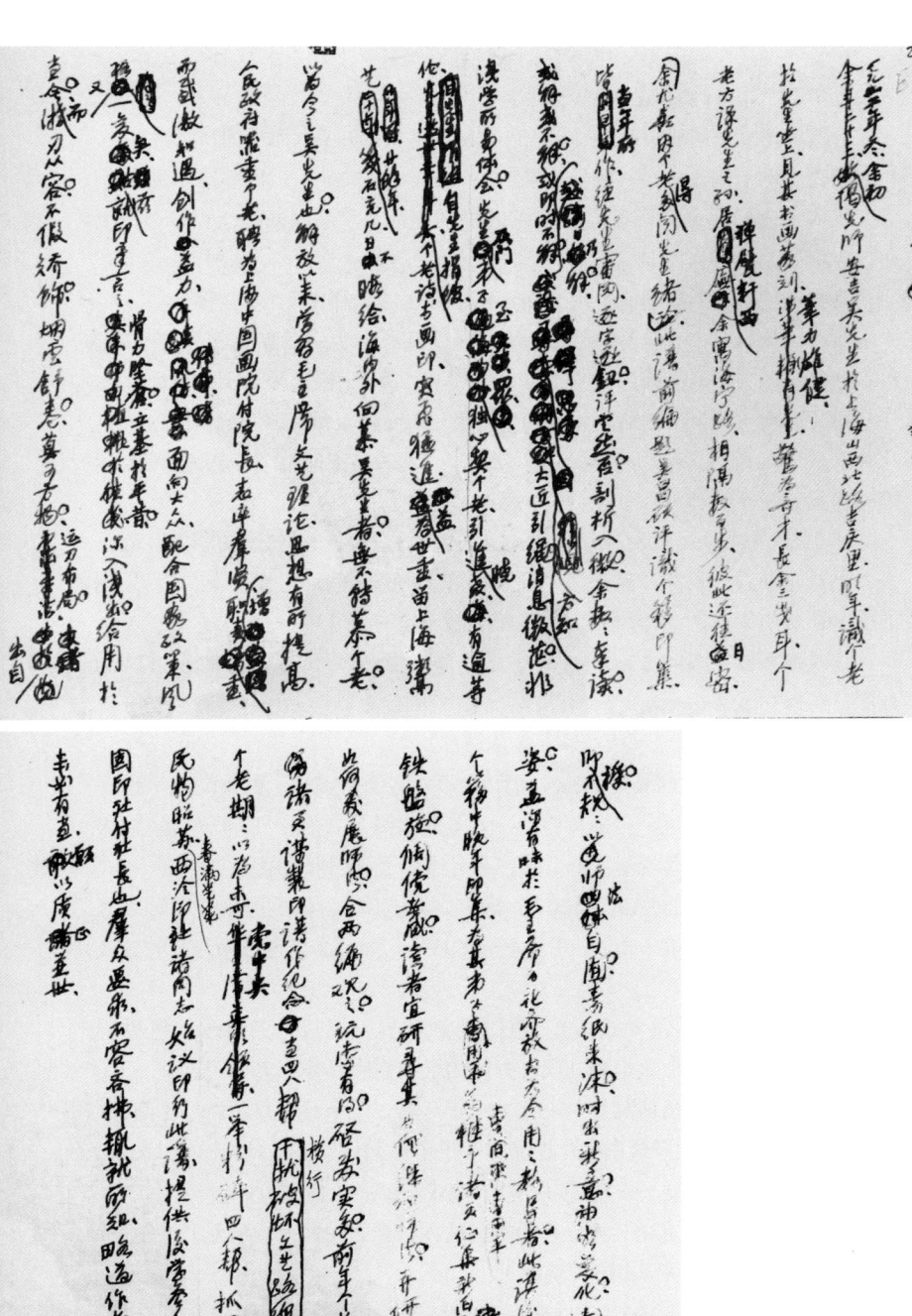

沙孟海《个簃印集后序》手稿
（沙孟海书学院藏）

沙孟海爲《个簃印集》作後序。(《沙孟海研究》上卷 221 頁)

本年度王个簃尚有如下代表作：

行書舊作《羅店雜事曉望一首》(96cm×44.5cm)。(上海中國畫院藏)

篆書《世上無難事，只要肯登攀》(96.5cm×43.5cm)。(上海中國畫院藏)

篆書《動員起來，爲實現新時期的總任務而奮鬥》(130cm×67cm)。(南通市个簃藝術館藏)

篆書《葉劍英元旦題詞》(137.5cm×45cm)。(南通市个簃藝術館藏)

篆書《鷹擊長空，魚翔淺底》，題："一九七八年九月，參用石鼓文暨琅玡臺石刻筆法作篆於滬上西郊。王个簃時年八十二歲。"(南通書法國畫研究院藏)

作《臘梅水仙》(137cm×67cm)，題："臘梅滿園金作屑，水仙六出玉無瑕。一九七八年新春，畫於滬上西郊，王个簃八十二歲。"(南通市个簃藝術館藏，《中國歷代畫家佳作品鑒·王个簃》)

作《天竹臘梅》(141.3cm×69.5cm)，題："天竹迎春看美景，臘梅鬥雪散奇香。一九七八年新春，呵凍作圖志喜，王个簃啓之於滬上西郊，年八十二歲。"(南通市个簃藝術館藏，《中國歷代畫家佳作品鑒·王个簃》)

作《紅梅圖》(139.5cm×68cm)，題："隆冬到來時，百花迹亦絶。紅梅不屈服，樹樹立風雪。一九七八年暮春之初，涉園歸來，畫梅并錄陳毅詩句一首，王个簃八十二歲。"(《南通市个簃藝術館藏品集》)

作《竹石圖》(139cm×69cm)，題："歲寒抱節有霜筠，野火燒山米作薪。莫笑離披無用處，猶堪縛帚掃黄塵。一九七八年四月二十五日，研墨畫竹石并録缶師詩一首，王个簃時年八十二歲。"(南通市个簃藝術館藏)

作《錦繡天地》(139.5cm×68cm)，題："晨起涉園，花團錦簇。節日來臨，萬年長樂。一九七八年勞動節，王个簃時年八十二歲。"(南通市个簃藝術館藏，《王个簃畫集》)

作《紅楓》(180cm×95cm)，題："巍巍紅楓何挺拔，三灣改編色更鮮。遙望一片紅彤彤，革命火炬耀九天。井岡山上放異彩，懷念老輩鬥志堅。五十餘年一回顧，黨的恩情傳萬年。一九七八年八月，王个簃畫并題詩。"(南通市个簃藝術館藏，《中國歷代畫家佳作品鑒·王个簃》)

鈐印：啓之（朱文）、个簃（白文）、萬代記深恩（白文）。

作《的皪明珠夜有光》，題："的皪明珠夜有光。一九七八年九月，王个簃畫於滬上。"(南通書法國畫研究院藏)

作《井岡時蔬》(138cm×68cm)，題："紅米飯，南瓜湯，秋茄子，味道香，餐餐吃得精打光。乾稻草，軟又黄，金絲被，蓋身上，暖暖和和睡得香。反封鎖，鬥志强，生活苦，心歡暢，毛委員的戰士最剛强。一九七八年九月畫，并録反

秋桐（中國美術館藏）

封鎖小唱。王个簃八十二歲。"（南通市个簃藝術館藏，《中國歷代畫家佳作品鑒·王个簃》）

作《秋桐》（94.4cm×39cm），題："喜看桐花桐葉，粧點秋光好。个簃畫於滬上。"（《中國美術館藏品選集（1949—1984中國畫編）》）

鈐印：啓之（朱文）、个簃（白文）、啓之（朱文）、學到老（白文）。

作《石畔紅酣》（96cm×44cm），題："春暖催花放。王个簃畫，時年八十二歲。""隨意揮灑，尚有佳趣，即贈用平。"（《王个簃畫集》）

作《竹石圖》（139.5cm×35cm），題："磨成一升墨，寫出數竿竹。曉起清風來，如聞戛寒玉。一九七八年，个簃試筆贈藝孫。"（《王个簃書畫作品集》）

刻《鷹擊長空》白文印，款："一九七八年新春呵凍刻石，个簃八十二歲。"（南通市个簃藝術館藏，《个簃印集》）

是年，孫祖勃逝世。

1979年　己未　八十三歲

時任上海中國畫院第一副院長、中國人民政治協商會議第五屆全國委員會委員、西泠印社副社長、中國美術家協會第二屆理事會常務理事、上海市美術家協會第二屆理事會第一副主席。

1月，上海人民美術出版社出版《上海畫院中國畫專集》，爲之題寫封面、扉頁，并有《山茶臘梅圖》刊入。

1月，西泠印社出版《革命勝迹印譜》，葉劍英、趙樸初題寫扉頁，收錄了王个簃四方篆刻作品：《工人有黨氣掀天》《安源》《八方井》《牛角坡》。另有沙孟海、葉潞淵、諸樂三等作品刊入。

2月，活頁本《上海花鳥畫選》由上海人民美術出版社出版，收錄了上海畫院王个簃、吳湖帆、賀天健、林風眠、江寒汀等十六位畫師的作品，王个簃《春光》及與江寒汀、唐雲合作的《鷹擊長空》刊入。

2月，作品《石榴》（135cm×70cm）刊入由人民美術出版社出版的《現代中國畫選（第三輯）》。

2月，黃葆芳在新加坡籌辦"吳昌碩·王个簃畫展"，編輯《吳昌碩王个簃》畫集。由新加坡國家博物院、新加坡中華美術研究會出版。潘受作序言，黃葆芳作後記。選用吳昌碩繪畫十六件、書法四件，王个簃繪畫十八件、書法四件。作品皆爲黃葆芳、范昌乾和新加坡其他收藏家的藏品。

3月9日，上海市文化局任命上海畫院領導班子。吕蒙任院長，湯增桐任支部書記兼副院長，王个簃、唐雲、吳大羽任副院長，孫鈞任支部副書記。（《上

鷹擊長空（王个簃、江寒汀、唐雲合作）

上海古籍書店　王个簃刻

海中國畫院 1956—2004》221 頁）

春，麥華三書贈詩作。（南通市个簃藝術館藏）

"嶺表書壇喜復開，京師聞道上春臺。天安門外珠橋畔，老中青少并肩來。个簃方家兩正，一九七九年春，麥華三書。"

4 月 16 日，"大阪上海友好城市書法交流展覽會"在上海美術展覽館舉行，上海作者有郭紹虞、王个簃、劉海粟、葉潞淵、顧廷龍、朱屺瞻、陸儼少、應野平、翁闓運、王蘧常、唐雲、程十髮等。上海古籍書店印行《上海市書法篆刻作品集》，王个簃并題寫書名。22 日，《解放日報》發表王个簃展覽篆刻作品二件。

5 月，上海書畫出版社出版《吳昌碩石鼓文墨迹》，爲之題寫書名。

5 月 24 日，荀慧生追悼會和骨灰安葬儀式在北京八寶山革命烈士公墓禮堂舉行，王个簃因病未能赴京，作"異曲同工"四字挽之。

9 月，上海書畫出版社出版《上海書法家作品集》，爲之題寫書名。

國慶節前夕，與唐雲在上海畫院南樓合作《萬紫千紅喜滿園》（91cm×69cm），王个簃并題。

11 月，當選中國美術家協會第三屆理事會理事。

12 月 8 日，赴杭州參加西泠印社成立七十五周年慶祝活動，爲"文革"後的首次聚會。大會通過新社章，制定出五年工作計劃，選舉趙樸初爲名譽社長，沙孟海爲社長，王个簃、方介堪、啓功、諸樂三、錢君匋、程十髮等爲副社長，產生第二屆理事會，并進行了學術報告會及王个簃捐贈授獎儀式。向西泠印社捐獻了朱耷、董其昌、沈周、仇英、吳昌碩、王一亭等書畫作品三十件，其中有沈周《送歸燕圖》、仇英《三獅圖》、王一亭《缶廬講藝圖》、吳昌碩《缶廬詩稿》《六十自壽雙桃圖》、吳昌碩隸書《食金石力，養草木心》聯等。（《西泠印社藏品捐獻名錄》）

《興旺時期的顯著變化——簡述印社建國後四十五年來的歷史》：1979年秋，在花港飯店召開大會。這是遭受十年痛苦後的第一次大會，全國著名學者、印學家、書畫家應邀入社，北京有趙樸初、吳作人、啟功、羅福頤。上海有朱屺瞻、陳巨來，南京有亞明、宋文治、魏紫熙，山東有朱復戡，杭州有余任天等。王个簃將"文革"後發還的家藏八大山人和吳昌碩等大家書畫五十餘件捐獻給印社，得到政府嘉獎。已故社員張宗祥、沈尹默、王福庵等家人，亦照遺願，將他們的作品和遺物捐獻給印社。（呂國璋文，《西泠印社九十年》）

《王个簃先生捐獻一批珍貴文物字畫》："上海畫院副院長、西泠印社副社長、著名金石書畫家王个簃先生，在慶祝西泠印社成立七十五周年社員大會上，把珍貴文物字畫三十件（其中有吳昌碩先生字畫二十四件、明代董其昌行書手卷一件、王一亭畫一件等），捐獻給國家。王个簃先生早在五十年代初期，就把一批吳昌碩先生的書畫篆刻作品獻給西泠印社。接受捐贈的儀式於昨日下午舉行。杭州市委書記、市革委會副主任周峰代表市革委會發給王个簃先生獎狀和

與程十髮、錢君匋、謝稚柳、沙孟海、朱復戡等參加西泠印社七十五周年紀念大會

沈周《送歸燕圖》

獎金，并宣布：決定將王个簃先生捐獻給國家的文物，交給西泠印社保管，以便今後通過陳列、展覽、借閱、查考和拓印等方式，充分發揮它們的作用。"（《浙江日報》1979 年 12 月 14 日）

　　會後，與朱屺瞻、諸樂三、陸儼少、謝稚柳、曹簡樓、程十髮、陳健碧、沙孟海合作巨幅《東風浩蕩圖》。與西泠印社社員錢君匋、謝稚柳、朱復戡、周哲文、郭仲選、孫曉泉、方去疾、商向前等合影。（《西泠印社百年圖史》、《上海中國畫院 1956—2016》107 頁）

　　刻"獻身四化、追求六法、前程似錦、百歲進軍"四巨印，并題詩："大好形勢中，人人有志气；百歲亦尋常，昂首立天地。"

　　與諸樂三等在西泠印社參觀"吳昌碩先生誕辰一百三十五周年書畫展覽"。孫王葵、外孫陳藝以及學生諸涵、董芷林隨侍。（《西泠藝報》1989 年 45 期）

　　12 月 11 日，社慶舉行金石書畫創作活動，書《百歲進軍》并題："大好形勢中，人人有志气，百歲亦尋常，昂首立天地。"

　　12 月 12 日，孤山雅集，與諸樂三合作《梅石圖》，沙孟海題詞其上："梅之清，石之壽，盛世文明，信今傳後。一九七九年十二月十二日，缶廬門弟子王个簃畫石、諸樂三寫梅、沙孟海題詞。"（《沙孟海年表》48 頁）

　　社慶期間，受到李先念主席親切接見。

　　12 月底，在杭州療養。

　　賴少其作文論王个簃藝術。王个簃亦曾爲其治印。

　　王个簃先生，當代著名國畫家，江蘇海門人，已經八十三歲了。

　　王个簃二十九歲時拜吳昌碩爲師，吳年已八十二歲，越二年病逝。因受名師指授，茅塞大開。王个簃受聘，爲缶翁之孫任啓蒙教師，繼續在吳家七年，得觀摩其遺作與學習其家藏，其藝遂大進。當代藝壇認爲吳昌碩有三高徒：首稱陳師曾，魯迅對他評價甚高，還是交情很深的朋友！二是潘天壽，稱其才華橫溢，并題詩以贈之："天驚地怪見落筆，巷語街談總入詩。"最後，當然是王个簃了。缶翁 1927 年逝世，半個世紀以來，吳昌碩畫派的影響不斷擴大；而王个簃踏着乃師的足迹也不斷前進，有發展，有創造。

　　在刻印方面，王个簃深得吳昌碩刻印精髓，幾可以亂真。缶廬印派，是繼承了丁敬、陳曼生的浙派，又吸收鄧石如、吳讓之、趙撝叔的皖派精華，他們比明末文三橋、何雪漁徽派更爲生動和奔放，使秦漢印在新的條件下更有發展，使刻印在歷史上達到了新的高峰。《西泠印社》能馳譽中外，缶廬一派有卓越的貢獻。

　　清初乾嘉之際，書法有了新的突破。書家多能刻印，以書入印，使印有了新的發展。書家學篆隸成風，使書法有金石氣，吳昌碩以《石鼓》籀筆作書，屈伸自如，使書法大變。以籀作畫，凝煉遒勁，如金蛇騰空；運用潑墨，勢如奔馬，如魚得水，生面別開。這是文人畫一大發展，使人物突破了陳舊大發展，不僅花卉使用其法，現在用大寫意畫人物，使人物突破了陳舊的圈子，與西法寫生相結合，將出現新的流派，這是吳昌碩一派的大貢獻。

有人把王个簃的畫和吳昌碩相比，認為：吳昌碩狠些、辣些、跌宕些，因而磅礴淋漓；王个簃雋些、潤些、婀娜些，因而瀟灑酣暢，這是有識之見。王个簃作畫和吳昌碩作畫一樣，必須經過長時間醖釀和構思，對整體布局已胸有成竹，然後凝神靜氣，振筆潑墨，一揮而就。大體告成之後，對於局部收拾，特別十分小心，沉着細致，常常舉筆欲點，斟酌再三。總的作畫原則是："奔放處不離法度、精微處注意氣魄。"這是矛盾的統一，是符合作畫規律的。畫成之後，很注意題款和鈐印。用印大小，題款長短，都要按照畫面的需要。畫面和題款應參差錯落，不和畫面發生衝突。這種認真嚴肅精神，王个簃始終嚴守了師法。

王个簃喜作藤本：紫藤、葡萄、葫蘆、扁豆之類，最能發揮籀筆草書之長；他喜作松、柏、梅，蒼勁雄奇；他喜作荷花、枇杷、玉蘭、蔬果和各種花卉，落筆凝重，設色鮮妍；他尤喜作風竹，"个簃"二字，就是畫竹得名。王个簃不僅繼承師法，還重視實踐，對自然洞察之微，如題蝌蚪一詩，便是實例："閒來潑墨為蝌蚪，却憶兒時嬉水濱。畫稿從來隨處有，何必點畫效前人。"

王个簃一片赤子之心，畫《仙桃》贈給人民詩曰："舊傳仙桃大如斗，今日網中尋常有。摘來紅實甘且香，釀得萬石長生酒。舉杯祝賀躍進年，九億人民同康壽。"(《王个簃紀念文集》中國文史出版社，1993年6月)

《西冷藝叢》創刊。

篆書《集散氏盤八言聯》(133cm×30cm×2)，題："參用石鼓文暨琅玡臺石刻筆法，集散氏盤銘。己未暮春，王个簃時年八十三歲。"(《王个簃書法選集》)

題舊作《蕉陰龍爪》："書堆撿得十年前舊作，尚有佳趣，戲為補題款字。王个簃時年八十三歲。"(《上海吳昌碩藝術研究會》紀念冊，1999年)

作《荷花》(137cm×68cm)，題："嬌花迎霞發，翠葢逐風狂。己未冬仲畫於上海，王个簃時年八十三歲。"(上海中國畫院藏)

鈐印：啓之(朱文)、个簃(白文)。

作《秋階冷艷》，題："秋階冷艷。一九七九年，王个簃畫於滬上西郊。"(《現代中國畫集(一)》)

刻《追求六法》《前程似錦》《獻身四化》《百歲進軍》巨印。

是年，俞劍華逝世。

王个簃曾作《贈俞劍華》詩："劍華一腐儒，才思何璀璨。生長泰山阿，抱秀當童丱。有書紛填胸，有鬼常系腕。大川與名山，游陟不知倦。一從變亂興，海角聊肥遁。一椽遠高車，終歲食破硯。窈含出岫雲，琴落平沙雁。揉思浚厥源，開圖窮其變。一朝蔚大觀，四壁足清玩。半千心所儀，北苑夢亦見。巨幅繪黄山，寄情惟繡段。遥泉聞虎吼，長松作龍纏。蒼鬱拔千峰，灑落軼群彦。獨恨亂未終，餘生墮憂患。讀畫且放懷，上下共議論。明當攜酒錢，百杯相酬勸。"

是年，馬萬里逝世。

1980 年　庚申　八十四歲

時任上海中國畫院第一副院長、中國人民政治協商會議第五屆全國委員會委員、西泠印社第一副社長、中國美術家協會第三屆理事會理事、上海市美術家協會第三屆理事會副主席、西泠書畫院特約畫師。

遷居淮海中路一七五九號二〇二室。子王公助提前退休，來滬料理王个簃起居。

因常年疲憊，是年赴蘇州南林飯店九號樓療養百餘天。由長女王悦照料起居。時蘇州中醫院院長黄一峰多次前往會診。

1 月 16 日，《中國新聞》第 8881 期發表谷葦《獻身四化 百歲進軍——訪著名書畫家王个簃》一文。

1 月，蘇局仙作《奉酬个簃老畫師惠贈法繪即請教正》詩兩首贈之。

2 月 1 日，被聘爲西泠書畫院特約畫師。

除夕夜，孫王蓋初學繪畫，戲作小圖并口占一首，王个簃爲之補石并題："除夕學畫。提筆疑雲千萬重，毅然畫下潮頭魚。公公見畫心歡喜，揮豪寫下祝孫詞。蓋孫隨手作詩一首，个翁樂爲書此。"又題："庚申除夕，蓋孫學畫，巨浪中有小魚，頗多佳趣。个翁爲之補石并題。他年如也學畫，此是一幅。"

2 月，上海畫院與上海友誼商店古玩分店聯合舉辦"新春書畫展"。王个簃作《蓮塘清趣圖》并題寫展標。

在改革開放新時期，上海友誼商店首次推出海派十大家朱屺瞻、王个簃、謝稚柳、應野平、唐雲、吴青霞、陸儼少、黄幻吾、程十髮、劉旦宅繪畫聯展，引起了美術界的廣泛關注。(《文匯報・記海派繪畫十大家深情回顧展》，2011 年 6 月 20 日)

4 月 5 日，"王个簃、趙丹、曹簡樓、曹用平匯報展覽"在南通市文化館舉行。

8 月，中國美術家協會上海分會第三屆會員大會召開，林風眠當選主席，與沈柔堅、張樂平、顔文樑、劉海粟、唐雲、關良、謝稚柳、吕蒙當選副主席，蔡振華當選秘書長，陳秋草、張充仁當選副秘書長。

10月10日，趙丹逝世，作詩挽之："趙丹聲名滿天下，文藝流傳盡高雅。醫院交談縱豪情，遺願未遂泪同灑。"

爲諸樂三作《到杭州參觀畫展》詩。

11月4日、5日，在杭州花家山賓館參加西泠印社理事會。（香港《大公報》1980年11月24日）

11月6日，與參會人員進行筆會。

拜謁吴昌碩墓

與朱屺瞻、唐雲、吴青霞在上海畫院花園寫生

11月7日上午,在吴昌碩紀念室前舉行日本贈送吳昌碩銅像揭幕儀式,日本書畫篆刻家小林斗盦率團專程來杭參加盛典。王个簃作詩記之。下午,與參會人員游覽西湖勝景。

11月8日,與沙孟海、諸樂三、小林與三次、青山杉雨、小林斗盦、梅舒適等中日友人赴餘杭超山拜謁吳昌碩墓。(《沙孟海先生年譜》99頁)

11月10日,在浙江展覽館參觀"諸樂三書畫篆刻展",現場賦詩并書"騰蛟起鳳郁奇姿,早在師門擅風貌。今朝百讀閃光芒,點畫推敲學到老。"諸樂三、劉江、諸涵在場。

12月,與劉海粟、夏伊喬、唐雲等出席在上海舉辦的"賴少其書畫展"。

12月,"上海中國畫院"恢復原名和建制。(《上海中國畫院1956—2016》131頁)

爲唐雲作《石榴成扇》,題:"看他開口處,一笑落珠璣。大石老兄囑畫,即希指正。王个簃同客滬上,年八十四。"(《唐雲藝術館藏品精粹》)

隸書題寫"南通書法國畫研究院",款:"王个簃八十四歲。"

篆書《吾水維楊七言聯》(176.8cm×36cm),款:"吾水既静道既平,維楊及柳鯤及鯉。庚申歲十一月既望,集石鼓文字筆法於滬上西郊,海門王个簃時年八十有四歲。呵凍濡筆,無是處也。"(南通市个簃藝術館藏,《世紀丹青(六)》)

篆書《皇祖小學六言聯》(134cm×32.3cm),題:"皇祖皇考舊纘,小學

石榴成扇

大學尊師。庚申歲十二月，呵凍濡筆。海門王个簃時年八十四歲。"（南通市个簃藝術館藏，《世紀丹青（六）》）

篆書《鶴壽千歲》（137cm× 74.5cm），款："庚申歲十二月，參用石鼓文暨琅玡臺筆法作篆，王个簃時年八十四歲。"（南通市个簃藝術館藏，《當代書家墨迹詩文集》）

鈐印：王个簃印（朱文）、啓之（白文）。

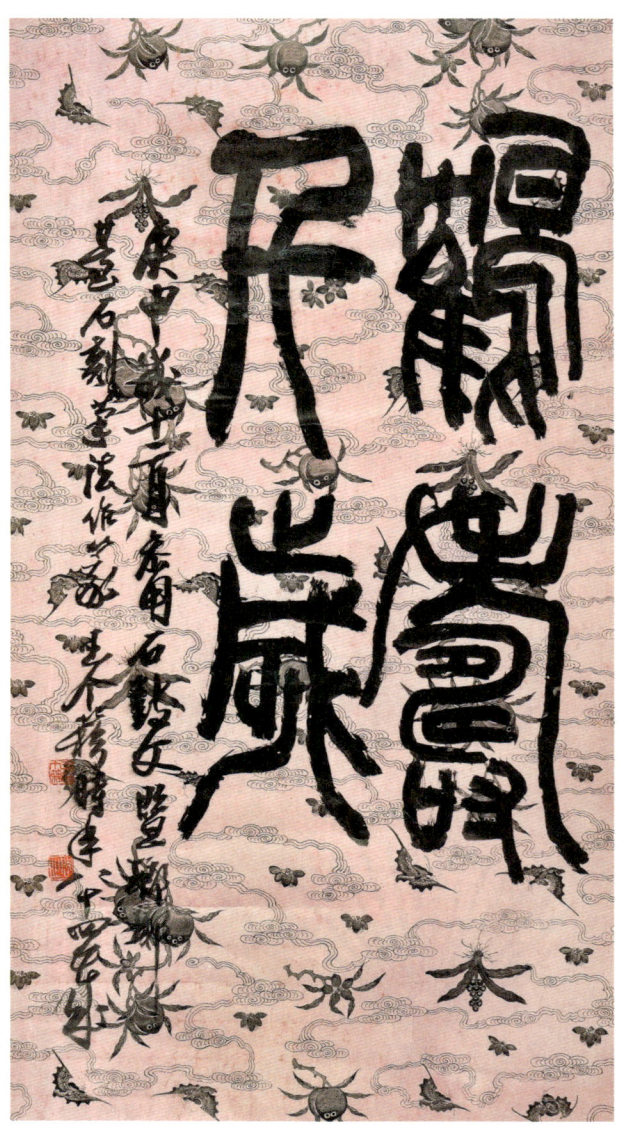

鶴壽千歲
（南通市个簃藝術館藏）

篆書《集鐘鼎銘文五言聯》（134cm×32.5cm×2），題："釋文：福降顯明德年豐飲太和十字，呵凍作篆，頗饒佳趣耳。庚申冬日，王个簃八十有五歲。"（上海中國畫院藏）

鈐印：啓之（朱文）、个簃（白文）、學到老（白文）、百歲進軍（白文）。

作《枇杷》（94cm×43.5cm），題："洞庭東山與西山，五月枇杷熟成片。庚申十一月畫於滬上西郊還硯樓，王个簃八十有四。"（上海中國畫院藏）

鈐印：啓之（朱文）、个簃（白文）、百歲進軍（白文）。

作《紅梅》（96cm×59cm），題："隆冬到來時，百花迹已絕。紅梅不屈服，樹樹立冰雪。庚申十二月呵凍作畫於滬上西郊，王个簃八十四歲。"（《上海美術館藏品選集·中國畫1》28頁）

鈐印：啓之（朱文）、个簃（白文）、學到老（白文）。

作《石榴》（133cm×65cm），題："累累枝上實，滿腹飽珠璣。庚申歲十二月，畫於滬上西郊，王个簃八十四歲。"（南通市个簃藝術館藏，《中國歷代畫家佳作品鑒·王个簃》）

作《雁蕩風光》（34cm×28cm），題："雁蕩風光。庚申十二月，偶從箧中撿得小景，即贈用平。个簃八十四歲。"（《王个簃畫集》）

松柏萬年青（上海中國畫院藏）

作《春暖花開》(138cm×68cm)，題："春暖花開。王个簃時年八十四歲。"(上海中國畫院藏)

鈐印：啟之（朱文）、个簃（白文）、學到老（白文）。

作《松柏萬年青》(124cm×42cm)，題："松柏萬年青。一九八零年，个簃畫於上海。"(上海中國畫院藏)

鈐印：啟之（朱文）、个簃（白文）、學到老（白文）。

作《梅花》(128cm×51.5cm)，題："隆冬到來時，百花迹亦絕。紅梅不屈服，樹樹立風雪。雪後赴公園，頗饒雅興，歸來濡筆作圖於滬上西郊還硯樓。王个簃啟之呵凍。"（江蘇省美術館藏，《大師大家》）

是年，陸維釗逝世、張大壯逝世、林子白逝世、湯義方逝世、趙丹逝世。

1981年　辛酉　八十五歲

時任上海中國畫院第一副院長、中國人民政治協商會議第五屆全國委員會委員、西泠印社第一副社長、中國美術家協會第三屆理事會理事、中國書法家協會第一屆理事會名譽理事、上海市美術家協會第三屆理事會副主席、上海市書法家協會第二屆理事會第一副主席。

1月，爲上海中山公園牡丹亭撰"春暖花開五色繽紛多美意，朝來露重萬人歡樂共長年"聯并書之。

1月，日本中國友好協會和朝日新聞社在日本舉辦日中兩國"第二十五回現代書道二十人展"，中方書家有楚圖南、周而復、趙樸初、容庚、王个簃、林散之、啟功、沈延毅、沙孟海、商承祚、石魯、謝稚柳、王學仲、費新我、朱學達、劉自讀、諸樂三、金禹民、葉潞淵、黃永年、李滋煊、蔣永義。（《沙孟海先生年譜》100頁）

2月15日至18日，中華畫廊與香港集古齋聯合舉辦的"中國名家書畫展覽"在新加坡烏節路文華大酒店南翼五號接待大廳展出。2月21日至3月10日，該展又在新加坡大坡大馬路中華書局三樓畫廊展出。王个簃作品參展。

參展作者有：吳讓之、何紹基、楊峴、俞曲園、趙之謙、吳大澂、翁同龢、張裕釗、張祖翼、任伯年、康有爲、梁啟超、吳昌碩、曾熙、王一亭、劉春霖、章太炎、吳湖帆、黃賓虹、齊白石、徐悲鴻、葉恭綽、錢慧安、張子祥、高劍父、徐燕蓀、程瑶笙、朱夢廬、沈子培、溥心畬、賀天健、趙叔孺、倪墨耕、張善孖、張大千、陳半丁、潘天壽、陳師曾、鄧散木、郭尚先、壽石工、潘伯鷹、沈尹默、傅抱石、李可染、李苦禪、錢松嵒、王个簃、關良、唐雲、謝稚柳、王雪濤、董壽平、黃君璧、高冠華、吳作人、葉淺予、關山月、程十髮、陳大羽、宋吟可、白雪石、黎雄才、黃冑、吳冠中、宋文治、亞明、黃永玉、魏紫熙、許麟廬、婁師白、李山、劉繼卣、王爲政、秦嶺雲、徐希、黃潤華、李行簡、張憑、李穎、張廣、王乃壯、陸儼少、舒傳曦。(《南洋商報》1981年2月14日)

2月，上海中國畫院舉辦"迎春畫展"。(《上海中國畫院1956—2016》136頁)

春仲，爲學生馮建吳篆書《鶴壽》勉之。

3月，"王个簃詩書畫篆刻展覽"在上海美術館舉辦，展出二十八歲至八十歲作品二百件。沙孟海題寫展名，諸樂三賦詩以賀："虎嘯龍騰歡滿室，彩墨飛舞分五色。書畫金石篆隸刻，嗟我仿徨難學得。"

3月24日，《解放日報》發表王个簃書畫篆刻作品十一件及曹簡樓、曹用平《濤聲浩浩天風落》一文。

3月29日，《文匯報》發表王个簃書畫篆刻作品九件及沈柔堅《祝个簃老人的藝術常青》一文。

春仲，"諸樂三書畫篆刻展"在上海美術展覽館舉行。王个簃作《詩書畫篆刻展覽樂三老哥贈詩戲和原韵辛酉春仲》詩贈之："安吉門下同入室，老年搖筆見聲色。好詩速成在片刻，百歲進軍也易得。"(《王个簃紀念文集》，中國文聯出版社，2007年8月)

春仲，親鈐"追求六法""前程似錦""獻身四化""百歲進軍"四巨印并題記創作由來："四印是我八十二歲所刻。'追求六法'是指丁卯夏隨侍缶師宿觀樂樓，天暑眠遲，缶師與我詳談有關書畫往事甚多。'前程似錦'是約諸樂三參觀缶師畫展，反復摩挲，百讀不厭，因此感到前程遠大。'獻身四化''百歲進軍'兩印是即景生情之作。"

春，親鈐篆刻二十方贈外孫陳藝，題："以上二十枚印章除爲黃玄翁、任堇叔兩印外，都是爲伯年弟所刻。就中有二印臨摹缶師所作，如急就'釘壁玩'等，尚有可取之處。辛酉春，贈藝孫存之，个翁八十有五歲。"

4月，爲南湖烟雨樓篆題"湖天一覽"匾。

5月，王个簃與沙孟海、劉海粟、容庚、郭紹虞、商承祚、林散之、沈延毅、諸樂三、方介堪、張伯駒、孫墨佛、吳玉如、蕭嫻等當選中國書法家協會第一屆理事會名譽理事。

6月，上海中國畫院成立院藝委會。王个簃任主任，唐雲、程十髮任副主任，邵洛羊、富華、陳佩秋、吳青霞、胡問遂、葉潞淵、張桂銘爲委員。(《上海中國畫院1956—2016》136頁)

6月，被聘爲上海交通大學美術顧問。

與沈邁士、朱屺瞻、關良、林風眠、黃幻吾、唐雲、任薹甫、葉潞淵、吳青霞等在上海中國畫院

7月,篆書《石鼓文》刊入河北人民出版社出版的《中國現代書法選》第二輯。

夏,爲陳大羽篆書"積健爲雄",題:"大羽老弟才氣縱橫,筆墨飛動,近作展覽更是超群出衆,使我萬分佩倒。辛酉夏日書一語奉贊,不斷前進。王个簃八十有五歲。"

9月2日,由北京畫院和上海中國畫院聯合舉辦的"中國畫聯展"在北京美術館開幕,展出作品一百五十件。10月15日,此展在上海美術展覽館開幕,王个簃題寫展標。

9月,由香港集古齋、《美術家》雜誌社、博雅堂聯合主辦的"上海中國畫院作品展覽"在香港舉行。同時出版《上海中國畫院作品選集》,王个簃發表作品《葫蘆》并題寫書名。

10月2日,應南通市領導邢白、朱劍邀請回故鄉南通探親。由邱豐、吳永康、幼子王待赴滬迎接。長子王公助,學生曹簡樓、曹用平隨行。朱劍、王太祥、曹從坡、吳沐初、郭深、何晴波、徐虎、李明勛、季茂之、嚴迪等領導親切會見,學生劉子美、尤無曲、黃稚松、李巽儀、劉嵩樵、邱豐盛情款待。

10月7日至17日,在南通市勞動人民文化宮舉行"王个簃書畫展"。向南通市人民政府捐獻書畫作品十件,其中有王一亭《苦李造像圖》,李禎《秋窗課子圖》(有徐昂、曹文麟、張峽亭、張峰石題跋)等。市長朱劍代表市政府頒發獎狀,聘請王个簃、曹簡樓、曹用平爲南通書法國畫研究院顧問,吳沐初院長頒發證書。

故里探親

出席南通市文聯舉辦的學術講座，由文聯主席何晴波、美術家協會主席劉子美主持，與南通文藝界交流。

觀賞南通書法國畫研究院劉嵩樵、黃稚松、李巽儀、邱豐作品。

訪問母校南通中學，參觀南通博物苑、海港，拜謁齋公墓，登覽狼山風景，在葵竹山房瞻仰李禎石刻造像。

重陽，與吳沐初等南通故友游狼山北麓園，歸後作巨幅《狼山北麓圖》并題詩以紀之："瑯山北麓風光好，峭壁高巖氣象新。北返故鄉懷夙願，興來搖筆見精神。辛酉重陽，返回第二故鄉南通市，與沐初老友等游覽紫瑯北麓，歸來乘興作圖，以紀勝游。余很久不作山水畫，甚感生澀，可笑可笑。海門王个簃時年八十有五歲。"（南通市个簃藝術館藏）

10月12日，乘船返滬，口占四絶："風平浪靜江南北，午夢惺忪詩意濃。回憶故鄉今異昔，好山好事萬千重。""大廈名存舊街巷，躍進風光隔卅年。料想他年再來訪，萬般新貌耐留連。""今朝團聚同歡笑，多少中青共藝林。領導關懷永銘記，一言一語盡深心。""當前畫展償心願，墨舞筆歌友誼長。匯報要聽老實話，前程携手樂洋洋。"

10月，上海人民美術出版社出版《王个簃畫集》，沙孟海題簽，賴少其撰前言，

邵洛羊撰後記,收入王个簃二十世紀二十年代至七十年代書畫篆刻作品九十件。

10月,《人民畫報》專題介紹西泠印社,刊印王个簃、沙孟海、諸樂三在"孤山雅集"活動時合作《梅石圖》的情景。

秋,蘇局仙作《奉酬个簃老畫師惠贈法繪即請教正》詩以酬謝王个簃所繪贈《蘭石圖》。

11月17日,詩作《返杭途中》在《旅游報》發表。

11月28日至12月14日,在北京參加中國人民政治協商會議第五屆全國委員會第四次會議。

黃冑在北海仿膳宴請王个簃、劉海粟、關山月、黎雄才等。

出席文藝界茶話會,與夏衍、蔡若虹、華君武、葉淺予重晤。

拜訪李苦禪、李可染、吳作人等老友。

11月,上海市書法家協會第二屆理事會召開,郭紹虞當選名譽主席,宋日昌當選主席,王个簃、謝稚柳、方去疾當選副主席。

11月,書七絕兩首,祝賀"海門中小學書法美術展覽"(《江蘇教育》1982年第9期)

《諸樂三畫册》出版,書舊作一首於卷端。

題《馮建吳詩詞稿》:"建吳老弟自少愛作詩詞,功力彌邃,別饒佳趣。近來所著更多奇妙,樂爲題字。王个簃八十有五歲。"(《王个簃書法選集》)

本年度王个簃尚有如下代表作:

狼山北麓圖（南通市个簃藝術館藏）

作《墨松》（137cm×68cm），題："挐攫風雲吼瀑雷，空山自養棟梁材。辛酉三月，畫於滬上西郊還硯樓，王个簃八十五歲。"（南通市个簃藝術館藏，《世紀丹青（六）》）

作《花開香墮遠來風》（之一）（98cm×44cm），題："花開香墮遠來風。辛酉四月維夏，畫於滬上西郊還硯樓之南窗，王个簃八十有五歲。"（上海中國畫院藏）

鈐印：啓之（朱文）、个簃（白文）、學到老（白文）。

作《蒼松翠柏萬年青》（136.5cm×67cm），題："蒼松翠柏萬年青。慶祝中國共產黨成立六十周年作圖志盛。一九八一年六月於滬上西郊還硯樓，王个簃八十有五歲。"（上海中國畫院藏）

鈐印：啓之（朱文）、个簃（白文）、學到老（白文）、百歲進軍（白文）。

作《牽牛花》（136cm×68cm），題："樓邊幾串牽牛花，引起秋光景色新。辛酉七月，畫於滬上西郊還硯樓，王个簃八十五歲。"（《世紀丹青（八）》）

作《荷塘月色》（130cm×75cm），題："香遍三千與大千，青蓮能結佛因緣。何人夢上花趺坐，一夜同參畫裏禪。辛酉夏仲寫於滬上西郊，海門王个簃時年八十有五歲。"（南通市个簃藝術館藏，《播布美術》）

作《花團錦簇》（100cm×45cm），題："花團錦簇。辛酉夏仲个簃畫贈公助大兒存之，時年八十有五歲。"（《王个簃畫集》）

作《牽牛花》（96cm×59cm），題："河漢笑牽牛。辛酉新秋涉園，見樓畔

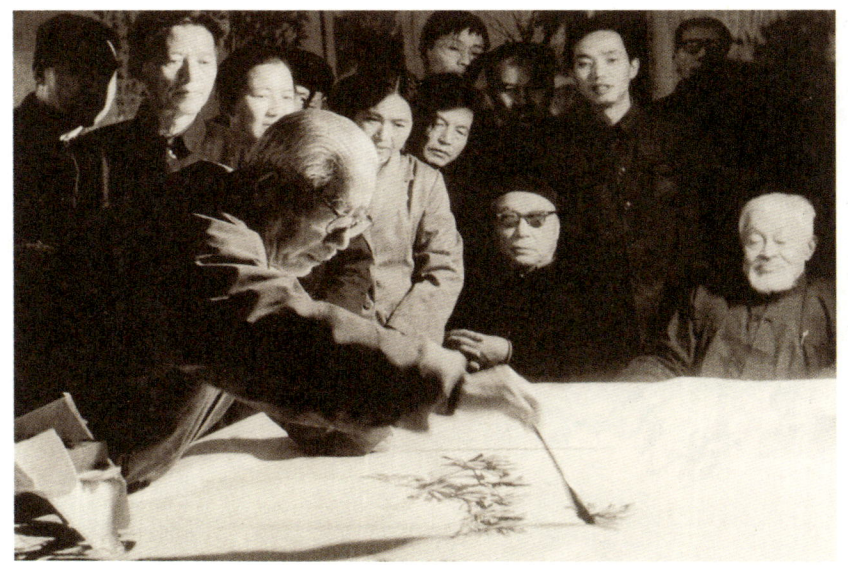

與謝稚柳、朱屺瞻合作

藤花盛開，即景作圖志喜，王个簃八十五歲。"（南通市个簃藝術館藏，《百年菁華》）

作《花開香墮遠來風》（之二）（130cm×47.5cm），題："花開香墮遠來風。辛酉歲十一月既望，海門王个簃畫於滬上西郊，時年八十有五歲。"（上海中國畫院藏）

鈐印：启之（朱文）、个簃（白文）、學到老（白文）。

作《案頭清供》（177cm×95.5cm），題："案頭書卷多真趣，窗下霜花伴歲寒。辛酉歲十一月畫於滬上西郊還硯樓之南窗，海門王个簃時年八十有五歲。"（上海中國畫院藏）

鈐印：启之（朱文）、个簃（白文）、生機（朱文）、學到老（白文）。

作《臘梅》（142.3cm×68cm），題："衝風冒雪見精神。庚申十二月撿得舊紙，呵凍濡筆於滬上西郊，王个簃時年八十四歲。"（《大師大家》，江蘇省美術館藏）

作《竹石萱花》（151cm×53cm），題："皎潔玉簪添美景，蕭疏新竹漾清風。辛酉年畫於滬上西郊還硯樓，信手濡筆，略有可取。王个簃時年八十有五歲。"（上海中國畫院藏）

鈐印：启之（朱文）、个簃（白文）、還硯堂（朱文）。

作《聖誕》（128cm×63.5cm），題："南方聖誕花，形態高大，色彩燦爛可喜。王个簃畫於滬上，八十五歲。"（上海中國畫院藏）

作《墨竹》（138cm×35cm），題："不與參差雜樹群，龍孫鳳尾拂青雲。歲寒空説多三友，直節虛心只此君。王个簃八十五歲畫於滬上。"（南通市个簃藝術館藏，《世紀丹青（一）》）

鈐印：啓之（朱文）、个簃（白文）、學到老（白文）。

作《碧桃裁錦》，題："剪綃裁錦一重重。个簃王啓之畫於滬上。"（《王个簃畫集》）

何學愚逝世。

王个簃曾爲何學愚《蒼回閣圖》題詩："山林城市寧容別，總是書叢置此身。把酒賓朋來送日，哦詩草木看當春。休驚一世翻新樣，須信吾廬絶俗塵。鬢色夢回猶少壯，茫茫前路自知津。"

是年，蔣吟秋逝世、鄭慕康逝世、羅福頤逝世。

1982 年　壬戌　八十六歲

時任上海中國畫院第一副院長、中國人民政治協商會議第五屆全國委員會委員、西泠印社第一副社長、中國美術家協會第三屆理事會理事、中國書法家協會第一屆理事會名譽理事、上海市美術家協會第三屆理事會副主席、上海市書法家協會第二屆理事會第一副主席。

春節，在上海與兒孫團聚，賦詩一首："年方耄耋不服老，猶願書寫真感情。善抱硯田要發奮，時時學習競中青。"

中國女排勇奪世界錦標賽冠軍，賦詩作畫分贈女排領隊、教練。（《文匯報》，1982 年 9 月 27 日）

《諸樂三畫册》出版，作序并有詩《樂三老哥畫册出版爲檢三十餘年前舊作五律一首奉題卷端》："似此才無敵，風塵剩幾人。師門懷有若，潭水重汪倫。寇暴山能竄，儒迂性爲馴。鄞南問消息，一瞬已兼旬。"（《王个簃紀念文集》，中國文聯出版社，2007 年 8 月）

1 月 2 日，輔導上海書畫出版社美術工作者。（《人民日報》1982 年 1 月 2 日）

清明節後，賦詩祝賀劉海粟九上黄山："筆歌墨舞聲名重，中外名流共一堂。九上黃山豪氣在，高山雲海任翶翔。小詩賦贈海粟老哥即蘄指教，小弟王个簃頓首，清明節後。"

4 月上旬，上海市政協組織赴閩參觀，子王公助陪侍游福州、泉州、厦門，登武夷山、鼓山。張承宗、唐雲、朱屺瞻、沈邁士、應野平、陳秋草、張雪父、吳青霞、萬籟鳴、錢君匋、黃幻吾、戚叔玉、糜耕雲同游。王个簃作詩多首。

《赴閩途中六首》："車過錢塘天欲暝，一宵山路自多情。時眠時醒牽窗幕，野色朦朧看不清。""清晨一望山容好，好到前人無此圖。近處峭巖多氣概，個中細徑入雲無。""四山環繞連天湧，顏色青黃入大荒。多少叢林雲一片，須臾變幻任翱翔。""近處峰巒留枕底，遙山折叠與天通。這邊風景果然好，不在尋常體勢中。""蕉葉新篁處處春，層樓古迹與時新。前瞻後顧心胸闊，如此風光別有神。""沿途建設新風景，老樹杈枒舊畫圖。想見此中深意在，皇皇一片好規模。"

《抵福州兩首》："四圍環繞成山景，華屋崔嵬南國中。初到心胸天地闊，同儕一路沐清風。""亭閣高低處處逢，何時創造杳人蹤。一番想象心頭熱，舊事真情路未窮。"

《登鼓山》："層層曲徑攀山頂，風景儼然舊佛堂。靜聽禪師齊誦佛，香花一片閃梵光。"

《鼓山湧泉寺見郭沫老詩即次原韵》："鼓山不見鼓，盤桓在湧泉。古物看瓷塔，青山挂白川。秋聲瀉翠柏，含苞想杜鵑。老年壯志在，談笑盡天然。"

《懷郎靜山》："攝影當年是大師，琳瑯佳作出新奇。而今九十年方盛，遙望長空樹大旗。"

《小住厦門大學》："上海厦門皆勝地，互相學習不尋常。今朝一見明朝熟，論學揮毫日月長。""形勢喜人看向前，今朝新貌勝當年。凌峰樓外多師友，文質彬彬共着鞭。""學風崇尚爭三好，喜看聯翩上戰場。愛友尊師重自己，一年更比一年強。"

《開元寺雙石塔觀後》："寺外輝煌雙石塔，精心創造仰前賢。低徊巧遇石工在，走向身邊話一篇。"

《初到武夷》："武夷名勝從頭越，三三六六與九九。看這看那看不完，萬怪千奇無不有。"

《游九曲》："并筏欣欣游九曲，一篙上下見精神。筏師到處殷勤說，古語浮誇亦出新。""回旋水是有聲詩，復叠成山奇畫出。曲曲纏綿意無窮，法度不在古人下。""朱熹講學十年事，餘子題詞數百篇。一具長棺垂久遠，商周以上想當年。"

《游水簾洞》："洞前灑遍毛毛雨，洞外來源看不清。老屋數間雞犬在，蘭花滿室尚馨榮。"

《天游峰一覽臺遥眺》："天游下視群峰呈，濃黑雄姿斧劈成。遠徑模糊通九曲，高山細水盡深情。""崔嵬登上最高峰，光怪離奇迥不同。今日歡欣堪自壽，助兒生日恰相逢。"

赴閩參觀

《游桃源洞》:"小徑盤旋行一路,問津題壁細搜尋。原是南唐修道院,自耕自足更清心。""花開依舊是桃林,沿路聲聲聽鳥鳴。曲折流泉供洗滌,心頭整日畫沉清。"

《別桃源洞》:"依依不盡隨人出,一徑迂回鎖洞門。門外風光無限好,崇山峻嶺遍乾坤。"

《武夷山一綫天》:"這一綫天非一綫,原來寬闊一長空。山頭風物康茫道,兩片高巖一路通。""仰看杭州綫數尺,飛來峰頂仰彌高。當年師友攀扶上,舁石歸來興倍豪。"

《鼓浪嶼》:"陽光照耀東南海,鼓浪嶼看萬象新。今日豪情初接觸,他年重到盡親人。""不必關心風浪大,海天一片耐深思。台胞但願同心膽,携手言歡共騁馳。""海上嶙峋多建設,山沉浪起似神仙。遥知大陸與深海,脈絡牽連已萬年。"

《別崇安四首》:"珍重勾留十數天,人情山色耐流連。他年重到多朋友,轎手篙師未息肩。""層巒叢翠永鮮鮮,須信此行非偶然。新秀天天勤學習,硯田重課欲承肩。""風景引來中外客,頻年游覽與時多。眼中日日添新象,劃綫填基上下坡。""勝景必須傳統重,深謀還得出新姿。安排一切勤思考,前路寬宏爲武夷。"

游武夷山歸來，憶山中所見景色，作《竹影泉聲》《天游峰山水》以記勝游。（南通市个簃藝術館藏）

游閩江，縱覽大好風光，歸後作《閩江山水圖》。（南通市个簃藝術館藏）

王个簃爲戚叔玉《閩江攬勝圖》題："墨妙筆精，耐人尋味"。又有《與戚叔玉敲詩》詩："敲詩務必求認真，好就該贊壞就批。怎許以辭來害旨，字句斟酌合時宜。記得懂得用得上，學無止境求真理。新年樹立新風尚，一掃昏黄舊東西。"

4月12日，"諸樂三書畫篆刻展覽"在上海展出。

5月14日，赴蘇州參加外孫陳藝和丁亞非在松鶴樓舉辦的新婚典禮。期間，會見周梅谷之子周大炎等蘇州名宿。

5月16日，自蘇州赴南京。

5月21日，體壇名將李華華拜師學藝。作《李華華拜師》詩："新秀爲君我老兵，一朝會面見深情。劍壇獨占英雄手，舉國騰歡一片聲。"（《解放日報》1982年6月5日）

5月22日，參加美協上海分會、美協江蘇分會、江蘇省美術館聯合舉辦的"王个簃詩書畫篆刻展覽"。沙孟海題寫展名。張緒武、謝海燕、陳大羽、高冠華、魏紫熙、亞明等出席開幕式。家屬及學生曹簡樓、曹用平等隨侍。展覽至6月6日。（《新華日報》1982年5月23日）

5月22日，國畫作品《墨荷》在南京《周末》報發表。

5月24日，向江蘇省美術館贈藏《毛公鼎篆聯》《秋菊圖》《葡萄圖》《珠帳圖》等八件書畫作品，副省長宫維楨代表江蘇省人民政府頒發獎狀。（《新華日報》《南京日報》1982年5月25日）

5月28日，國畫作品《挺松圖》在《南京日報》發表。

5月30日，《新華日報》發表書畫篆刻作品九件。韓天衡撰《積玉堆金看不厭》一文。

作《赴寧匯報展出詩稿雜存》詩："青松夾道來相送，窗外豐收麥浪翻。畢竟江南風景好，千家萬户盡歡顏。""車過蘇州逢舊友，全區勝迹湧心頭。座中游客紛紛説，到此風光洗百愁。""惠山遍地多朝氣，我獨躊躇憶舊行。今朝新秀天天苗，老眼無緣識後生。""未到南京先有詩，江山壯麗耐人思。而今藝苑增光彩，無數新人繼老師。""一路農村種好田，年豐物阜異從前。無數高樓爭建設，中青活潑似神仙。"

5月，作《文藝座談會講話四十周年賦詩自警》詩："講話流傳四十年，此

在南京藝術學院

中要領植心田。年來檢點自家事，還得辛勤着一鞭。"

5月，應邀在南京藝術學院講學，即興揮毫作巨幅《牡丹圖》并賦詩："新花爛漫年年放，雨露殷勤日日深。談笑滿場無約束，興酣落筆快人心。"

6月5日，國畫作品《石榴》在《新華日報》發表。

7月10日，國畫作品《霜花伴讀》在南京《周末》報發表。

7月，與劉海粟、朱屺瞻、朱金樓、黃若舟、程十髮、韓尚義、孟光等上海美專校友，歡聚於上海錦江飯店并即興揮毫。

8月2日，《文匯報》專版發表王个簃書畫篆刻作品十九件。

夏，篆書《精益求精》，題："西泠印社出品潛泉印泥，盡心改造，爲書一語贈之。壬戌夏，王个簃。"後爲上海西泠印社收藏。(《上海西泠印社九十五周年紀念册》18頁)

9月19日，香港《新晚報》發表國畫作品《古柏》。曹用平撰《王个簃的藝術》一文。

9月，蘇局仙贈"衣缽真傳易代新，缶廬門下幾多人。巋然碩果群欽仰，啓後承先不盡春"詩。

9月，爲諸涵《春花圖》題："春花爛漫隨時放，雨露殷勤一片深。寫入畫圖更有味，一年四季暖人心。諸涵老弟近作春花圖，墨舞筆歌，神采奕奕。一再展現，增我歡喜，爰爲題字，壬戌夏仲於滬上西郊，王个簃時年八十有六歲。"(《王个簃紀念文集》，中國文聯出版社，2007年8月)

10月7日，《解放日報》發表程十髮《記王个簃和他的弟子曹用平》一文。

10月11日，出席"蘇局仙百歲大慶書畫展覽"，作《案頭清供》賀之，題

"翰墨因緣多美意，心胸寬闊共長年"句。(《王个簃畫集》)

10月，沈柔堅在上海美術館舉辦第一次個人畫展。王个簃作《沈柔堅畫展》詩："四十五年勤創作，當時艱苦筆端尋。而今盡力書與畫，藝術生涯與日深。"

作《吟罷前詩意猶未盡憶及諸友再賦三絶句》詩。

"古今中外閃奇光，萬丈波瀾歲月長。九上黃山豪氣在，高山雲海任翱翔。"(懷劉海粟)

"長年艱苦當年事，兀傲高標書畫壇。展覽風光猶在目，筆情瀟灑任登攀。"(贈賴少其)

"中年變法工書畫，盡力揮毫作騁馳。花果繽紛大寫意，不求形似耐深思。"(贈朱屺瞻)

10月，口述《王个簃隨想録》，由曹用平整理，沙孟海題簽，上海書畫出版社出版。

11月15日，向中國美術館捐贈國畫作品六件。

捐贈作品目録:《楓葉墨竹》《桐花桐葉》《廣玉蘭》《梅松圖》《蘭石圖》《古幹紫藤》。(南通市个簃藝術館藏，《中國美術館收藏證書》)

11月，中國女排自日本回國途經上海，與唐雲、吳青霞、程十髪、陳佩秋、富華、徐元清、邱陶豐在上海中國畫院作畫贈之。

三戰三勝錦標賽，群策群力振國光。今朝拼搏祝長樂，平日堅強練萬場。中國女排勇奪世界錦標賽冠軍，舉國歡騰，振筆作詩，抒我豪情并繪畫幅分贈女排健將和教練領隊，表示謝意。八六老人王个簃。

11月，爲南通狼山廣教寺篆題"緬懷古德"匾。

12月，第五屆全國人民代表大會第五次會議通過新憲法。作《修訂新憲法喜賦四首》詩："新修憲法異常情，知識群英鄭重評。從今挑起堅強擔，越是老來越願宏。""振興經濟當居重，口號高呼翻兩番。做事追求先實踐，共同着力不艱難。""國步中興功計劃，弟兄各族共擔當。心頭樹立新風尚，萬馬奔騰自富強。""領導核心先設想，邁開步子去安排。將來反復權輕重，振奮前程計滿懷。"

12月15日下午，應邀參加中國美協上海分會在上海市文聯大廳舉行的劉海粟從事藝術教育和美術創作七十年茶話會，即席賦《海粟七十年藝術生活有句》四首，後又作《會後又賦四首》，縈懷舊情，共勉前程。(《上海美術通訊》

王个簃隨想錄　　　　　　　　　　　个簃印集

第 18 期王个簃《古柏蒼松無媚態》，1983 年 8 月 15 日）

《海粟七十年藝術生活有句》："回憶當年同執教，一堂濟濟卅餘年。師生蓬勃多朝氣，對答那邊又這邊。""又曾住校一時期，不是尋常作老師。關係更加增密切，這番往事耐尋思。""當年共事今無幾，未忍相思憶舊游。我與群公都熟悉，此情此景共樓頭。""茫茫舊景翻新景，多少殷勤抱硯田。新秀斑斑成骨幹，光輝業績樂長年。"

《會後又賦四首》："生當盛世標新意，共奮精神歷歲寒。古柏蒼松無媚態，天天學習坐文壇。""豪言壯語無誇耀，往日今朝一個心。戰鬥年年多奮發，從來不受一塵侵。""不講出生唯好學，久經艱苦見雄才。而今成就人爭說，美景還應看未來。""盛況空前非奉承，尚將往事記寒燈。要知事業空前代，革命長程步永恒。"

12 月，西泠印社編輯出版《个簃印集》。有吳昌碩、諸宗元、李禎等題簽、題詞（見本年譜 1923 年）。

據《中國篆刻大辭典》載：《个簃印集》，印譜。王賢（字个簃）刻印。一冊二卷。卷一存印六十七方，有吳昌碩逐印手書評語；卷二存印三百六十六方。共存印四百三十三方。間有印款。1983 年西泠印社編輯出版。有吳昌碩題詞及詩，沙孟海序，諸樂三題詩，王氏自題刻印偶成詩，并有王賢小像及簡介。

沙孟海《个簃印集》後序

　　一九二二年冬，余初謁先師安吉吳先生於上海山西北路吉慶里。明年，識个老於先生坐上，見其書畫篆刻，筆力雄健，驚爲奇才，長余三歲年耳。个老方課先生幼孫、居禪甓軒西廡，余寓海寧路，相隔數百步，彼此往還日密。此譜前編題《吳昌碩評識个簃印集》，皆當年所作，經先生審閱，逐字逐鈕，評定然否，剖析入微。余數數奉讀，或解或不解，或即時不解，越日乃解，方知大匠引繩，消息微茫，非淺學所易體會。先生及門弟子至衆，獨心契个老，引進曉教，有逾等倫。自先生捐館，个老詩書畫印，突飛猛進，益爲世重。留上海鬻藝廿餘年，箋石充几，目不暇給。海內外向慕吳先生者，無不轉慕个老，以爲今之吳先生也。解放以來，學習毛主席文藝理論，思想有所提高。人民政府器重个老，聘爲上海中國畫院副院長。表率群賢，職責增重，而感激知遇，創作益力。面向大衆，配合國家政策，風格又一變矣。茲就印章言之：骨力堅蒼，立基於平昔。深入淺出，給用於當今，而游刃從容，不假矯飾，烟雲舒卷，莫可方物。運刀布局，出自師授，不規規以師法自囿。素紙朱沫，時出新意，神明變化，燦然多姿。蓋深有味於毛主席"百花齊放，古爲今用"之教導者。

　　此譜後編題《个簃晚年印集》，爲其弟子翁櫂予、曹簡樓、曹用平諸君徵集新舊之作、精鐵盤旋，倜儻老成。讀者宜研尋其如何繼承師法，并研尋其如何發展師法，合兩編觀之，玩索有得，啓發實多。前年个老八十，翁曹諸君謀制印譜作紀念，當"四人幫"橫行之時，个老期期以爲未可。黨中央一舉粉碎"四人幫"，民物昭蘇。西泠印社諸君始議印行此譜，提供後學參考。个老固印社副社長也，群衆要求，不容袖拱。輒就所知，略道作者學養，未必有當，願以質正益世。

諸樂三題詩

　　交深伴金石，至道存瓦甓。印學溯淵源，游魚活鱍鱍。个簃老友斧正。壬戌初春，諸樂三題。

王个簃《刻印偶成》

　　負笈南通嗜刻印，拉雜探求萃古今。無師先後得師承，三十來滬志竟成。缶師門下追隨日，指點評價話言親。一卷印稿仔細看，優劣批注迹猶存。題字撰詩勤黽勉，反復叮嚀見真誠。陳（師曾）齊（白石）突出有創造，不似之似造詣深。同門友好皆有爲，各自風采抒前程。年來腕弱成疏懶，筆底縱橫□送迎。推陳出新談何易，心餘力絀昧精勤。名言一語永銘記，不薄今人愛古人。時時處處有真諦，批判繼承日日新。時代精神要堅定，藝事揣摩葆青春。雕蟲小技大可爲，前路寬宏慰深情。休言年老力已衰，奮發圖强不肯停。從頭學起學到老，常溫舊課競中青。辛酉歲十二月，西泠印社爲余刊印印集，編輯初竣，喜賦一詩遣興。海門王个簃時年八十有五歲。

王个簃《附記》

余致力於詩、書、畫、篆刻，逾六十年，在中學讀書和任教期間，對於藝事往往專心致志，不敢自懈，當時深得岳廬老人門人李苦李老師親切指授。嗣後經李師之介紹，又識得岳廬老人至友諸貞壯老師，他見到我的印稿便稱許不止，欣然攜奉岳師加批注。後來看到原稿中瑕瑜分明，獎掖過甚處，正是對我進一步鼓勵和鞭策。岳師八十壽辰，我事前寫詩作畫，隨苦李老師來滬，謁見岳師，岳師不以魯鈍，列入門牆。回顧當年在岳師門下，朝夕隨侍，得天獨厚，特別是岳師晚年除爲我印稿題詩外，還要我專心於金石一門，并書隸聯一幅"食金石力，養草木心。"追憶往事，倍蒙殊遇，情誼永存，不能一日忘懷。茲將當年印稿批語原文，和岳師所贈零金碎玉，羅輯卷端，爲記其顛末如此。辛酉夏仲海門王个簃記於滬上。

王个簃《説明》

一、事金石篆刻六十餘年、刻印甚多，大都隨刻隨用，不留邊款者亦多。二、在十年動亂時期，爲朋好學生刻印較少，邊款也盡簡略，甚至把自己所心愛的一些古人成語印章磨去不少，引爲憾事。三、印章，不按時代排列。四、"百歲進軍"等四印爲余八十二歲時所刻，故排列卷末。我生平刻印教多，散在各地，一時不易收羅，茲僅檢得以下若干方付刊。海門王个簃記。（《西泠印社百年史料長編》《个簃印集》）

作《大芝圖》以憶三十年前於待鴻樓所得大芝，并録舊詩一首："購得大芝樂融融，零亂書堆作清供。思量往事繪成圖，爛漫春花齊獻頌。"（南通市个簃藝術館藏）

《西泠四家印譜》（第三版）出版。沙孟海題簽，王个簃題扉。

本年度王个簃尚有如下代表作：

行書《自作詩》："北京上海開聯展，墨舞筆歌有盛情。從此交流同促進，前程携手老中青。聯展座談會上即席賦詩一首。壬戌新春，海門王个簃八十六歲呵凍。"（《全國著名老書法家十六人集》）

篆書《花好柳斜八言聯》（178cm×37cm×2），題："集石鼓文花好洛陽來朝走馬，柳斜周道涉水求魚聯語。壬戌新春，王个簃八十六歲於滬上西郊。"（南通市个簃藝術館藏，《名家翰墨 世紀留芳》）

隸書《八方所達，益域爲充》（96cm×48cm），款："五十餘年不書石門頌，偶爾濡筆，行間生滯，可笑可笑。壬戌春仲，海門王个簃時年八十有六歲。"（《王个簃書法選集》）

篆書《道人游子七言聯》（138cm×31cm×2），款："壬戌立秋節，集宋拓獵碣文七言聯於滬上西郊。海門王个簃時年八十有六歲。"（《2018中國書畫名家館聯會第二十三屆年會專輯》）

作《枇杷圖》（175cm×93.7cm），題："枇杷累累閃光芒，回顧童年上樹巔。午睡醒來佳興足，揮毫落紙報豐年。壬戌新春，賓客盈門，午睡起床，乘興濡墨作圖遣懷於滬上西郊還硯樓。海門王个簃啓之時年八十有六歲。"（南通市个簃藝術館藏，《世紀丹青（三）》）

作《墨梅之一》（178cm×94.3cm），題："自少關心屋角梅，槎枒枝幹漾朝暉。讀書餘暇尋歡樂，去去來來日幾回。童年在屋角賞梅，別饒佳趣，呵凍作圖，戲賦七絕一首，題於畫端。壬戌元宵節於滬上西郊還硯樓，海門王个簃時年八十有六歲。"（南通市个簃藝術館藏，《中國歷代畫家佳作品鑒·王个簃》）

作《墨梅之二》（137.5cm×68cm），題："自少關心屋角梅，槎枒枝幹漾朝暉。讀書餘暇尋歡樂，去去來來已歲回。壬戌春，憶老家屋角梅花，戲作是圖，聊寄當年遐想。海門王个簃年八十有六歲。"（南通市个簃藝術館藏，《世紀丹青（六）》）

作《天游峰景》（96cm×44.3cm），題："天游下視得奇景，石峰側立削長空。環翠群山多好意，迢迢九曲喜相通。壬戌暮春之初，暢游武夷，登上天游峰一覽臺，下視飽觀空濛勝概，喜作此圖。海門王个簃八十有六歲。"（南通市个簃藝術館藏，《世紀丹青（六）》）

鈐印：个宧（朱文）、學到老（白文）。

作《閩江風光》（180cm×63.5cm），題："礁石嶙峋多美意，長坡奔放見深源。閩江風景低迴看，萬水千山壯眼邊。壬戌暮春，與政協畫友暢游閩江，縱覽大好風光，歸滬作圖紀興，并題小詩一絕。海門王个簃時年八十六歲。"（南通市个簃藝術館藏，《王个簃畫集》）

作《青海翔飛》（176cm×64cm），題："飛翔天外滿長空，不與尋常氣象同。鳥島繁華好光彩，人間妙造萬千重。青海鳥島飛禽繁殖多至數萬，意興歡騰，伸紙作畫。八六老人王个簃。"（南通市个簃藝術館藏，《王个簃畫集》）

作《九寨杜鵑》（137.6cm×67cm），題："琪花瑤草神仙境，送暖風光逸興飛。落筆興酣人似醉，此情縹緲出新奇。壬戌九月初吉，八六老人王个簃畫於滬上。"（南通市个簃藝術館藏，《王个簃畫集》）

鈐印：啓之（朱文）、个簃（白文）、學到老（白文）、生機（朱文）。

作《層巒聳翠》（103cm×50cm），題："層巒聳翠如張錦，雲氣騰空欲作龍。畢竟武夷風景好，古人筆底不相同。壬戌春暮，赴閩游覽武夷名勝，在一線天前得此稿本，返滬濡筆并賦小詩。海門王个簃八十有六歲。"（《王个簃書畫作

銀河倒挂（南通市个簃藝術館藏）

品集》)

作《石畔松柏》(135cm×66cm)題:"松花送暖泉聲北,閩北多情景色新。壬戌暮春,暢游武夷山歸來,乘興作畫,聊紀勝概於獻頌樓,八六老人王个簃。"(南通市个簃藝術館藏,《世紀丹青(二)》)

作《銀河倒掛》(138cm×68cm),題:"銀河倒掛,聲如洪鐘,珍禽異獸,游樂其中。壬戌夏日,王个簃八十六歲。"(南通市个簃藝術館藏,《王个簃畫集》)

作《荔枝蘭石》(98cm×44.5cm),題:"荔枝滋味好,滿室盡生香。壬戌夏仲,王个簃八十六歲。"(上海中國畫院藏)

作《夾竹桃》(94.5cm×44cm),題:"夾竹桃開紅一片,偶然入畫四時新。壬戌立秋節,於滬上西郊還硯樓之南窗,海門王个簃時年八十六歲。"(南通市个簃藝術館藏,《經典傳承 世紀丹青》)

作《花團錦簇耀長空》,題:"花團錦簇耀長空。偉民同志存念。八二年九月二十六日畫於滬上西郊獻頌樓,八六老人王个簃。"(《朵雲》1983年第5集)

作《柳綠桃紅》(138cm×68cm),題:"柳綠桃紅湧眼前,這邊看罷看那邊。偶然涉想風光好,萬象纏綿別有之。壬戌重陽節,八六老人王个簃畫於滬上西郊。"(上海中國畫院藏)

鈐印:啓之(朱文)、个簃(白文)、學到老(白文)、生機(朱文)。

作《霜階冷艷》(164cm×88cm),題:"霜階冷艷展新姿。壬戌重陽節,畫於滬上西郊獻頌樓,海門王个簃八十六歲。"(南通市个簃藝術館藏,《世紀丹青(六)》)

作《紫藤》(96cm×45cm),題:"明珠滴香露。壬戌重陽節,八六老人王个簃畫於滬上西郊獻頌樓。"(南通市个簃藝術館藏,《世紀丹青(六)》)

作《滿園霜菊吐新姿》,題:"滿園霜菊吐新姿。壬戌歲十一月初吉,晨起濡筆於滬上西郊獻頌樓。海門王个簃時年八十有六歲。全國菊展品種繁多,盛況空前,喜作此圖,以記勝游。个翁并記。"(《花鳥畫研究》總第43期)

作《棕櫚》(138.7cm×68cm),題:"棕櫚葉戰晚風涼。壬戌十一月既望之十日,畫於滬上西郊還硯樓,王个簃年八十有六歲。"(南通市个簃藝術館藏,《世紀丹青(六)》)

作《新花爛漫》(179cm×96cm),題:"新花爛漫年年放,雨露殷勤日日深。南京藝術學院七十周年校慶,爲作是圖志盛。一九八二年十二月,海門王个簃時年八十有六歲。"(南京藝術學院美術館藏)

作《滿庭艷景》(136cm×67cm),題:"滿庭艷景喜迎春。壬戌歲寒,八六老人王个簃畫於滬上。"(南通市个簃藝術館藏,《中國歷代畫家佳作品鑒·王个簃》)

新花爛漫（南京藝術學院美術館藏）

鈐印：个簃（白文）、梅鄰（朱文）、生機（朱文）。

是年，王雪濤逝世。作詩挽之："重懷舊誼增惆悵，忽聽訃音湧百愁。妙筆生花人共仰，遺風浩渺水長流。"

是年，石魯逝世。王个簃後作《悼念舊友》："斯人髫歲成知己，西北奔馳見大材。不料中年傷感重，如何一蹶亦冤哉。（石魯）"

1983年　癸亥　八十七歲

時任上海中國畫院第一副院長、中國人民政治協商會議第五屆全國委員會委員、西泠印社第一副社長、中國美術家協會第三屆理事會理事、中國書法家協會第一屆理事會名譽理事、上海市美術家協會第三屆理事會副主席、上海市書法家協會第二屆理事會第一副主席。

1月5日，爲《大衆衛生報》創刊一周年題詞。

春節，爲《諸樂三書畫篆刻集》作序。

樂三是我一生知己，他與昌碩老人同住安吉孝豐，自幼即熟識，時時過從，也就很早對老人藝術精華深刻領會，博采深求往往廢寢忘食鍥而不舍，在我初到老人門下受教時期，他對老人的詩書畫刻等已有不少了解和經常學習，他和他的二兄閒韵同時列入老人門牆，因此樂三對於老人的各項藝術勤修苦煉，鑽研既久成就亦深，我僅僅在老人晚年時期聽老人教導較多，侍從較密耳。樂三在探索書畫篆刻之外，還兼學醫道，他在家鄉曾施醫送藥，受到鄉邦贊許，曾得過名醫曹拙巢老師指授，曹老師能詩能醫，我亦拜從過他，常常到曹老師處請求詩學，這樣我與樂三交情更多了一重，這是人們不能知道的……

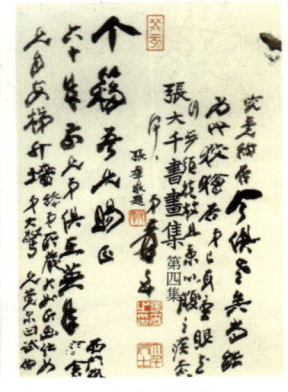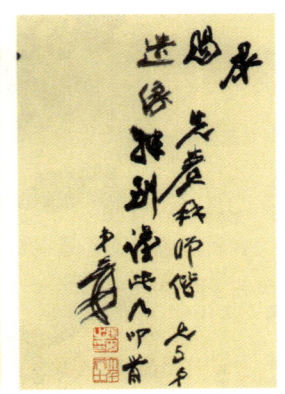

張大千贈畫册

樂三展覽作品遠在柏林，近則杭州、上海、南京等地，影響所及聲譽甚高。在杭州展出時我在畫廳寫詩一首云："騰蛟起鳳郁奇姿，早在師門擅風貌。今朝百讀閃光芒，點畫推敲學到老。"我的贈詩是真誠的抒寫，現在樂三畫集刊出即將它錄於冊端，我們師兄弟之間交誼可以想見。癸亥春節王个簃於滬上西郊獻頌樓。（《王个簃紀念文集》中國文史出版社，1993年6月）

初春，爲南通陳叔吟題"雲潔軒詩稿"。

3月，《張大千書畫集第四集》在台灣出版，張大千托友人轉贈王个簃，并在扉頁題："承賜先農髯師偕兄與弟造像，拜倒謹此九叩首。弟爰。""六十年前，兄弟俱在英年，寒舍西門路，兄自安梯升牆，舔弟所藏六如所畫仕女，弟大驚，兄莞爾曰：'試他究竟甜否？'今俱老矣，尚能爲此狡獪否？弟已耳重眼花，行步須扶杖，且患心腹之疾，奈何奈何！个簃吾兄賜正，弟爰頓首。"

春，伍蠡甫在國家畫院舉辦個人畫展。王个簃作《伍蠡甫畫展有贈》詩："理論畫圖幷二難，窮年累月勇登攀。今朝展出高標在，光彩盈盈閃藝壇。"

4月2日，張大千逝世。作《忽聞大千噩耗回憶往事縈懷》詩："曾門相識如兄弟，筆底周旋盡古今。回顧當年留影事，深談夜半共推心。""後來下筆龍蛇舞，中外輝煌造就深。雅集揮毫傳妙品，東游大盞托癡心。""淞濱展出多珍品，書畫詩文一氣熔。翰墨因緣天地闊，行雲流水任從容。"

清明時節，踏青歸來，爲應野平所作山水《層巒聳翠》卷題記。

4月8日，爲歙縣老胡開文墨廠繪《新篁節節高》《暗香春正暖》《青松多壽色》，定制《歲寒三友》套墨。（南通市个簃藝術館藏）

4月8日，爲《解放日報》題"江南之春"副刊。

穀雨，爲紹興諸暨縣篆題"西施亭"。（香港《文匯報》1983年9月7日）

4月17日，香港《新晚報》介紹《王个簃隨想錄》。

4月，虛谷墓重修立碑。顧廷龍篆書"虛谷上人墓"。王个簃作《虛谷墓地重建（墓在鄧尉石壁山）》詩："梅花深處餘香在，鄧尉超山一例同。筆墨流傳千古事，高標緬想意無窮。"

6月19日，與宋日昌、沈邁士、朱屺瞻、張雪父、謝稚柳、唐雲、吳青霞、黃幻吾、錢君匋、應野平在上海市政協畫室合作巨幅《同樂圖》并題詩："輝煌好景歌聲壯，活潑天機畫興濃。萬象一新天地闊，此時興會樂無窮"。（《文匯報》1983年6月20日）

6月23日，國畫作品《長青圖》在《解放日報》發表。

6月30日，篆刻作品《粗服亂頭》《心到夜禪空》在《青島日報》發表。同時，發表李風海《訪著名書畫家王个簃》一文。

6月，上海書畫出版社出版《衝風鬥雪見精神詩畫輯》（活頁本）。

6月，學林出版社出版《紀念詩人黃仲則》，以紀念詩人黃仲則逝世二百周年，國畫作品《梅花小壽一千年》刊入。

7月1日，香港《大成雜志》發表王个簃《吳昌碩先生晚年》一文，回憶與恩師吳昌碩避兵上海，隨侍至杭州，途經塘栖等地，時達半年餘。

7月1日，國畫作品《松柏長春萬象新》在《新民晚報》發表。

7月13日，跳高世界冠軍朱建華夜訪。王个簃有《朱建華凱旋回滬》詩：“當年拼搏聲名在，近日榮歸意興豪。答謝欣欣傾壯志，一年更比一年高。”

7月既望，篆題"醉白樓"。

夏仲，爲子王公助畫作《紫薇圖》題跋：“公助大兒近年來每日在余左右看畫，自己也天天學習，比較勤奮。大畫不常作，此幀有些好處，但缺點不少。例如石上簡括無力，枝幹還嫌少情，花葉太稠密，題款字偏緊，與全局氣勢不協調。今後要多看多想，求得逐步上進，个簃老人，癸亥夏仲。”

8月中旬，隨上海市政協赴雲南訪問。

8月20日，與應野平、張雪父、錢君匋合作巨幅作品并題《大理》詩贈大理政協。

游昆明、大理，放舟洱海。張承宗、唐雲、朱屺瞻同游。王个簃作詩記游。

《飛赴昆明》：“歡欣結隊向昆明，水色山光無限情。今日自豪老更健，笑談萬里御風行。”

《昆明政協茶話會上聯合作畫賦詩紀盛》：“昆明上海喜相逢，藝事交流意氣雄。頃刻新人成老友，花枝滿眼創新風。”

《黑龍潭游覽》：“唐梅宋柏巍然立，還有明朝茶樹開。一片光輝團好景，萬千人去又重來。”

《洱海放舟》：“彝白而今兩族親，相逢更勝一家人。船頭攝影情何似，清脆歌聲別有神。”

《感謝司機》：“首先應向機師謝，遥遠雲天直抵昆。好使游人消顧慮，爲民服務獻殷勤。”

《雅意》：“主人雅意我能識，偏在繁華覓靜居。只爲老人清老眼，詩情畫意樂無餘。”

《西山》：“西山高聳入雲外，半路盤旋站石根。上去還須鼓壯志，彎彎曲曲上龍門。""我儕暫息憑欄眺，側面兒童結隊行。最愛莘莘新一代，後生競秀步前程。”

《楚雄小息作畫》：“一路安全到楚雄，千紅萬紫樂融融。這邊風景隨時好，落筆争先興趣濃。”

《看雲南風光電影》："風景昆明隨處好，千姿萬態見精神。湧現眉邊天地闊，龍飛鳳舞一番新。"

《大觀樓》："百聞不如見爲先，風景而今却盡然。畫意詩情隨處有，不須思索湧眉邊。"

《大理》："初來大理心花放，看遍風光點染新。今日揮毫懷壯志，興酣起畫越精神。"

《歸途經溫泉》："滿眼昆明多好景，層巒聳翠長精神。這邊還有清空境，小坐閑行一片新。"

《洱海》："洱海光芒太率真，去來白族帶歌脣。老楊率領諸高手，大好歌聲一片新。"

《大理石廠觀後》："行雲流水石文好，大理山中産有名。今日參觀堆萬片，歡欣好比畫中行。"

《觀音閣》："閣上如聞雞犬聲，人烟四顧盡欣榮。此中正好搜奇景，漁父閑居似隱名。"

《遠望》："眼中斷續雲千叠，好景迂回山萬重。不去追求多少事，迢迢千里看巒峰。"

《贈楊建英》："白族姑娘楊建英，殷勤上岸送臨行。歡聲一片相呼應，到處新知見友情。"

作《雲南山茶圖》，題："一樹山茶萬朵花，雲南風物閃光華。興酣落筆無拘束，地闊天寬自一家。"

作《丹葩競艷》，題："雲南風物閃光華，滿樹山茶萬朵花。畫稿詩情隨處有，不須摹效自成家。癸亥重陽，結伴赴昆明參觀學習，與當地政協畫友交流藝事，引爲佳趣。王个簃時年八十有七歲。"（南通市个簃藝術館藏，《王个簃畫集》）

8月，"中國現代國畫展覽"在德國舉行，分別由上海、杭州五位著名畫家提供作品，其中上海王个簃、朱屺瞻、唐雲各提供作品二十件。(《上海中國畫院1956—2016》146頁）

重臨石鼓文八鼓。作《臨石鼓文八張末幅題詩補課》詩："四十年前勤學習，後來忙亂感空虛。近年人老身心健，補課天天足自娛。"

夏，總結六十年作篆心得，有《篆書歌訣》："握管要緊，筆頭開通。運腕牢記，筆筆藏鋒。回旋轉折，靈活生風。先工後放，奮筆如龍。自成節奏，下筆輕松。能疏能密，氣貫長虹。"

長夏，作《懷張大千兩首》："曾老門前第一人，騰蛟起鳳見精神。老當益壯多懷想，痛飲千杯萬象新。""檢點書囊多墨迹，笑談娓娓記無窮。共同留影情何限，篆刻還曾鏨大風。"又作《悼念張大千詩兩首》："交情契合如兄弟，

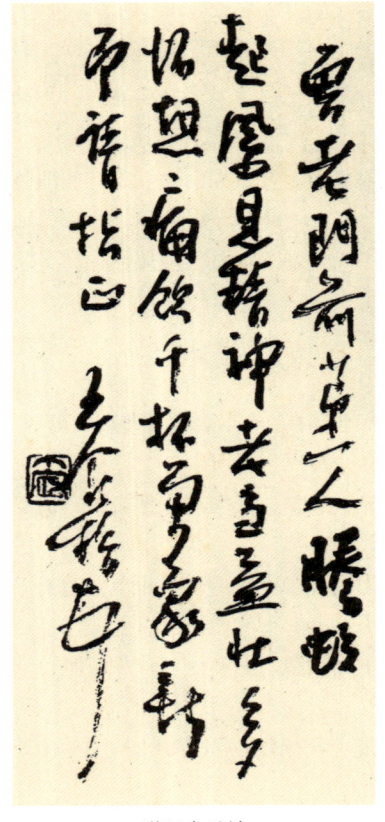

贈張大千詩

與方增先

藝事追求萃古今。雅集作圖傳妙品,東游大盞托癡心。""少年四顧盤桓地,老至猶懷作客情,噩耗忽傳無限恨,千重巨浪助詩聲。"(《王个簃書法選集》)

夏,香港《文匯報》成立三十五周年,作《春暖花開歲月新》賀之。

9月3日,《不是故鄉也似故鄉》一文在《蘇州日報》發表。

9月7日,與沈邁士、朱屺瞻、唐雲、萬籟鳴、錢君匋、應野平等在上海市政協東廳畫室爲全運會合作丈二巨幅《百花吐艷圖》。(《文匯報》1983年9月8日)

中秋,爲上海青年宮謎會作《梅石圖》。(《解放日報》1983年9月18日)

9月30日,爲《廣西僑報》復刊周年題"振興中華"。

9月,被聘爲復旦大學分校書畫研究會兼任講學。

10月1日,爲南京《周末》報題寫"雞鳴"副刊。爲上海《市場報》國慶畫刊篆題《繁榮經濟》。

10月20日，隨上海市政協赴雲南參觀團在昆明大理州政府二樓會議室，與大理州政協、美術界及各方面人士歡聚，并與朱屺瞻、黃幻吾、唐雲、錢君匋等現場作畫、題字。(《大理日報》1983年10月29日)

10月，爲慶祝建國三十四周年撰聯并書"騰蛟起鳳千重錦，地厚天高十億聲"。

10月29日，加入中國共產黨。賦詩自勉："生命不息永戰鬥，老年邁步上征程。添磚補瓦獻餘熱，聽黨安排在畢生。"(《解放日報》1983年11月19日)

是年，唐雲亦加入中國共產黨。

11月1日，赴杭州參加西泠印社建社八十周年慶祝活動。日本著名金石書畫家梅舒適、小林斗盦率領兩個代表團共八十餘人專程來杭參加盛典。選舉新一屆印社領導，趙樸初爲名譽社長，沙孟海當選社長，王个簃、方介堪、方去疾、劉江、啓功、趙輝君、諸樂三、錢君匋、郭仲選當選副社長。在湖濱書畫社和西泠印社舉辦社員作品展、筆會、學術研討會，與沙孟海、譚建丞、郭仲選等接受社員證書。(《西泠印社百年圖史》)

作《抵杭途中》詩："下車先見西泠終，湖色山光引興長。萬里東歸老更健，藝壇商討到劉莊。"

作《西泠印社八十周年合作畫題句》詩："繼往何嘗僅師古，開來一味要推陳。今朝踴躍游於藝，大好乾坤八十春。"

作《孟海樂三重逢感賦》詩："同學相逢非偶然，豪談細謔忘高年。病魔只是區區物，不足吾人放眼邊。"

作《劉莊閑步》詩："穿亭隔徑看碑刻，仔細推敲閱古今。隨想當年多翰墨，這番留戀見深心。"

作《劉莊即詠》詩："竹林曲徑通幽處，賓館經營一片新。多少工人豪氣在，不留名姓見情真。"

11月5日，西泠印社產生新一屆理事會。

經過充分醞釀，經由三十名理事組成的西泠印社新理事會11月5日在杭產生。新的理事會聘請趙樸初爲名譽社長；推舉沙孟海爲社長，方去疾、王个簃、劉江、啓功、趙輝君、郭仲選、諸樂三、錢君匋爲副社長；聘請吳作人、胡鐵生、曹漫之、郭紹虞、徐邦達、商承祚、謝稚柳爲顧問。(《浙江日報》1983年11月6日)

11月6日，國畫作品《衝風鬥雪見精神》在《杭州日報》發表。

11月28日，香港《大公報》報道《个簃印集》出版。

11月，爲寧波報國寺題"古刹重輝"匾。爲蘇州滄浪亭題"陸舟水屋"匾。

12月，作《毛主席九十周年誕辰畫像題字》詩："光輝思想傳萬代，偉大豐功耀碧空。志使中華邁大步，齊心四化樂無窮。"

12月，爲上海市老幹部活動室書夏征農聯："老安少懷共慶佳節，言傳身教培育後人。"

12月29日，香港《新晚報》發表王个簃賀元旦新春詩一首、春聯兩副。

爲杭州超山"吳昌碩紀念館"書匾額。

作畫六幅分贈世界冠軍（上海運動員）張愛玲、吳佳妮、曹燕華、朱建華、李小平、曹大元。趙超構、鄭敏之在座。

題《戚豫章印稿》。

應黃若舟之邀，赴上海師範大學講學。

學生方增先調入上海中國畫院。

本年度王个簃尚有如下代表作：

臨《石鼓文八條屏》（133cm×69cm×8）。（《王个簃書法選集》）

書《家世簡述·家園雜記》（137cm×35cm），題："癸亥春節，隨手寫稿，告兒孫輩，上面情況只有調之大哥也能詳悉。現調哥逝世十周年，我應如上記錄一番"。

行書《好問詩》，款："好問一首示諸生。癸亥初春王个簃八十七歲。"（蘭亭書法博物館藏）

行草《昆明游草》（80.3cm×73cm）。（南通市个簃藝術館藏）

篆書《鶴壽》，款："癸亥七月既望，篆於滬上西郊獻頌樓。王个簃時年

八十有七歲。"(《中國當代書法大觀》)

篆書《西湖旅社七言聯》(130cm×34cm×2),款:"癸亥夏仲,臨散氏盤銘七言聯語於滬上西郊。海門王个簃時年八十有七歲。"(《王个簃書法選集》)

隸書《乾坤浮一鏡,日月跳雙丸》聯:"癸亥秋,游昆明西山途中,見此聯語。海門王个簃八十七歲。"(《全國著名老書法家十六人集》)

作《清奇古怪》(177cm×95cm),題:"清奇古怪高標在,好景相傳二千年。鳳舉龍騰天地闊,興酣落筆亦神仙。癸亥清明節後三日,踏青歸來,乘興作圖,尚有可以處。海門王个簃八十有七歲。"(《王个簃畫集》)

作《芭蕉》(96cm×45cm),題:"芭蕉葉大梔子肥。癸亥清明節後十日,畫於滬上西郊獻頌樓,王个簃八十七歲。"(上海中國畫院藏)

鈐印:啓之(朱文)、个簃(白文)、學到老(白文)。

"西湖旅社"七言聯

家世簡述・家園雜記

柳陰牧趣

作《翠柏紫芝》（96cm×44.5cm），題："翠柏紫芝多壽色。癸亥清明節後十日，畫於滬上西郊獻頌樓之南窗。王个簃時年八十有七歲。"（上海中國畫院藏）

作《飛瀑雷鳴》（93cm×57cm），題："飛瀑雷鳴。癸亥端陽節，海門王个簃畫於獻頌樓之南窗。"（南通市个簃藝術館藏，《世紀丹青（二）》）

作《葡萄滿架報豐年》（94cm×58cm），題："葡萄滿架報豐年。癸亥初夏，試筆於滬上西郊獻頌樓之南窗，王个簃時年八十有七歲。"（南通市个簃藝術館藏，《中國書畫名家紀念館》畫冊）

鈐印：啓之（朱文）、个簃（白文）、學到老（白文）。

作《松壇紫綬》（組畫之一，96cm×89cm），題："松壇紫綬。癸亥五月，畫於黃歇浦上獻頌樓，王个簃八十七歲。"（南通市个簃藝術館藏）

作《飛瀑雷鳴》（組畫之二，96cm×89cm），題："飛瀑雷鳴。癸亥五月，畫於滬上西郊獻頌樓，王个簃啓之。"（南通市个簃藝術館藏，《世紀丹青（一）》）

作《層巒聳艷》（組畫之三，96cm×89cm），題："層巒聳艷。癸亥夏仲，畫於滬上，王个簃啓之八十有七歲。"（南通市个簃藝術館藏，《世紀丹青（一）》）

作《山畔黃花》（組畫之四，96cm×89cm），題："長白初秋。秋光渾似萬花筒，俗語真情巧共通。鬥艷爭嬌風景好，崇山峻嶺一重重。癸亥夏仲，偶從電視屏幕中看到長白山初秋景色，鮮艷奪目，心情歡樂，只是映眼過速，不易

記錄是憾耳。海門王个簃年八十有七歲。"(南通市个簃藝術館藏)

作《芭蕉》(95cm×59cm),題:"芭蕉葉大梔子肥。癸亥夏仲,畫於滬上獻頌樓,王个簃時年八十有七歲。"(南通市个簃藝術館藏,《世紀丹青(六)》)

作《層巒聳翠》(136cm×68cm),題:"層巒聳翠雲抱山,飛閣流丹鳥行疾。登高扶拄鐵闌干,隨處俯仰思奮筆。癸亥歲十一月既望,昆明途中赴西山游覽,興致勃發,歸後走筆。王个簃年八十有七歲。"(南通市个簃藝術館藏,《王个簃畫集》)

題舊作《柳陰牧趣》(126cm× 34cm):"柳陰牧趣。數十年前舊作,公助大兒從書堆中撿得,囑爲補款。个簃八十有七歲。"(《王个簃畫集》)

廖承志逝世。6月,王个簃作《悼念廖承志逝世》詩:"大團結與大統一,精誠憂國立奇勛。忠言耿耿人爭誦,一片丹忱壯入雲。"

是年,張大千逝世、李苦禪逝世、劉子美逝世、錢鏡塘逝世。

1984年 甲子 八十八歲

時任上海中國畫院名譽院長、上海市文史館館員、上海市文學藝術界聯合會第三屆委員會委員、西泠印社第一副社長、中國美術家協會第三屆理事會理事、中國書法家協會第一屆理事會名譽理事、上海市美術家協會第三屆理事會副主席、上海市書法家協會第二屆理事會第一副主席。

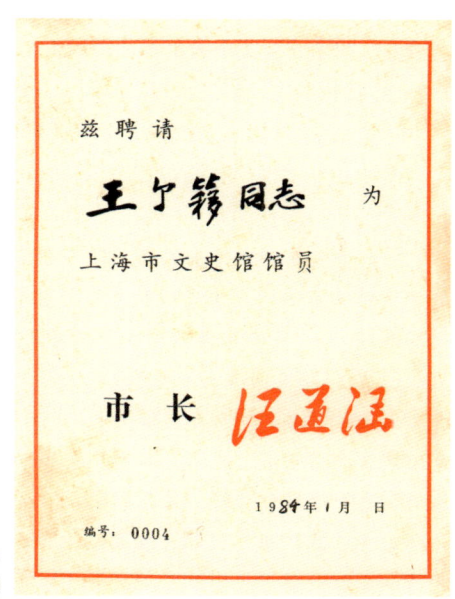

上海市文史館館員聘書
(南通市个簃藝術館藏)

1月，被上海市人民政府聘請爲上海市文史館館員。

1月，德國出版《中國當代名家繪畫》，收錄繪畫作品一百件，作者有朱屺瞻、王个簃、陸儼少、唐雲、盧坤峰。

年初，時任中共中央書記處書記方毅爲題"峨眉勝景"。

臘月，作《癸亥臘月喜賦》詩："一年之計在於春，海闊天寬億萬人。鑼鼓喧天傳宇内，心情洋溢振精神。"

新春，爲《羅銘畫集》作序。

序

羅銘，字西甫，少時由海外歸，與邱及同時報考上海昌明藝專。該校曾由王一亭、吳東邁紀念缶廬老人創辦，余任教導。羅銘性情耿介，待人誠篤，勤奮好學，深愛缶廬畫派。隨侍硯席，從余學藝，朝夕切磋，師生情誼甚篤。忽忽五十餘年矣，余年方八十四，羅銘亦年屆古稀，生逢盛世，同爲祖國揮翰謳歌，亦快事也。羅銘於昌明畢業後即去北京，嗣因徐悲鴻先生之邀，在中央任教；西安美院成立，又赴西安執教。半個世紀以來，辛勤耕耘於藝苑，誨人不倦，桃李盈門。羅銘多才多藝，勇於探索創新，其作品都從生活中來。尤善山水，游迹所至遍及名山大川，生氣盎然，筆墨精妙；花鳥亦勁，蒼渾盡致，萬態千姿，羅陳筆底；詩文亦清新雋逸。書畫篆刻詩文融冶一爐。一九五七年余在北京舉辦畫展期間，時時相隨，漫游名勝古迹，縱談藝事，曾同訪白石老人，攝影留念。兹值羅銘畫集出版之際，余以業精於勤、再奮前程兩語奉贈，祝願羅銘永葆藝術青春。甲子新春王个簃年八十有八歲。（《王个簃紀念文集》中國文史出版社，1993年6月）

2月4日，作《憶潘天壽老友》文。

潘天壽先生是我平生契友。我們的友誼開始於六十年前，相識在昌碩先生處。當時他來昌碩先生處請教，昌老看到他的畫，驚爲奇才，曾賦長古贈他。詩開頭即云："龍湫野瀑雁蕩雲，石梁氣脈通氤氲。久久氣與木石門，無挂礙處生阿壽（《讀潘阿壽山水障子》）。"昌老對他很重視，評價很高。後來我又常常看到他的作品，我至今仍珍藏着他的小長幅《松樹》，還有另一幅冊頁花鳥。他不常常到昌老處，我們見面次數也不多，但一見傾心，引爲知己。當我到上海美術專科學校任職時，他已離開上海，去杭州國立藝專任教了。在抗戰的八年離亂中，我們輾轉流離，在兵塵中奔波。其時我有《懷人詩》，中有懷念潘天壽的五律一首。他看到我的詩後，也曾有和詩一首《答个簃海上》：海上洵

無恙,新章慰我思。淡交亂世見,僻往苦心知。絕學花春浦,晴闌綺硯池。何時熄烽火,抵掌定文詩。(《阿壽詩存》卷一)

往事已依稀莫辨了,然而我們的友誼與日俱增。建國以後,我們見面的機會多了。有一年,我在杭州大華飯店曾親見潘老作畫,見他用兩張紙鋪在地上,趴在地下畫。我們相見總是很坦率,毫無虛套客氣。他在浙江美院任院長時,曾邀我去講學,我說"不敢當"。我要求他不要說"講學",還是我們兩人一道上台,在台上交談問答吧。他欣然應允了,兩人在講台上對講了一個多鐘點。這是講學中一個很突出的例子。

1963年初秋,我接到通知,去北京參加訪日代表團,作書法藝術交流。當時由陶白帶隊,代表團成員有潘天壽、顧廷龍和我以及翻譯等。我們一行在北京集中準備,然後飛廣州,取道香港飛往日本。在香港住了兩天,陶白關照我們要準備寫些什麼。到東京,受到了日中文化交流協會和日本書畫家名流和朋友們的熱烈歡迎。在東京各處參觀游覽,曾去日本著名書法家豐道春海先生家作客。(豐道先生曾到上海中國畫院訪問過,還曾在天安門前揮毫作大字。)後來到西川寧先生家作客,他爲我們找出許多中國書畫,他也是著名的收藏家。我們還看了他們私人授課的情況。在東京我們與全日本最著名的書法家歡聚一堂,談藝揮毫,潘天壽和我們每人都寫了一幅字。在今井凌雪先生家中看到了書畫珍藏,其中有一二十件是昌碩先生的書畫。後來到箱根,所到之處,均受盛情款待。有一天適逢昌碩先生的誕辰。他們對崇敬的人,十年中逢十、逢五、逢三均有紀念。由松丸東魚先生發起,那天在一座寺廟裏舉行紀念儀式。寺院中陳列許多昌碩先生的書畫篆刻作品,儀式很是隆重,開始時,大家拈香向昌老的塑像致敬。陶白告訴我,日本方面希望我能講講話。我考慮了一下,也與潘天壽商量過,交換了意見。在大阪訪問時,我們與日本女書法家歡叙交流書藝,出席交流會的全是女書法家,有一百多人,而男的一個也沒有。我在那兒講了話,潘老也講話,并共同攝影留念。從各地訪問回東京時,我們主動答謝日本方面盛情款待我們的新朋老友,他們開了名單,我們代表團成員分頭給他們作書畫,每人分得一二張,均爲書畫冊頁。潘天壽畫的小冊頁,我在日本這裏才看到,畫得好,他畫得很慢,用筆沉得很,沒有一點輕佻的東西。本來在杭州所見他的畫都是縱橫馳騁的大作,而在日本畫的那幾幅是很嚴肅的花卉小品。在整個訪問過程中,潘老也給我留下了更爲深刻的印象。

從日本回國後,他又去香港開展覽會,香港方面有費彝銘等主持此事。後來潘天壽畫展又在北京和上海舉辦。在上海時,潘老陪着我去看展覽,其中有禿鷲、古裝人物和大幅山水花卉,他的作品個性非常突出。我記起他有一段時間曾去過青島,好像與吳弗之同去的。他看到有孫長林收藏的八大山人字畫、徐青藤的畫卷，我曾爲之題過詩的。最近才知道，上面也有潘老題的一首詩。原來孫長林也請他題，他說能否借我看看。借回去他臨過一遍，反復思考之後，才寫了那首詩。由此說明他對古人之墨迹非常欣賞，精心琢磨；而得其精髓，自己的作品也非常嚴謹用功。

我記得在杭州時曾去過他家，到他的畫室中，見他的畫桌特別大，墻壁上不挂什麽畫。他擅長指墨，也多在地上畫。他對朋友之間很是寡言，而極爲誠懇真摯。他不幸逝世後，開過追悼會，我送花圈之後，重新寫有一副挽聯。

潘老最富有獨創精神，他不是昌碩先生學生而又是昌碩先生學生，有不似之似的味道。他精研六法，氣象崢嶸，筆意腴煉，世罕其匹。我見過他在杭州西泠飯店挂在東邊的大橫幅，不是一般的牡丹松樹之類，而是畫一丈巨石，山花野卉，并躍起有蛤蟆之類。他是大畫當小的畫，布局異乎尋常。在金華的雙龍洞賓館中，我還看到他的詩稿墨迹，有兩首詩，總覺得很超脫，不同凡響。這也與潘老的爲人一樣。我以爲昌碩先生贈他的長詩，潘老是終生遵循着的。"只恐荊棘叢中行太速，一跌須防墜深谷"，昌老的諄諄告誡，對潘天壽影響極大。他正是從荊棘叢中，獨辟蹊徑，終於登上了國畫藝術的峰巔。"不求人共悦，此意見君奇"，我終生對老友佩服不已。（《王个簃紀念文集》中國文史出版社，1993年6月）

2月15日，杭州舉行諸樂三追悼會。吴作人、葉淺予、趙樸初、劉海粟、王个簃、沙孟海等敬獻花圈和挽聯。王个簃作詩挽之："早年先我師門學，筆下才華世共誇。國外一時傳盛譽，欣欣老樹發新芽。西泠會後窗前坐，三友（指王个簃、諸樂三、沙孟海）言歡別有神。休爲噩耗心膽痛，一生遺著閲千春。樂三學兄病逝，痛悼數日，賦詩兩絶奉挽，聊抒微意。王个簃鞠躬，時年八十有八歲。"（《王个簃書法選集》）

春，由孫道臨陪同，王文娟從其學藝。晚，携夫人張襄如、媳孫梅芬觀看王文娟主演的越劇《黛玉葬花》。

3月23日，率子王公助、王待，學生曹用平、諸涵、丁羲元等至南通。南通市委、市政府組織接待。

3月24日，參觀南通市勞動人民文化宫舉辦的"南通書畫作品展"。探望曾經執教的城北小學（現實驗小學）全校師生，爲題"勤敬"校訓。

3月25日，赴狼山廣教寺、嗇園等地游覽。

3月26日，回故里海門三星鎮。

3月27日，返滬。

3月，與沙孟海、啓功、謝稚柳、商承祚、陳叔亮、費新我等被推爲"文

與夫人張襄如

匯書法競賽"評審委員會委員。(《文匯報》1984年3月19日)

3月,爲"全國第二屆書法篆刻展覽"篆書對聯《十億同心歌盛世,千家含笑樂長年》。(《光明日報》1984年9月22日)

3月,《支部生活》雜誌刊載《記著名老畫家王个簃》。

3月,爲《人民政協報》作《迎春圖》。

春暮,過先師徐昂故居,敬撰一聯:"門外三春堆錦繡,案頭一卷數珍珠。"(《王个簃書法選集》)

4月6日,作《芝蘭圖》贈著名芭蕾舞蹈家茅惠芳。

4月7日,夫人張襄如八十八歲壽辰,作《桃實獻壽圖》,題:"老伴襄如八十有八誕辰,作此奉贈。"

4月19日,回故里海門探親。子王公助、王待,孫王葵夫婦,玄孫王歊及學生曹用平、諸涵、丁羲元等隨行。喜獲母親陳賢清瓷像。是夜,住宿海門第一招待所(師山賓館)。

4月20日,上午憑吊海門烈士館。參觀海門無綫電廠、手帕廠、海門中學。下午在住所舉行書畫捐贈儀式。

4月21日,分別爲海門文藝演出隊、文化中心、紅光小學題字。訪三星鎮故居。

4月22日,上午至實業家張謇故里海門常樂鎮。下午在住所舉行書畫講座。

4月23日清晨,爲海門電影院、消防水帶廠、三星初中《海門縣志》等題字。

4月25日,與丁羲元、諸涵、曹用平、王公助合作《松石牡丹藤花圖》贈南公園飯店,并題:"爛漫群花堆錦繡,嶙峋老樹卷波濤。"

訪實驗小學,瞻仰徐昂故居,口占一聯書贈師弟徐天倪、張慕慈夫婦,聯曰:

"門前三春堆錦繡，案頭一卷數珍珠。"返滬。

4月，上海中國畫院開始清退"文革"中被查抄物資。

4月，題寫《吳昌碩作品集》，沙孟海、諸樂三作序，丁茂魯、李伏雨、張紉慈編，由上海人民美術出版社、西泠印社出版。

4月，隨上海市政協訪川團赴四川寫生，與唐雲、沈邁士、朱屺瞻、萬籟鳴等合作巨幅畫作并題記。

5月，赴蘇州東山拜謁王一亭墓，并爲自己在其墓後選定墓址。回滬後即爲其祖父王月階、祖母陳義安書寫墓前石表和碑陰。

5月，爲上海電業系統武術協會題"上海電業武術"。

5月，與唐雲、程十髮、劉旦宅、陳佩秋、應野平、曹簡樓合作《妙筆集錦圖》，昆曲名家俞振飛題字，共祝《解放日報》創刊三十五周年。

劉海粟來函，謂廣州中國大酒店於六月十日開幕，請作書畫折扇贈賀。

个簃老哥如晤：久別，想念之至。廣州中國大酒店六月十日正式開幕，要精印一本紀念冊贈中外來賓，請您畫一張設色"秋菊"摺扇（四尺六開），另一面寫一首詩。畫好直接寄：廣州市流花路中國大酒店沙慧貞女士收，他們會鄭重答謝您。印刷時間匆促，愈快愈妙。弟今日飛京，住空軍招待所二三九室。草草不次，唯珍重不宣。弟海粟頓首。

6月12日，與舒同、魏文伯、費新我等爲參加"文匯書法競賽活動"的獲獎者頒獎。（《文匯報》1984年6月13日）

6月21日，《文匯報》復刊三十五周年，作《青松多壽色》并與朱屺瞻、劉海粟、陳大羽合作《延年圖》。（《文匯報》1984年6月21日副刊）

6月21日，向上海市少年兒童活動基金會贈畫。

8月初吉，爲紀念名醫嚴蒼山，作詩兩首。

8月3日至9日，与唐雲、朱屺瞻、謝稚柳、陳佩秋、沈邁士、陸儼少、程十髮、黃幻吾等上海中國畫院著名畫家出席上海市文學藝術工作者第三次代表大會。9日，當選上海市文學藝術界聯合會第三屆委員會委員。

8月5日，國畫作品《松柏長青》在《解放日報》發表。

8月14日，作《山花爛漫圖》，委托文匯報社轉贈國家體委，祝賀我國運動健兒在洛杉磯奧運會上取得優異成績。

8月15日，馬國權來滬師事王个簃。

8月17日，前往空軍政治學校，爲其建校三十周年作畫并題詩贈之。（《解放日報》1984年8月19日）

8月21日，所撰《吳昌碩先生藝傳千古》一文在《解放日報》發表。

8月24日、9月18日，上海、杭州先後舉行"紀念吳昌碩誕辰一百四十周年——吳昌碩書畫篆刻展覽"。王个簃偕子王公助赴杭參加開幕式，學生曹簡樓、吳長鄴、曹用平、諸涵、丁義元隨侍。

8月27日，為紀念吳昌碩誕辰一百四十周年，上海市文化局等單位在市文聯大廳舉行"吳昌碩書畫篆刻藝術展覽""吳昌碩書畫篆刻藝術學術討論會"，王个簃在會上回憶與吳昌碩朝夕相處之情境。作《回憶昌碩先生》一文。（1984年12月15日《上海美術通訊》第22期）。

8月27日，特種郵票《吳昌碩作品選》發行。其中《雙桃圖》為王个簃所藏，於一九七九年捐贈西泠印社。

9月，上海科學院等單位舉辦"上海科技界藝術作品展覽"，擔任展覽會優秀作品評選委員會副主任。

9月10日，在西湖邊食佳肴，得"西湖水煮東坡肉，北苑山傳南社詩"聯句。

9月12日，參加在杭州大華飯店舉辦的"吳昌碩誕辰一百四十周年紀念會"。會後參觀在文瀾閣舉辦的"吳昌碩作品展覽"，與沙孟海、錢君匋、陸儼少等合影留念。（《沙孟海先生年譜》109頁）

9月15日，國畫作品《天游峰》在《文匯報》發表。

9月18日，安吉"吳昌碩紀念館"奠基。赴杭州參加"吳昌碩書畫篆刻展覽"開幕式。

9月19日，所撰《敦品力學 繼往開來》一文在《杭州日報》發表。

秋，關良游美歸來，合作《竹林鍾馗圖》（137cm×69cm）。關良題："甲子秋月游美歸來，偶得唐逸史天中記鍾馗之典故，甚趣，提筆揮之。番禺關良。"王个簃題："關良老友自美歸來，寫此遣興。王个簃啓之補竹石，是年八十有八歲。"（《王个簃畫集》）

10月13日，為《大衆電視》上海記者站隸書"虛心竹有低頭葉，傲骨梅無仰面花"聯。（《王个簃書法選集》）

11月12日，為無錫萬浪橋題"把人間天堂裝飾得更美些"。（《解放日報》1984年11月12日）

11月，上海中國畫院領導班子調整。程十髮任院長，吳景澤任黨總支書記兼副院長，方增先、張桂銘、韓天衡任副院長，陸兆良任副書記，書雲、王个簃任名譽院長，吳大羽、邵洛羊任顧問。（《上海中國畫院1956—2004》259頁）

12月2日，篆書對聯《石具風雲質，松懷霄漢心》在《文匯報》發表。

12月20日，王个簃學生四人展"劉伯年、張金琦、曹用平、王公助畫展"

竹林鍾馗圖（與關良合作）

在江蘇省美術館開幕。(《新華日報》1985年1月2日)

　　在此前後,劉伯年舉辦畫展,作《劉伯年舉行畫展贈詩四首》詩:"一亭東邁樹高風,創辦昌明念缶翁。師友一堂紀盛事,詩書畫印一爐中。""劉生孤露來求學,一味堅持探索深。此境此情我記得,自家一片托誠心。""多研多問多求索,畫境紛紛道可思。苦盡甘來人共賞,自家門巷自家知。""不怕辛勞翻舊稿,再揮老腕出新天。這回展覽皆欣喜,還沒從頭着一鞭。"

　　作品《水仙》獲全國第六屆美術展覽佳作獎。(《上海中國畫院1956—2016》149頁)

　　與諸涵合作《堅松》,贈浙江省武警總隊某部三連。(《西泠印社百年史料長編》530頁)

　　黃鶴樓重建,篆書長聯:"飛閣出重霄,環顧三楚風雲,無限詩情來眼底;名城傳盛事,相迎五洲賓客,常懷友誼話樓頭。"(南通市个簃藝術館藏)

　　與唐雲、萬籟鳴、邵洛羊在蘇州憑弔虛谷墓,游覽廣福寺。歸後作《清奇古怪圖》。

　　為錢君匋作篆書聯:"山邊石聳泉聲壯,露下花明竹影深。君匋同志法家雅囑,為錄游覽武夷撰聯作篆請正。海門王个簃時年八十有八歲。"(君匋藝術院藏)

　　為西泠印社編印的《潛泉印泥》題詞。

　　梅舒適主編《王个簃先生書畫篆刻展覽目》(日文版)。

　　本年度王个簃尚有如下代表作:

　　篆書《飛閣出重霄,環顧三楚風雲,無限詩情來眼底;名城傳盛事,相迎五洲賓客,常懷友誼話樓頭》聯(347cm×57cm),款:"重建黃鶴樓。錄朱祖延詩句。王个簃篆於滬上。"(南通市个簃藝術館藏)

　　作《牡丹圖》(95.5cm×44cm),題:"管領春風是牡丹。甲子清明節畫於滬上,王个簃八十有八歲。"(上海中國畫院藏)

　　作《芝蘭圖》(95.5cm×44cm),題:"芝蘭并茂,老石崢嶸。甲子清明節畫於滬上西郊獻頌樓,王个簃時年八十有八歲。"(上海中國畫院藏)

　　作《梅石圖》(95.5cm×45cm),題:"花開日暖喜迎新。甲子清明節後四日畫於滬上西郊獻頌樓,王个簃年八十有八歲。"(上海中國畫院藏)

　　作《青松圖》(95.5cm×44cm),題:"青松多壽色,旭日向陽光。甲子暮春之初,畫於滬上西郊,王个簃八十有八歲興到。"(上海中國畫院藏)

　　作《溫泉叢篁》(95cm×43cm),題:"溫泉風夜平肝肺,翠竹桐陰絕點塵。

蘭石圖（浙江省博物館藏）

甲子四月維夏，王个簃時年八十有八歲，潑墨於滬上西郊。"（《王个簃畫集》）

作《爛漫花開圖》，題："爛漫花開月月紅。甲子夏，王个簃八十有八歲於滬上西郊。"（《海派書畫名家圖典》116 頁）

作《蘭石圖》（136.2cm×68.2cm），題："東塗西抹鬢成絲，深夜挑燈讀楚辭。風葉雨花隨意寫，申江潮滿月明時。甲子中秋興到作圖并錄缶師詩句一首於滬上即贈浙江省博物館。王个簃年八十有八歲。"（《浙江省博物館藏書畫精品選》111 頁）

鈐印：啓之（朱文）、个簃（白文）、生機（朱文）、學到老（白文）。

作《松石靈芝圖》（137cm×66cm），題："九芝多壽色，老幹樂長年。甲子歲十月，畫於滬上西郊獻頌樓，海門王个簃，時年八十有八歲。"（《吳昌碩紀念館藏品集》）

鈐印：啓之（朱文）、个簃（白文）、壽而康（白文）。

作《牡丹梅花》（135cm×66cm），題："人道牡丹多富貴，誰知梅占百花魁。明代狀元胡長齡幼年貧困，自告奮勇赴債主家，債主問他能否寫詩，胡口占兩語謔之。我在南通益修老師課中談及此事，曾囑筆記，往事猶新。甲子秋中，王个簃八十有八歲。"（南通市个簃藝術館藏，《中國歷代畫家佳作品鑒·王个簃》）

鈐印：啓之（朱文）、个簃（白文）、生機（朱文）。

作《紅梅》（134cm×67cm），題："人道牡丹多富貴，誰知梅占百花魁。明代狀元胡長齡幼年貧困，自告奮勇赴債主家，債主問他能否寫詩，他即席賦兩語謔之。我在南通益修老師課中談及此事，曾囑筆記。王个簃八十有八歲。'（上海中國畫院藏）

鈐印：啓之（朱文）、个簃（白文）、學到老（白文）。

是年，郭紹虞逝世、諸樂三逝世、陳巨來逝世、丁吉甫逝世、余任天逝世、邱及逝世。

1985 年　乙丑　八十九歲

時任上海中國畫院名譽院長、上海市文史館館員、西泠印社第一副社長、中國美術家協會第四屆理事會理事、中國書法家協會第二屆理事會名譽理事、上海市美術家協會第三屆理事會副主席、上海市書法家協會第二屆理事會第一副主席。

1 月 1 日，《新民晚報》復刊三周年，作《蘭石圖》志賀。

2 月 20 日，作《竹石圖》贈《電視大學報》。

2 月 25 日，與沙孟海在浙江餘杭超山參加"吳昌碩紀念館"揭幕。

與梅舒適在日本大阪

4月,與劉海粟、商承祚、林散之、方介堪、沙孟海、孫墨佛、趙樸初等當選中國書法家協會第二屆理事會名譽理事。

4月,應大阪日中友協梅舒適邀請赴大阪展畫、講學,毛國倫、王公助隨團訪問。大阪市長授予金鑰匙一把。日本友人爲王个簃"米壽"作壽。梅舒適欲拜王个簃爲師,王个簃即以兄弟相稱。作詩:"溯氣頻催歲月新,海天一望又臨春。相逢最是舊時友,滿座騰歡倍覺親。""墨緣長結逢瀛島,空海由來百世宗。揮筆於今氣更壯,一衣帶水樂同風。"

西泠印社副社長王个簃,應日本梅舒適先生的邀請,赴日本大阪、京都、奈良等地交流訪問,受到大阪日中友協、篆社、日本書藝院的熱烈歡迎。訪問期間,授予王个簃大阪市金鑰匙。梅舒適拿出了歷年來精心收藏的王个簃書畫篆刻作品五十件,在京都舉辦了展覽會。篆社還爲王个簃舉行祝壽活動。(《西泠藝報》1期)

4月,爲紀念鄭和下西洋五百八十周年,篆書"萬世流芳"。刊入《全國書法篆刻展覽作品集》。

4月,爲蘇州觀前街篆題"東來儀"匾。

4月至6月,"上海中國畫院畫展"在福州、深圳西麗湖度假村舉行;義賣書畫作品,支援非洲難民。(《上海中國畫院1956—2016》156頁)

5月,當選中國美術家協會第四屆理事會理事。

8月14日,上海市文化局收到《南洋‧星洲聯合報》董事經理黃錦西《邀請王个簃教授菘新舉行展覽》的函。

9月12日,"吴昌碩紀念館"在浙江省安吉縣落成。是日,舉行落成典禮。

9月15日,豐子愷逝世十周年,其故居"緣緣堂"重建落成。爲題"博學

新加坡《聯合晚報》
"王个簃書畫展"海報

多能"。

9月22日，國畫作品《葫蘆豐碩》在《青海日報》發表。

9月26日，新加坡《聯合早報》發表邵洛羊《多才多藝的王个簃》文及王个簃書畫作品三件。《聯合晚報》發表《中國著名老畫家王个簃將親携佳作來我國展覽》文。

9月27日，香港《大公報》發布赴新加坡辦展訊息。

9月28日，應新加坡《聯合早報》《聯合晚報》董事經理黃錦西邀請，抵達新加坡。子王公助，學生曹用平陪往。新加坡中華美術研究會終生名譽會長黃葆芳及夫人悉心照料王个簃起居。

9月29日晚，與潘受、劉抗、周穎南、吳從幹、陳文西、黃葆芳、范昌乾、施寅佐等文教界、新聞界友人在報業中心天臺賞月，共度中秋佳節。潘受作詩記盛："老携畫筆作遐搜，鯤徙南溟一小游。待乞天公先洗月，安排摩詰過中秋。"

9月30日，應邀出席在中國駐新加坡商務代辦處舉行的國慶招待會。新加坡《聯合早報》發表《老畫家王个簃·中秋節訪本報》一文，《聯合晚報》發表新加坡作家黃叔麟《百歲亦尋常·昂首立天地——歡迎中國著名畫家王个簃抵我國》一文。

9月，舉行"上海中國畫院成立二十五周年紀念書畫展覽"。（《上海中國畫院 1956—2016》157 頁）

10月1日，新加坡《聯合晚報》特設"王个簃書畫展"專欄。

10月2日，"王个簃書畫展"在新加坡國家博物院畫廊隆重開幕。

新加坡社會發展部政務部長莊日坤主持開幕式，新加坡社會發展部政務部長莊日昆、新加坡教育部高級政務次長何家良、新加坡《南洋·星洲聯合報》集團總經理馬寶山、中國駐新加坡商務代表榮鳳祥及文藝界知名人士等數百人出席了開幕式。展出早、中、晚期作品八十件。新加坡教育部通過此次展覽交流活動，鼓勵新加坡藝術工作者赴中國深造，宣布給予文化基金資助。（《聯合晚報》1985年10月2日）

10月2日，新加坡《聯合早報》全版介紹展覽盛況：發布"王个簃書畫展"展訊、王个簃書畫展品、賴少其《王个簃和他的畫》文及潘受賀詩。

10月3日，新加坡《海峽時報》《聯合早報》《聯合晚報》《海峽時報雙語版》介紹辦展之情形。

10月5日，新加坡《聯合早報》發表丁羲元《王个簃先生的繪畫藝術》一文。

10月8日上午，應邀至新加坡政府大廈拜會外交部兼社會發展部部長丹那巴南，由中國駐新加坡商務代表榮鳳祥、新加坡友人黃錦西、黃葆芳夫婦、陳滿貴、子王公助、學生曹用平等作陪。作《春暖花開》贈丹那巴南部長。（《聯合晚報》《聯合早報》1985年10月8、9日）

10月9日，在新加坡《南洋·星洲聯合報》報業中心禮堂舉行"王个簃藝術大師示範講學"，由總編輯莫理光主持，四百餘人出席。即興作《寫意山茶花石》、篆書《龍馬精神》贈《南洋·星洲聯合報》。黃葆芳、范昌乾隨侍。（《聯合早報》《聯合晚報》1985年10月10日）

10月15日返滬。

中秋節，爲《吳昌碩篆書修震澤許塘記》題寫書名。

秋仲，上海市文史館爲八十歲以上館員集體祝壽。書"諸老同心歌盛世，一堂合笑樂長春"聯志盛。

秋仲，爲杭州西湖題"龍井問茶"匾。

秋，自序《霜荼閣詩》。

余之於詩，早有所好，雖不能工，而志樂於斯。憶昔自南通市江蘇省立七中畢業，執教於城北高小時期，即開始寫詩。有時徐老夫子（徐益修師）到朋舊家吟詩雅集，我亦隨同前往，在旁抄寫，得益良多。後從李楨師，接待名流雅士，得識諸宗元師。并由他將我印稿，面請缶廬師親筆批注。不久隨苦李師來滬拜壽，得以時時進見。在缶師旁，親受教誨。缶師知我苦心求學，遂以心得相誘導，并以來客作品示我，試以答問。有時缶師出題試詩，每吟至夜半，并先請曹拙巢師指點，以備缶師晨課。缶師家樓下書房藏書甚富，余朝夕翻閱不倦，諸詩歷歷苦讀，愈覺有情味。先從事風雅，後漸入明快一路，自覺於杜詩、蘇詩，略有心會。缶師辭世前數日，仍與我談笑吟詩，論王摩詰、孟東野。余之詩亦漸進，并積以數卷。缶師逝後，有曹拙巢、楊滄白二師為我之詩稿，逐句批閱，拙巢師推敲深入細微之處，而滄白師更重整篇之體韵氣勢，對我教益尤多。六十年來，我於畫餘，亦放情於詩，隨寫隨棄，委之書篋紙什，近年諸老友及門人輩囑予整理付梓，遂略為收集，得七八百首，積為一集。并憶及昔日諸老之細心愛護，諄諄教誨，故行墨直書數語於篇首。乙丑之秋七月望後王个簃序於滬上，時年八十有九。（《王个簃紀念文集》中國文史出版社，1993年6月）

11月，至蘇州群藝館參加"王个簃祖孫書畫展覽"，吳㣲木撰《丹青傳家、藝苑佳話》。（《蘇州報》1985年11月14日）

11月30日，沙孟海致函，恭賀在新加坡舉辦的"王个簃書畫展"獲得成功，商討翌年在杭州舉辦"王个簃九十壽書畫展覽"等相關事宜。（南通市个簃藝術館藏）

12月15日至17日，《歐洲時報》發表周紹京《善抱硯田要勤奮，點畫推敲學到老——訪著名畫家王个簃》。

與應野平、錢君匋、富華、張雪父、吳青霞、萬籟鳴在上海市政協畫室合作《松柏常青圖》，以賀復旦大學建校八十周年。

劉漢業從其學藝。

題《潮州詩聖》。

撰《回憶王一亭》文刊行。

本年度王个簃尚有如下代表作：

臨《嵩嶽少室石闕》(152cm×41cm)。（《王个簃書法選集》）

作《王勃詩意圖》，題："落霞與孤鶩齊飛，秋水共長天一色。王勃著作一聯句，人稱神品。乙丑春節，王个簃時客滬上西郊獻頌樓南窗。"

作《籬邊秋菊》(133cm×67.7cm)，題："九月誰持賞菊杯，黃花斗大客中開。重陽何處籬邊坐，雨雨風風送酒來。缶廬老人詩句，郁勃縱橫，自饒佳趣，

葡萄（南通市个簃藝術館藏）

每誦此詩,感慨萬千。乙丑春節,个簃題記。""陶淵明對此花吟詠,後屢見篇章,可見物以人重。个簃又志於滬上。"(南通市个簃藝術館藏,《中國書畫名家紀念館》畫册)

鈐印:啓之(朱文)、个簃(白文)、个宦(朱文)、生機(朱文)。

作《翠柏瀉秋聲》(136.8cm×67cm),題:"翠柏瀉秋聲。乙丑春正月,王个簃時年八十有九歲,於滬上西郊獻頌樓之南窗。"(南通市个簃藝術館藏,《世紀丹青(三)》)

作《凌霄》(176cm×68cm),題:"凌霄吐艷紅似錦,山景爛漫却異常。乙丑歲十一月四顧昆明,有此畫稿,興到濡墨於滬上西郊獻頌樓,王个簃年八十九歲。"(南通市个簃藝術館藏,《世紀丹青(一)》)

鈐印:啓之(朱文)、个簃(白文)、學到老(白文)。

作《秋花秋實》(176cm×68cm),題:"秋花秋實兩崢嶸。乙丑歲十二月既望之七日,晨起濡筆,別饒佳興,王个簃時年八十有九歲。"(南通市个簃藝術館藏,《世紀丹青(一)》)

鈐印:啓之(朱文)、个簃(白文)、學到老(白文)。

作《墨竹》(176cm×68cm),題:"山頭雪霽雲巑岏,劍門插天斜陽殘。□□碧烟吹欲墮,却是抱巖秋竹竿。乙丑歲十二月既望之七日,晨起試筆,海門王个簃啓之時年八十有九歲。"(南通市个簃藝術館藏,《世紀丹青(六)》)

作《桃花流水圖》(139.cm×68cm),題:"濃艷灼灼雲錦鮮,紅霞裏住琉璃天。不須更乞胡麻飯,飽噉桃花便得仙。乙丑歲十二月於滬上西郊,王个簃八十九歲。"(南通市个簃藝術館藏,《世紀丹青(三)》)

鈐印:啓之(朱文)、个簃(白文)、壽而康(白文)。

作《葡萄》(176cm×68cm),題:"蒲(葡)萄釀酒碧於烟,味苦如今不值錢。悟出草書藤一束,人間何處問張顛。青藤畫奇古放逸,不可一世,似其爲人,想下筆時天地爲之低昂,虬龍失其夭矯,大似張旭懷素作書得意時也。乙丑歲暮,王个簃時年八十九歲。"(南通市个簃藝術館藏,《世紀丹青(六)》)

作《楊柳圖》(135.5cm×67.5cm),題:"楊柳飛騰多美意,繡球歷亂吐新姿。一九八五年,興到作圖於滬上西郊獻頌樓,王个簃時年八十有九歲。"(南通市个簃藝術館藏,《世紀丹青(五)》)

鈐印:啓之(朱文)、个簃(白文)、學到老(白文)、粗服亂頭(朱文)。

作《明珠滴露》《墨竹芭蕉》《紅柿憶秋》《庭榴結實》《神仙富貴》《杏花春雨》《赤城曉霞》《松梅雙艷》(179cm×47cm×8)花卉八屏條。(海門文化館藏,《王个簃畫集》)

是年,錢松嵒逝世、黄幻吾逝世。

1986年　丙寅　九十歲

時任上海中國畫院名譽院長、上海市文史館館員、西泠印社第一副社長、中國美術家協會第四屆理事會理事、中國書法家協會第二屆理事會名譽理事、上海市美術家協會第三屆理事會副主席、上海市書法家協會第二屆理事會第一副主席。

1月，爲《紅樓夢新評》題簽，上海文藝出版社出版。

春節，晨起試筆，師李復堂、趙無悶遺意，興到作《海棠圖》，不拘於筆硯之安排。（南通市个簃藝術館藏）

春日，忽憶凉秋情景，別饒清趣，作《紅薇圖》，題："池畔爛漫張碎錦，秋風滿樹見高枝。"（南通市个簃藝術館藏）

2月25日，與沙孟海等在浙江餘杭超山參加"吳昌碩紀念館揭幕"。

《吳昌碩紀念館在超山揭幕》：在梅汛似潮的餘杭縣超山脚下，新落成的近代藝術大師吳昌碩先生紀念館于最近揭幕。紀念館建築在吳昌碩先生墓的左側，掩映在冰肌玉骨的梅花叢中。建築結構采用園林式格局，頗爲雅致。門廳上懸挂着王个簃先生題寫的匾額：吳昌碩先生紀念館。大廳正中安放着吳先生的半身像，四周陳列着吳昌碩的數十幅墨寶和收集到的珍貴資料。（《解放日報》1986年3月8日）

3月，《王个簃隨想錄》（日文版）刊行，森秀雄、北川博邦譯，渡邊隆男、日本二玄社發行。

春仲，篆題《沙孟海書法集》。

春，爲《虛谷任伯年吳昌碩畫集》題簽。（上海美術館編印）

6月，"李苦禪紀念館"在濟南落成。（《西泠藝報》14期）

7月6日，爲《吳昌碩書石鼓文》作序，上海古籍書店影印出版。

阮刻天一閣北宋本石鼓文全文曾爲缶師數度臨摹。余舊藏老人六十四歲所書全文一種，筆勢動静藴合，真力彌滿，誠屬精品。嘗以此臨摹補課，受益匪淺。稍後，又獲十屏，爲缶師六十四歲前所作，自畫紅藍邊框，題識或單或雙，或短或長，錯落有致，經營位置，極爲典雅，用筆如錐畫沙，樸茂雄健，剛柔相濟，堪稱第一神品。此屏在"文革"中被抄，蒙有關方面查找，終於璧還，欣慰莫名。現由上海古籍書店影印出版，墨寶流傳，供廣大書法愛好者共賞。余緬懷師恩，今睹斯本，若聞謦欬，立雪如昨，孺慕之殷不能自已。

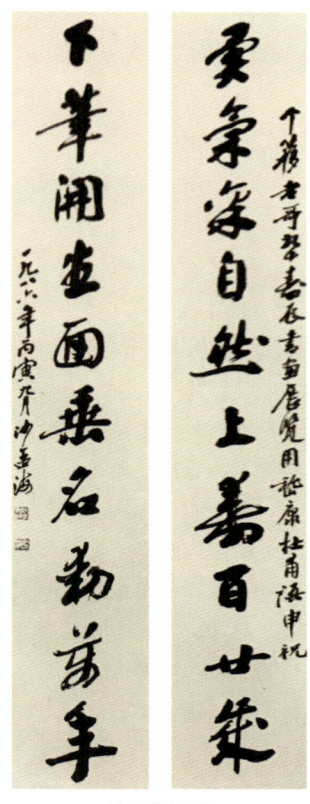

沙孟海贈聯

谷（周昌谷） 王个簃刻

程十髮《生命和藝術的霞光》（上海中國畫院提供）

　　8月26日至9月4日，"王个簃書畫展覽"在上海美術展覽館舉行。沙孟海題寫展名并書"異氣稟自然，上壽百廿歲；下筆開生面，垂名動萬年"聯申祝。8月24日，丁羲元在《文匯報》撰《王个簃九十壽書畫展先睹記》一文。8月26日，《新民晚報》介紹展覽盛況并發表作品《武夷一綫天》。8月31日，程十髮在《解放日報》撰《生命和藝術的霞光》一文。9月1日，韓天衡在《文匯報》撰《老藝術家的新風貌》一文。

　　9月，被聘爲吳昌碩紀念館顧問。題"安吉吳昌碩故居"匾。

　　10月20日，王个簃九十壽辰，上海八家文化單位成立籌備會，聯合發起祝壽活動，王个簃聞知拒絕。與家人、學生在延安飯店舉行家宴。作《隨意翱翔圖》贈夫人張裹如。

　　10月28日，王太祥、沈鵬千、顧嘉禾、陸榮華代表南通市人民政府專程來滬祝壽。

蘇州建城二千五百年，作巨幅國畫《千古松風》贈蘇州。

上海工業大學校長錢偉長聘請王个簃爲名譽教授，子王公助爲兼職教授。父子合作巨制《廣玉蘭》贈上海工業大學。

爲南通市新橋中學題寫校名。

劉海粟遷回舊寓，王个簃賦詩奉贈："今朝重聚存天閣，新樣鋪陳湧眼前。老來高興天天學，再住樓頭二十年。"

題《海派文學》。

本年度王个簃尚有如下代表作：

隸書《夏征農聯語》（150cm×42cm×2）："群峰挺秀春常在，百卉争妍紙亦香。"（《王个簃書法選集》）

作《芭蕉》（176cm×68cm），題："芭蕉葉大栀子肥。丙寅歲首，畫於滬上西郊獻頌樓之南窗。興到濡筆，狂怪之趣不衰，亦快事也。海門王个簃呵凍。"（南通市个簃藝術館藏，《世紀丹青（一）》）

作《松風泉石圖》（177.5cm×94.5cm），題："平臺俯視天游峰，亂石盤簇各不同。地闊天寬情趣足，九曲迢迢一路通。丙寅春仲，回顧昔年結伴往游天游峰，從石上下視氣象，曾賦詩，兹補一畫於滬上西郊，九十老人王个簃興到。"（南通市个簃藝術館藏，《世紀丹青（三）》）

鈐印：啓之（朱文）、个簃（白文）、生機（朱文）。

作《秋海棠》（176cm×68cm），題："池畔爛漫張碎錦，秋風滿樹見高枝。丙寅春日，忽憶凉秋情景，别饒清趣，供我水痕墨趣隨意揮灑，亦興到時亂塗亂抹之快也。快下奪事。王个簃時年九十歲。"（南通市个簃藝術館藏，《中國歷代畫家佳作品鑒·王个簃》）

作《曲阜漢柏》（360cm×140cm），題："曲阜道中高瞻遠矚，古柏參天光明磊落。余昔年游泰山、曲阜孔廟，見古柏燦然，橫絶百代，心中熒然慨然，而未敢落筆寫意。數十載縈回腦際，更仰其高古挺拔，森森華茂，中心郁激逾恒，時值芳春，忽動畫興，奮筆揮寫，一抒多年情懷。丙寅清明節後十日。九十老人王个簃興到濡墨。"（南通市个簃藝術館藏，《王个簃畫集》）

作《墨荷》（137.5cm×68cm），題："花遍三千與大千，青蓮能結佛因緣。何人夢下花趺坐，一夜同參夢裏禪。出汙泥而不染，有君子風，何時買塘，遍種此花，臨水結茅，爲長夏閑吟之所。丙寅立夏後七日，畫於滬上西郊獻頌樓之南窗下，九十老人王个簃啓之興到濡筆。"（南通市个簃藝術館藏，《名家翰墨 世紀留芳》）

是年，沈邁士逝世、鄧懷農逝世、關良逝世、鄒夢禪逝世、周昌谷逝世。

1987年　丁卯　九十一歲

　　時任上海中國畫院名譽院長、上海市文史館館員、西泠印社第一副社長、中國美術家協會第四屆理事會理事、中國書法家協會第二屆理事會名譽理事、上海市美術家協會第三屆理事會副主席、上海市書法家協會第二屆理事會第一副主席。

　　1月21日，國畫作品《紫藤》在《杭州日報》發表。

　　1月22日，由中國畫研究院、中國美術家協會主辦的"王个簃九十壽書畫展覽"在浙江展覽館舉行，王个簃因病未往，子王公助、王待、外孫張其榕、學生吳長鄴、曹簡樓、曹用平、諸涵、杭英參加開幕式。沙孟海題字、書聯并致詞。《人民日報》《中國日報》（英文版）、《浙江日報》《杭州日報》《錢江晚報》《西泠藝報》等先後報道。

沙孟海致詞

　　王个簃書畫，在上海等其他都市不知展覽過多少次，但在杭州却還是第一次。這是浙江文藝界的一件大喜事。

　　个老對杭州有深厚的感情。早年隨侍吳昌碩老師住西泠印社西樓，湖墈山陬，到處有他的履迹。新中國建立後，个老一直是西泠印社副社長。歷年集會，很少缺席。1957年，浙江省博物館籌劃成立吳昌碩紀念室，个老與吳老師少子東邁兩人聞此消息，就檢選吳老師一批遺作遺物捐獻給國家，由博物館派車載運來杭。个老所捐的，計字、畫、篆刻手迹精品26件，衣服、文具、手杖、照片等遺物32件（邁老所捐大略稱是）。紀念室的地址，大家認爲莫好於西泠印社的西樓，吳老師生前曾經攜帶家屬及个老在這裏寓居過一段時間。因此，博物館與西泠印社商洽，由兩單位合辦，印社出房屋，博物館負責一切工作。依靠兩人的捐獻，這個紀念室很快成立。歷年開放，吸引了大量的中外觀衆。開幕之日，少長咸集，高朋滿座，捐獻文物的邁老、个老兩位先生應邀蒞臨講話，極一時之盛。

　　大家知道，吳老師是中國近代藝術大師。他那高渾濃郁的藝術風格，轟動全國，名振海外。門墻桃李滿天下，或親炙，或私淑，有不少著名人物。个老可說是最得師門器重的入室弟子。吳老師有一次到杭州，杭州文藝界與親友們大張筵席，稱觴上壽，觸畢全體攝影留念。老師當衆指定與个老兩人另攝一影。衆客望之若仙。个老回滬後將複印的一張贈送給我。可惜經亂已遺失。此事今天知者已少。个老近著《隨想錄》插入此影，但他出於自謙沒有談及當時。我在這裏一提，使天下後世知道老師生前對衣缽傳授方面有此一段佳話。

个老的詩、書、畫、印，全面繼承吳老師，世無異議。1979年西泠印社出版《个簃印集》，我寫後序，曾指出解放以來通過學習理論，改造思想，新近創作，在繼承老師的基礎上有了新的發展。我只序印，實則其詩、其書、其畫，同樣有了新的意趣。王獻之的書法，受之庭訓，今天翻閱《閣帖》，見得獻之運筆比乃父來得恣肆展拓，風格不完全相同。个老解放後的筆墨，也隨着時代的移變，傾向平易通俗，容易爲大衆所接受，但仍不失師門家法。我看到他各類作品，雖只東鱗西爪，已感到他不斷在變化，不斷在追求新境界。去年九月間在上海展出的120件，據聞都是他八十五歲以後的新作。并且有全本《石鼓文》，四米巨幅古柏……都是驚人傑作。他這付耄期多產的精神，使我望而却步。他前年接連訪日本、訪新加坡，飛渡重洋的毅力也使我佩服不已。我近年多病，連上海咫尺亦五年未到，無由參觀展品的"全豹"。從《文匯報》看到韓天衡兄的文章："如果說在以往漫長的春秋裏，个老是浸淫於乃師吳昌碩的藝術風格中的話，那末近五年來他則是在藝術宮殿裏建築起全新的一座殿堂。"更使我對這個展覽心嚮往之，如饑如渴，先睹爲快。此次浙江省文化廳、杭州市文化局、浙江省博物館、西泠印社、浙江文化會堂等單位定期聯合舉行个老九十壽書畫展覽，料想本省新老幹部、人民大衆一定與我同樣的欽企，引領望之。特在展覽開幕之時略談感想如上。

　　最後，个老八十歲時，我曾錄取新社會民謠寫成小軸送他："百歲古來稀，九十不足奇，八十大可爲，七十多得稀。"个老大爲高興，即將"八十大可爲"五字自刻印，常用之。今天九十壽書畫展覽，我用古代嵇康、杜甫兩人的話寫成對聯祝賀他。移錄於此，作爲本文的結語：異氣稟自然，上壽百廿歲；下筆開生面，垂名動萬年。(《王个簃紀念文集》中國文史出版社，1993年6月）

1月，被聘爲上海詩詞學會顧問。

正月初一，爲張大壯《梅石圖》梅花點紅并題："紅梅壽石，是張大壯老人精品也。戊辰歲朝个簃題，年九十二歲。"(《榮寶齋畫譜·花鳥山水部分·張大壯繪》1995年11月）

3月，爲上海三聯書店出版的《寫字》題寫刊名。

4月2日，國畫作品《青松多壽色》在《蘇州日報》發表。

4月21日，王个簃親筆致函南通市政協副主席王太祥："我在先師昌碩先生親切教導下，耕耘藝壇七十年，積累作品甚多，我願將他奉獻給祖國我的家鄉南通陳列，以表達我的眷念之情，我希望爲故鄉精神文明建設作出一點貢獻，余願足矣。爲此請您與南通各級領導同志進行研究，作出安排。"南通市委、市政府作出決定，在南通市建立"个簃藝術館"。

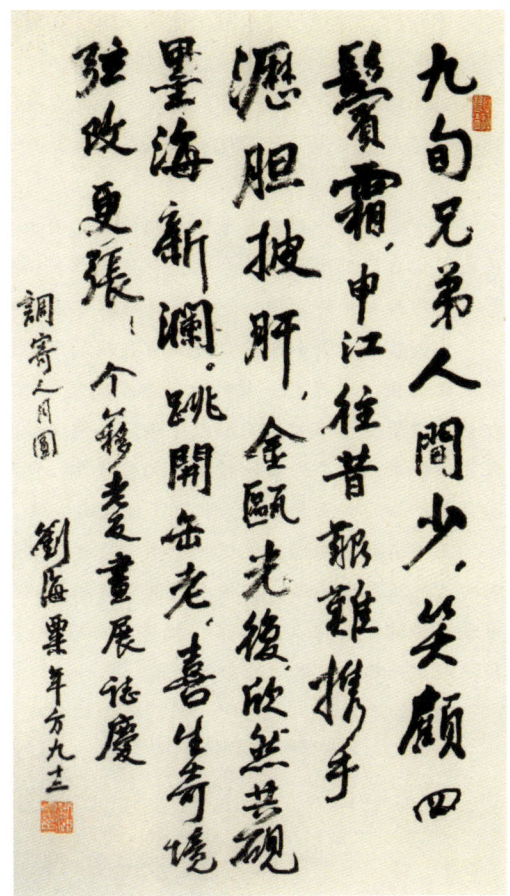

劉海粟《个簃老兄畫展志慶》

5月6日至18日,"王个簃九十壽書畫展"在北京中國畫研究院舉行。王个簃因病未赴。陳丕顯、習仲勛、李德生、黃鎮、廖漢生、楊成武及在京文藝界名人李可染、葉淺予、常書鴻、劉勃舒、高冠華、鄧林子等出席。子王公助、王待、媳詠蚋,學生諸涵、林心傳、羅銘、曹用平、陳革非夫婦參加開幕式。(《人民日報》1987年5月7日)

劉海粟贈賀詞,夏伊喬代表劉海粟前來祝賀。高冠華作《讀个簃表兄在京九十壽書畫展》詩:"吳門一派創高風,大筆揮揮萬象中。畫意詩情憑觸興,老來衣缽立奇功。滿目琳瑯百卉妍,揮毫潑墨動雲烟。詩書畫印熔爲體,更聽琴聲在拂弦。健筆蒼茫落紙成,飛龍舞鳳任縱橫。老年一變缶翁法,宏麗清新赫赫驚。人品貴高畫品高,个翁磊落一門豪。進軍百歲猶攀極,仿佛春風萬里翱。"

5月,《人民日報》《人民日報》(海外版)、《中國文化報》《北京日報》《人民政協報》《文藝報》《中國美術報》等先後發布"王个簃九十壽書畫展"開幕訊息。

5月13日,《人民日報》發表王个簃國畫作品《瓶菊》及程十髮《生命和藝術的霞光——賀王个簃九十壽書畫展覽》一文。

王个老從事中國書畫篆刻藝術活動已有七十年。這次書畫展,難能可貴地展出了他自己二十年代迄今的全部代表作,特別是近幾年充滿活力的新作,王个老的作品和藝術實踐,使我受到極為有益的教益和啟示。

中國畫的創新和繼承是我們常談論的課題。不可否認,吳昌碩畫派使中國畫走向近代,當代老一輩的大師都受到這一派的影響和啟發,王个老的可貴,在於他繼承吳昌碩畫派而加以發展。如何突破傳統,如何以優秀的傳統來突破保守的模式,王个老以他精深的文藝修養,包括詩、書、畫,全面的涵養來豐富自己作品的內涵和形象,取得了極大的成績。

王个老熱愛祖國,熱愛社會主義,這成了他藝術創造的動力,特別使人感動的是他八九十高齡,仍被中國運動員的拼搏精神所感奮,為蟬聯世界冠軍的中國女排的成員每人創作了一幅畫和一首詩,表示他——一個藝術家和人民、和祖國在一起共享歡樂的赤子之情。

个簃藝術館基石(黃稚松題)

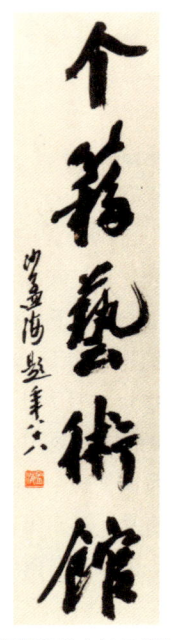

个簃藝術館(沙孟海題)

在"王个簃九十壽書畫展"中，大家可以感受到王个老正在變化，正在創新，打比方説，他過去幾十年好像在塑造一座金屬的鐘鼎彝器，為使他這座藝術品的古茂斑斕而不斷冶煉它，使它增加重量和光彩，這是他花了極大的心血才達到的藝術高度。可是，他今天的作品，表明他在追求另一個高境界，仿佛是將一古茂的彝器，化成滿天的星斗和彩虹，使人只能看到而摸不到的滿天飛舞的珍寶和霞光。他所創新的一切，正是我們最需要追求的東西。

我敬祝王个老長壽，永葆藝術青春，并祝書畫展成功。

5月26日，《人民政協報》發表高冠華《讀个簃表兄在京九十壽書畫展》詩四首。

書題"革命先驅"，紀念柳亞子誕生一百周年。

7月，被《當代上海著名書畫家作品集錦》編委會聘為顧問。

10月17日，為《解放日報》題"娛樂"副刊。

10月，為《沙孟海書法集》題寫扉頁。（《沙孟海先生年譜》116頁）

10月，上海書畫出版社出版《當代書家墨迹詩文集》，書法作品六件、篆刻作品七件刊入。

11月6日，南通市个簃藝術館舉行奠基儀式，王个簃因年邁欲行未果。子王公助、王待、媳孫梅芬等及學生吳長鄴、曹用平出席。黃稚松題寫基石。

沙孟海為"个簃藝術館"書匾、牌。

題"上海西站"。

題《散木印藝》。

題"藝事長春"贈上海《書法雜誌》創刊十周年。

作《宇宙圖》。

11月，"君匋藝術院"在浙江桐鄉落成。

11月，書法作品四件刊入中國國際廣播出版社出版的《名家墨迹》。

12月19日至30日，"上海、台灣畫家作品聯展"在上海展覽中心舉行，王个簃作品展出。

台灣從去年十月興起大陸畫家展品熱，同樣地去年十二月底，在大陸上海也有一項重大台灣畫家熱的畫展。主辦單位是：中國美術家協會上海分會及大地文化社。展覽名稱是"上海、台灣畫家作品聯展"，時間是一九八七年十二月十九日至三十日，地點在上海延安中路一〇〇〇號上海展覽中心。出品畫家上海有二十四名，台灣（包括目前旅居國外的）畫家十三名。上海畫家是劉海粟、謝稚柳、顔文樑、張樂平、朱屺瞻、王个簃、沈柔堅、唐雲、呂蒙、吳大羽、

紫綬（南通市个簃藝術館藏）

應野平、楊可揚、俞雲階、朱膺、程十髮、陳佩秋、李天祥、劉旦宅、廖炯模、方增先、邱瑞敏、周碧初、吳青霞、陳秋草，共五十幅作品。台灣畫家有胡念祖、秦松、夏陽、陳昭宏、王綺、劉國松、馮鐘睿、于兆漪、韓相寧及陳庭詩、李錫奇、楚戈和黃朝湖，共五十幅作品，這些作品大多由國外的收藏家所提供。（台灣《第一畫刊》1988年2月1日）

12月，被《中國當代書法家辭典》《中國當代國畫家辭典》編纂委員會聘爲顧問。

作《紫綬》（137cm×67cm），題："紫綬。丁卯中秋後，隨手落筆，自有情味。个簃老人於滬上西郊。"（南通市个簃藝術館藏，《中國歷代畫家佳作品鑒·王个簃》）

作《松柏長春》（137cm×68cm），題："松柏長春。丁卯秋仲，隨手作圖，自有佳氣。九一老人王个簃於滬上西郊。"（南通市个簃藝術館藏，《中國歷代畫家佳作品鑒·王个簃》）

鈐印：啓之（朱文）、个簃（白文）、學到老（白文）。

作《紫綬迎風》（136cm×68cm），題："紫綬迎風。丁卯歲十一月，王个簃年九十一歲。"（《世紀丹青（八）》）

是年，方介堪逝世、張雪父逝世、江聖華逝世。

1988年　戊辰　九十二歲

時任上海中國畫院名譽院長、上海市文史館館員、西泠印社第一副社長、中國美術家協會第四屆理事會理事、中國書法家協會第二屆理事會名譽理事、上海市美術家協會第三屆理事會副主席、上海市書法家協會第二屆理事會第一副主席、全國首屆篆刻藝術展評審委員會委員。

初春，謝海燕執教六十周年紀念，作《芝蘭并茂》、書《龍飛鳳舞》贈之，并發表於《藝苑》美術版第三期紀念特刊。（《王个簃紀念文集》，中國文聯出版社，2007年8月）

春，作《松泉水墨圖》捐於"潘天壽基金會"。（《王个簃紀念文集》，中國文聯出版社，2007年8月）

春，題"諸涵書畫篆刻展"。

2月4日，參加上海中國畫院龍年迎新聯歡會，與朱屺瞻、謝稚柳、陳佩秋合作《松竹遐齡》，程十髮題款。

3月，上海美術家畫廊舉辦王个簃、朱屺瞻、劉海粟、呂蒙、沈柔堅、應野平、

松竹遐齡（上海中國畫院藏）

與朱屺瞻、謝稚柳、陳佩秋、
程十髮合作《松竹遐齡》

林風眠、唐雲、程十髮、謝稚柳"十人作品展"。（《上海中國畫院 1956—2016》180 頁）

　　閏二月，沙孟海爲刻"審曲面勢"印，款："審曲面勢，語見《周官》。戊辰閏二月晦夕，禪甓軒坐雨，爲啓兄刻此。啓兄亦爲余作名印，刻成各自憫然，謂缶師而在，必有以啓我。文若。"

　　端午節，爲九江潯陽樓題"逝者如斯"。

　　爲廬山書匾"大天池"。

　　爲《西泠藝報》創刊三周年題《精益求精》。（《西泠藝報》1988 年 37 期）

　　6 月 23 日，國畫作品《赤玉盤》在《無錫日報》發表。

　　6 月 28 日，"西泠書畫院作品展"在西泠書畫院"湖天一碧"開幕。展出

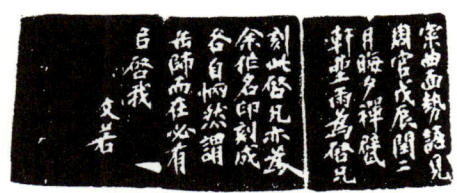

審曲面勢　沙孟海刻（浙江省博物館藏）

劉海粟、王个簃、沙孟海、朱屺瞻、謝稚柳、陸抑非、劉葦、郭仲選等人作品。（《西泠藝報》38期）

7月，被上海電視大學聘爲赴日篆刻函授班顧問。

8月，爲宜興善卷洞三國時所立之國山碑題寫"江南第一古碑"。

9月17日，國畫作品《芙蓉秋色》在《人民日報海外版》發表。

9月，中國書法家協會篆刻研究委員會在南京、青島舉行"全國首屆篆刻藝術展"。江蘇美術出版社出版作品集，王个簃擔任評委并發表篆刻作品《个宦》《發憤圖強》《心到夜禪空》《癡鈍》《從頭學起》。

10月，應江蘇省人民政府台灣事務辦公室之邀，書法作品"統一祖國、振興中華"參加"海峽兩岸江蘇書畫家作品展覽"。

11月5日，爲《新聞報》題"市場大觀"副刊。

11月13日，西泠印社召開建社八十五周年社員大會，選舉產生第四屆理事會。沙孟海任社長，王个簃、方去疾、劉江、啓功、胡效琦、錢君匋、程十髮、郭仲選爲副社長。（《西泠藝報》1988年第42期）

爲《大寫意花鳥畫技法研究》題簽，上海人民美術出版社出版。

書《龍飛鳳舞》參加"紀念西泠印社建社八十五周年國際篆刻書畫展覽"。（《西泠藝報》1988年第43期）

11月11日至12月11日，"中國現代美術展"在日本岐阜縣美術館舉辦，王个簃《茶花》展出。李可染、陸儼少、朱屺瞻、唐雲、錢君匋、程十髮、黃胄等均有作品展出。（中日新聞社《中國現代美術展》）

11月19日，國畫作品《書香圖》在《新聞報》發表。

11月底，病中爲《沙孟海翰墨生涯》一書口授序言《憶海點滴》并題寫扉頁。（據《沙孟海先生年譜》載：此序於本年十二月十五日寄達，十八日王个簃即辭世。）

藝海點滴

老年人喜歡懷舊,我也是這樣。沙孟海就是我常常想起的一個。他比我小三歲,今年也近九十了。

我識孟海於馮君木先生寓所,我住吳宅樓下西廂房,孟海每來請教昌碩先生後,總要到我的房間來叙談。當時彼此風華正茂,意氣豪發,暢論藝事,見解每多契合。他很有才華,書法篆刻均臻上乘,并致力於經史古文辭。一九二五年,他用楷書寫了一堂十二條壽屏,昌碩先生了解後贊許說:"書寫這樣長篇字屏是不容易的,沒有紮實的過硬的功夫是寫不好的,這是他的本領。"我聽到老師這樣的評價,更佩服孟海了。他還有位老師是浙江文壇巨子、古文學家馮君木,也是昌碩先生的好友。孟海那時與馮先生同住上海北河南路,我去看望孟海時,也向馮先生請教古文學,師事馮先生。孟海當時任教修能學社,我曾應邀前去作過一次學術講座,聽者甚衆。記得馮先生曾命題作《逃空圖》,我仿石濤筆法作四尺山水中堂一幅報命,此圖不知今在何處。

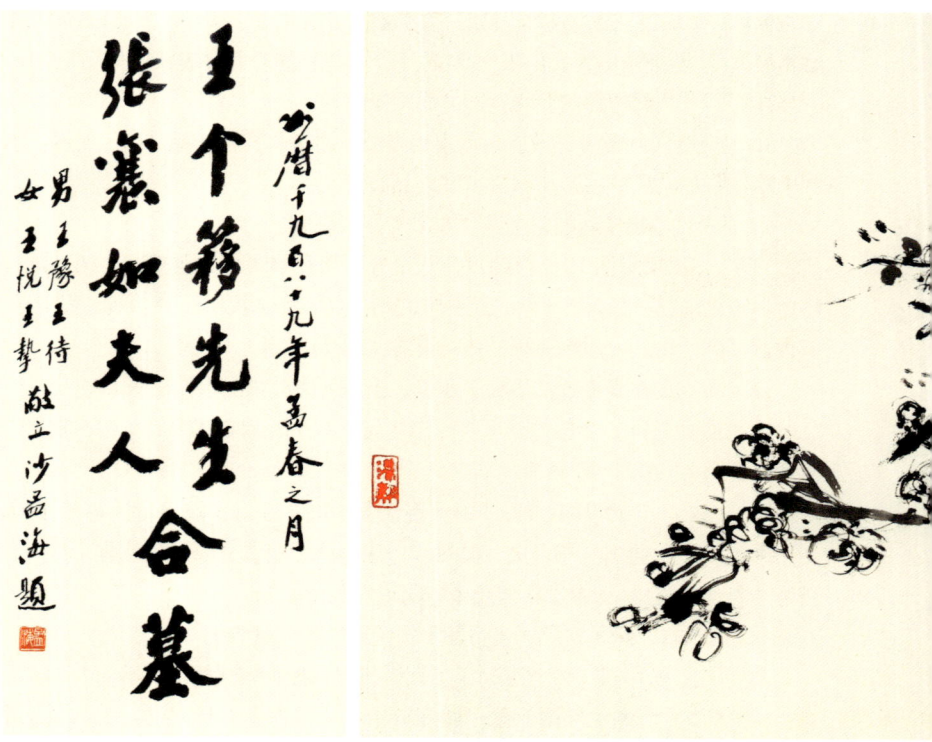

沙孟海題《王个簃墓前石表》

一九二九年後，孟海客廣州，客南京，客重慶，我一直留在上海。除抗日戰爭期間音訊阻絕數年，其餘時間則多晤接，書問往還，休戚相關。孟海喜保藏師友簡牘，幾經離亂，已多散失。近由其家人子弟檢集，還積存我的手劄一大堆。這裏可見得我們兩人平素切磋之雅與情好之隆。孟海近四十年在杭州工作，滬杭密邇，過從較多。特別是浙江省博物館和西泠印社合辦昌碩先生紀念室，孟海經手籌備，往返聯繫。我們大家又參加西泠印社理事會工作，不時聚首，多所商榷。我曾三度訪日，聽説日本幾次邀請孟濤，因身體關係尚未成行，他近著《印學史》的日譯本已在東京出版。舊作《近三百年的書學》的長篇也經日友譯出，即將在《書論》雜志發表。新時代藝術史上留有我們兩人的脚印，那是一個莫大的欣慰。

孟海秉性淡泊，不慕榮利，治學謹嚴，待人以誠，不但是一代書法大家，也是一位真正的學者。我與他均因衰年多病，已三年不晤，遥憶故人，祝願長壽，共同珍攝。

孟海藝壇耕耘七十餘年，珠璣傳播於海内外。今由若干友人選編其書法篆

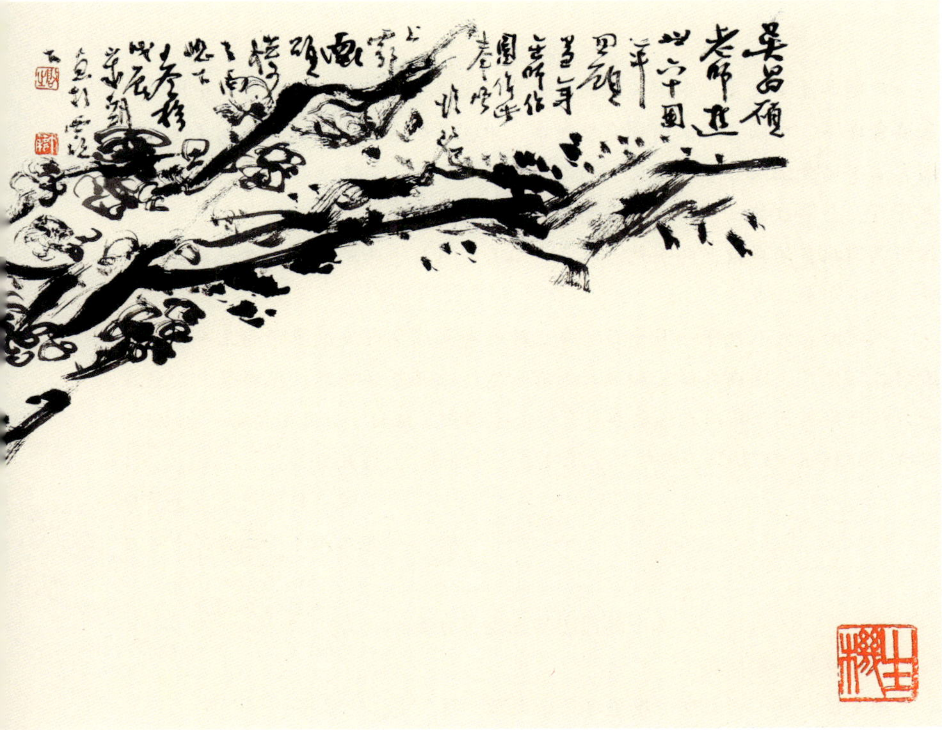

墨梅（南通市个簃藝術館藏）

刻作品，分析研究，并輯録歷年有關藝術活動的資料，匯印出版，名曰《沙孟海翰墨生涯》，我既爲題扉頁，再綴數語，代序云爾。一九八八年十一月。（《西泠印社百年史料長編》582頁，《中國書法》2014年24期）

11月，爲江蘇啓東呂四鶴城公園題寫"鶴城公園""慕仙樓"匾。

11月，扶病作《春風化雨憶嗇公》文。

爲《上海海港報》創刊七周年題"積健爲雄"。（《上海海港報》1989年1月6日）

12月4日，王个簃力不能支，猶囑黄邁人扶持，站立畫桌前，揮筆作《瓜菱圖》，遂爲絶筆。

12月6日，入上海華東醫院治療。

12月18日16時50分，王个簃於上海華東醫院與世長辭，享年九十二歲。《文匯報》《新民晚報》《大公報》《新晚報》《聯合早報》《聯合晚報》等先後發布王个簃逝世訊息。

12月25日，"王个簃同志治喪委員會"發布訃告。（上海中國畫院提供）

訃　　告

中國共産黨黨員、中國民主同盟盟員、上海中國畫院名譽院長、中國美術家協會理事、中國書法家協會名譽理事、中國美術家協會上海分會副主席、中國書法家協會上海分會副主席、西泠印社副社長、上海市文聯委員、上海市文史館員、全國政協三、四、五屆委員、市政協六屆委員、我國著名書畫家王个簃同志因病醫治無效，於一九八八年十二月十八日十六時五十分在華東醫院逝世，終年九十二歲。

現定於一九八九年一月十日下午三時在龍華殯儀館大廳舉行向王个簃同志遺體告別儀式。國内外單位和個人如有唁電、唁函及送花圈、挽聯等，均請在一月八日前與王个簃同志治喪委員會辦公室聯繫（地址：上海岳陽路一九七號，電話：373805、373635，聯繫人：陳友義、朱林根）。謹此訃告。

王个簃同志治喪委員會
一九八八年十二月二十五日

王个簃同志治喪委員會名單

主任委員：夏征農

副主任委員：劉文慶　盧瑩輝　徐俊西　孫　濱　沈柔堅　程十髮

委員：（以姓氏筆劃爲序）

馬承源	王國忠	王朝聞	方增先	盧瑩輝	葉淺予	孫學銘
孫　濱	李天祥	李可染	李明勛	華君武	劉文慶	劉海粟
朱屺瞻	呂　蒙	宋日昌	沙孟海	陸儼少	應野平	沈柔堅
陳佩秋	陳福根	陳虞蓀	吳作人	吳宗錫	吳青霞	吳景澤
邵洛羊	蘇步青	湯增桐	林風眠	張樂平	張桂銘	張　森
張瑞芳	楊振龍	俞振飛	賀綠汀	唐　雲	夏征農	顧廷龍
郭洪生	徐昌酩	徐俊西	錢偉長	翁曙冠	黃葆芳	程十髪
韓天衡	賴少其	謝稚柳	葛維墨	蔣昌一	蔡振華	

本年度王个簃尚有如下代表作：

作《翠柏瀉秋聲》（137cm×66cm），題："翠柏瀉秋聲。戊辰歲朝，作畫志喜，并題於滬濱，王个簃時年九十二歲於獻頌樓。"（南通市个簃藝術館藏，《中國歷代畫家佳作品鑒·王个簃》）

作《墨梅》（97cm×44.7cm），題："吳昌碩老師逝世六十周年，回顧當年缶師作圖，作此奉贈於滬上西郊獻頌樓之南窗下。王个簃戊辰歲朝，畫於西窗下。"（《南通市个簃藝術館藏品集》）

鈐印：啓之（朱文）、个簃（白文）、梅鄰（朱文）、生機（朱文）。

作《芋肥芝香》（99cm×44cm），題："芋肥芝秀，詩書有情趣。戊辰立夏節，九二老人王个簃於獻頌樓之南窗。"（南通市个簃藝術館藏，《中國歷代畫家佳作品鑒·王个簃》）

作《枇杷》（138cm×68cm），題："夏熟。戊辰重陽節後十日，九二老人王个簃興到戲筆於滬上西郊。"（南通市个簃藝術館藏，《世紀丹青（六）》）

作《雞冠花》（96.5cm×44cm），題："高冠紅突兀，只欠一聲啼。戊辰中秋節，九二老人王个簃於滬上西郊。"（南通市个簃藝術館藏，《世紀丹青（二）》）

作《福如東海》（183cm×97cm），題："福如東海。古吉祥語，隨手落筆，如有神助。於滬上西郊，王个簃年九十二歲。"（《世紀丹青（八）》）

鈐印：啓之（朱文）、个簃（白文）、生機（朱文）。

陳秋草逝世。

曾作《慰陳秋草病托望秋任女轉致一詩》詩："海老曾經三次病，今朝還是壽而康。勸君振頓全神起，好與妖魔戰一場。"

是年，顔文樑逝世、張炎夫逝世、高石農逝世、頓立夫逝世、朱東潤逝世。

附錄：1989 年至 2019 年大事記

1989 年

1月6日，《上海海港報》發表邱正平《追思王个簃老先生》一文。

1月10日下午3時，在龍華殯儀館大廳舉行"王个簃同志遺體告別儀式"。上海市文化局局長孫濱主持，上海市委宣傳部副部長徐俊西致悼詞。江澤民、朱鎔基、黃鎮、楊成武、王芳等送了花圈。劉靖基、汪道涵、王一平、夏征農、陳至立、李明勛、徐虎、王湛、王太祥等全國政協、上海市人民政府、上海市政協、南通市領導和文藝界代表七百餘人參加告別儀式。

悼　詞

今天，我們懷着十分沉痛的心情，向我國著名的畫家、書法家、篆刻家和藝術教育家王个簃同志的遺體告別。王个簃同志因病治療無效，於一九八八年十二月十八日十六時五十分在上海華東醫院不幸逝世。終年九十二歲。王个簃同志是中國共產黨黨員、中國民主同盟盟員。生前任上海中國畫院名譽院長、中國美術家協會理事、中國書法家協會名譽理事、中國美協上海分會副主席、中國書協上海分會副主席、上海市文聯委員、西泠印社副社長、上海交通大學藝術顧問、上海工業大學名譽教授。他的逝世，是我國藝術界的一大損失。

王个簃同志名賢，字啓之，號个簃，一八九七年十月二十日生於江蘇海門。他自幼篤好詩文、書畫、金石。一九二三年入一代宗師吳昌碩先生門下，朝夕隨侍。親承指授，爲吳昌碩晚年的入室弟子。一九二八年任上海新華藝術大學教授；一九三〇年，爲弘揚吳昌碩的藝術，又協助吳東邁等創建了昌明藝術專科學校，任國畫系主任。一九三五年後，任上海美專教授、國畫系主任，并兼任東吳大學教授。建國初期，即參加華東美協和上海市文史館工作。一九五六年，在周總理、陳毅同志的親切關懷下，與吳湖帆、傅抱石、潘天壽、賀天健等積極參加上海中國畫院籌備委員會工作。一九六〇年，上海中國畫院成立，任畫院副院長。六十年代初，出席全國先進工作者大會、全國文代會和全國政協會議。受到了毛澤東、劉少奇、周恩來和陳毅等中央領導同志的接見。王个簃同志是中國人民政治協商會議第三、四、五屆委員、上海市政協第六屆委員。

王个簃同志的一生，是從一個愛國主義畫家轉變爲無產階級忠誠戰士的一生。在漫長的艱難、動蕩年代裏，他一貫認真從藝，辛勤育人，并同情和關心黨領導的革命活動。曾挺身而出營救被捕的地下黨員。建國以來，對黨、對社會主義懷着無比熱情。在黨的領導下努力工作。即使在"文革"十年浩劫中，他面對邪惡勢力，也從未動搖過對社會主義事業的堅定信念。在周總理逝世的日子裏，他雖身處逆境，但仍懷着對"四人幫"痛恨和對周總理的深情，奮筆作詩悼念，表現了他政治上的鮮明愛憎。黨的十一屆三中全會以來的十年中，他深感"生當盛世"，衷心擁護和堅決貫徹黨的路線、方針、政策。十分珍惜改革開放的新形勢，更煥發出滿腔政治熱情，以八十六歲的高齡，光榮加入了中國共產黨，實現了他多年的宿願。他的晚年，無論在政治上、藝術上都進入了奮發向上的新境界。他與人民、與祖國，同甘苦，共歡樂，把自己看作是革命隊伍中的一個"老兵"。王个簃同志一生謙虛謹慎、平易近人、作風正派、襟懷坦蕩。他特別注重人品，追求"畫品"同"人品"的統一。他關心同志，助人爲樂。對待工作一絲不苟、勤勤懇懇。特別爲畫院的籌建和發展，爲中國畫藝術的發揚光大，傾注了畢生的熱情和精力。

　　在藝術上，王个簃同志在國內外享有崇高的聲譽，尤其在日本和東南亞有許多知音。七十多年來，他涉獵深廣，含英咀華，努力將詩書畫印四者融爲一體，不倦的探索追求。實踐了他"從頭學起學到老"的諾言。他繼承吴昌碩藝術的優秀傳統，注意吸取前人的經驗，但又不因循守舊。他重視學習傳統，而又敢於突破傳統；重視觀察生活，而又不拘泥於生活。特別是到晚年，更開拓了大寫意畫派的藝術新境，形成了自己獨特的藝術風格，創作了數以千計的藝術珍品。他自己總結的許多可貴藝術經驗，豐富了中國繪畫的藝術理論，也深深啓迪着後來者。歷年來王个簃同志的藝術作品和著述結集出版的有《个簃印指》《个簃畫集》《王个簃畫集》《个簃印存》《王个簃隨想錄》《霜茶閣詩集》等。

　　王个簃同志曾經三渡東瀛，去日本訪問，交流藝術，廣結墨緣。早在三十年代初，他就與王一亭、張大千等作爲中國書畫代表團訪問日本；一九六三年與潘天壽等參加中國書法代表團再訪日本；到一九八五年，更以九十高齡出訪日本和新加坡等地，爲中國書畫藝術的傳播，爲中外文化藝術的交流，爲促進中外藝術家的友誼作出了貢獻。

　　王个簃同志畢生從事藝術教育，培育了大批藝苑新人，他善於發現人才，十分珍惜人才，對求教者有問必答，無微不至地關懷藝術青年的成長。海內外不少有成就的中青年書畫家得到過他的教益。大批新生力量的湧現，也使他感到由衷的喜悅。他曾興奮地高歌"中青力量知多少"。王个簃同志一生的奉獻精神是感人至深的。他不僅把長期積累的藝術經驗奉獻給了年青一代，而且也向人民奉獻了他自己收藏的許多珍貴文物。他曾把數以百計的古代繪畫、吳昌碩先生書畫精品、手稿及紀念品捐獻給國家，這爲我國博物館、美術館建設作出了貢獻。

王个簃同志作爲一個優秀的黨員藝術家，他的精神和他的藝術，將永遠留在人間。他作爲我國社會主義文化藝術建設事業，作出了出色貢獻，贏得了廣大人民和藝術界的尊敬和愛戴。我們要學習他對祖國、對人民、對社會主義事業一往情深、滿腔熱情的奉獻精神和崇高品質；學習他嚴肅認真、執著追求、敢於創造的開拓精神和革命風格。

讓我們在黨的十一屆三中全會以來的各項方針、政策的指引下，爲實現我國社會主義現代化建設大業，爲進一步做好王个簃爲之貢獻了畢生精力的藝術工作，共同努力。王个簃同志永遠活在我們心中！

徐俊西（中共上海市委宣傳部副部長）

挽　聯

南通市人民政府："藝林巨匠，一代宗師，大筆燦光華，四化芳園恣點染；吳派傳薪，八方飲譽，高懷縈梓里，五山風物仰儀型。"

沙孟海："風義感平生，直諒多聞，憶海千言成絕筆；聲名垂奕世，詩書畫印，缶廬一脈得真傳""故人驚宿學；墨海共雄風"。

劉海粟、夏伊喬："吳門真傳，昌榮翰脈，碩果竟凋，畫壇巨星悲殞落；王氏力作，個領風騷，簃花猶艷，藝林新燕奮騰飛。"

費新我："齒德俱尊推碩望，海天終古寄遐思。"

賴少其："桃李滿天下，畫鏡照古今。"

黃葆芳："六十年訓誨諄諄，樂於授學釋雅，深恩逾父；八千里海天渺渺，未能扶棺執紼，遺憾一生。"

曹用平："立雪五十年感恩懷德霜茶閣，驚雷三千子痛哭失聲獻頌樓。"

4月15日，《上海美術通訊》第34期發表《著名書畫篆刻家、藝術教育家王个簃同志逝世》報道。

1月10日，《蘇州日報》發表吳民先《跨世紀的藝術家——悼王个簃老人》一文。

3月3日，香港《大公報》發表曹用平《悼念王个簃先生》一文及王个簃國畫作品《春滿人間》、篆書對聯《林下水邊無厭日，花香酒味相和春》。

5月，日本近代書道研究所編印《吳氏三代書畫展特集》。

6月30日，由南通市古典建築公司承建的"个簃藝術館"土建工程竣工。

7月20日，按王个簃先生遺願，南通市人民政府在紡織博物館舉行"王个簃先生書畫作品捐贈儀式"。其子女捐贈王个簃書畫作品二百二十件，明清書畫藏品五十四件，詩稿、遺物三十七件。子王公助同時捐贈書畫藏品二件。市長張佑才頒發榮譽證書及獎金。(《南通日報》1989年7月21日)

8月，福建美術出版社出版《王个簃霜荼閣詩》(上、下卷)，沈文編，沙孟海題書名，丁羲元作後記。

9月6日，"全國文史館書畫聯展"首批展品在故宮博物院繪畫館展出，王个簃作品展出。(《西泠藝報》1989年第53期)

9月12日，上海成立"吳昌碩藝術研究會"，會址設在上海山西北路吉慶里12號"吳昌碩故居"內。在上海美術館舉行"吳昌碩書畫展覽"。(《西泠藝報》53期)

9月，南通市人民政府聘請沙孟海爲个簃藝術館名譽館長。

10月5日，南通市个簃藝術館舉行落成儀式。沙孟海撰寫發言稿(由其婿張令杭代讀)并書"畫印詩書，概括神州美學；高渾郁勃，發展吳派藝風"聯。梅舒適書"通州文峰聳高名，个簃藝術傳天下"聯。上海市文化局、上海中國畫院、西泠印社、安吉吳昌碩紀念館及南通市書畫界、王个簃親屬等參加盛會。知名書畫家有程十髮、韓天衡、張令杭、方增先、夏順奎、盧琪輝、丁羲元、林曦明、諸涵、呂國璋、匡得鰲、梅舒適、劉伯年、曹簡樓、張金綺、吳長鄴、曹用平、杭英等。香港《大公報》、杭州《西泠藝報》等以顯著標題刊發開館盛況。

在南通市个簃藝術館開館典禮上的講話

沙孟海

今天恭逢南通市个簃藝術館開館盛典，這是我們中國藝術界一件大喜事。

鄙人，作爲今天僅存的王个簃先生的老同學，本該應邀渡江前來參加，只因身體條件關係，心向往之，未能親到，極爲抱歉！現在委托一向承个老關愛的(我的女婿)張令杭先生代表我專程來南通瞻仰宏規，表示虔誠的祝賀。

海內外藝術界人人知道王个簃先生是中國近代最負盛名的藝術大師吳昌碩先生的入室弟子。吳老師門弟子人數衆多，但長時期隨侍門下親受熏陶，學問德性各方面都能夠繼承衣鉢的，首推个老。吳老師本人，雖未明說，思想上也最最心契个老。有事爲證，一九二三年老師八十歲生辰，家人陪同游杭州，也帶个老同去。杭州文藝界和親友們設宴稱壽，酒罷，集體攝影留念。合影之後，老師從稠人中單獨指定與个老兩人另攝一影。回上海後，个老檢取一張有老師親筆題字的兩人照片送我，并告知我上述情況，可惜我的這張照片經亂遺失了。个老晚年所著《隨想錄》將這照片插印進去，但文章中自己謙虛不便說。今天只我一個人知道。這便是老師早已存心傳授衣缽的啓示，我今天有必要提出來告訴大家。

文藝，從古以來就有陽剛陰柔兩大系。吳老師的藝術風格，高渾雄強，無疑是近現代陽剛一派的代表作家。這一派，吳老師是先驅者，稍後有齊白石先生，再後有潘天壽先生，他們兩位雖然不曾列入弟子籍，但都是拳拳服膺於吳老師。有人推舉吳老師一派的藝術風格足以象徵新中國新社會的偉大氣魄，這話或者是有道理的。社會上有稱吳老師的藝術叫做"吳派"。過去我不主張這樣稱。因爲明代畫家主要有浙派、吳門派，吳門指蘇州。現在我們如稱吳派，容易與歷史上的吳門派牽混。但近年來海內外稱吳派的逐漸多起來，人心所向，既成事實，恐怕是不可改變的。此次我寫送个簃藝術館的賀聯，已使用吳派兩字了。

个簃先生前半生的筆墨，完全遵循吳老師的法度，具體而微。而標高揭己，有不食人間烟火的傾向。建國後，他感激知遇，熱情洋溢，創作益力，深入淺出，務應世需。并且不時寫出盈丈巨幅，或字或畫，泱泱大風，表達民族的氣概。後半生的寫作，一樣元氣淋漓，在運用吳老師骨法章法的基礎上，題材闊大了，筆情格外放縱了，面向新社會新事物，有意無意地發展成爲他自己的新風格。个簃先生可說是六十年來從舊中國到新中國藝術發展歷程中主要的代表人物之一。南通市各位領導同志協力籌建這個藝術館，加強社會主義精神文明建設，弘揚吳派藝術，是有深遠的意義的。前幾天，南通市長張佑才同志親筆給我信，送我名譽館長的聘書，由文化局副局長陸榮華同志專程到杭遞交，并約我參加開館典禮，情意隆重。我固然是个簃先生多年舊交，同隸吳老師門下，但我并未全面學習老師，好似古代墨家之中有所謂《別墨》。對名譽館長的稱號，實在愧不敢當。

這次盛典，各地應邀參加的嘉賓一定很多，日本梅舒適先生也遠道飛來。人品的感召，藝術的魔力，永恒強大，个老九泉有知，也可以安慰了！以上發言，是否有當，敬請各位首長、各位先生指教！最後，敬祝个簃藝術館開館大吉，世世代代爲繼承和發揚祖國的文化藝術發揮積極作用。(《西泠藝報》1989年55期）

10月，上海書店出版《吳昌碩書石鼓文精品》，王个簃作序并題簽。

11月19日，王个簃墓營於蘇州東山楊灣華僑公墓，臨近巖石鐫刻王个簃篆書"鶴壽千歲"。南側爲王一亭之墓。右側爲原外交部部長喬冠華長眠之地。上海、蘇州、南通等地領導、親屬、學生參加安葬儀式。

沙孟海書《王个簃墓前石表》并撰銘文，由顧廷龍書。

銘文："先生名賢，字啓之，別署个簃。江蘇海門人，一八九七年十月廿日丁酉九月二十五生。廿七歲游上海師事安吉吳昌碩先生，詩書畫印，點筆蒼茫，神意躭遠，隨侍左右，親承熏陶，遂傳衣缽，延譽海內外。初就上海各大學藝術院校教授，國畫系主任。建國後受任歷屆全國政治協商會議委員、上海中國畫院副院長、名譽院長、中國美術家協會上海分會副主席、西泠印社副社長等職。三度應邀訪問日本，一度訪問新加坡。晚歲感激知遇，創作益力，深入淺出，務應世需，人藝俱老，風格紗變。一九八八年十二月十八日，戊辰十一月初十日卒於上海，春秋九十有二。遺著有《霜荼閣詩集》《个簃畫集》《印集》《隨想錄》。卒之明年十月安葬蘇州東山之原。友人沙孟海撰，顧廷龍書。"

是年，胡伯翔逝世、林散之逝世、朱復戡逝世、任小田逝世、李可染逝世、馮建吳逝世、黃葆芳逝世。

1990 年

2月19日，上海市文化局、上海中國畫院、中國美協上海分會、南通市个簃藝術館在上海美術館聯合舉辦"王个簃遺作展覽"；舉行《王个簃霜荼閣詩集》《王个簃印集》出版首售儀式。

3月，王个簃子女向海門市政府捐贈王个簃遺作十二件。向上海中國畫院捐贈王个簃遺作十件。向上海美術館捐贈王个簃遺作五件。

4月10日，吳昌碩藝術研究會在上海成立。沙孟海、劉海粟、朱屺瞻爲名譽會長，程十髮爲會長。曹簡樓、吳長鄴、曹用平、林曦明、夏順奎爲副會長，丁羲元爲秘書長。

6月22日，由子女王公助、王待、王悦至上海美術館，捐贈王个簃書畫作品10件。(《上海中國畫院1956—2016》210頁)

12月18日，王个簃逝世二周年，在南通市个簃藝術館舉行"紀念王个簃先生書畫展"，參加展覽的作者有中日書畫名家沙孟海、唐雲、程十髮、青山杉雨、梅舒適、小林斗盦等。程十髮、吳長鄴、曹用平、喬木、王公助、陳世中、丁羲元等前來參加開幕式并舉行"吳昌碩、王个簃藝術研討會"。吳長鄴向个簃藝術館捐贈李禎《琴鶴圖》。

緬懷个簃老師

程十髮

在南通市个簃藝術館成立一周年之際，我們上海吳昌碩藝術研究會的同志們以及个簃老師的親屬弟子一同來到个簃老師的故鄉，用自己的作品來紀念个簃老師逝世二周年及藝術館落成一周年，十分感謝南通市的各級領導支持和關懷了這個活動。

每個人都有一個自己的家鄉，人們都說家鄉是母親，而且都說長江、黃河是祖國文化的搖籃，南通正是這搖籃邊上的一朵花。南通是近代史上經濟和文化的重要城市，她培育出傑出的政治家、實業家、藝術家不是偶然的事。特別在我國實行改革開放政策以來，南通取得了各項偉大的成就。在个簃老師生前的遺教中，特別關心國家的前途，常以拼搏精神來鼓勵自己和別人。當年中國女排奪得世界冠軍，老人興奮不已，送給領隊、教練及隊員每人一張畫和詩，這件事大家都深受教育。今年的亞運會上獲女子自行車一公里計時賽冠軍并破世界紀錄的運動員，正是南通姑娘，如果个簃老師知道，一定也會擊掌叫好，贈詩贈畫。這種拼搏精神用到各項工作中去，一定會使祖國的建設取得偉大的成就。个簃老師爲有這樣的故鄉而驕傲，他的故鄉也爲有這樣的藝術家而驕傲。

人都有生和死的問題，但是精神永存。个簃老師人雖離我們而去，但他繼承和發展了近代史上偉大的吳昌碩藝術，不斷攀登藝術高峰的拼搏精神是不朽的，是我們學習的榜樣。（《王个簃紀念文集》中國文史出版社，1993年6月）

12月19日，江蘇海門文化館舉行"王个簃遺作展覽"。

冬，唐雲爲王个簃《梅石圖》補款。

歲末，"启之小學"在故里三星鎮揭幕。

喬木、丁羲元、曹用平、諸涵、杭英、董芷林爲緬懷王个簃，合作《松石圖》，程十髮題詩："一片春光萬象新，爲瞻遺作晉三星。今朝如見个師在，下筆蒼茫各有神。"

是年，蕭龍士逝世、應野平逝世、劉伯年逝世。

1991年

5月，浙江美術學院出版社出版《潘天壽詩存》，潘天壽紀念館編。王个簃篆題"阿壽詩存"扉頁。

11月22日，沙孟海作《印學師承交游姓氏》，師承者有吳昌碩、黃牧甫、趙叔孺、王福庵。交游者有王个簃、陳巨來、朱復戡、唐醉石、方介堪、諸樂三、韓登安、張魯庵、程彥沖、易均室、蔡哲夫、羅福頤、喬大壯、余任天、馮康侯。

12月12日，菲律賓《商報》刊印《紀念中國藝術大師王个簃逝世三周年特輯》，發表《當代缶廬王个簃大師》一文及王个簃書畫篆刻作品十件。

日本東京堂出版發行吳昌碩《鐵函山館印存》，王个簃題寫書名。

是年，林風眠逝世。

1992年

8月，古吳軒出版社出版《當代名家中國畫全集·王个簃》。

9月8日，夫人張襄如逝世，於11月29日歸葬蘇州與王个簃合墓。

10月7日，上海中國畫院舉行"王个簃先生遺作捐贈授獎儀式"。（《上海中國畫院1956—2016》229頁）

10月20日，南通市人民政府在南通市个簃藝術館舉行"王个簃銅像揭幕儀式"。銅像由上海中國畫院、上海美術館捐贈，雕塑家盧琪輝設計制作。上海中國畫院院長程十髮題記。

在王个簃銅像揭幕儀式上的講話
程十髮

今天我們又來到文峰塔下，參加王个簃先生銅像揭幕儀式，首先我代表上海中國畫院、上海美術館對茲表示衷心的祝賀，并代表上海來的一行對各位領導和來賓參加表示感謝和敬意。

王个簃先生是我國當代著名的金石書畫家。他早年毅然從這文峰塔下奔赴上海，投身到吳昌碩先生門下，成爲吳昌碩的入室弟子。他一生探求中國書畫藝術，對詩書畫印四者以極大功力予以探索創造，融匯貫通，全面地繼承了吳昌碩藝術流派，到晚年更形成了他自己獨具的風貌，而被譽爲"當代缶廬"。个簃先生長期在上海任教，爲上海美專、新華藝專、昌明藝專的教授、中國畫系主任，建國後，又擔任上海中國畫院副院長和名譽院長、西泠印社副社長、上海美協副主席以及全國政協委員等職，晚年九十高齡還赴日本、新加坡等國訪問講學，無論人品和藝品，都享譽海內外。

1988年12月18日，个簃先生不幸逝世。不久，他的家屬和子女遵照个老生前的願望，先將其多數作品和收藏捐贈給家鄉南通，南通市政府爲此建造个簃藝術館，讓个簃先生的藝術在家鄉永遠流傳。後來，他的家屬和子女又將个簃作品十五件分別捐贈給上海中國畫院十件和上海美術館五件。爲了表彰王个簃先生家屬和子女的這種精神，由上海文化局圖美處提議，上海中國畫院和上海美術館決定爲王个老範鑄銅像一尊，請上海油畫雕塑院雕塑家盧琪輝女士負責創制，并將銅像贈送給南通市个簃藝術館，讓王个簃先生的音容笑貌永遠留在人間。現在，經過一年的努力，今天，這尊銅像已建立在个簃藝術館庭前，仿佛王个老又回到文峰塔前。我們感到這是一件非常有意義的事情，在全國美術界，也是一個創舉。

現在正當黨的十四大勝利召開和圓滿成功，改革開放更進入一個新的發展時期。在這金秋時節，我們在此參加王个簃先生銅像揭幕儀式和慶典，真是無比的喜悅。我們一定要以个簃先生爲榜樣，爲了弘揚中國畫這一悠久深厚源遠流長的我國民族藝術，爲了進一步加快改革開放，促進我國兩個文明建設的更大發展而努力。

是年，沙孟海逝世、伍蠡甫逝世、費新我逝世、戚叔玉逝世、俞子才逝世。

1993 年

3 月，南通市人民政府聘程十髪爲个簃藝術館名譽館長，王太祥、王公助、曹用平爲顧問。

3 月，西泠印社出版《吳昌碩》紀念文集，王个簃《懷念吾師吳昌碩》刊入。

6 月，中國文史出版社出版《王个簃紀念文集》，唐雲題簽，丁羲元作序。

是年，陸儼少逝世、唐雲逝世、朱梅邨逝世、徐無聞逝世。

1994 年

10 月，"王个簃先生造像"石刻揭像儀式在南通市狼山葵竹山房舉行，方增先畫，沙孟海題。程十髪、曹用平等出席揭像儀式。

是年，劉海粟逝世、趙完璧逝世、葉潞淵逝世、黄稚松逝世。

1995 年

4 月，潘天壽紀念館、朱屺瞻藝術館、黄賓虹紀念室、吳茀之紀念館發起成立"中國書畫名家館聯會"，聯會成員分別爲吳昌碩紀念館、徐悲鴻紀念館、潘天壽紀念館、齊白石紀念館、黄賓虹紀念室、張大千紀念館、傅抱石紀念館、朱屺瞻藝術館、李苦禪紀念館、李可染舊居、林散之書畫陳列館、沙孟海書學院、王个簃藝術館、王雪濤紀念館和吳茀之紀念館等十五家。中國美術學院教授盧炘任秘書長,并主持編輯出版《世紀丹青》系列叢書。聯會的宗旨是開展有益的館際交流,推動學術研究,加強對外宣傳,提高管理水平,弘揚民族文化,把各個紀念館辦成愛國主義教育基地。聯會成員爲集體成員,而且是以逝世的書畫名家的紀念館自願參加,以後將不斷的拓展,使中國書畫成爲舉世矚目的人類藝術極品而被爭相收藏和仰慕。

11月18日,浦江吴茀之紀念館舉辦"中國書畫名家紀念館聯會首届年會"。南通市个簃藝術館提供王个簃作品參加"中國書畫名家館作品聯展"。

12月6日,《新民晚報》發表韓天衡《謙謙長者王个簃》文。

是年,譚建丞逝世、葉淺予逝世。

1996年

1月,《王个簃書法選集》由上海書畫出版社出版,沙孟海題簽,劉海粟題詞,謝海燕、程十髮作序,曹用平撰《王个簃大事年表簡編》,方傳鑫作後記。

5月5日,上海朱屺瞻藝術館舉辦"中國書畫名家紀念館聯會第二届年會"。南通市个簃藝術館提供王个簃作品參加"中國書畫名家館作品聯展"。

10月20日,江蘇省文化廳、上海市文化局、南通市人民政府聯合主辦"王个簃誕辰一百周年紀念大會",同時舉行"王个簃先生書畫精品展""王个簃先生詩詞吟唱會""緬懷王个簃先生座談會、筆會""王个簃先生石刻肖像揭牌儀式"等。程十髮等出席紀念大會。

是年,朱屺瞻逝世、沈子丞逝世、吕蒙逝世、姚有信逝世。

1997年

3月,潘天壽紀念館、徐悲鴻紀念館在北京聯合舉辦"中國書畫名家紀念館聯會第三届年會"。南通市个簃藝術館提供王个簃作品參加"中國書畫名家館作品聯展"。中國美術學院出版社出版《中國書畫名家紀念館》(十五家成員館館主作品集)。王个簃作品三件刊入。

8月,上海中國畫院在劉海粟美術館舉辦"紀念王个簃先生誕辰一百周年書畫展"。

11月7日,上海中國畫院在劉海粟美術館主辦"王个簃、錢瘦鐵誕辰一百周年書畫展"。展出王个簃、錢瘦鐵書畫作品一百二十幅。程十髮題詩書賀:"嵩山岱嶽春百年,老樹傳馨分外妍;白髮慈容心長在,似聆教誨畫堂前。个簃吾師百歲畫展開幕,程十髮敬賀。"(《西泠藝報》144期)

11月18日至22日，上海中國畫院在寧波天一閣書畫館舉辦"紀念吳昌碩逝世七十周年書畫展"，共展出吳昌碩、王个簃、沙孟海、程十髮書畫作品九十二件。（《上海中國畫院 1956—2016》267 頁）

11月20日，南京江浦林散之紀念館舉辦"中國書畫名家紀念館聯會第四屆年會"。南通市个簃藝術館提供王个簃作品參加"中國書畫名家館館主作品聯展"。

12月10日，中國書畫名家紀念館聯會十七家成員館在深圳關山月美術館舉辦"世紀丹青——中國書畫名家紀念館館藏精品聯展"。南通市个簃藝術館提供館藏王个簃八件作品展出。

是年，萬籟鳴逝世、蕭嫻逝世、吳作人逝世、刘嵩樵逝世、陸抑非逝世、謝稚柳逝世。

1998 年

南通市个簃藝術館對外長期陳列"王个簃先生藝術生平業績展"。

10月，南通市个簃藝術館館刊《个簃書畫》創刊，程十髮題寫刊名。

12月，"中國書畫名家紀念館聯會 1998 年年會"在深圳舉辦。南通市个簃藝術館提供王个簃作品參加"中國書畫名家紀念館館藏精品聯展"。

中國書畫名家館聯會編印出版系列畫册《世紀丹青》、王个簃 VCD 光盤、《面向二十一世紀——中國書畫名家紀念館管理工作研討會論文集》。

是年，沈柔堅逝世。

1999 年

1月，中國美術學院出版社出版《世紀丹青》（中國書畫名家紀念館館藏精品），王个簃八件作品刊入。

10月16日，山東濟南李苦禪紀念館舉辦"中國書畫名家紀念館聯會第五屆年會"。南通市个簃藝術館提供館藏王个簃二件作品參加"中國書畫名家館館藏精品聯展"。

南通舉行"南通市个簃藝術館建館十周年紀念大會"。

2000 年

6月，沙孟海書學院在寧波鄞縣舉辦"中國書畫名家紀念館聯會第六屆年會"，在寧波天一閣博物館舉行"百年經典——中國書畫名家紀念館藏品聯展"，南通市个簃藝術館提供王个簃四件作品展出。

是年，周鍊霞逝世。

2002 年

1月18日，南通市个簃藝術館舉行"王个簃藝術陳列室揭匾儀式"。曹用平向南通市个簃藝術館捐贈王个簃早期篆刻作品"九頭鳥"一方。王葵捐贈王个簃生前監製的胡開文徽墨二錠、"周恩來總理接見豐子愷、王个簃"照片一幀及1957年刊載齊白石公祭儀式消息的報紙一份。

4月28日，杭州黄賓虹紀念館舉辦"中國書畫名家紀念館聯會第七届年會"。

2003 年

7月1日，南通市个簃藝術館舉辦"陸維釗書畫院院藏書畫作品展"。

9月17日，平湖市陸維釗書畫院舉行"南通市个簃藝術館藏品展"。

10月1日，南通市个簃藝術館主辦"王个簃及門人書法作品展"。

11月18日，杭州潘天壽紀念館舉辦"中國書畫名家紀念館聯會第八届年會"。

2004 年

4月7日，南通成立"王个簃藝術研究會"，會址設於南通市个簃藝術館内。

9月1日，安吉吳昌碩紀念館舉辦"紀念吳昌碩誕辰一百六十周年大會暨中國書畫名家紀念館第九届年會"。南通市个簃藝術館提供館藏王个簃作品二件參加"中國書畫名家紀念館館主珍品展"。

11月，中國書畫名家館聯會在湖南湘潭齊白石紀念館舉行"中國首届齊白石藝術節"活動，南通市个簃藝術館提供館藏王个簃四件作品展出。中國美術學院出版社出版《世紀丹青（二）》（中國書畫名家紀念館館藏精品），王个簃四件作品刊入。

2005 年

海門市人民政府將王个簃先生家鄉三星鎮的一條幹道命名爲"个簃路"。

9月20日至29日，"春華秋實·上海中國畫院珍藏精品展"在香港大會堂開幕。《春華秋實·上海中國畫院珍藏精品集》由上海書畫出版社出版，王个簃作品《勤儉持家》《傾心向太陽》刊入。

9月，湖北美術出版社出版《藝術大師之路叢書——王个簃》，施作雄編著。

10月14日至16日，上海嘉定陸儼少藝術院舉辦"中國書畫名家紀念館第十屆年會"。南通市个簃藝術館提供館藏王个簃六件作品參加"二十世紀中國二十名家作品聯展"。上海書畫出版社出版《世紀丹青（三）》（中國書畫名家紀念館館藏精品），王个簃五件作品刊入。

12月16日至24日，"王个簃書畫作品展"在南通市个簃藝術館展出。

是年，陸一飛逝世。

2006年

7月，上海人民美術出版社出版《王个簃畫集》。丁羲元主編，曹用平、王公助、夏順奎副主編，丁羲元作序，曹用平撰王个簃藝術年表，王公助、夏順奎作後記。

8月，子王豫（公助）逝世於上海。

11月10日，合肥市賴少其藝術館舉辦"中國書畫名家紀念館聯會第十一屆年會"。

11月，華暉出版社出版《中國書畫大師王个簃·伏文彥精品藝術欣賞》。

12月，南通市文聯編印王个簃《霜荼閣詩》，列入江海文庫系列叢書第三輯中。

是年，翁闓運逝世、尤無曲逝世、戚豫章逝世。

2007年

8月，王个簃先生誕辰一百一十周年，中國文聯出版社出版《王个簃紀念文集》，施作雄主編，康戎、沈文沖副主編。

9月，北京文化藝術出版社出版《王个簃名畫賞析》，施作雄著。

9月28日至10月7日，爲紀念王个簃先生誕辰一百一十周年，上海市文化廣播影視管理局、南通市人民政府在上海中國畫院聯合主辦"高標英輝——王个簃誕辰一百一十周年紀念展"，展出王个簃作品一百一十件，其中六十件爲南通市个簃藝術館提供，其餘五十件由上海中國畫院及王个簃的親友、學生提供。28日下午，在上海中國畫院會議廳舉行"王个簃藝術研討會"。

10月12日至19日，上海市文化廣播影視管理局、南通市人民政府聯合主辦的"紀念王个簃誕辰一百一十周年大會暨王个簃先生書畫展"在南通博物苑舉行。

10月26日至28日，漳州沈耀初美術館舉辦"中國書畫名家紀念館聯會第十二屆年會"。南通市个簃藝術館提供王个簃四件作品參加"世紀丹青——□國書畫名家館作品展"。

10月，江蘇省花鳥畫研究會所編《花鳥畫研究》總第四十三期，刊載"紀念王个簃先生誕辰一百一十周年"專題。

12月，王个簃藝術研究會、上海圖書館學會高級專家咨詢委員會、上海市盧灣區圖書館聯合編製《金石書畫藝術大師王个簃》（光盤）。

是年，程十髮逝世、李巽儀逝世。

2008年

4月，《金石書畫藝術大師王个簃》光盤發行。

6月2日，香港藝術館舉辦"書風的變奏——虛白齋館藏書法作品選"，王个簃《集石鼓文七言聯》展出。

11月8日至11日，西安何海霞美術館舉辦"中國書畫名家紀念館聯會第十三屆年會"。南通市个簃藝術館提供王个簃作品參加"世紀丹青——中國書畫名家館作品聯展"。

12月7日，南通市个簃藝術館舉行"紀念王个簃先生逝世二十周年座談會"。

2009年

4月29日上午，南通市个簃藝術館舉行"卜元捐贈名家印章儀式"，卜元捐出王个簃、嚴肅、馮靜伯、陳曙亭、徐一瓢等名家印章六方。

7月，北京《中國書畫》雜志第七期刊設王个簃專題。

10月21日，太倉宋文治紀念館舉辦"中國書畫名家館聯會第十四屆年會"，南通市个簃藝術館提供王个簃四件作品參加"世紀丹青——中國書畫名家館作品展"。

12月，南通市个簃藝術館舉行"紀念建館二十周年"系列活動：舉行"館藏吳昌碩、王个簃師生作品展""館藏海派書畫作品展""《中國書畫》（王个簃專輯）暨中國郵政紀念封首發式"、編印《个簃藝術館大事記（1989—2009）》，康戎主編。

浙江人民美術出版社出版《世紀丹青（五）》（中國書畫名家紀念館館藏精品），王个簃四件作品刊入。

江蘇省集郵公司發行《高標英輝——王个簃書畫篆刻藝術》專題個性郵票。

2010 年

5月1日至5月12日，上海中國畫院舉辦"丹青500年系列展·藝苑光華——上海中國畫院珍藏精品展"，展出建院五十多年來，豐子愷、吳湖帆、賀天健、沈尹默、劉海粟、朱屺瞻、唐雲、王个簃、謝稚柳、程十髮等八十位已故畫師的代表作。

5月，中國書店出版發行《中國名家繪畫——王个簃》（英文版、中英文版）兩種。

8月，浙江人民美術出版社出版《播布美術》（中國書畫名家館十五年文獻集），盧炘主編，王个簃二件作品刊入。

9月，平湖陸維釗書學院舉辦"中國書畫名家紀念館第十五屆年會"。南通市个簃藝術館提供館藏王个簃作品參加"二十二家名家館館藏精品展"。

浙江寧波沙孟海書學院舉行"紀念沙孟海誕辰110周年慶典活動"，南通市个簃藝術館館藏王个簃作品四件參加"吳門書畫精品特展"。

2011 年

10月29日，山東濰坊郭味蕖紀念館舉辦"中國書畫名家館聯會第十六屆年會"，南通市个簃藝術館館藏王个簃四件作品參加"世紀丹青——中國書畫名家館館藏精品展"。北京工藝美術出版社出版《百年菁華》（中國書畫名家館館藏精粹暨第十六屆年會專集），王个簃三件作品刊入。

11月26日，吳茀之紀念館、南通市个簃藝術館等聯合主辦的"大音稀聲·吳茀之花鳥畫作品展"在南通博物苑展出。

12月，長女王悅逝世。

2012 年

4月2日，南通市个簃藝術館舉辦"缶廬遺風——王个簃、王公助、王葵畫梅作品展"，編印作品集。

8月，《大家美術》第四期刊載《大家風範王个簃》。

9月27日，南通市个簃藝術館主辦"紀念王个簃先生誕辰一百一十五周年大會暨中國書畫名家館聯會第十七屆年會"系列活動：在南通市个簃藝術館舉行"王个簃金石書畫作品展""中國書畫名家館館員作品展"，在南通博物苑舉行"中國書畫名家館館主精品展"、"王个簃藝術實踐與成就"研討會。浙江人民美術出版社出版《世紀丹青（六）》（中國書畫名家館館藏精品集），編印《鈎沈存簃——紀念王个簃先生誕辰一百一十五周年文獻集》《雅集扶海——中國書畫名家館館員作品集》等。

12月，幼女王摯逝世。

2013年

1月，蘇州大學出版社出版《王个簃書畫作品集》，陳藝主編。

5月，編印《王个簃、王公助、王葵家鄉畫展作品集》。

8月，學林出版社出版《現代篆刻家印蛻合集》，劉雲鶴編著，刊印王个簃篆刻作品五方。

10月27日，上海松江程十髮藝術館舉辦"中國書畫名家館聯會第十八屆年會"。南通市个簃藝術館提供王个簃三件作品參加"中國書畫名家館館主精品展"。上海文化出版社出版《世紀丹青（七）》（中國書畫名家館第十八屆年會專集），王个簃五件作品刊入。

10月，南通市个簃藝術館編印《王个簃》（宣傳教育讀本），魏武主編。

12月，南通市个簃藝術館重新編印《个簃印愔》，魏武主編。

2014年

5月28日，南通舉辦"高標英輝——王个簃金石書畫作品暨文獻展"。

5月，西泠印社出版社出版《吳昌碩遺墨》（南通市个簃藝術館藏），曹用平、施作雄主編。

9月13日，安吉吳昌碩紀念館舉辦"中國書畫名家館聯會第十九屆年會"。南通市个簃藝術館提供王个簃三件作品參加"中國書畫名家館館主作品聯展"。編印《名家翰墨世紀留芳》（中國書畫名家館館主作品集），王个簃四件作品刊入。

2015年

1月，南通市个簃藝術館重新編印《王个簃隨想錄》，魏武主編。

9月11日，合肥賴少其藝術館舉辦"中國書畫名家館聯會第二十屆年會"。安徽人民出版社出版《世紀丹青（八）》（中國書畫名家館館藏精品），王个簃六件作品刊入。

10月，舉辦"海派藝術與南通——南通市个簃藝術館館藏作品展"，編印《海派藝術與南通》（第一册），魏武主編。

10月，江蘇海門圖書館舉辦"館藏張謇、王个簃書畫精品展"。

2016年

1月，河南大象出版社出版《霜荼閣詩——王个簃詩稿全集》，趙鵬、魏武編，獲全國第二十五屆"金牛杯"優秀美術圖書獎銅獎。

9月，舉辦"李苦李書畫精品展""海派藝術與南通—南通市个簃藝術館館藏作品展"，編印《海派藝術與南通》（第二册），魏武主編。

10月17日，樂清周昌谷藝術館舉辦"中國書畫名家館聯會第二十一屆年會"。

11月，《西泠藝叢》第十一期，刊載"王个簃研究"專題。

編印《翰墨傳家——王个簃、王公助、王葵書畫集》。

2017年

3月，浙江攝影出版社出版《中國歷代畫家佳作品鑒·王个簃》，范達明主編，周玉泉、潘嘉來、魏武編著。

9月，南通市个簃藝術館編印《王个簃篆刻集》《篆刻王个簃詩句作品集》，魏武主編。

10月，高等教育出版社出版《王个簃》畫册，劉菲編。

11月30日，杭州潘天壽藝術館舉辦"中國書畫名家館聯會第二十二屆年會"。

11月，漳州沈耀初美術館舉辦"紀念沈耀初先生誕辰110周年書畫作品邀請展"，編印《經典傳承 世紀丹青》（紀念沈耀初先生誕辰110周年書畫作品邀請展作品集），南通市个簃藝術館提供王个簃三件作品展出并刊入。

南通啟動"紀念王个簃誕辰120周年"系列活動：南通市个簃藝術館與上海中國畫院聯合舉辦"王个簃書畫精品暨文獻展"；舉辦"紀念王个簃誕辰120周年系列活動啟動儀式暨南通市婦女書法家書王个簃詩作品展""王个簃、王公助、王葵三代人書畫展""南通印社社員篆刻王个簃詩句邀請展"；出版《中國歷代畫家佳作品鑒·王个簃》、編印《王个簃篆刻集》。

2018 年

1月30日至3月2日，寧波天一閣博物館承辦"石鼓墨影——明清以來《石鼓文》善拓及名家臨作展"在雲在樓展出。南通市个簃藝術館提供《吳昌碩石鼓文原形十屏》（王个簃舊藏）展出。

8月28日至11月28日，吳昌碩藝術館、南通市个簃藝術館、江蘇省江海博物館聯合舉辦"薪火——吳昌碩、王个簃作品聯展"，在江蘇省江海博物館展出。

10月，南通市个簃藝術館重新規劃改造"王个簃藝術陳列室"。

11月27日，傅抱石紀念館在江蘇省國畫院美術館舉辦"中國書畫名家館聯會第二十三屆年會"。江蘇鳳凰美術出版社出版《2018中國書畫名家館聯會第二十三屆年會專輯》，南通市个簃藝術館館長魏武論文《論金石書畫家王个簃的書法藝術》刊入。

《新華文摘》2018年第十四期專題介紹王个簃。

2019 年

6月，濟南李苦禪紀念館舉辦"紀念李苦禪誕辰120周年活動"，編印《世紀丹青》（中國書畫名家館聯會邀請展作品集）。南通市个簃藝術館提供王个簃作品二件展出并刊入。

7月，南通電視台錄製"爲國争輝南通人——王个簃專題"。

10月，南通市个簃藝術館建館三十周年，在南通博物苑舉辦"館藏精品展"，魏武主編《南通市个簃藝術館藏品集》《李苦李篆刻集》。

12月，"20世紀中國美術南通現象研究展"分別在北京國家畫院美術館、江蘇省美術館、南通博物苑展覽。南通市个簃藝術館藏李苦李《琴鶴圖》、王个簃《臘梅圖》展出。

王个簃歷年任職一覽表（一）

單　位	職　務	時　間
城北小學（今南通市實驗小學）	教師（國文、國畫、算術、勞作）	1918年1919年
南通省立第七中學（今南通中學）	教師（國文、美術）	1919年1923年
上海新華藝術專科學校	金石、國畫教授	
中華藝術大學	金石、國畫教授	1928年—？
修能學社	國文教授	
上海昌明藝術專科學校	國畫系主任	1930年1931年
上海美術專科學校	中國畫系主任兼花卉實習教授	1935年9月—1940年2月
	篆刻教學等	1940年2月—1941年1月
	中國畫系主任兼花卉實習教授	1941年1月—1942年7月
	國畫教授	1949年—1950年
東吳大學	詩文教授	1937年—1939年
教育部第二次全國美術展覽	審查委員	1937年4月
上海市文史館	館員	？—1956年9月 1984年1月—1988年（卒）
上海中國畫院	籌委會委員	1956年3月—1960年6月
	副院長	1960年6月—1979年3月
	第一副院長	1979年3月—1984年
	名譽院長	1984年—1988年（卒）
西泠書畫院	特約畫師	1980年2月
中國人民政治協商會議	第三屆全國委員會委員	1959年4月—1965年1月
	第四屆全國委員會委員	1965年1月—1978年3月
	第五屆全國委員會委員	1978年3月—1983年6月

王个簃歷年任職一覽表（二）

單 位	職 務	時 間
全國先進工作者大會（群英會）	代表	1960年6月1日—11日
中國文學藝術工作者第三次代表大會	代表	1960年7月23日
上海市教育和文化、衛生、體育、新聞方面社會主義建設先進工作者大會	代表	1960年
上海市文學藝術工作者第二次代表大會	代表	1962年5月8日—15日
上海市文學藝術界聯合會第三屆委員會	委員	1984年8月3日—9日
西泠印社	第三副社長	1963年10月—1979年12月
西泠印社	第一副社長	1979年12月—1983年11月
西泠印社	第一副社長	1983年11月—1988年（卒）
中國美術家協會	第二屆理事會常務理事	1960年7月—1979年11月
中國美術家協會	第三屆理事會理事	1979年11月—1985年5月
中國美術家協會	第四屆理事會理事	1985年5月—1988年12月（卒）
中國書法家協會	第一屆理事會名譽理事	1981年5月—1985年4月
中國書法家協會	第二屆理事會名譽理事	1985年4月—1988年12月（卒）
上海市美術家協會	第二屆理事會第一副主席	1962年—1980年
上海市美術家協會	第三屆理事會第二副主席	1980年—1988年（卒）
上海市書法家協會	第一屆理事會第二副主席	1961年4月—1978年
上海市書法家協會	第二屆理事會第一副主席	1981年11月1—1988年（卒）
全國首屆篆刻藝術展（中國書法家協會篆刻研究委員會）	評委	1988年

王个簃爲師友治印綴録（一）

曾熙私印 曾熙	一亭老人七十以後書 王一亭	言志長壽 商笙伯	馮開 馮君木
大至閣 諸宗元	朩通 陳叔通	李楨唯印 李楨	任堇 任堇
師子 王師子	吳邁之印 吳東邁	黃枋珍藏 黃松庵	孫雪泥 孫雪泥

王个簃爲師友治印綴錄（二）

王个簃爲師友治印綴録（三）

寒汀	馬瑞圖字萬裏	沈子丞印	趙完璧
江寒汀	馬萬里	沈子丞	趙完璧
可染創作	鏡塘平生珍賞	淺予畫記	野平
李可染	錢鏡塘	葉淺予	應野平
建吳	朱梅邨	戚卡玉	夏伊喬
馮建吳	朱梅邨	戚叔玉	夏伊喬

王个簃爲師友治印綴錄（四）

王个簃題簽選（一）

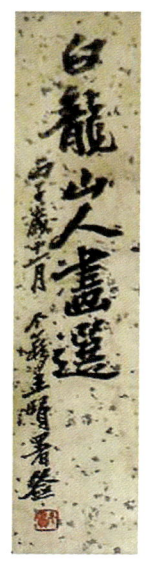 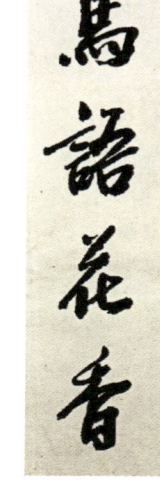  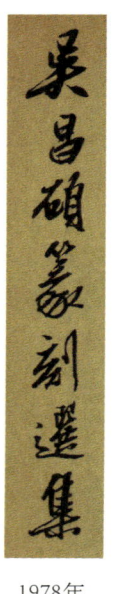 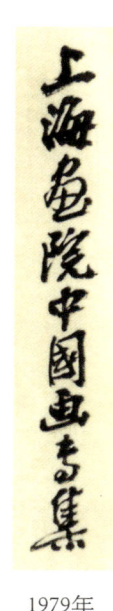

1936年　　　1959年　　　1978年　　　1978年　　　1979年

  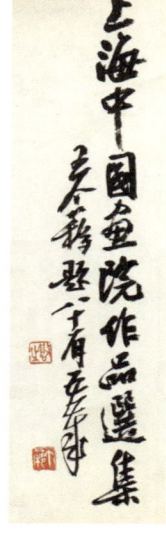 

1979年　　　1979年　　　1979年　　　1981年　　　1984年

王个簃題簽選（二）

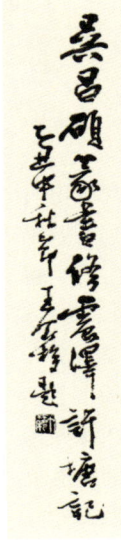    

1985年　　1986年　　1986年　　1986年　　1985年

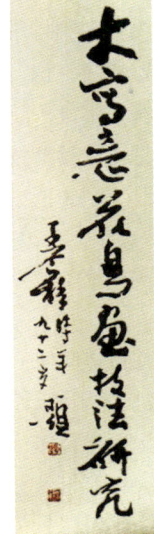  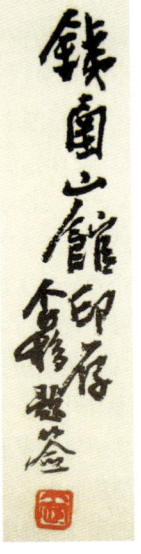 

1988年　　1988年　　時間不詳　　時間不詳

後記一

因編寫《王个簃年譜》，不禁回想起我個人在成長、學習及工作歷程中與王个簃先生之深厚淵源。早在弱冠之年，我時以臨習其翰墨爲樂，在南通戚豫章先生的居中引薦下，曾有習作得以過目指點，即賜篆書"奮發圖强"四字勖勉，此典型扶持獎掖後進，感念於心、未曾輕忘，於是仰慕之情悄悄萌發。此外，業師黃稚松先生與王个簃亦友，且稚松先生之尊翁黃松庵及嶽丈李苦李均爲其早年之恩師，因緣如此，不可謂不深厚。後來，機緣湊泊進入南通市个簃藝術館工作，早先對於王个簃先生藝術之景慕欽敬，更直接轉化爲深入探究其人其事其藝之强勁動力，不覺興味盎然、意趣勃發，因而又專事對其詩書畫印等作品之搜集、整理和深入研究，其情彌厚、其志彌篤，迄於今而愈發深摯也。

我在南通市圖書館古籍部工作了整整二十年，在這期間，主要選擇對南通地方書法史的整理以及對書法家個案的研究。2008年歲末，組織上把我從專職書法家崗位——南通書法國畫研究院調至南通市个簃藝術館，遂主持工作，因工作崗位的轉換，因此將學術視野重點轉向了對王个簃的研究。誠然，年輕時對王个簃藝術的仰慕，於今更堅定了研究探求的腳步。首先搜集文獻資料，撰寫了長篇論文《論王个簃的書法藝術》《王个簃著述經眼錄》；重新主編或出版《王个簃隨想錄》《个簃印悼》《王个簃篆刻集》《鈎沉存簃》《南通市个簃藝術館藏品集》《王个簃宣傳教育讀本》《中國歷代畫家佳作品鑒·王个簃》《世紀丹青·六》《霜荼閣詩稿全集》等。近年，在中國書畫名家聯會的一次年會上，我便產生了編寫《王个簃年譜》的想法，并得到聯會秘書長、中國美術學院教授盧炘先生的充分認可和鼓勵。

衆所周知，自鴉片戰爭以後，彼時各地書畫家相繼匯聚滬上，使得這座城市逐步成爲中國文化藝術中心，亦發展爲近代中國書畫藝術無可替代之重鎮。在此時代背景下，諸多書畫大家及藝苑名流承襲了傳統文人雅集之風，書畫團體組織如雨後春笋般湧現而出，爲他們提供了切磋技藝、共相研討的藝術平臺。年輕有爲、抱負遠大的王个簃即爲其中重要一員，他毅然棄職赴滬，藉由在藝壇巨擘吳昌碩府上擔任其孫西席之機緣，投師缶廬之門，并在恩師的悉心教誨及耳濡目染之下，馳騁耕耘、矻矻終日，矢志苦學且不教一日閑過，同時并與眾多藝文名士和書畫家密切交游往還，促使他在承繼吳昌碩藝術精髓及傳統文化的基礎上，勇於創新、風格凸顯、日新月異、老而彌堅，逐漸確定了在近現代書畫領域的卓特地位。

譜主自民國十三年（1924年，時年二十八歲）起直至1988年（時年九十二歲）去世，其間就地域範疇而論，主要活躍在上海藝壇，其它活動區域，諸如在北京、杭州、蘇州等地亦有交游見聞。因其時間跨度長遠、交游廣闊，故編撰此年譜是一項材料繁瑣而任務巨大之工程。何況歷年以來，書畫界及學術界對譜主的研究多浮於表面，未有深入的系統性論述，且研究尚不夠嚴謹、多有訛誤；再者，迄今為止，我們尚未發現譜主日記等相關的文獻資料，這也為年譜的編寫帶來了極大困難。受限於此，我們首先以曹用平先生所撰《王个簃大事年表簡編》為原始軸綫；然后，在《王个簃八十年隨想錄》和南通市个簃藝術館藏譜主所著《霜荼閣詩》稿本八册之近千首詩作中，逐一披閱梳理并細加考證闡釋，作出合理推斷；其他則分別采自譜主金石書畫作品及其師友詩文集、傳記、年譜、日記、書札、題跋，兼及早期的地方文獻、期刊、報紙、作品集、工具書等，最終，譜主一生行止與人文事迹清晰可見。

本年譜主要由以下四大部分組成：①行狀事略。②譜主自民國時期直至晚年所有藝事活動的引證文獻。③對詩書畫印等創作作品的著錄。因譜主一生作品甚多，欲將全部作品收齊并著錄顯然不可能達成。有鑒於此，我們主要擇錄部分博物館、美術館、紀念館、畫院等文博機構及海外藏品，此外還有出版發行、公開發表并署有創作時間的代表作。④附錄。對本年譜予以充實和完善。

本譜重新梳理了藝術家之間的相互連帶關係、書畫團體組織的成因、沒落，切實反應藝術家個人心理變化、思想動態及藝術發展脈絡，全面厘清其早、中、晚各期的藝術創作軌迹、風格演變、歷史地位、時代背景等，特別是與文藝界之交游情況。尤為重要者，本譜對譜主之家世狀況、政治活動、文化交流、藝術創作諸方面，作了迄今最為詳實完整的記錄，從而奠定譜主在近現代美術史中的地位。同時，對中國近現代美術和海派藝術之研究，或將提供可靠的佐證文獻資料。

由於本人才學疏淺，且出版時間較為緊迫，匆促之間或恐挂一漏萬，遺珠之憾與謬誤在所難免，敬祈讀者諒解并指疵為幸。

庚子初夏，魏武於南通市个簃藝術館

後記二

那年我尚讀高中，對書法懵懵懂懂，在施作雄老師編著的《王个簃名畫賞析》中，最早知道了王个簃的名字。翻閱畫集，常癡看題款，一一辨識。2010年，負笈金陵，就讀南京藝術學院書法篆刻專業，得諸師指點。又蒙徐利明先生不棄，忝列門牆。匆匆七載，獲碩士而歸，2017年，就職南通市个簃藝術館。兜兜轉轉，與王个簃的緣分日益深厚。而今，在研究王个簃的重要陣地，又得魏武館長賞識與引帶，能在學習中，與之合作，何嘗不是一種幸運。

今年梅雨季節格外長，窗外小雨淅瀝氤氳，亦格外容易讓人陷入回憶。短短十個月，《王个簃年譜》編撰工作進入收尾階段。回想伊始，妙不可言。

本年譜中，譜主生平軌迹以《王个簃隨想錄》《霜茶閣詩稿全集》爲主要綫索。爲了搜集更多詳實的資料，去年12月，我和魏武館長先後奔赴譜主生前活動最多的地方——上海中國畫院和杭州西泠印社。在上海中國畫院查閱了院藏王个簃珍貴檔案，并順道至王个簃入室弟子曹用平寓所，接受家屬所捐珍貴文獻。在杭州西泠印社印學圖書館，查閱了《西泠印社百年史料長編》《西泠印社九十年》《西泠印社百年圖史》等大量資料。在編寫過程中，爲核實譜主生前重要事件的相關資訊，我們前往南通市圖書館古籍部等部門查閱《申報》《時報》。

本年譜在編寫上有諸多細節，在此贅言數語。①叙述年譜活動，一般省略主語。②紀事按年、月、日順序排列，只有年份的條目，一般置於當年有明確時間的條目後。③所錄代表作品一般置於當年末後并以創作日期先後著錄。另與師友合作之作，則以紀事方式單獨列出。而難以確定年月，且涉及交游、紀事者，一般置於友人卒年處。④本年譜對文字模糊不易辨識者，均以"□"符號標出。⑤正文使用宋體，引用文獻、説明文字等使用楷體。

本年譜得以付梓出版，離不開南通市文化廣電和旅游局領導的大力支持；中國美術學院教授、中國書畫名家館聯會秘書長盧炘先生的关心引導；上海中國畫院陳薇女士、李玉女士，西泠印社諸葛慧女士的熱情接待；南通市个簃藝術館特聘研究員張咏先生的傾心校對；王个簃次子王待先生、長孫王葵先生等家屬以及南通印社社長李夏榮先生亦先後提供相關文獻，謹以致謝。

出版在即，加之新冠疫情，故未能對中國書畫名家館聯會中的成員館及各大美術館、博物館的藏品進行檢索，因而應收錄的內容還有很多。頗有所憾，懇請諒解。

庚子大暑，姚沐於文峰塔下

主要參考書目

圖　書

1. 王个簃口述.王个簃隨想録（朵雲現代國畫家叢書）.上海：上海書畫出版社，1982年10月
2. 王中秀，曾迎三編著.曾熙年譜長編（書畫名家年譜大系）.上海：上海書畫出版社，2016年10月
3. 王中秀編著.王一亭年譜長編（書畫名家年譜大系）.上海：上海書畫出版社，2010年8月
4. 盧炘，諸天覺編著.諸聞韵年譜（書畫名家年譜大系）.上海：上海書畫出版社，2019年9月
5. 朱關田編著.吳昌碩年譜長編.杭州：浙江古籍出版社，2014年8月
6. 朱關田編著.吳昌碩紀年書法繪畫篆刻録.杭州：浙江古籍出版社，2014年8月
7. 沙匡世編.沙孟海年表.杭州：西泠印社出版社，2000年4月
8. 沙茂世編.沙孟海先生年譜.杭州：西泠印社出版社，2010年5月
9. 吳湖帆著.吳湖帆文稿（醜簃日記）.杭州：中國美術學院出版社，2004年9月
10. 施大畏主編.上海中國畫院1956—2004.上海：上海人民美術出版社，2004年12月
11. 施大畏主編.上海中國畫院1956—2016.上海：上海人民美術出版社，2016年12月
12. 上海市地方志
13. 江蘇七中旬刊（合訂本.民國十二年至十五年）.南通市圖書館古籍部藏
14. 馬海平編著.上海美專名人傳略.南京：南京大學出版社，2012年11月
15. 魏武主編.鈞沈存簃——紀念王个簃先生誕辰一百一十五周年文獻

集 .2012 年 8 月

16. 曹用平編 . 王个簃紀念文集 . 北京：中國文史出版社，1993 年 6 月

17. 施作雄主編 . 王个簃紀念文集 . 北京：中國文聯出版社，2007 年 8 月

18. 貞逸先生遺墨（一函兩冊）. 墨迹本 . 南通市个簃藝術館藏

19. 吳志源著 . 我的祖父吳昌碩 . 上海：上海書店出版社，1997 年 11 月

20. 劉江著 . 吳昌碩篆刻藝術研究 . 杭州：西泠印社出版社，1995 年 12 月

21. 劉正成主編 . 中國書法全集 77·吳昌碩 . 北京：榮寶齋出版社，1998 年 11 月

22. 黃葆芳編 . 吳昌碩王个簃（畫集）. 新加坡國家博物院 . 新加坡中華美術研究會出版，1979 年 2 月

23. 張韜著 . 沙孟海研究（上 . 下卷）. 杭州：西泠印社出版社，2014 年 11 月

24. 沙孟海著 . 沙孟海全集（七卷十二冊）. 杭州：西泠印社出版社，2010 年 10 月

25. 朱金樓，袁志煌主編 . 劉海粟藝術文選（劉海粟年表）. 上海：上海人民美術出版社出版，1987 年 10 月

26. 趙鵬，魏武編 . 王个簃著 . 霜荼閣詩——王个簃詩稿全集 . 鄭州：大象出版社，2016 年 1 月

27. 个誃印悋（排印本 . 綫裝）. 西泠印社，南通市圖書館古籍部藏

28. 个簃印集（三冊）綫裝鈐印本 . 南通市个簃藝術館藏

29. 个簃印集 . 杭州：西泠印社出版社，1982 年 12 月

30. 魏武主編 . 王个簃篆刻集 .2017 年 9 月

31. 王个簃書法選集 . 上海：上海書畫出版社，1996 年 1 月

32. 王个簃著 . 个簃畫集（上 . 下集）. 珂羅版，綫裝 . 南通市个簃藝術館藏

33. 范達明主編 . 周玉泉，潘嘉來，魏武編著 . 中國歷代畫家佳作品鑒·王个簃 . 杭州：浙江攝影出版社，2017 年 3 月

34. 丁羲元主編 . 曹用平，王公助，夏順奎副主編 . 王个簃畫集 . 上海：上海人民美術出版社，2006 年 7 月

35. 陳藝主編 . 王个簃書畫作品集 . 蘇州：蘇州大學出版社，2013 年 1 月

36. 魏武主編 . 南通市个簃藝術館藏品集 .2019 年 6 月

37. 盧炘主編 . 世紀丹青（1997—2018）. 杭州：浙江人民出版社等

38. 王福庵審定，秦康祥編著，孫智敏裁正，余正注釋 . 西泠印社志稿（影印本）. 杭州：浙江古籍出版社，2003 年 11 月

39. 陳振濂主編 . 西泠印社百年史料長編 . 杭州：西泠印社出版社，2003 年

10 月

40. 西泠印社編.西泠印社九十年.杭州：西泠印社出版社，1993 年 10 月

41. 西泠印社百年圖史.杭州：西泠印社出版社，2003 年 10 月

42. 王佩智.鄧京編著.西泠印社老照片.杭州：西泠印社出版社，2009 年 9 月

43. 王佩智.鄧京編著.西泠印社老照片續集.杭州：西泠印社出版社，2012 年 8 月

44. 王佩智.鄧京編著.西泠印社老照片再續.杭州：西泠印社出版社，2013 年 9 月

45. 王佩智.鄧京編著.西泠印社藏品捐獻名錄.杭州：西泠印社出版社，2011 年 6 月

46. 林乾良編.西泠群星.杭州：西泠印社出版社，2000 年 5 月

報紙期刊

1. 申報（1927—1937）

2. 時報（1928—1929）

3. 西泠藝報（1—167 期）.西泠印社編

圖書在版編目（CIP）數據

王个簃年譜 / 魏武，姚沐編著. —上海：上海書畫出版社，2020.12

（書畫名家年譜大系）

ISBN 978-7-5479-2481-5

Ⅰ.①王… Ⅱ.①魏… ②姚… Ⅲ.①王个簃（1897-1988）—年譜 Ⅳ.①K825.72

中國版本圖書館CIP數據核字(2020)第244134號

書畫名家年譜大系

王个簃年譜

魏武　姚沐　編著

責任編輯	朱艷萍　李柯霖　張怡忱
審　　讀	雍琦
特約校對	田程雨
裝幀設計	瀚青文化
技術編輯	包賽明

出版發行	上海世紀出版集團 上海書畫出版社
地　　址	上海市延安西路593號　200050
網　　址	www.ewen.co www.shshuhua.com
E-mail	shcpph@163.com
製　　版	杭州立飛圖文製作有限公司
印　　刷	浙江海虹彩色印務有限公司
經　　銷	各地新華書店
開　　本	635mm×965mm　1/16
印　　張	24.75
版　　次	2020年12月第1版　2020年12月第1次印刷
書　　號	ISBN 978-7-5479-2481-5
定　　價	188.00圓

若有印刷、裝訂質量問題，請與承印廠聯繫